제2판 가족복지론

정황순 · 박주현 · 김준환

창지사

제2판 머리말

우리는 흔히 혈연·인연·입양으로 연결된 일정 범위의 사람들로 구성된 집단을 '가족'이라고 말한다.

가족에서의 혈연 관계는 부모-자녀 관계를 기본으로 하고 그 확장을 포함한다. 예컨대 조손 관계는 부모-자녀 관계가 수직적으로 확장(직계친)된 것이며, 형제 관계는 부모를 공유하는 수평적 확장(방계친)이라 할 수 있다. 그리고 인연(因緣) 관계는 부부 관계를 기본으로 하고 그 확장을 포함한다. 예컨대 고부관계는 한 여성의 부부 관계와 그 남편의 모자 관계의 결합으로 볼 수 있다. 한편 입양은 생물학적 자녀가 없는 경우에 특정의 목적을 위하여 사회적인 자녀 관계를 맺는 것을 말한다.

그러나 일반적으로 제한 없는 확장이 허용되는 것은 아니며 일정한 규칙에 따라 범위가 제한된다. 또한, 수명과 출산 등 생물학적인 제한으로 그 최대 범위가 제한되기도 한다. 어떤 규칙을 적용하는가에 따라 다양한 가족 구성이 가능하지만, 한 사회는 일정한 규칙에 따름으로써 가족을 구성하는 친족 구성원의 범위를 한정하게 된다. 따라서 그 사회의 특징적인 가족유형을 형성하게 된다.

가족복지는 첫째, 목적 면에서 국민의 생활권의 기본이념에 따라 가족의 행복을 유지하고자 하는 것이며, 둘째는 주체 면에서 가족을 포함한 사회구성원 전체가 되며, 셋째는 대상 면에서 가족구성원 개개인을 포함한 '한 단위로서의 가족 전체'가 되며, 넷째는 수단 면에서 제도적·정책적·기술적 서비스 등 조직적인 제반 활동이 되며, 다섯째는 범위 면에서 사회복지의 한 분야가 되고 있음을 알 수 있다.

2016년 1월

공저자를 대표하여 박주현

초판 머리말

가족의 형태와 기능은 시대나 지역에 따라서 다양하지만, 사회의 가장 기본적이고도 보편적인 단위이다. 즉, 가족은 사회의 구성원인 개개인의 생활 장소이며 가장 원초적이고도 기본적인 단위이다. 또한, 사회제도의 변화 및 발전과 함께 개인의 욕구가 다양해지면서 가족의 기능이 변화, 축소됨으로써 미래사회에는 가족이 존재하지 않을 것이라는 극단적인 논리를 펴는 사람도 있다. 그렇지만 오늘날 가족의 기능이 과거와는 많이 달라졌듯이 미래에도 변화할 것은 사실이지만, 가족이 사회의 기본단위로서 존재할 것도 틀림없는 사실이다.

이 책은 한국사회복지교육협의회의 「사회복지학 교과목 지침서」를 근거로 4부, 14장으로 구성하였다.

/ 제 I 부 / 가족의 정의와 기능, 우리나라 사회와 가족의 변화, 가족연구의 관점, 가족복지의 개념, 가족복지의 필요성, 가족복지의 접근방법, 그리고 가족복지의 관점 등을 기술하여 가족과 가족복지를 쉽게 이해하도록 하였다.

/제 2 부/ 가족복지정책과 관련하여 복지국가에 있어 가족복지정책의 지위와 역할, 가족복지정책의 실제, 그리고 가족복지정책 관련 법 등을 살펴보았다. 여기서는 특히 가족 관련 기본법인 건강가정기본법을 비롯하여 한부모가족지원법, 민법(가족 관련 부분: 제4편과 5편), 영유아보육법, 그리고 모성보호에 관한 3법(근로기준법, 남녀고용평등과 일·가정 양립 지원에 관한 법률, 고용보험법) 등을 구체적으로 살펴보았다.

/제 3 부/ 가족복지 실천을 위한 사정, 가족문제 예방을 위한 결혼준비교육, 부부교육, 부모교육, 은퇴준비교육 등, 가족기능 강화를 위한 실천으로 사례관리를 서술하였다. 또 가족문제 해결을 위한 치료적 접근으로 보웬의 가족치료, 구조적 가족치료, 경험적 가족치료, 해결중심 단기 가족치료, 여성주의 가족치료, 이야기치료 모델 등을 소개하였다.

/제 4 부/ 빈곤, 이혼과 재혼, 폭력과 학대, 입양, 다문화 등 가족복지 실천의 이슈를 다루었다.

이 책의 또 다른 특징은 대상이 대다수 학생이라는 점을 고려하여 가능한 국어순화에 관심을 많이 기울였다. 아무런 저항감 없이 사용하는 일본식 표현이나 영어의 영향에 따른 단어가 그 대상이다. 예를 들어, '~로 인해'를 '~로 말미암아' 또는 '~로 말미암은', '~때문에' 등으로, '~일 경우(境遇)'를 '~는' 또는 '~일 때' 등으로, '~기 위해'를 '~려고' 또는 '~고자' 등으로, '~에 있어서(~에게 있어)'는 '~의(~에)' 또는 '~에서' 등으로, 그리고 사람이 아닌 때의 복수 '~들'은 가능한 '~들'을 생략하였다. 그리고 명사에 '~하다'가 붙어서 자동사가 되는 단어는 '~되다'를 사용하지 않으려고 노력하였다. 그러나 이러한 시도는 지금까지의 습관으로 말미암아 독자들이 다소 어색할 수도 있을 것이다. 따라서 실제로 본문에서는 만족스러운 내용이 아닐 수도 있다는 점을 밝힌다.

이 책을 쓸 수 있도록 모든 것을 주신 하나님의 축복과 은혜에 무한한 감사를 드린다.

끝으로 원고를 의뢰한 도서출판 김기섭 대표이사와 어진용 영업부장, 출판을 위해 수고하신 모든 분께 마음속 깊은 곳에서 고마움을 전한다.

2012년 8월

공저자를 대표하여 **박주현**

차례

PART 04 가족복지 실천의 이슈

PART 01

가족복지 개관

CHAPTER 01

가족의 이해

학습 목표

- 가족과 가정의 개념적 차이를 이해한다.
- 가족 관련 용어(가구, 세대, 친족 등)의 개념을 이해한다.
- 가족의 기능을 열거하고, 이를 설명할 수 있다.
- 우리나라 사회와 가족의 변화를 설명할 수 있다.
- 가족연구의 이론적 관점을 설명할 수 있다.

1. 가족의 정의와 기능

1) 가족의 개념

인류사회의 가장 보편적인 기본 형태인 가족, 우리는 가족을 어떻게 정의할 것인가? 가족은 시대와 문화에 따라 변화를 거치면서 개인의 발달과 성장에 필수적인 환경이고 체계이며, 가장 기본적인 사회집단이다. 그렇다면 여기서 또 다른 질문을 해 보자. 우리가 살면서 가장 상처받을 때는 언제일까? 우리는 언제, 누구 때문에 가장 행복해하는가? 우리는 살아가면서 누구한테 가장 큰 위로를 받는가? 우리의 삶이 송두리째 흔들리는 느낌은 언제 가장 절실하게 느껴지는가? 우리가 이와 같은 여러 가지 형태의 질문을 받았을 때 어떻게 대답하는가? 아마도 우리는 가장 가까이 있는 가족, 그리고 그 가족과 관련된 여러 가지 행태로부터 가장 큰 상처를 받고 절망하거나 가장 크게 기뻐하고 위로를 경험한다고 대답할 것이다.

이와 같은 대답에도 가족의 범위 혹은 정의를 내리기는 대단히 어렵다. 우리나라 민법(법률 제11300호, 2012. 2. 10, 일부개정) 제779조에서는 가족의 범위를 "배우자, 직계혈족 및 형제자매"와 "직계혈족의 배우자, 배우자의 직계혈족 및 배우자의 형제자매(생계를 같이 하는 경우에 한함)"로 규정하고 있다. 즉, 생계를 같이한다면 며느리와 사위, 장인, 장모, 시아버지, 시어머니, 처남, 처제까지 가족에 포함된다. 한편, 가족관계 내에서 배우자 간의 부양의무에 대해서는 동법 제826조 제1항(부부는 서로 동거하며 부양에 협조하여야 한다)에 규정하고, 미성년자인 자녀와 부모의 부양의무는 동법 제913조와 제974조 제1호(직계혈족 및 그 배우자 간에 부양의무가 있다)에 규정하고 있다. 형제자매는 생계를 같이 하지 않더라도 가족이지만(동법 제779조 제1항 제1호) 생계를 같이 하는 경우에만 상호간 부양의무가 있다(동법 제974조 제3호). 직계혈족의 배우자, 배우자의 직계혈족은 생계를 같이 해야만 가족이 되지만(동법 제779조 제1항 제2호, 제2항) 직계혈족의 배우자는 생계를 같이 하지 않더라도 상호간 부양의무가 있다(동법 제974조 제1호)고 명시하고 있다.

그러나 여기서 말한 가족의 범위는 오늘날의 여러 가지 형태로 공존하고 있는 가족의 다양성을 포괄하지 못하고 있다. 현대에 이르러 한부모가족, 독신부모가족, 동거가족, 미혼모가족, 노인단독가족, 동성애가족, 무자녀가족, 공동체가족, 그리고 다문화가족 등 다양한 가족이 출현하고 있으므로 전통적인 혹은 보편적인 가족의 정의만으로 가족을 설명하기는 어렵다. 따라서 이러한 가족의 다양성에 따라 〈표 1-1〉에서와 같이 많은 학자가 가족의 정의를 내렸으나 여전히 그 정의가 적절하지는 않은 것 같다. 가족의 의미는 사회적, 경제적, 정치적, 문화적, 그리고 개인적 상황에 따라 다르게 나타난다.

가족에 대한 보편적인 정의는 오히려 다음과 같은 몇 가지 중대한 문제점을 내포할 수 있다. 첫째로 가족에 대한 보편적인 정의는 특정한 가족에 대한 사회적 가치를 부여함으로써 다른 형태의 가족에 대해서는 관심을 두지 않거나 문제시하는 가치관을 지니게 된다. 둘째로 가족에 대한 보편적인 정의는 모든 가족이 동일하다는 잘못된 믿음을 유지시킨다. 셋째로 가족에 대한 보편적인 정의를 내림으로써 이 범위에서 벗어난 가족은 국가나 지역사회의 정책이나 혜택에서 제외시키는 잘못을 범하게 된다. 그래서 스테이시(Stacey, 1990)는 '가족에 대한 정의는 내릴 수 없다.'라는 주장을 하였다.

한편, 가족의 의미는 사람마다 다를 뿐만 아니라 상황의 변화에 따라 달라진다. 어떤 사람에게는 가족이 혈연관계로 묶어진 인간관계가 되겠지만, 다른 사람에게는 친하게 지내는 사람까지를 가족에 포함하기도 한다. 또한, 결혼 여부, 동거구성원, 배우자나 부모와의 접촉 정도, 그리고 정서적 유대감 등에 의해서도 사람마다 가족의 정의를 다르게 말한다. 즉, 계모나 계부와 사는 아동은 정서적 유대감에 따라 계모나 계부를 가족으로 생각하기도 하고 그렇지 않기도 한다. 이처럼 가족에 대한 규정은 각자가 처한 상황이나 상황의 변화에 따라 달라질 수밖에 없다. 이러한 점에서의 가족의 의미는 각자의 일상생활에서 이야기하는 과정에서 그 범위가 정해진다.

이처럼 가족은 개념 정의의 기준이나 개인의 관점에 따라 매우 다양하게 정의할 수 있다. 그러나 우리는 가족정책에서 가족을 정의하여야 한다. 이럴 경우 가족정책의 다양한 목표를 놓고 볼 때, 모든 목적에 합당한 포괄적인 정의를 내리는 것은 거의 불가능하다. 그러므로 가족정책형성자가 특정한 정책(예: 다문화가족, 한부모가족, 저소득층가족 등의 지원정책)에 따라 가족을 정의하는 것이 더 생산적이라 하겠다. 이 때 가족정책형성자가 주의할 점은 특정한 가족이 정책대상에서 제외되거나 참여해야 할 정책과정에서 빠지지 않도록 하는 것이다(박주현·임상록, 2009).

〈표 1-1〉 **학자별 가족의 정의**

학자(연도)	개념 정의
하트만(Hartman)과 라이드(Laird, 1983)	둘 이상의 사람이 친숙한 한가족이라고 여기고, 밀접한 감정적 유대와 가정이라는 생활공간, 그리고 생물학적·사회적·심리학적 요구의 충족에 필요한 역할과 과제를 공유할 때 가족이다.
슈왈츠(Schwartz)와 스콧(Scott, 1994)	혈연, 결혼, 입양, 동거 등에 의하여 이루어진 관계로 다른 사회집단과 비교할 때 상대적으로 지속적인 관계를 유지하며, 구성원 간에 경제적 또는 정서적 지원을 제공하는 집단이다.

학자(연도)	개념 정의
앤더슨(Anderson)과 사바텔리(Sabatelli, 1999)	구성원이 역사를 공유하고 정서적 유대감을 경험하며, 구성원 개인과 집단 전체의 욕구를 충족시키기 위한 전략을 개발하는 상호의존적 집단체계이다.
송정애와 정해은(2007)	가족생활을 유지하기 위한 특정한 역할과 지위를 가지고 가족구성원 간의 상호 성장·발달을 지지하는 집단이다.
유계숙과 장혜경 외(2008)	둘 이상의 구성원이 혼인이나 혈연, 입양, 동거 등에 의하여 성 또는 세대관계를 구성하고, 정서와 자원을 지속적으로 공유하며, 상호의존적으로 발달하는 집단체계이다.
정혜정과 공미혜 외(2009)	가족은 매우 느슨한 형태로 우리가 일상에서 마주치는 일련의 대인관계 정도이다. 그러나 가족으로 규정된 일련의 대인관계는 몇 가지 조건을 충족시켜야 한다. 첫째는 관계의 지속성이 있어야 하며, 둘째는 경제적 지원과 공유성을 지니고 있어야 하며, 셋째는 정서적 친밀감을 가지고 있어야 한다.

출처: 박주현·임상록(2009), 건강가정정책론, p. 17.

2) 가족과 가정의 개념적 차이와 관계

가정의 정의는 사람에 따라 다를 수 있으나, 부부·자식·부모 등 가족이 공동생활을 하고 있는 장소(조직체)라고 보는 것이 보통이며, 영어의 홈(home)이나 독일어의 하임(heim)이 이에 해당한다. 이처럼 가정을 가족과 구별하는 잣대로 공간적 의미를 강조하고 있지만, 이런 단순한 공간적 개념뿐만 아니라 가족구성원의 심리적 공간도 포함한다고 볼 수 있다. 이러한 측면에서 본다면 일정한 가정이 없을 때 정상적인 가족을 구성할 수 없는 것이다. 예를 들어, 주말부부, 기러기가족 등과 같이 공간적으로 함께 생활하지 않는 가족은 가족의 기능이 제대로 이루어지지 않을 수 있다. 그렇다고 이러한 가족을 비정상적인 가족이라고 말할 수도 없다.

우리나라 가족 관련 기본법인 건강가정기본법(법률 제11045호, 2011. 9. 15, 일부개정) 제3조에서는 '가족'과 '가정'의 정의를 다음과 같이 내리고 있다: " '가족'이라 함은 혼인·혈연·입양으로 이루어진 사회의 기본단위를 말한다. '가정'이라 함은 가족구성원이 생계 또는 주거를 함께 하는 생활공동체로서 구성원의 일상적인 부양·양육·보호·교육 등이 이루어지는 생활단위를 말한다." 그러나 가족과 가정을 이렇게 정의하더라도 아직도 가족과 가정의 개념적 차이가 뚜렷해졌다고는 말하기 어렵다. 왜냐하면, 앞에서 언급하였던 주말부부 등과 같이 비록 공간적으로 함께 생활하지 않는 가족을 가정이 아니라고 말할 수가 없기 때문이다. 따라서 가족과 가정에 대한 개념적 차이는 매우 애매하므로 이 책에서는 가족과 가정을 구분하지 않고 사용한다.

3) 가족의 기능

최근의 급변하는 사회현상은 우리가 지니고 있는 가족에 대한 개념을 다시 생각하게 한다. 이혼과 재혼, 입양과 무자녀, 공동체, 동성애 등 다양한 집단의 형태를 가족이라는 하나의 집단에 포함하고 있다. 미래에는 가족의 구조나 전형적인 틀보다는 함께 사는 사람들끼리 어떤 정감을 주고받는가의 상호작용을 중요시하는 기능적 측면을 강조하게 될 것이다. 가족의 기능이란 가족이 수행하는 역할, 행위를 뜻하는 것으로 사회의 산업구조 변화에 따른 시대의 흐름과 문화의 발전에 따라 대내적 기능(가족의 가정 내 역할)이나 대외적 기능(가족의 사회적 역할)이 달라지고 있는 것에 주목해야 한다.

머독(Murdork)은 인류 사회의 존속을 위해서는 가족이 네 가지 본질적 기능을 수행해야 하는데, 이 중 어느 한 기능이라도 수행되지 않으면 인류 사회의 존속이 불가능하다는 고유 가족기능성을 강조하였다. 즉, ① 성적 기능과 ② 생식 기능은 구성원을 재생산함으로써 인류 사회가 존속되게 하고, ③ 경제적 협동의 기능은 생존의 문제를 해결하기 위해 필요하며, ④ 자녀의 양육과 사회화의 기능은 교육과 문화를 계승시킨다는 이 네 가지 기능을 가족의 고유 기능이라고 하였다. 이러한 기능은 여러 가지 부차적 혹은 파생적 기능을 가진다. 대외적으로 성적 통제와 종족 보존의 기능으로 사회의 질서를 유지하며, 생산과 소비는 사회적으로 노동력 제공과 경제 질서유지의 기능을 수행하고, 여기서 파생되는 교육은 문화 계승의 기능을, 보호와 휴식은 심리적·신체적 안정의 측면에서, 오락과 종교는 문화적·정서적 측면에서 나아가 사회의 안정화에 이바지하는 기능을 가진다.

이러한 가족의 기능은 가족을 둘러싼 환경의 변화로 가족의 기능을 대체해 주는 다양한 집단이 등장함으로써 변화를 가져오게 되었다. 따라서 핵가족의 보편성에 대한 회의(會意)와 가족의 개념 정립에 혼란이 초래되고 있으며, 현대사회에서 가족이 기능적인가 혹은 역기능적인가 하는 문제까지 대두하기도 한다.

최근에는 가족의 크기가 작아졌기 때문에 가족구성원 간에 상호작용이 빈번해지고 더욱 친밀하게 되었다고 한다. 이와 같이 가족의 기능 변화는 양적인 면의 축소와 질적인 면의 깊이를 요구하게 된다. 이에 따라 현대가족의 진정한 가족의 기능은 첫째, 부부간의 애정적 유대를 기반으로 한 성적 질서 유지의 기능, 둘째, 문화 전달의 매개체로서 자녀의 가치관 확립을 통한 사회화와 교육의 기능이 중시되며, 셋째, 경제적 협력체로서의 가족 특히 건전한 소비 주체로서의 가족의 기능 등이 강조되고 있다. 좀 더 구체적으로 가족의 기능을 살펴보면 다음과 같다(김혜경 외, 2011).

(1) 성적 통제 기능

성적 무질서를 방지하고 사회적으로 인정되는 방법으로 성적 욕구를 충족하도록 하는 제도가 결혼이며, 결혼이란 사회제도가 전체 사회에 대하여 어느 정도 성관계의 통제 기능을 담당한다고 할 수 있다. 즉, 어느 사회나 결혼을 제도화한 이유는 성적 관계를 규제하기 위함이며, 이에 따른 규범은 시대나 사회 배경에 따라 다소 차이는 있어도 소멸하지는 않을 것이다.

(2) 생식의 기능

생식의 기능은 가족구성원을 충원하기 위해 재생산하는 기능이다. 모든 사회는 존속을 위해 사망한 사람을 보충해 나가야 하며, 가족은 이러한 기능을 담당하고 있고 가족 이외의 다른 집단이 대신할 수도 없는 기능이다.

(3) 애정의 기능

가족은 애정을 바탕으로 한 남녀가 가정을 이루며 그들의 자녀를 사랑으로 양육하는 집단이다. 현대가족은 제도적 가족에서 우애적 가족으로 변화함에 따라 가족에의 인간관계도 애정의 기능을 중요시하게 되었다. 복잡한 산업사회에서 많은 긴장감과 갈등 속에서 살아가야 하는 현대가족에게는 정서적 안정감과 사랑을 가족으로부터 받으므로 중요한 기능이다.

(4) 경제의 기능

가족의 경제적 기능은 생산 기능과 소비 기능으로 구분할 수 있다. 과거 전통사회에서의 가족은 생산과 소비의 기능을 함께 수행했지만, 현대사회는 고도의 산업화, 상품의 대량생산으로 생산단위로서의 가족기능은 축소되었으며, 가족구성원은 산업사회에 노동력을 제공하고 그 대가로 임금을 받으며 이것으로 필요한 물자를 구입하게 된 것이다. 따라서 현대 산업사회의 가족은 상품 선택과 구매에 대한 현명한 소비자로서의 능력이 요구되며, 한정된 수입으로 온 가족구성원의 욕구를 충족시킬 수 있는 공평하고 합리적인 재정관리가 요구된다.

(5) 지위 부여의 기능

아이는 출생하면서부터 가족 내 여러 지위(출생순위, 성별 등)가 부여되며, 자신이 태어난 가족에 의해 사회경제적 지위가 부여된다. 부모의 사회경제적 지위와 같은 가족 배경은 개인의 사회경제적 지위의 기초를 제공하며, 개인의 직업 성취에도 주요한 요인이 된다.

(6) 자녀양육과 사회화의 기능

아이는 출생하면서 가족으로부터 보호를 받으며, 가족생활을 통해 교육을 받게 된다. 가정에서는 그들이 잘 적응하고 바람직한 인간으로 성장하도록 돕는 역할을 하는데, 가족은 1차 집단으로 자녀의 인격 형성에 막대한 영향을 끼치므로 나아가서는 건강한 사회인을 길러 내는 기능이기도 하다.

(7) 휴식과 오락의 기능

가정은 복잡한 사회생활로 말미암은 스트레스와 긴장, 갈등을 없애고 몸과 마음을 쉴 수 있는 안식처의 기능을 가지며, 가족구성원 개개인의 에너지를 재충전시켜 줌으로써 건강한 생활을 할 수 있게 하는 기능을 한다. 또한, 가족의 휴식과 가족구성원 간의 열린 대화를 유도하고, 생기를 불어넣어 건전한 가정에서 건전한 가치관을 갖게 하며 나아가 바람직한 사회 풍토를 이루는 데 기초적 기능이 된다.

(8) 종교의 기능

가족의 종교적 기능은 종교적 의례나 형식만을 의미하는 것이 아니라 매일의 생활에 감사하고 삶의 진리를 깨달으며, 인간 능력의 한계를 겸허하게 인정하고 기도하는 자세로 살아가는 생활 태도를 말한다. 우리나라는 조상에 대한 숭배, 가신(家神) 숭배, 무속신앙, 유교 등의 예가 있으며 그 밖의 여러 종교기관 등이 그 기능을 맡기도 한다.

(9) 친척관계 유지의 기능

친척관계 유지의 기능은 서구와는 다른 우리나라 가족의 기능으로 노부모 봉양, 조상 숭배, 방문, 전화, 초대, 의논 상대, 친목계 등이 여기에 속한다(유영주, 1989).

(10) 치료의 기능

복잡한 사회 속에서 받는 스트레스와 상처를 위로와 사랑으로 치유하는 역할은 가족이 맡아야 하는 중요한 기능이다.

2. 사회와 가족의 변화

1) 대한민국 사회의 변화

(1) 저(低)출산 · 고령화의 심화

우리나라의 합계출산율은 1980년 이후 지속적으로 감소하여 왔으며, 이 같은 추세는 2000년 이후 국가의 적극적 홍보와 정책으로 약간의 조정은 있으나 큰 변화는 보이지 않는다. 1970년 4.53명이던 합계출산율은 2005년 1.08명까지 감소한 이후 2010년 1.23명, 2011년 1.24명으로 약간 상승한 정도이다. 이는 경제협력개발기구(OECD) 평균(2010년)인 1.71명보다 더 낮은 수준이다. 통계청의 발표를 보면, 2012년 6월 23일 오후 6시 18분 인구가 5,000만 명[1])을 넘어섰다. 지난 1948년 건국 당시 2,000만 명 수준에서 64년 만에 3,000만 명 늘어난 것이다. 인구는 1967년 3,000만 명을 넘어선 후 4,000만 명(1983년)까지 16년이 걸렸지만 출생률 감소로 5,000만 명까지는 29년이 걸렸다.

한편, 우리나라는 2000년에 이미 고령화 사회(노인인구 7% 이상)에 진입하여 2018년에 고령사회(14% 이상), 2026년에 초(超)고령사회(20% 이상)가 될 것으로 예측한다. 그러나 이 같은 고령화 예상추이는 해마다 더 빠른 진행을 보고하고 있다. 한국보건사회연구원(2011)은 통계청 예상보다 평균수명이 약 3년 연장되고 있으며, 출산율이 1.28명 수준에서 개선되지 않으면 2050년 노인 수는 1,871만 명으로, 노인인구 비중이 통계청 예상 38.2%보다 많은 42.3%

---

1) 여기서 말하는 인구 5,000만 명은 국적과 상관없이 최근 3개월 이상 국내에 체류하는 외국인이 포함되고, 3개월 이상 외국에 있는 우리나라 국민은 제외된다. 따라서 2010년 9월 30일 행정안전부가 발표한 '5,000만 번째 주민등록 발급자'와는 차이가 있다. 5,000만 시대, 그 숫자 뒤에 숨겨진 '성취와 경고' 두 얼굴은 다음과 같다.

구분	내용
0.71%	세계 인구에서 한국이 차지하는 비율. 현재 세계 인구는 70억 5,000만 명이다.
28만 명	지난 5년간 외국으로 빠져나간 내국인보다 들어온 외국인이 28만 3,000명 더 많다.
49.7%	2060년 생산가능인구 비율. 생산가능인구 10명이 노인 8명과 어린이 2명을 부양해야 한다.
2016년	생산가능인구는 2016년 정점을 찍고 2017년부터 감소한다.
2030년	인구는 2030년 5,216만 명으로 정점을 찍고 2031년부터 다시 감소한다.

에 이를 것이라고 발표하였다.

전문가들은 5,000만 명을 기점으로 사회 전반이 분기점에 놓일 것으로 보고 있다. 인구감소와 고령화로 성장잠재력이 떨어지고 소비 패턴 변화로 산업지도도 흔들린다. 반면, 주택 초과공급 문제가 불거지고 노인부양비 문제로 세대 간 갈등이 증폭될 것으로 예상된다. 정부의 한 고위관계자는 "5,000만 명이라는 숫자는 또 다른 미래를 설계해야 하는 중요한 시기에 도달했음을 의미한다."라고 말했다(서울경제, 2012. 5. 20).

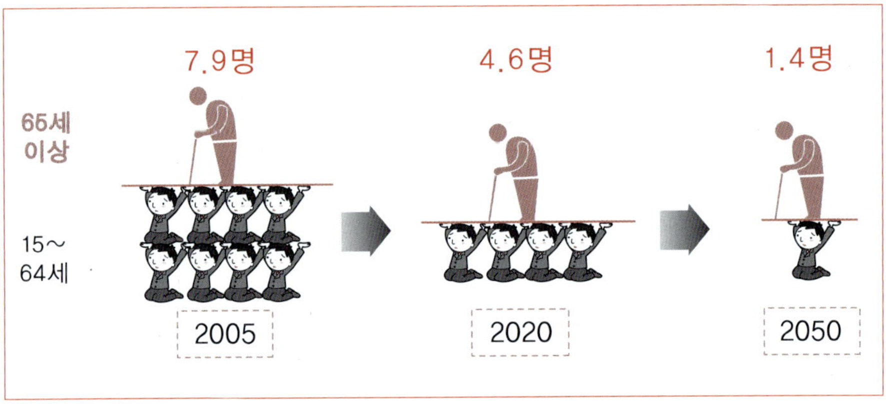

출처: 보건복지가족부(현 보건복지부, 2009. 2. 26), 보도자료를 참고하여 구성.

[그림 1-1] 노인 1명에 대한 부양자 수 전망

(2) 사회 양극화 현상의 심화

우리는 글로벌 혹은 세계화라는 단어를 낯설지 않게 말하고 있다. 이것은 현대 사회가 세계 경쟁의 시대가 되었다는 것을 의미한다. 이러한 세계화 추세 속에 세계 경제화의 경쟁이 불가피하게 되어 있다. 그리하여 무한경쟁 시스템에 노출되는 상태에서 국가와 국가, 기업과 기업 간의 경쟁뿐 아니라, 사람과 사람 간에도 경쟁이 심화하면서 우리 사회는 양극화라는 말이 흔하게 등장하고 있다. 양극화는 크게 계층과 소득의 양극화, 그리고 인적자본 투자와 사회적 자본획득 기회의 양극화로 나누어볼 수 있다.

첫째, 우리 사회는 계층과 소득의 양극화가 더욱 심해질 것이다. 경제협력개발기구 기준 2009년 우리나라 중산층은 66.7%로 발표되었는데, 2003년 조사에서는 70.1%였다. 즉, 중산층이 6년 만에 3.4%포인트 감소하였고, 같은 기간 상류층은 1.9%포인트, 빈곤층은 1.5%포인트 증가하는 등 해마다 계층 간 격차가 심해지고 있다. 이 같은 결과로 고(高)숙련·고(高)임금, 저(低)숙련·저(低)임금의 일자리 양극화가 고숙련 근로자와 그렇지 못한 계층 간의 소득격차를 낳고, 그 결과 지위의 양극화가 두드러지게 나타나고 있다.

통계청이 발표한 2012년 '1/4분기 가계동향'을 보면, 전국 가구 2인 이상 기준 소득 5분위 배율(상위 20% 소득을 하위 20% 소득으로 나눈 값)은 5.44배로 조사됐다. 통계치가 제공된 2003년 이후 2009년 1/4분기 5.93배로 최정점을 찍은 후, 다소 낮아지는 추세를 반영했다. 하지만 여전히 양극화는 5배 이상을 유지한 셈이다. 월평균 소득기준으로 보면, 상위 20%는 월 818만 4,200원, 하위 20%는 120만 9,200원으로 조사됐다.

월평균 가계지출 규모로도 하위 20%는 156만 2,100원으로 상위 20%(573만 6,200원)보다 3.67배 낮았다. 부문별 소비지출의 경우, 상위 20%와 하위 20% 간 교육 부문 격차가 6.83배로 가장 컸다. 교통(5.33배)과 가정용품 및 가사서비스(4.76배), 의류·신발(4.62배), 오락·문화(4.38배), 기타 상품·서비스(4.13배) 등이 4배 이상의 격차를 나타냈다. 흑자율(흑자액×100/처분가능소득)에서도 상위 20%는 37.5%인 반면, 하위 20%는 -37.3%로 대조를 이뤘다. 평균소비성향(소비지출×100 / 처분가능소득)에서는 오히려 하위 20%가 137.3%로 상위 20%의 62.5%보다 높아, 저소득층의 낮은 소득은 고물가 및 고주택가, 교육비 가중 등 외부 여건에 따라 악순환을 가져온 것으로 분석됐다(중도일보, 2012. 5. 21).

둘째, 계층과 소득의 양극화는 다시 인적투자의 격차와 사회적 자본획득 기회를 심화시키는 결과를 가져오고 있다. 통계청(2009)이 발표한 한국의 '사회동향 2009'에 따르면, 학생 1인당 월평균 사교육비 지출액이 월소득 100만 원 미만에서는 5만 4,000원이지만, 700만 원 이상의 소득 가구에서는 47만

4,000원으로 약 9배의 격차가 발생하고 있다. 한국은행 경제연구원의 '한국 사회지표 변화' 보고서를 보면, 소득 상위 20%(5분위) 계층의 교육비 비중은 2003년 12.3%(31만 9,420원)에서 2010년 15.1%(54만 2,946원)로 확대됐으나, 소득 하위 20%(1분위) 계층의 교육비 비중은 7%대를 유지했다(연합뉴스, 2012. 2. 20).

이 같은 인적자원 투자의 양극화는 당연히 사회에서 소득계층별로 자본을 더욱 많이 가지고 있는 상위집단이 질 높은 정보를 획득하게 된다. 이는 상위집단이 더 유리한 위치를 선점하는 등 불평등한 구조를 낳게 한다. 이 현상은 앞서 살펴본 노동시장에서 고숙련이 아니면 저숙련으로 일하는 결과를 가져오고, 자연스럽게 고숙련자는 고임금, 저숙련자는 저임금을 받는 소득자로 굳어진다. 즉, 이러한 현상은 바퀴처럼 순환하여 더욱 양극화를 자극하게 될 것이다.

특히 우리나라는 지난 40여 년간 경제성장 위주의 정책을 폈기 때문에 분배와 나눔을 주요 가치로 삼거나 제대로 논의하고 실현하지 못하고 있어, 계층 간 갈등과 소득의 빈부격차는 그 어느 국가보다 심각한 상황으로 치달을 것으로 예측된다(권금주, 2011).

(3) 기술 발전과 유연 문화 확대

지금 기술은 얼마나 빠르게 발전하고 있는가? 기술은 하루, 아니 시간을 예측할 수 없을 정도로 발전하고 있다. 특히 정보통신 및 생명공학 등 신기술로 말미암아 대규모 변화가 예상된다. 예를 들어, 정보통신 기술이 사람, 사물, 환경 속으로 스며들고, 이들이 네트워크로 연결되어 컴퓨터의 존재를 의식하지 않은 상태에서 생활공간 전체가 거대한 네트워크로 연결되는 유비쿼터스(ubiquitous)[2) 사회를 실현해 나가고 있다.

2) 유비쿼터스란 시간과 장소, 컴퓨터나 네트워크 여건에 구애받지 않고 자유롭게 네트워크에 접속할 수 있는 정보기술(IT) 환경 또는 그 패러다임을 말하는 것으로, 유비쿼터스 컴퓨팅 또는 퍼베이시브 컴퓨팅(pervasive computing)이라고도 한다. 미국 제록스 팰러앨토연구소(PARC)의 마크 와이저가 유비쿼터스 컴퓨팅을 차세대 컴퓨터의 비전으로 제시하면서 알려졌다. 유비쿼터스 컴퓨팅이란 모든 사물에 컴퓨터 칩을 내장하여 상호 의사소통을 통

이러한 기술의 발전은 영역의 경계를 무너뜨리고 있다. 예를 들어, 공(公)과 사(私)의 영역 경계가 무너지면서 일과 삶이 융합되어 일과 놀이의 경계가 약화하는 등 노동의 시간적·공간적 유연화로 나타나고 있다. 그래서 스마트폰과 같은 다양한 기기와 클라우드 컴퓨팅(cloud computing)[3] 기술 등으로 언제, 어디서나 일과 동시에 여가도 즐길 수 있는 사회로 변화하고 있다. 일과 여가의 동시 수행은 재택근무 가능성이 높아 가족의 결속력이 향상될 것으로 예측되기도 한다. 하지만 이는 가족의 고유기능과 역할이 가족구성원에 의해 수행되기보다는 가족 외부의 다양한 시스템에 의해 충족되는 등 가족 경계도 유연해질 수 있다. 그리하여 가족구성원의 상호연대나 의존성은 오히려 약화할 가능성도 높다(권금주, 2011).

우리 사회에 또 다른 큰 변화는 무엇일까? 바로 다양한 성 정체성을 통합하는 새로운 패러다임이 전개되고 있다. 이는 여성과 남성이라는 이분법적 경계를 약화시켜 유연한 성 담론으로 확대될 것이다. 이로 말미암아 다양한 측면에서 차별금지 및 인권보장에 대한 요구가 전개될 것이다. 즉, 성(gender), 세대, 계층별로 요구하는 내용이 상충(相沖)되고, 주장하는 관점도 다양한 가치에 기반을 둘 것이다. 따라서 사회갈등은 더욱 복잡한 양상으로 나타날 수 있다.

(4) 지식노동자와 영감노동자의 중요성 부각

지식노동자란 생산노동자인 블루칼라와 사무노동자인 화이트칼라에 이어 등장한 새로운 용어인 골드칼라로 전문기술직에 종사하는 노동자를 말한다.

해 보이지 않는 생활환경까지 최적화하는 인간 중심의 컴퓨팅 환경을 의미한다. 유비쿼터스가 실현되려면 가전제품·가구·자동차 등 모든 일상적인 사물에 적용할 수 있는 정보기술·나노기술·생명공학기술의 고도화가 전제되어야 한다. 진정한 유비쿼터스는 현재 개발되는 모든 첨단기술이 모이는 최종단계에 구현된다고 할 수 있다.

3) 인터넷을 이용한 정보기술(IT) 자원의 주문형 아웃소싱 서비스를 말한다. 클라우드(cloud)로 표현되는 인터넷상의 서버에서 데이터 저장과 처리, 네트워크, 콘텐츠 사용 등 IT 관련 서비스를 한 번에 제공하는 혁신적인 컴퓨팅 기술이다. 복수의 데이터센터를 가상화 기술로 통합해 사용자에게 각종 소프트웨어와 보안 솔루션, 컴퓨팅 능력까지 온디맨드 방식으로 제공하는 기술인데, 대형 컴퓨터에 프로그램이나 문서를 저장하고 사용자는 PC나 휴대폰, PDA 등 다양한 단말기를 통해 접속해 원하는 작업을 할 수 있다.

지식노동자라는 용어는 경영학의 대가로 불리는 피터 드러커(Peter Drucker)가 1959년에 처음 사용했는데, 물리적인 노동을 바탕으로 하는 산업시대의 전형적인 공장노동자들과 대비되는 개념으로 이용되었다. 실제로 PC 혁명과 인터넷 혁명을 거치면서 이러한 지식을 중심으로 하는 새로운 기업 및 개인의 경쟁력은 날이 갈수록 높게 평가를 받았고, 그런 기업 및 개인이 실제로도 성공하는 사례가 많아지면서 지식노동자들이 주도하는 지식사회가 현대 사회의 가장 중요한 용어로 자리를 잡았다. 따라서 지식기반 경제로의 이행에 따라 지속가능한 발전을 유지하기 위해서는 고숙련·고기술직종인 지식노동자의 중요성이 부각될 것이다. 우리나라는 다른 나라와 비교할 때 젊은 세대와 여성이 높은 교육수준을 갖추어 지식정보화 시대의 인적자원으로 활용 가능성이 높다.

그러나 오늘날 가장 주목받고 있는 지식노동자의 가치가 이전만 못할 것이라는 예측도 있다. 예를 들면, IBM의 슈퍼컴퓨터 왓슨(Watson)이 세계 최고의 퀴즈쇼인 제퍼디(Jeopardy)에서 역대 최고의 전설적인 상금왕 2명을 상대로 자연어를 바탕으로 한 대결에서 크게 승리하였다. 또 그 여세를 몰아 실제로 미국의 민간의료보험 회사에서 인간처럼 돈을 받고 컨설팅하고 있는 사례에서 보듯이 이제는 지식 자체를 많이 가지고 있고, 어디에 지식이 있는지 찾는 정도로는 개인의 경쟁력을 논하기 어려운 시대가 올 것이다. 지식노동자들 특유의 경쟁력은 도리어 스마트폰과 클라우드, 그리고 인간과 컴퓨터의 인터페이스 기술의 발달 때문에 가장 쉽게 자동화에 의해 대체 가능한 것으로 전락할 가능성이 많다. 이런 점을 고려할 때, 이제는 지식노동자를 대체할 새로운 미래 시대의 노동자 또는 주인공의 모습을 고민해야 한다. 이를 바탕으로, 새로운 직업이나 삶의 모습, 그리고 미래의 주역이 될 우리 아이들에 대한 교육방식도 바뀌어야 할 것이다.

이와 관련하여 보스턴 컨설팅 그룹의 리치 레서(Rich Lesser)는 "Big Think"라는 인터뷰를 통해 새로운 미래의 노동자 모습으로 "영감노동자(Insight Worker)"라는 개념을 제시하였다. 미래에는 지식노동자의 주된 역할인 정보를 다루고 찾아내며, 컴퓨터가 계산한 내용을 바탕으로 새로운 지식을 만들어내고 분석하는 일들도 새로운 기술에 의해서 가능할 것이다. 따라서 결국 판단과 비판적인 사고, 공감 등 기계가 대체하기 어려운 새로운 기술이 필요하게 된다. 지식노동자가 비즈니스를 어떻게 관리하고 운영하는지 알았다면, 영감노동자는 비즈니스가 어떻게, 그리고 왜 필요한지에 대한 근본적인 의문에 답을 할 수 있어야 한다. 또한, 지식노동자에게 전문가들을 중심으로 하는 자신들의 네트워크가 커다란 힘이 되었다면, 영감노동자들은 자신들의 동료, 그리고 고객들까지 포함한 진정성 있는 관계가 가장 커다란 힘이 될 것이다(주간경향, 2012. 3. 27).

미래의 인재에게 필요한 것은 사회적인 가치를 알아보고 실제 의미가 있는 문제 해결방법을 만들어내는 능력과, 사람들과 합의를 하고 이들에게 영감을 불어넣는 공감의 능력이다. 이를 위해서는 자신의 전문 영역에서 지식이 풍부한 것만으로는 부족하다. 우리가 함께하는 사회에 대한 이해와 자신의 전문 영역을 넘어설 수 있는 모험심과 새로운 관계를 받아들이고 과감한 협업을 시도할 수 있는 유연함을 길러야 한다. 여기에 새로운 가치를 창출한다는 목표를 향하여 전문가 중심의 사고방식에서 벗어나서 보다 소비자들과 사회가 원하는 것을 내부와 외부의 협력자들과 같이 만들어가는 공동창조(co-creation) 과정으로 바라보는 시각이 미래를 준비하는 개인이나 기업의 발전에 또 하나의 중요한 방향성이 될 것이다.

참고자료 1-1

▮오바마 동성결혼 지지는 사회변화 속도 반영

버락 오바마 미국 대통령이 최근 동성 간 결혼을 지지한다고 밝히고 나선 것은 미국 사회의 인식변화가 얼마나 빠른지를 보여 주는 것이라고 뉴욕타임스(NYT)가 11일(현지 시각) 보도했다. 빌 클린턴은 대통령 재임 중이던 지난 1996년 결혼을 남성과 여성의 결합으로 규정하는 법안에 서명하기 위해 새벽 1시까지 기다려야 했다. 그는 내심 이런 규정을 좋아하지 않았지만, 대선을 불과 45일 남겨놓고 이에 대해 거부권을 행사하기도 부담스러웠다. 당시에는 미국민들의 주된 인식이 동성결혼을 반대하는 쪽이었기 때문이다. 하지만 16년이 지난 오늘날 오바마 대통령은 동성결혼 찬성의사를 밝히기에 이르렀다.

동성결혼 문제는 처음 사회에 등장한 지 한 세대도 채 되지 않았지만, 정치적·사법적으로 핵심이슈로 자리를 잡았다. 1990년대에는 도저히 생각할 수 없었던 동성 간 결혼이나 동성애자들의 공개적인 군 복무, 이들의 자녀입양 등도 요즘은 흔히 일어난다. 젊은 세대들은 오히려 왜 이 문제로 호들갑을 떠는지 이해하지 못하겠다는 견해다. 일찍이 동성결혼에 찬성의사를 표시했던 작가이자 학자 조나단 라우치는 "우리는 흑인이나 여성인권, 동성애자들의 인권 등에 이르기까지 사회적 인식이 변하는 상황을 겪어왔다"면서 "이런 변화는 모두 예전에 비해 빠른 속도로 이루어지고 있으며 이에 대해 사람들이 당황하고 있다"고 말했다.

여론조사기관 퓨 리서치센터에 따르면 오늘날 미국에서 동성결혼을 지지하는 비율은 약 47%, 반대 비율은 43%다. 10년 전보다 26%포인트가 지지 쪽으로 돌아섰다. 이는 다른 인종 간 결혼 등 여타 사회적 이슈와 비교하면 인식변화 속도가 훨씬 빠른 것이다. 하지만 동성애자들의 권리에 대한 지지가 높아졌다고 해서 미국이 법적으로 이를 허용한다는 의미는 아니다. 지난 8일 노스캐롤라이나주는 미국 내 50개 주 가운데 31번째로 동성결혼을 금지하는 개헌안을 통과시켰다.

출처: 연합뉴스(2012. 5. 12).

2) 대한민국 가족의 변화

(1) 가족 기능의 변화

① 재생산 기능의 약화

출산은 부모의 초혼연령, 첫 자녀 출생연령과 밀접한 관계가 있다. 〈표 1-2〉에서와 같이 여성의 초혼연령은 2005년 27.7세에서 2014년 29.8세로, 남성은 같은 기간 30.9세에서 32.4세로 나타났다. 초혼연령의 상승은 초산 및 둘째, 셋째 출산연령의 증가에 이바지하여 만산(晩産)화로 이어진다. 이는 가임기간을 축소하는 동시에 후천성 불임증, 육체적·자녀양육 등의 물리적 부담 증가로 합계출산율 저하로 나타난다.

〈표 1-2〉 혼인건수와 초혼연령

(단위: 천 건, 세)

연도		1990	2000	2005	2009	2010	2011	2012	2013	2014
혼인건수		399.3	332.1	314.3	309.8	326.1	329.1	327.0	322.8	305.5
초혼 연령	남성	27.9	29.3	30.9	31.6	31.8	31.9	32.1	32.2	32.4
	여성	24.9	26.5	27.7	28.7	28.9	29.1	29.4	29.6	29.8

출처: 통계청 홈페이지(www.nso.go.kr), 인구동태건수 및 동태율 추이; 국가통계포털(KOSIS).

② 돌봄과 보호 기능의 약화

사회보장적 기능의 의미가 있는 돌봄과 보호 기능은 가족의 다른 기능보다 더욱 약화하였다고 할 수 있다. 통계청(2008)의 조사를 따르면, 부모의 노후 생계에 대해 가족과 국가, 사회가 공동으로 책임져야 한다는 견해가 43.6%로 가족이 책임져야 한다는 견해 40.7%를 앞질렀다. 또 서울시민 45세 이상 1,000명을 대상으로 조사한 서울시정개발연구원(2011)의 정책 보고서를 보면, 65세 이상 응답자의 28.1%가 자녀의 부양을 기대하지만, 55~64세 응답자의 18.6%, 그리고 베이비붐 세대인 45~54세 응답자는 11.0%만이 자녀가 노후에 자신을 부양하기를 원한다고 하였다.

과거 가족이 담당하던 아동보호나 노인부양의 기능을 공공부조나 사회보장제도가 담당하게 되면서, 가족이 돌보지 못하는 가족구성원을 위한 사회보장의 인적·물적 자원 확보가 이루어지고 있으며, 각종 법과 정책이 다양하게 시행되고 있다. 그 예로 2008년 7월부터 시행된 노인장기요양보험제도는 그동안 전적으로 가족의 몫이었던 치매·중풍 노인의 요양을 요양보호사나 간호사의 전문적인 서비스로 대체하는 제5의 사회보험으로, 일명 '효의 세대 간 품앗이'라고도 한다.

(2) 가족 가치관의 변화

① 개인중심적 가치관의 확산

현대사회에서 인구의 고학력화 현상이 지속되고 개인의 자기실현과 삶의 질을 중요하게 여기는 경향이 확대되면서 삶에 있어 일 중심의 가치관이 확산되고, 취업이 개인의 생애주기에서 중요한 단계로 정착되고 있다. 이러한 생활상의 변화는 가족 가치관에도 변화를 가져오고 있다.

보건복지가족부(현 보건복지부, 2009. 2. 26)의 자료를 보면, 미혼여성의 결혼에 대한 태도는 긍정적 태도와 소극적 태도가 거의 반반으로 나타나고 있다. 이렇게 미혼여성이 결혼에 대해 부정적인 태도를 보이는 것은 행복한 삶과 가족에 대한 기대는 상승하였지만(여성가족부, 2006), 결혼이 개인생활을 희생시키고 가족생활에 대한 의무와 책임을 요구하는 것으로 인식되기 때문으로 해석된다.

② 성(性)역할 가치관의 변화와 조형적 섹슈얼리티 등장

오늘날 가족은 빠른 속도로 사회변화를 수용하고 있다. 사회의 개인 중심적이고 개방적인 가치관의 확산은 가족구조를 수직적 질서체계에서 수평적 질서체계로 변화시키고 있다. 그러나 이러한 변화에도 보편적인 가족 가치관에는 아직도 전통적인 성 분업의식이 고착되어 있다. 이러한 보수적 역할의식은 가족의 기능 수행에 있어 성 간의 마찰을 일으키고, 그에 따라 가사노동의 분담에서 불균형을 가져오고 있다. 보수적인 성 분업의식에도 여성의 역할은 다중화되고 있다.

조형적 섹슈얼리티(sexuality)[4]는 기존 남녀관계, 성적 욕망, 재생산에 대한 인간의 선택권이 피임약의 개발과 보급, 시험관 시술, 성전환, 생명복제 기술 등의 향상에 따라 대거 등장하고 있다. 즉, 인간 배아복제의 추진으로 여성의 재생산 능력을 대체하는 인공물이 발달하게 되면서 결혼, 성관계, 자녀출산 등의 전통적이고 생물학적 필연성이 변화되고 있다. 따라서 부부의 성관계를 통한 재생산 기능이 축소되어 자녀양육을 통한 사회구성원의 배출 기능이 약화될 것으로 전망된다.

---

4) 조형적 섹슈얼리티란 피임법의 발달과 자녀 수의 제한 경향이 확산되면서 개인이 자신의 성적 정체성을 만들어가는 것을 말한다.

(3) 가족구조와 형태의 변화

① 소규모 가족과 세대구성의 단순화

우리나라 가족구조의 변화를 통계청 자료로 살펴보면, 그 규모가 점진적으로 축소되고 있음을 알 수 있다. 1가구당 평균 가구원 수는 1980년 4.54명에서 1990년 3.71명, 1995년 3.34명, 2000년 3.12명, 2005년 2.88명, 2010년 2.69명으로 나타나 가족의 소규모화가 점진적으로 이루어지고 있음을 알 수 있다. [그림 1-2]에서 보는 바와 같이 1990년 이후 가장 주된 유형의 가구는 4인 가구였으나, 2010년에는 2인 가구가 가장 주된 가구 유형으로 등장하였다.

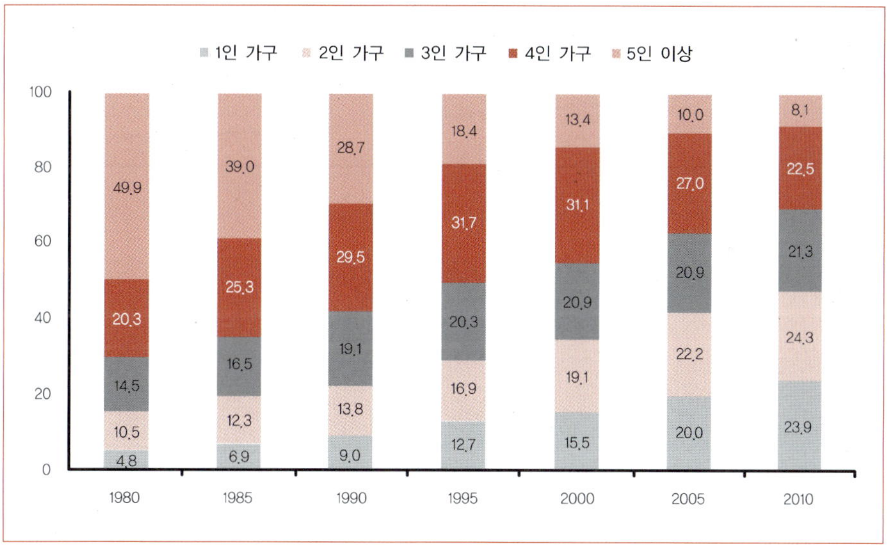

출처: 통계청(각 연도), 인구주택총조사; 국가통계포털(KOSIS).

[그림 1-2] 연도별 가구원 수 규모

세대구성 추이를 살펴보면, 1세대 가구는 2005년 16.2%에서 2010년 17.5%로 1.3%포인트 늘어난 반면, 주된 세대 유형인 2세대 가구는 55.4%에서 51.3%로 4.1%포인트 감소하였다. 또 3세대 이상 가구도 2000년 8.4%, 2005년 7.0%, 2010년 6.2%로 나타나 지속적으로 감소하고 있다. 이는 가구 분화가 계속 진행되고 있음을 의미한다(그림 1-3 참조). 또한, 한 쌍의 부부와 그들의 미혼

자녀만으로 이루어진 핵가족이 차지하는 비율은 1975년에는 64.6%이었으나 2000년에는 82.0%로 크게 증가하였다. 그러나 2010년에는 61.6%로 2005년 65.0%보다 3.4%포인트 감소하였다.

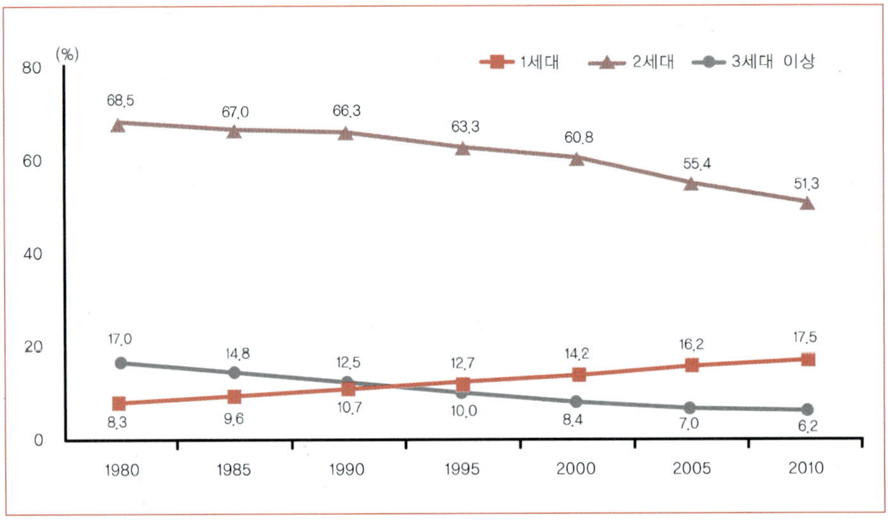

출처: 통계청(각 연도), 인구주택총조사; 국가통계포털(KOSIS).

[그림 1-3] **연도별 세대구성**

한편, 2000년 가구주의 연령계층별 가구원 수를 보면, 30대 미만 가구주는 1인, 30~40대 가구주는 4인, 50대 가구주는 3인, 60대 이상 가구주는 2인이 가장 많은 것으로 나타났다. 2010년 가구주의 중위연령은 49.0세로, 2005년 46.7세보다 2.3세가 높아져 가구주가 고령화되고 있는 것으로 조사되었다. 그리고 2005년에 21.9%였던 여성 가구주는 2010년 25.9%로 4.0%포인트 증가하였는데(그림 1-4 참조), 이는 가구주의 여성화가 빠르게 진행되고 있음을 의미한다. [그림 1-5]에서와 같이 배우자 있는 가구주의 비율은 2000년 75.0%에서 2010년 66.6%로 2005년 70.0%에 비해 3.4%포인트 감소하였으며, 미혼(1.6%포인트), 사별(0.2%포인트), 이혼(1.6%포인트)은 증가하였다.

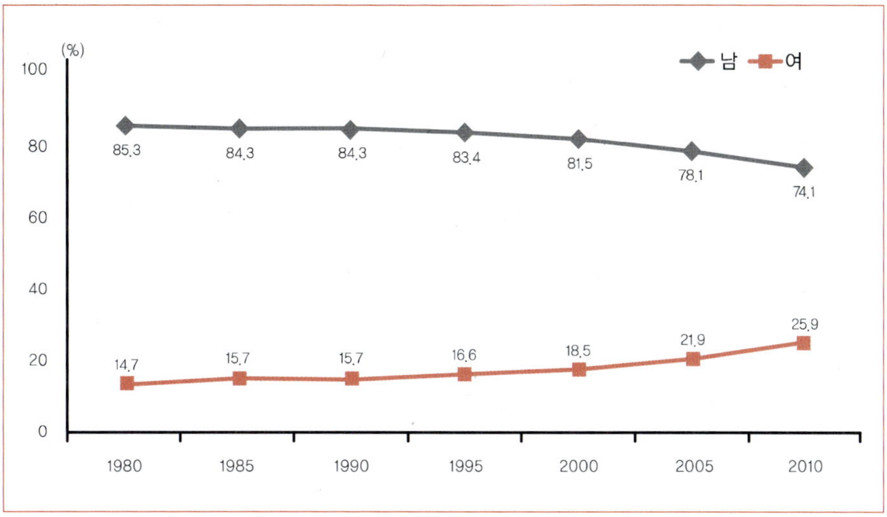

출처: 통계청(각 연도), 인구주택총조사; 국가통계포털(KOSIS).

[그림 1-4] 연도별 성별 가구주 구성비

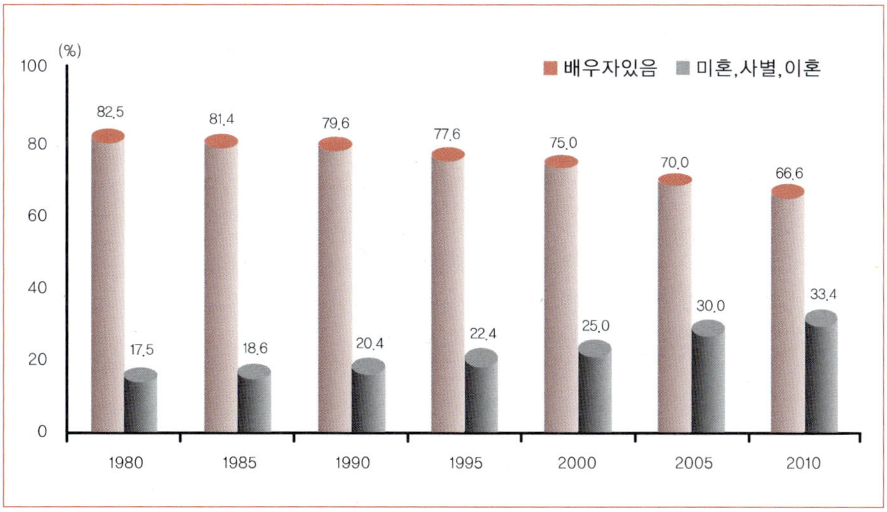

출처: 통계청(각 연도), 인구주택총조사; 국가통계포털(KOSIS).

[그림 1-5] 연도별 가구주 혼인상태

② 다양한 가족 형태의 출현

가족은 개인의 행복과 삶의 질을 위해 선택 가능한 영역이라는 가족의식이 확산되면서 다양한 가족 형태가 나타나고 있다. 이러한 가족 형태의 다양성과 관련한 특성 몇 가지를 제시해 본다. 첫째, 자녀에 대한 인식변화로 자녀 출산을 필수가 아닌 선택으로 보는 경향이 늘어나 가족구성이 부부 형태로 나타난다. 둘째, 남성연상의 전통적 결혼 형태가 감소하고, 동갑과 여성연상의 결혼이 증가하고 있다. 셋째, 지속적인 이혼 증가로 한부모가족, 재혼가족이 늘어나고 있다. 넷째, 국제결혼 건수와 비중이 늘어나는 동시에 다문화 가족의 이혼도 크게 증가하고 있다. 다섯째, 맞벌이 가구, 주말부부, 기러기가족, 공동체가족, 조손가족, 동성애가족, 그리고 생계부양자 아내와 전업주부 남편 등 가구 형태와 생활방식은 더욱 다양해지고 있다.

특히 2010년 다문화가구는 38만 7,000가구로 우리나라 총 1,757만 4,000가구의 2.2%를 차지하며, 가구원은 93만 9,000명(남자 49만 9,000명, 여자 44만 명)으로 나타났다. 연령계층별로는 30대가 20만 5,000명으로 가장 많고, 40대(19만 4,000명), 20대(18만 2,000명) 순이며, 10대(4만 8,000명)가 가장 적게 조사되었다(그림 1-6 참조). 평균 가구원 수는 2.43명으로 일반가구의 평균 가구원 수(2.69명)보다 0.26명 적었다.

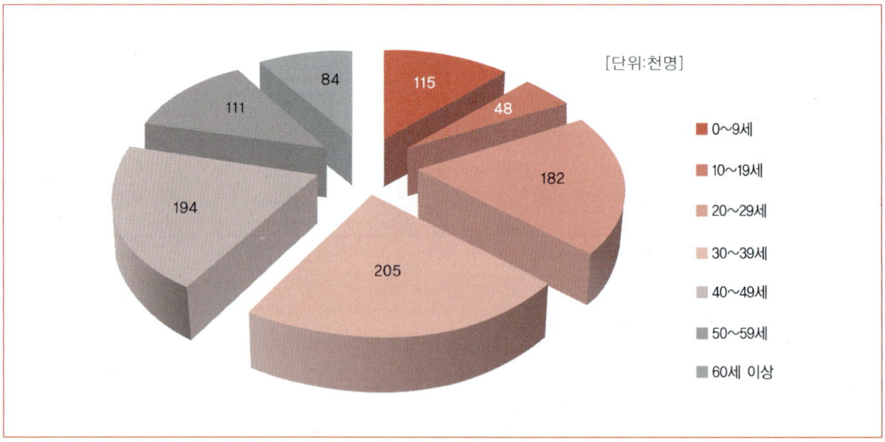

출처: 통계청(각 연도), 인구주택총조사; 국가통계포털(KOSIS).

[그림 1-6] 연령별 다문화가구원 구성비

참고자료 1-2

▌가족의 변화, 위기인가 변화인가?

가족을 둘러싼 최근의 급격한 변화는 다양한 매스미디어의 매체를 통해 소위 '가족의 위기'라 일컬어지며 우리사회의 주요한 사회문제로 부각되고 있다. 이러한 작금의 현실에 대해 가족은 해체의 위기에 있다는 입장과 가족은 단지 변화할 뿐이라는 입장이 다양한 논리로 전개되고 있는 상황이다. 핵가족은 지속적으로 감소하여 2011년 현재 전체 가구의 41.1%를 차지하고, 1인가구는 20.3%까지 증가하였으며, 재혼가족, 한부모가족, 동거가족 등 다양한 가족이 증가하였다. 경기도의 경우 부부와 자녀로 구성된 전통적인 핵가족이 2000년에는 전체 가구의 53.3%를 차지하였으나, 2011년 현재 46.1%까지 감소하였다. 또한, 2011년 현재 1인가구는 약 68만 6,000가구로 전체 가구의 17.2%를 차지하는 것으로 나타났다. 이외에도 재혼가구가 1999년 이후 2009년까지 5%포인트 안팎으로 증가하고 있는 것도 변화하는 현상이다. 한편, 가족에 대한 사람들의 인식변화도 두드러진다. 여성가족부가 실시한 2010년 제2차 가족실태조사에 의하면, 우리나라 국민이 인식하고 있는 가족의 범위는 점차 좁아지고 있다. 1차 조사와 비교할 때 2차 조사에서는 조부모, 사위와 며느리, 손자녀를 가족으로 인식하는 비율이 절반 이하로 현저하게 낮았다.

출처: 서울시정일보(2012. 3. 29).

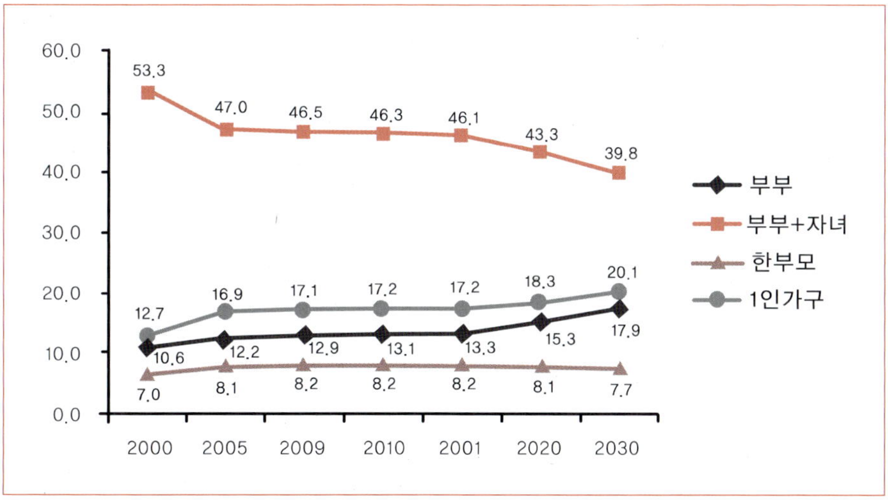

출처: 통계청, 2007년 장래가구 추계, 2010년 출생·사망통계를 활용하여 구성.

[그림 1-7] 대한민국 가족의 변화, 어떻게 볼 것인가?

3. 가족연구의 관점

가족은 사회의 여러 다른 제도로부터 끊임없이 영향을 받는 하나의 사회제도이면서 가장 오랫동안 지속하여 온 제도이다. 이러한 가족에 대해 여러 학문 분야에서 꾸준히 관심을 가져 왔으며, 다양한 이론에 의해 연구되고 있다. 이론은 우리가 가족을 연구하는 틀을 제공하기 때문에 연구 주제와 관련 있는 연구 문제를 논리적으로 정리할 수 있고 새로운 이론으로 발전시킬 수 있다.

가족에 대한 연구는 가족이 갖는 복잡하고 다학제적(多學制的)인 성격에 의해 다양한 학문 분야에서 접근을 달리하고 있지만, 때로는 다른 학문의 기본적 이론을 응용하여 적용, 발전시켜 왔다. 이러한 이론은 가족 전체를 설명하기보다는 관점에 따라 접근방식이 다르고 부분적 설명으로 이루어졌으며, 이들이 종합되었을 때 더욱 그 설명력이 높아지게 된다. 서구의 가족 이론은 1950년 이후 발달이 활발해지기 시작하여 1970년대에 이르러 과학적 연구의 정교화가 이루어졌으며, 1980년대에 대안적 가족과 미래의 가족, 가족상담과 치료에 관한 내용을 많이 다루기 시작하였다고 볼 수 있다(김혜경 외, 2011).

1) 구조기능주의 이론

구조기능주의 이론은 가족이 사회와 개개인에 대해 어떤 기능을 하며, 사회와 어떻게 연계되어 있는지를 설명해 주는 이론이다. 초기 구조주의자들은 유기체들의 자연도태와 진화론을 주장한 다윈(Darwin)[5]의 영향을 받았는데,

---

5) 찰스 로버트 다윈(Charles Robert Darwin, 1809. 2. 12~1882. 4. 19)은 영국의 생물학자, 박물학자이며 철학자로 인정받기도 한다. 진화론을 체계적으로 정리한 뒤 저서 「종의 기원」을 통해 공식적으로 진화론을 발표하여 논란이 되었다. 박물학자 에라스무스 다윈의 손자이며, 생물학자 프랜시스 골튼의 외사촌 형이기도 하다. 「종의 기원」에서 생물의 진화론을 내세워 코페르니쿠스의 지동설만큼이나 세상을 놀라게 했다. 당시 지배적이었던 창조설, 즉 지구상의 모든 생물체는 신의 뜻에 의해 창조되고 지배된다는 신중심주의 학설을 뒤집고 새로운 시대를 열어, 인류의 자연 및 정신문명에 커다란 발전을 가져오게 했다. '인간과 원숭이는 공통 조상을 갖는다.'라는 그의 발언은 당시 유럽 사회에 충격을 주었고, 진화론과 창조론 간의 논쟁에 본격적으로 불을 붙였다.

이들은 그의 진화론적 원리를 예로 사회질서와 변화를 설명하고 있다. 사회가 가장 잘 기능하고 유지되기 위해 가족의 구조와 기능은 어떻게 변화하고 있고 변화되어야 하는지를 본다. 구조기능주의 이론은 다양한 가족 형태 중에서도 핵가족을 친족집단의 기본단위로 보고 산업사회에 가장 잘 기능할 수 있는 가족구조로 생각한다. 따라서 사회변화에 따른 가족구조와 기능의 변화, 즉 체계, 구조, 기능과 역기능, 도구적 역할과 표현적 역할 등에 주목한다.

(1) 기본 가정

첫째, 체계 구성요소는 상호 의존적이다. 사회 내적 구조들은 상호 의존성을 갖고 있다는 기본적 가정(假定)에서 출발하며 사회체계 내의 부분 간의 상호 의존성을 강조한다. 즉, 사회를 유지하기 위하여 경제체계, 가족체계, 종교체계, 정부와 교육체계는 상호 의존적 관계 가운데 기능하고 있다는 것이다. 체계 내의 각 부분은 다른 모든 체계의 구성요소에 영향을 주며, 체계의 한 부분이 변화하면 다른 모든 구성요소도 이러한 변화에 적응해야만 한다는 것이다.

둘째, 사회적 변화는 전체 사회체계에 영향을 미친다. 체계의 구성요소는 서로 상호 의존적이기 때문이며, 따라서 체계의 어느 한 부분의 변화는 궁극적으로 전체 체계에 영향을 미칠 것이기 때문이다. 그러나 사회변화가 그 사회에 긍정적인지 부정적인지에 대한 기능주의자들의 논쟁은 시대에 따라 변화됐다.

(2) 평가

구조기능주의 이론은 보수성과 성차별의 측면에서 비판을 받았으며, 사회변화의 긍정성과 부정성 중에서 부정적 측면에 초점을 두고 강한 비판의 대상이 되었다. 그들은 사회변화를 무시하고, 사회적 갈등을 인식하지 못하고 있다는 비판을 받았다. 과거와 마찬가지로 오늘날 기능주의자들은 사회변화가 사회체계의 모든 부분에 영향을 미친다고 인식하고 있으며, 현대 기능주의자들은 변화는 피할 수 없이 계속하여 일어나고 있고 사회체계는 궁극적으로는 변화에 적응하게 되어 있다고 주장하고 있다.

2) 체계 이론

체계(system)는 여러 개의 부분으로 구성된 전체, 즉 전체를 구성하는 부분들이 모여 복잡한 기능체를 만든다는 개념이다. 체계 이론은 1930년대 독일의 생물학자 베르탈란피(Bertalanffy)의 일반체계 이론을 가족체계에 적용한 것으로 1960년대 이후 많은 학문의 영역에서 응용하고 있다. 가족체계의 원리는 '전체성'에 입각하고 있고 "전체는 부분의 합보다 크다."라고 보며 이러한 결과는 가족구성원 간의 상호작용으로 가능하다고 본다. 가족은 외부 환경에 대힌 개방성과 가족구성원 간의 상호작용으로 변화하는 상황이나 요구에 민감하게 반응하며, 안정성과 균형을 유지하기 위해 상호작용 패턴을 형성하고 가족구성원의 행동을 제한한다는 규칙을 가진다.

(1) 기본 가정

첫째, 전체성이란 전체는 부분의 합보다 크다는 것이다. 체계 이론에 따르면 온 우주는 각각의 부분을 이루는 구성요소로 이루어진 하나의 합성체이다. 그러나 이러한 각각의 구성요소인 체계들은 단면적으로 이해할 수 없고, 상호간의 교류 작용과 관계성을 갖고 있어서 결국 상위체계의 성격은 하위체계 간의 상호 교류적 관계 특성에 따라 달라지며, 더 큰 영향을 받는다.

둘째, 상호성이란 체계의 부분적 변화는 체계 내 다른 부분의 변화를 초래한다는 것이다. 체계는 자신을 유지하기 위하여 체계 내외의 변화와 상호작용을 통하여 새로운 변화를 창조하는 시너지(synergy)를 소유하고 있다.

셋째, 체계는 항상성을 가진다. 유기체는 근본적으로 개방체계로서 끊임없이 정보와 에너지를 투입하고 산출함으로써 스스로를 유지하거나, 구성요소를 파괴 혹은 생성하면서 안정상태(평형상태)를 유지하려고 하는 특징이 있다. 즉, 체계는 변화 욕구와 항상성 욕구 사이에서 체계 간의 피드백을 통하여 의사소통하면서 가장 안정된 상태를 유지하고자 한다. 따라서 체계는 안정 지향적이면서 또한 변화 지향적인 상태를 반복하면서 점진적 변화과정을 거친다.

(2) **평가**

체계 이론은 가족현상을 분석하고 설명하는 데 유용한 통찰력을 제공했다는 데 의미가 크며, 사회복지, 정신치료, 가족상담과 치료 등의 영역에서 유용하게 활용되고 있다. 그러나 여권주의 성향이 있는 가족연구자나 상담가는 체계 이론이 가족 내 모든 구성원이 동등하게 체계의 역기능에 이바지한다고 가정함으로써 가정 내 남성과 여성의 권력 차이를 간과했으며, 상대적으로 약자의 처지에 있는 집단에 대해 설명력이 약하다고 평가한다. 또한, 다른 이론처럼 법칙이나 명제를 발전시키기보다는 일반적인 하나의 사고방식으로서의 개념들이 지나치게 추상적이어서 설명력이 부족하다는 비판을 받는다.

3) 상징적 상호작용 이론

상징적 상호작용 이론은 가족 간의 상호작용 유형에 관심을 갖는 미시적 접근으로 가족을 이해하고자 한다. 인간행동은 인간 상호 간의 사회적 상호작용을 통하여 결정되고 설명될 수 있다고 주장한다. 따라서 이론의 주요개념으로 볼 수 있는 역할과 정체성, 자아개념, 의사소통, 그리고 개인의 복지에 있어서의 대인적 관계 및 가족관계의 중요성을 강조한다.

상징적 상호작용론자들은 개인의 사회화가 어떻게 일어나는지, 사회화 과정이 개인의 삶에 어떻게 영향을 미치는지에 관심을 두었다. 예를 들면, 상징적 상호작용 이론은 성 역할 사회화를 연구하는 데 있어서 매우 유용하였다. 또한, 다양한 가족 상황에서 가족 간의 상호작용이나 사회화의 영향을 조사함으로써 개인의 행동과 자아개념에 어떤 차이가 있는지를 연구하는 데 적극적이었다.

(1) 기본 가정

첫째, 인간은 그들이 상징을 창조하고 조작할 수 있다는 점에서 독특하고 유일한 존재이다. 행동주의자들과 달리 상징적 상호작용론자들은 인간은 추상적이고 정교화된 언어적·비언어적 상징체계들을 통하여 의사소통할 수 있는 능력이 있으므로 다른 동물들과는 다르다고 주장한다. 이러한 능력은 개인에게 그들의 경험을 분류하고 과거의 사건들을 회상하고, 미래를 예측하게 하며, 사람과 사건을 범주화하여 자신과 다른 사람들을 더욱 넓은 사회적 상황 아래에서 조망할 수 있게 한다. 따라서 상징적 상호작용론자들은 사회적 역할의 중요성을 강조하게 되는 것이다.

둘째, 상징의 의미는 사회적 상호작용 내에서 만들어진다. 상징적 상호작용론자들을 따르면, 사람들은 다른 사람과의 상호작용을 통하여 "어떤 것 혹은 모든 것에 대한 의미를 부여받게 되며, 학습을 통하여 그 의미가 전이된다."라고 주장하였다. 이는 물건이나 사건들에 부여된 의미들은 영원한 것이 아니라 시간이나 상황이 달라짐에 따라 얼마든지 전환되거나 변화할 수 있는 것임을 말한다.

셋째, 상황에 대한 인지(認知)가 인간의 행동에 영향을 미친다. 상호작용론은 인간행동을 완전히 이해하려면 주어진 상황에 대한 주관적 해석과 분석이 매우 결정적임을 주장하고 있다. 의미가 사회적 상호작용에 의하여 결정된다는 것을 주장함에 따라서, 상징적 상호작용론자들은 인간이 그들이 처한 환경에 대하여 그들의 행동을 스스로 통제하고 주장할 수 있으며, 자신의 행동을 결정짓는 데 능동적 존재임을 주장하고 있다.

넷째, 인간은 지속적으로 변화하는 사회에 태어난다.

다섯째, 개인은 자아개념을 갖고 태어나는 것이 아니라 사회적 상호작용을 통하여 자아개념이 발달한다. 상징적 상호작용론자들은 사회적 상호작용은 개인의 자아개념 발달에 매우 중요한 과정이라고 믿는다.

여섯째, 자기 자신은 과정이며 또한 목적 자체이다. 자아개념이란 인간이 다른 사람과 상호작용하면서 지속적으로 형성되고 획득되는 것이며, 자신의 행동에 대하여 혹은 다른 사람들이 자신에 대하여 어떻게 생각하는지 등을 생각하면서 자신의 행동에 반영시킬 수 있다.

일곱째, 인간은 그들이 처한 자연적 환경과 사회적 맥락 가운데 연구되어야 한다(서병숙 외, 2002).

(2) 평가

첫째, 상징적 상호작용 이론은 미시적 관점을 갖고 있기 때문에 가족에 영향을 미치는 거시적 측면을 간과하는 경향이 있다. 가족은 커다란 사회에 속해 살아가기 때문에 사회구조적 영향을 직접적으로 받는 집단이다. 둘째, 가족관계에서 보이지 않는 권력과 역할을 간과하고 있다는 비판도 있는데, 상호작용으로 해결할 수 없는 권력과 역할의 장벽을 설명하기 어려운 점을 갖는다. 셋째, 상징적 상호작용 이론은 인간생활의 무의식적이면서 정서적인 측면을 충분히 설명하지 못한다는 것이다. 사람은 '자아'뿐 아니라 '타아'도 함께 갖고 있다는 점과 실제의 현실과 자신만이 만들어 낸 현실을 갖기도 하는데, 이를 고려할 수 없다는 점에서 비판을 받고 있다.

4) 갈등 이론

갈등 이론은 인간의 기본적 속성과 사회자원의 제한성 등으로 말미암아 갈등은 피할 수 없는 것이며, 갈등은 사회적 진보를 위하여 필요한 것으로 본다. 엥겔스(Engels)는 마르크스(Marx)의 기본개념을 가족과 여성-남성 관계에 적용하였는데, 그는 갈등의 대립성을 강조하여 자본주의 내에 존재하는 억압과 착취는 가족 내에서 그대로 재생산된다고 주장하였다. 실례로 경제적 생산의 주요 책임자요 공급자인 남성은 가정 내에서 여성에 대한 권력을 갖고 우월적 지위를 차지하고 있으며, 부와 권력에 대한 능력이 없는 여성과 아이들은 종속적이 된다고 하였다. 자본 축적의 기본이 되는 사적 재산이 부계, 일부다처제의 가족체도를 출현시켰다고 보고, 자본주의를 없애는 것이 결혼과 가족제도에서의 불평등을 제거하는 것이라고 하였다.

(1) 기본 가정

첫째, 갈등은 자연적인 것이며 인간의 본성과 사회 내에서 피할 수 없는 것이다. 갈등이론가들은 인간은 본래 자기중심적이라고 할 수 있고, 다른 사람의 욕구보다는 자신의 욕구를 추구하게 된다고 가정한다. 더욱이 각각의 개인은 서로 다른 분명한 목적과 가치와 관심을 갖고 있어서 사회적 상호작용을 해야 하는 삶의 현장에서 각각의 목적과 가치가 다른 사람의 그것과 상충하고, 이는 필연적으로 갈등 요소가 된다는 것이다. 사회적 갈등은 한정된 자원으로 말미암아 야기된다고 설명한다. 갈등이론가들은 사회는 그 구성원 모두에게 줄 수 있는 충분한 자원을 갖고 있지 못하며, 개개인은 지속적으로 그러한 희소한 자원을 획득하기 위하여 경쟁해야만 한다는 것이다. 부와 특권, 권력과 같은 자원은 현대 산업자본주의 사회에서 가장 수요가 많고 공급이 한정된 자원 중의 하나라고 할 수 있다.

둘째, 경제는 다른 모든 사회제도의 구조를 결정한다. 갈등이론가들은 경제가 다른 모든 사회제도보다 더 중요하고 영향력이 있으며, 경제가 사회의 하부 구조를 형성하고 사회의 다른 제도의 구조와 조직에 영향을 미친다고 본다.

셋째, 갈등은 성장과 사회변화를 위한 필수요소이다. 갈등이론가들은 갈등을 자연적이고 피할 수 없는 현상으로 보았을 뿐만 아니라 갈등이 사회에 유익을 줄 수 있는 것으로 보았다. 사회적 갈등과 변화는 사회와 사회적 제도가 진보되기 위한 필수 과정이라는 것이다.

(2) 평가

갈등 이론은 권력과 역할과 같은 사회규범이 가족 간에는 경쟁적 갈등기제로만 작용하지 않고 긍정적으로 수용되기도 하고, 가족구성원 간의 갈등을 통제하는 데 영향을 주기도 한다는 점을 간과하였다. 실제로 가족은 애정이나 친밀감, 유대감, 희생정신 등이 중요한 정서로 작용하고 있는 집단인 만큼 가족문화를 설명하기에는 다소 무리가 있다.

갈등이론가들은 사회적 성 역할을 심각하게 다루어 왔으며, 여성의 종속은 노동시장의 분리에 따른 경제적 구조의 부산물로 보고 있다(Osmond, 1987). 성 역할 규범은 남성의 권력과 권위를 가족 내에서 강화시킨다. 많은 갈등론자는 사회적·법적 변화를 통하여 여성이 경제적 자원에 더 많이 노출되고 다가갈 수 있어야 한다고 주장하고 있다. 갈등의 유용성을 강조하는 현대사회의 갈등 이론은 어떤 가족구성원도 착취당하거나 억압받고 있다는 것을 가정하고 있지 않다. 단지 이런 관점을 가진 학자들은 갈등이 관계 가운데 내재하여 있음을 언급하고, 그러한 갈등은 분명히 긍정적 변화를 가져올 수 있는 잠재력이 있음을 지적함으로써 갈등의 유용성을 언급하고 있는 것이다.

5) 포스트모더니즘

가족분야에서 포스트모더니즘(postmodernism)[6] 논쟁은 가족생활의 다양성에서 출발한다. 스테이시(Stacey, 1990)가 적절히 표현하였듯이 현대 가족생활의 다양성은 과거의 관례로 보면 '현대를 뛰어넘는 가족혁명'인 셈이다. 과거의 이론대로라면 사회는 핵가족이든 확대가족이든 단일한 형태의 가족생활의 주종을 이루어야 하기 때문이다. 구체적으로 영국이나 미국 예를 들면, 확대가족은 말할 것도 없고 엄격한 의미에서의 '정상적인 핵가족'마저도 감소하고 있으며, 비정상적이라고 간주되었던 여러 형태의 가족이 오히려 주류를 이룰 정도가 되어버린 것이다.

6) 포스트모더니즘이란 모더니즘의 연속선상에 있으면서 동시에 그에 대한 비판적 반작용으로, 비역사성, 비정치성, 주변적인 것의 부상, 주체 및 경계의 해체, 탈장르화 등의 특성을 갖는 예술상의 경향과 태도를 말한다. 대표적 포스트모더니스트로는 바스(Barth, J.), 호크스(Hawkes, J.), 베케트(Beckett), 뷔토르(Butor, M.), 로브그리예(Robbe-Grillet, A.) 등이 있다. 그러나 포스트모더니즘이란 무엇인가라는 물음과 관련하여 가장 주목되는 것 중의 하나는 아직도 이 개념에 대한 일반적인 정의가 불가능하다는 것이다. 왜냐하면, 포스트모더니즘의 개념은 문학, 철학, 사회학과 더불어 예술일반에 적용될 수 있으면서도 적용분야에 따라 그 의미가 상당부분 다르게 해석되기 때문이다.

포스트모더니스트들은 현재의 가족생활 경향이 전통적 이론으로 적절하게 설명되지 않는다는 사실에서 논쟁을 시작하고 있다. 치일(Cheal. 1993)은 "가족에 관한 전통적 합의는 끝났다."고 보고 있다. 그는 오늘날의 다양한 가족 형태는 생활양식의 선택성, 사회적 분열, 다양성, 다원주의 등의 개념으로 설명될 수 있다. 단일한 형태의 가족생활만을 한정적으로 인정하는 가족모델은 이제 더 이상 적합하지 않다. 그런 모델 대신 다원적 접근이 시도되어야 한다고 하였다. 유사한 맥락에서 버나드즈(Bernardes, 1991)는 "가족을 고정된 형태로 정의하여서는 안 된다."고 주장하며, 래포포트(Rapoport, 1989)는 상투적인 가족이론을 대체하는 의미에서 다양한 모델을 제시하고 있다.

포스트모더니즘은 전통적 근대화 이론의 유용성에 대하여 본질적 비판을 가하였고 포스트모던한 사회로의 돌입을 예언하였다. 그럼에도 문제는 그 이상의 논의를 발전시키지 못하고 있다는 점이다. 현대 가족생활의 규범적 불확실성을 지적하였을 뿐 지금 이 시점을 뛰어넘은 다음에는 어떤 사회가 도래할지에 대해서 예측을 하지 못하고 있다. 즉, 포스트모던한 가족생활의 구체적 정체가 무엇인가에 대해서는 설명을 못하고 있는 형편이다.

푸코(Foucault)는 가족 내의 남녀 간 관계는 '동맹의 차원'에서 '성애적 차원'으로 전환되어 가고 있다고 본다. 즉, 쾌락의 원칙에 따라 가족의 중요성은 혼인 장치라는 차원에서 성적 욕망의 장치라는 차원으로 변모해 간다는 것이다. 푸코는 '동맹의 차원'과 '성애적 차원'은 전통적인 핵가족 안에서 본래 서로 밀접하게 얽혀 있었다. 그러다 선진 자본주의 사회에서 생물학적 재생산(출산)의 중요성이 쇄락하고 출산의 경제적·사회적 기능도 퇴화한 결과 '동맹의 차원'은 그 기능을 잃게 되었다는 것이다. 대신 자본주의 사회가 점점 풍요로워지고 내면적으로 더욱 다양하게 되어 '성애적 차원'이 강화되었다(최경석 외, 2006).

6) 여권주의

여권론자들은 기존의 가족에 대한 가정(假定) 혹은 이해에 대해 비판한다. 즉, 견고하게 불변하는 성별 분업, 예컨대 생계유지자인 남편과 전업주부인 아내로 이루어지는 가족만이 유일한 형태이고, 그것만이 바람직하고 합법적이며 기능적이라고 보는 단일적 시각에 대해 비판한다. 따라서 사회에서 여성에게 권력을 부여하고 억압상황을 변화시켜야 한다는 것이다.

여권주의 이론의 중요한 개념은 갈등, 투쟁, 저항, 양면가치, 성(性) 등이다. 연구는 성, 성차, 성역할, 성층화에 초점을 둔다. 여권론자들이 강조하고 지향하는 바는 각기 다르지만, 이들은 공통으로 주부로서의 역할 강요에 따른 여성노동의 규제, 여성의 성과 출산에 대한 남성의 통제, 그리고 전통적인 성역할의 구조화라는 세 가지 측면이 여성을 억압해 왔다고 주장한다. 즉, 여성은 가부장적인 이데올로기에 의해 억압받고 있는데, 이는 남편과 아내를 다른 계급에 놓이게 함으로써 권력의 불평등을 일으킨다.

여권주의의 두 가지 기본 가정(假定)은 다음과 같다. 첫째, 남성과 여성의 관계는 힘으로 결정된다고 본다. 성차 이론에 의하면, 남성과 여성의 관계는 그것이 개인적이든 가족적이든 혹은 사회적이든 여성을 불리한 입장에 놓고 남성우월을 정당화하는 구조로 형성되어 있다. 따라서 가족 내에서도 남성의 일과 여성의 일이 분명하게 구별된다. 맞벌이 부부라고 할지라도 대부분의 집안일은 여성의 책임이고 남편의 직업이 아내의 직업보다 우선권을 가진다.

둘째, 사회는 남성이 여성을 지배하도록 구성되어 있다고 본다. 최근의 여성해방론자들은 이 같은 성적 불평등은 남성과 여성을 서로 정반대의 특성이 있는 존재로 인식하는 것에 기인한다고 주장한다. 전통적으로 남성과 여성들은 각기 다른 능력, 성격과 기술을 지니고 있다고 생각되었다. 동시에 남성적 특성으로 인식되는 이성과 공격성이 여성적 특징으로 평가되는 정서성과 수동성보다 더 가치 있다고 판단되기 때문에 성차별이 일어난다. 여성해방론자들의 견해는 성차는 선천적이고 본능적인 것이 아니고, 단지 사회에 의해 구성되었을 뿐이라는 것이다. 최근의 많은 연구자는 남성과 여성이 서로 다르기보다 더 유사한 특징을 지닌다고 밝혔다(Ferree, 1991, 최경석 외, 2006 재인용).

여성해방을 위해서는 구체적으로 여성과 남성이 평등해지는 범위 내에서 가족구조를 수정해 나가야 한다는 온건한 입장과 전통적인 가족의 질서와 구조를 전복시키고 다양한 형태의 결혼양식을 제시하며, 자녀출산과 양육과정까지 사회기관으로 이전시켜야 한다는 급진적인 입장이 제시되어 가족분야에서 중요한 관점으로 드러나고 있다. 여권주의 이론은 기본적 가정의 대부분이 갈등 이론으로부터 도출되었다. 즉, 가족 내의 힘과 우월의 문제에 집중하여 가족의 고유한 특성인 사랑과 희생, 이타주의, 그리고 협동 등이 무시되거나 간과되었다. 분명 가족 내에 아직도 성차별적인 요소가 많이 존재한다. 하지만 가족만이 갖는 고유한 특성이 배제된 이론은 완전한 이론으로 인정받기 어렵다.

CHAPTER 02

가족복지의 이해

학습 목표

- 가족복지의 개념을 이해한다.
- 현대사회에서 가족복지의 필요성을 설명할 수 있다.
- 가족복지의 접근방법을 설명할 수 있다.
- 가족복지의 관점을 이해하고, 이를 설명할 수 있다.

1. 가족복지의 개념

가족복지가 무엇일까? 가족복지의 개념은 각국의 문화적 양상에 따라 학자마다 다양하게 정의하고 있다(〈표 2-1〉 참조). 여기서는 가족복지의 개념 정의를 위해 먼저 가족(family)과 복지(welfare)로 나누어 살펴본다.

가족이란 이미 앞에서 충분히 설명을 한 바와 같이 혼인, 혈연, 입양 등을 통해 이루어져 의식주의 해결을 공동으로 하고, 정서적·정신적 유대와 공동체적 생활방식을 갖는 집단을 말한다. 여기에 가족구성원의 필요에 따라 일상생활을 함께하는 집단까지 포함하면 넓은 의미의 정의이다. 복지란 더할 나위 없이 좋고 만족스러운 삶, 즉 건강이나 행복의 조건들이 만족스러운 안녕(well-being)의 상태를 말한다. 그리고 공공부조의 의미도 포함하면서 인간의 안녕된 삶을 위한 적극적인 사회적 노력이라 할 수 있다. 이렇게 볼 때 가족복지란 가족의 복지를 추구하기 위한 인간 공동체적 노력이라고 말할 수 있다.

〈표 2-1〉 학자별 가족복지의 정의

학자(연도)	개념 정의
펠드맨(Feldman)과 스케르츠(Scherz, 1968)	전체로서의 가족은 물론 그 구성원들의 사회적 기능 수행을 효과적으로 증진시킴으로써 가족구성원 모두에게 행복을 도모하도록 하기 위한 사회복지의 한 분야
김영모(1960)	가족의 생활을 강화하고 가족 내의 관계를 강화시키며, 가족구성원의 사회적응 기능을 강화시키기 위하여 정부와 민간이 개입을 행하는 사회적 대책
김만두(1982)	가족의 집단성을 확립하도록 하고, 개개인의 가족구성원 인격의 성장과 발달을 원조하며, 항상 변화하는 사회에 대응하여 적극적인 적응 능력을 가질 수 있는 가족, 즉 대사회적으로 적응하는 가족으로서의 확립을 목표로 전개하는 활동
김상규 등(1983)	가족의 행복을 유지시키는 것을 말하는데, 국민 생활권의 기본 이념에 입각하여 가족생활을 보장하는 사회적 모든 노력
조흥식 등(1995)	목적 면에서는 국민의 생활권의 기본 이념에 입각하여 가족의 행복을 유지시키고자 하는 것이며, 주제 면에서는 가족을 포함한 사회구성원 전체가 되고, 대상 면에서는 가족구성원 개개인을 포함한 '한 단위로서의 가족 전체'가 되며, 수단 면에서는 제도적·기술적 서비스 등 조직적 제반 활동이 되고, 범위 면에서 사회복지의 한 분야
김혜경 등(2011)	가족의 욕구를 자력으로 충족할 수 있도록 그 잠재력을 개발시켜 주거나 가족문제의 예방 및 해결, 가족구성원의 기능 수행의 활성화와 생활의 질적 향상 등에 전문적 지식과 기술을 동원한 제도적·정책적·기술적 서비스로, 가족구성원 개인이나 가족 전체에 관심을 갖는 과정

출처: 김혜경 외(2011), 가족복지론, pp. 50-52에서 발췌 정리.

2. 가족복지의 필요성

현재 우리 사회의 가족은 사회경제적 변화와 더불어 가족의 구조나 관계, 기능, 역할, 가치관을 비롯하여 가족생활 전반에 걸쳐 많은 변화를 겪고 있다. 가족 내외적 변화로 말미암아 가족은 다양하고 복잡한 문제에 직면하고 있으며, 가족문제의 증가는 개인과 사회 전체에 많은 부담과 부작용을 낳는다. 이러한 상황 속에서 그동안 가족이 수행하던 많은 기능이 축소되고 가족복지서비스가 가족기능을 보완하고 대체하게 되어 가족복지가 더욱 필요해졌다. 가족복지의 필요성을 구체적으로 살펴보면 다음과 같다(최경석 외, 2006).

1) 가족과 사회관계의 변화

현대사회는 개인과 사회의 존속을 위해 없어서는 안 될 중요한 기능적 과업을 수행하는 가족과 사회의 관계성은 더욱 긴밀해지고 있으나, 과거 가족이 지닌 주요 기능이 전반적으로 약화되어 자신의 힘으로는 결코 해결할 수 없는 많은 문제를 안고 있다. 한편으로는 취업모의 증가, 소가족화, 탈시설화 정책, 비용절감 정책 등의 이유로 가족구성원의 보호와 복지에 대한 가족의 책임이 예전보다 강조되고 있다. 따라서 가족의 책임을 잘 수행할 수 있도록 다양한 가족복지서비스가 제공되어야 한다.

2) 가족에 대한 개입 관점의 변화

1980년대 이전까지는 가족구성원의 보호는 가족의 책임으로 간주하여 국가가 개입하는 것이 오히려 문제를 일으킨다는 상황이었다. 하지만 이제는 사회문제해결에 국가가 개입하는 것을 바람직하지 않게 여기던 신자유주의자들조차도 사회복지제도의 개혁을 추진하면서, 가족제도를 강화하는 가족복지 프로그램을 집중적으로 지원하는 경향으로 가족에 대해 국가가 개입하는 쪽으로 관점이 변화되었다.

3) 다양한 가족 형태의 등장과 욕구의 변화

다양한 가족 형태의 등장과 욕구로, 이러한 가족의 욕구를 충족시켜 주는 가족복지서비스가 필요해졌다. 맞벌이가족, 한부모가족, 소년소녀가정가족, 독신가족, 노인단독가족, 공동체가족, 동성부부가족 등 다양한 가족이 보편화되면서 기존의 가족복지정책으로는 가족의 욕구를 충족시키기 어렵게 되었다.

4) 가족문제에 대한 가족단위 접근의 변화

인간과 사회문제를 해결하는 데 가족이 효율적 단위라는 사실이 강조되고 있다. 인간의 문제를 해결하려는 접근방법으로 개인을 대상으로 한 개별적 접근보다 가족을 단위로 한 가족치료가 문제해결에 더욱 효과적이라는 결과가 나온 것도 한 예라고 할 수 있다.

3. 가족복지의 접근방법

가족복지의 접근방법은 거시적 측면에서의 가족복지정책과 미시적 측면에서의 사회복지사가 직접 만나서 개입하는 가족복지서비스와 가족치료 등으로 나눌 수 있다. 가족복지정책적 접근방법은 가족이 전체 사회와의 관계에서 제도로서 잘 존속하거나 기능할 수 있도록 사회적 조건 혹은 환경을 조성해 가는 접근방법으로서 가족에 직접 개입하기보다는 간접적으로, 그리고 법과 제도를 통한 거시적 접근을 의미한다. 이에 비해 가족복지서비스적 접근이나 가족치료는 가족문제나 가정생활에 직접적으로 개입하여 심리적 서비스나 지역사회 정보나 연계를 활성화시키는 것과 관련되는 방법으로 미시적 개입방법을 말한다.

위의 접근방법을 종합해 볼 때, 어떤 수준에서 출발하느냐 하는 시각상의 차이일 뿐 가족의 사회적 기능수행의 향상과 행복을 도모한다는 점에서는 상호 보완적 관계에 있다(박옥임 외, 2008; 김은영 외, 2009; 김영화 외, 2010; 이영실 외, 2010).

1) 가족복지정책적 접근방법

가족복지정책적 접근이란 그 대상이 가족 전체, 즉 국민이며 개인 차원에서 벗어나 사회적 질서가 무너져 사회적 위험으로 나타난 사회구조적 문제로 개인의 책임이 아닌 사회적 책임 혹은 국가적 책임으로 보면서 접근하는 방법을 말한다. 이 접근은 정부가 어떻게 대응해야 하는가에 대한 논의에서 시작되지만 세 가지 시각, 즉 ① 보수주의적 시각, ② 진보주의적 시각, ③ 여성주의적 시각에 따라 가족복지정책의 방향이 달라진다(조흥식 외, 2006).

(1) 보수주의적 시각

보수주의적 시각에서는 현재 변화하는 가족 형태를 병리적 가족해체로 보고 전통적 가족유형이 붕괴되는 것에 대해 두려워하는 견해를 취하고 있다. 이들은 가족이 사회통제를 하는 가장 중요한 제도이기 때문에 가족이 붕괴되면서 사회도 위협받는다고 보고 다양한 가족을 위한 가족복지정책은 오히려 가족붕괴를 조장한다고 본다. 정부가 마련한 제반 정책 프로그램이 국민을 빈곤하게 하는 원인이라고 보고 있다.

(2) 진보주의적 시각

진보주의적 시각에서는 현재 가족은 변화하고 있는 것이지 쇠퇴하는 것이 아니라고 본다. 그러면서도 가족은 계속해서 일차적이고 친밀한 관계를 유지하는 조직이므로 변화하는 가족의 욕구에 대응하여 현존의 가족복지정책을 바꿀 필요가 있다고 보는 시각이다. 따라서 가족을 위한 국가적·사회적 지원이 있어야 한다는 것이다. 또한, 이들의 주된 관심은 아동의 이해와 성인의 이해가 균형을 이루도록 정책이 개발되어야 하며, 특히 여성의 경제적 자립을 인정해야 하고 그러기 위해서는 남성이 가사노동과 육아책임을 공평하게 분담하는 등 권리와 책임을 공평하게 분배하는 정책이 필요하다고 보고 있다.

(3) 여성주의적 시각

여성주의적 시각에서는 보수주의적 시각과 진보주의적 시각의 쟁점인 가족의 복지증진에 정부가 당연히 개입해야 한다는 것을 전제로 한다. 단, 어떤 영역에 개입해야 하는가, 즉 정책방향이 성 평등적이어야 하며, 여성이 불이익을 당하는 구조적 측면을 개선해야 한다는 데 중점을 둔다. 그래서 이 시각은 기존의 가족복지정책이 여성의 재생산기능을 보호하는 데 중점을 두고 있다고 비판한다.

한편, 가족복지정책은 일반적으로 명시적 가족복지정책과 묵시적 가족복지정책의 두 영역으로 분류된다(NASW, 1995). 명시적 가족복지정책은 정부가 특정한 기획과 정책을 행할 때, 그것이 가족에게 분명하게 관여하는 것이며 가족복지정책의 목표라는 승인을 얻을 수 있는 것으로서 탁아서비스, 아동복지서비스, 가족상담, 생활부조, 가족계획, 각종 조세혜택, 주택정책 등을 들 수 있다.

반면, 묵시적 가족복지정책은 여러 목표 모두가 승인되지 않더라도, 적어도 가족에 대해 관여하고 있는 기획 혹은 정책으로서 성립되는 것으로 직접 가족에 특정적이고 1차적으로 관여하는 것이 아니라, 정부나 행정기관이 행하는 활동이 간접적으로 가족을 위해 사회적 중요성을 가지는 것이다. 예를 들면, 공장은 어디에 설치해야 하는가, 도로와 건물은 어떻게 배치해야 하는가, 관세조정을 어떻게 할 것인가, 이민정책을 어떻게 할 것인가 등을 들 수 있다.

이처럼 가족복지정책은 문제가족에 대하여 사후처방적 처우라기보다는 사전예방적 처우라는 관점에서 사회의 구조적 문제에 대하여 제도적, 환경적, 거시적으로 접근하는 것으로, 정부가 가족을 위해 시행하는 모든 활동을 의미한다고 볼 수 있다. 이러한 가족복지정책의 전체적 모습은 그 사회가 추구하는 사회적 비전, 사회적 목표를 바탕으로 결정되며, 전체 가족복지서비스 체계를 구성하는 적합한 요소는 가족복지정책에 의해 반영된다.

가족복지정책에 고려되어야 할 요소는 다음과 같다. 첫째, 가족복지정책의 목표는 가족구성원 개인의 보호 측면과 전체 가족의 유지 측면의 균형문제이다. 둘째, 가족복지정책의 대상이나 중점 프로그램을 선정하는 과정에서 보편주의와 선별주의의 균형문제이다. 셋째, 재가가족중심 프로그램과 가족 외부의 가족대체 프로그램과의 균형문제이다. 넷째, 전문주의와 일반주의 개입의 균형문제이다. 다섯째, 예방과 치료의 균형문제이다. 여섯째, 단기비용과 장기수익의 문제이다.

더욱이 가족복지정책이 가족복지의 발전을 위한 하나의 수단으로서 그 합리성을 갖는 것이기 때문에 가족복지정책을 평가할 때에는 몇 가지 대상 영역을 중심으로 해야 한다. 특히 대인복지서비스가 종래의 개별사회사업, 집단사회사업, 지역사회조직사업 등의 여러 사회복지실천기법의 통합 위에서 비로소

성립되는 것이기 때문에, 대인복지서비스를 사회복지정책의 중요한 과제로 해야 한다. 즉, 복지국가를 형성하기 위해서는 정책목표를 고려해야만 하고, 그 정책목표의 하나로 대인복지서비스가 중요하다(Kamerman & Kahn, 1978).

정부가 하나의 가족복지정책을 하나의 정책목표 과제로 시행해 나가기 위해서는 가족의 일상생활 복지문제에 대해 직접적이고 광범위하게 다룰 수 있는 체제, 즉 가족복지정책을 위한 관리운영체제가 충분히 조직되어야 한다. 왜냐하면, 실제로 가족복지정책을 시행하고자 할 때 다음과 같은 다양한 장애요소가 존재하기 때문이다(NASW, 1995).

첫째, 비용문제이다. 많은 명시적 가족복지정책은 고비용을 전제로 하고 있다.

둘째, 가치 차이 문제이다. 계급, 인종, 종교, 성차, 나이, 민족 등에 따라 가족관이 다르다.

셋째, 정부의 역할에 대한 다양한 견해 차이 문제이다. 가족과 정부 간 상호 역할에 대해 많은 다른 견해가 존재한다.

넷째, 가족복지정책과 프로그램이 가족에게 오히려 악영향을 준다는 견해 문제이다. 가족복지정책이 지역사회보호 사업이나 부모의 자녀양육 책임을 감소시키며, 전문가에 의한 가족복지정책이 오히려 소수 민족의 자주성을 저해하기도 한다.

다섯째, 가족복지정책 발달에 대한 과학적 예측이 가능하지 않는 데서 오는 문제이다. 가족복지정책에 관한 지식기반과 결과 예측이 쉽지 않다.

2) 가족복지서비스적 접근

가족복지서비스적 접근방법이란 그 대상이 개인, 즉 가족 개인의 문제를 인간관계의 조정기술로 보고 문제의 원인을 심리적·사회적 차원에서 찾는 방법을 말한다. 인간욕구에 대한 두려움과 불만, 갈등이 문제의 초점으로 개인의 정신병, 마약중독, 청소년비행 등과 같은 탈선행위의 원인과 치료, 예방 등의 실천과정에 전문적 기술과 지식을 가진 사회복지사가 개입한다. 이때 사회복지사는 사례관리 등 사회복지실천방법과 기술을 활용하여 접근한다.

가족복지서비스와 관련하여 가족에 대한 연구의 역사는 오래되었다. 리치먼드(Richmond, 1971)로 대표되는 개별사회사업에 대한 연구가 나온 이래 가족은 사회복지의 중요한 대상 영역으로 파악되어 왔다. 1960년대를 기점으로 가족을 하나의 유기체로 접근하는 시도가 활발해졌는데, 이로써 가족복지서비스가 윤곽을 갖추게 되었다.

미국사회복지사협회(NASW)는 가족복지서비스의 내용으로 가족상담과 가족치료에 관한 것, 자아심리학의 응용, 가족과 가족구성원의 역할에 관한 것, 다양한 가족의 문제, 그리고 위기가족의 개입 등에 관련된 서비스를 든다. 먼슨(Munson, 1980)은 가족행동을 사회제도적 측면, 집단상호작용적 측면, 개인심리적 측면의 세 부분으로 구성하였고, 그것들이 상호 관련되어 가족행동으로 나타난다고 보았다. 즉, 가족복지서비스란 먼슨이 가족행동에 대해 언급한 세 측면과 이들의 상호 연관성에 관련된 서비스를 말한다.

오늘날의 가족복지서비스 관련 기관은 특수집단으로서 지역사회의 응급욕구를 충족시키기 위한 특수 프로그램, 가족상담과 치료, 가족옹호, 가족조성서비스, 가족생활교육 등과 같이 다양한 서비스를 제공하고 있다. 그리고 이 모든 것은 인간사회의 기본적 제도가 되는 가족을 강화시키는 것으로서, 체계보다는 오히려 체계 내의 사람을 돕기 위한 가족서비스라는 공통분모적 사명감에 의거하고 있다. 따라서 모든 가족복지서비스 관련 기관은 인간의 존엄성과 가치에 입각해서 개인의 인권과 가족의 권익을 보호할 수 있어야 한다.

(1) 가족에 대한 직접적 개입

가족에 대한 직접적 개입의 대표적인 것이 가족 사회복지실천이다. 가족사회복지실천은 부부간의 문제, 부모-자녀 간의 관계문제, 세대 간의 갈등과 같은 문제와 관련하여 개입하는 방법이다.

(2) 가족치료와 상담

가족치료는 가족체계 관점에서 이해할 수 있는데, 가족구성원의 역기능은 그 개인의 문제가 아니라 가족 전체의 역기능이며, 그 구성원은 단지 '가족의 문제를 지니고 있는 사람'으로 간주된다. 즉, 가족치료는 가족진단을 기초로 가족문제를 해결하여 정상적 기능을 수행할 수 있도록 원조하는 전문적 개입 활동으로, 그 개입의 초점을 문제가 있는 가족구성원에서 가족 전체로 옮겨 가족이 변화에 참여할 수 있도록 유도한다.

가족치료는 개인을 하나의 독립된 존재로 인식하기보다는 환경과 상호작용하는 연대적 맥락 안에서 이해하려는 방법이며, 이를 뒷받침해 주는 이론으로는 일반체계 이론, 구조 이론, 상호작용 이론, 발달 이론, 의사소통 이론, 역할 이론 등이 있다. 가족치료는 개인보다는 가족체계에 초점을 두는 상담 방법이므로 개인상담과 비교할 때 인간의 문제를 좀 더 포괄적으로 이해할 수 있으며, 관계와 상황을 중시함으로써 다양한 접근방법이 가능하다.

가족상담은 가족치료와 동의어 혹은 같은 맥락에서 파악하고 있는 편이므로 명확히 정의하기에는 어려움이 있다. 그러나 문제의 심각성 혹은 개입의 수준 및 방법에 따라 그 차이를 어느 정도 구분할 수 있다. 가족상담은 개인 중심의 문제해결과정에서 벗어나 가족을 한 단위로 보고, 가족 내에 존재하는 문제를 해결하고자 하는 접근방법이다. 가정 내에 문제가 발생하였을 때, 보통 가족구성원은 긍정적과 부정적 적응행동의 두 가지 행동을 한다. 이 두 가지 행동은 모두 상담이 필요하지만, 대부분은 부정적 적응행동을 하는 가족구성원이 상담대상이 된다. 이때 부모와 그 자녀가 가진 조건과 환경이 상담의 초점이 된다.

(3) 가족옹호

가족옹호는 지역사회에 필요한 변화를 일으키기 위하여 사람들로 하여금 사회행동의 사명을 가지고 가족욕구에 대한 직접적이고 전문적인 지식을 이용케 함으로써, 가족의 생활조건을 향상시키도록 계획된 전문적 서비스이다. 이 서비스의 목표는 현존의 공공 및 민간서비스와 그 전달체계의 향상뿐만 아니라 더 나아가 그 지역사회에 적합한 새롭고 변화된 형태의 서비스를 개발하는 데 있다. 또한, 지역사회 내의 많은 가족에게 영향을 미치는 약물중독, 알코올중독, 지적장애 및 인권의 남용과 같은 공통의 문제해결을 위해 그 지역 가족이 협동적 사회행동을 하도록 하는 데 목표를 두고 있다.

(4) 가족보호

가족보호는 가정 내에서 발생하는 각종 장애문제에 대해 보호를 제공함으로써 가족의 역할수행과 능력고취를 향상하는 기능을 담당하는 것이다.

(5) 가족생활교육

가족생활교육은 가족생활의 질적 극대화를 실현하는 데 도움을 주기 위해서 가족구성원에게 필요한 자원, 정보, 기술 등을 제공하고, 가족생활에 관련된 개념이나 원리에 대한 지식을 습득하여 개인적 태도나 가치를 개발하며, 다른 사람의 가치를 이해하고 수용하면서 가족복지에 이바지하도록 하는 대인기술을 학습하는 과정을 말한다.

가족생활교육은 집단역할의 학습 과정을 통해 가족과 개인의 사회적 기능을 향상하기 위한 서비스로, 가족구성원들로 하여금 집단과 지역사회 생활의 정상적 형태 및 긴장요소를 이해하도록 하여 대인관계를 향상하고, 상황적 위기를 예방 혹은 완화하도록 하는 데 목적이 있다. 즉, 근본적으로 가족생활을 풍부하게 하고 강화하기 위한 것이지만 가족 때문에 사회문제가 관심을 받게 됨으로써 교육 이상의 것으로 확대되고 있다. 가족은 가족생활교육을 통하여 가족생활을 향상함과 더불어 가족과 관련된 사회문제 역시 사전에 예방할 수 있다.

(6) 가족조성서비스

가족조성서비스는 가족이 가족구성원을 양육·보호·부양하거나, 가사를 적절히 처리하는 기능을 제대로 수행할 수 없을 때, 사회복지기관에서 파견된 가정조성원을 통하여 적절한 도움을 받는 것을 말한다. 이 서비스는 가족생활의 강화를 위해 가족복지 분야뿐만 아니라, 아동·노인·장애인복지 등의 분야에서 광범위하게 활용된다. 이 서비스는 사회복지기관이 중심이 되어 시행되며 그 과정을 보면 먼저 가정조성원은 주로 사회복지기관을 통하여 채용되며, 기타 각종 민간단체나 직업소개소, 각종 모임 등을 통해서도 채용된다. 이때 매스미디어가 중간 역할을 담당한다.

가정조성원의 훈련은 사회복지기관의 계획 아래 일련의 훈련과 교육이 진행된다. 이 서비스는 주로 복지관의 체계 내에서 조직되는데, 개별지도사업과 밀접한 관련이 있기 때문에 개별지도를 할 수 있는 기관의 단위 안에서 조직된다.

(7) 가족계획사업

가족계획사업은 재생산적 건강보호서비스의 일종으로 임신중절, 성병에 대한 보호, 영양, 자녀 수에 대한 계획, 임신을 위한 서비스 등을 제공함으로써 건강한 가족생활을 하도록 한다.

(8) 가족보존과 가정기반서비스

가족복지기관은 다양한 가족의 욕구충족과 가족보존을 위하여 여러 가지 가족보존과 가정기반서비스를 개발하고 있다. 가정법률상담, 학령 전 아동과 노인을 위한 주간보호 등의 가족보존과 가정기반서비스는 다양한 접근 및 치료방법, 상호 보완적 서비스의 결합 형태로 행해지기 때문에 여러 다양한 전달체계에 의해 수행된다.

4. 가족복지의 관점

가족복지의 관점을 ① 광의 및 협의적, ② 자유방임주의적, ③ 국가개입주의적, 그리고 ④ 가족보호의 사회책임적 측면에서 살펴보면 다음과 같다(이소희, 2000; 김연옥 외, 2005; 최덕경 외, 2010).

1) 광의 및 협의적 관점

가족복지의 광의적 관점은 사회보장정책, 고용, 임금, 물가 등에 관련된 경제정책, 생활보호서비스에 관련된 사회복지정책, 보건·의료정책, 교육·문화정책, 주택정책, 환경정책 등 정부의 다양한 행정활동을 말한다. 협의적 관점은 사회복지서비스의 한 분야로 규정되는 것으로 아동복지, 청소년복지, 여성복지, 노인복지, 장애인복지 등과 같은 수준으로 한정된 영역의 가족문제를 해결하는 분야를 말한다.

2) 자유방임주의적 관점

오랫동안 사회복지의 궁극적 관심은 개인에게 있었고, 사회적으로도 가족은 사적 영역으로 사회적 개입을 가능한 한 배제하는 것이 가족과 사회를 위해 바람직한 것으로 간주되어 왔다. 이런 관점을 자유방임주의적 관점이라 한다. 개인에 대한 보호의 일차 책임은 가족이 맡아야 하므로 가족에게 버림받은 때에만 사회가 도움을 준다. 이때 도움을 받는 개인은 가족에게조차 버림받은 문제 많은 사람이며, 그 가족은 구성원을 보호하지 못하는 무능한 가족이라는 낙인이 강하다. 자유방임주의적 관점의 한계는 가족의 가장이 가족구성원의 보호의무를 충실하게 수행하지 못할 때 발생하며, 사회적 불평등이 재생산될 때 이를 방지하지 못한다는 것이다.

3) 국가개입주의적 관점

가족을 기본적 사회단위로 인식하고 개인 고통의 중요한 원인 중 하나가 가족이라는 인식, 가족이 구성원을 제대로 보호하지 못하는 중요한 원인이 사회에 있는 경우가 많다는 인식이 증대되면서, 국가는 가족에게 적극적으로 개입해서 가족구성원을 보호해야 한다는 관점이다. 이 관점의 한계는 국가가 각각의 가정에 개입하는 과정에 막대한 사회적 자원이 필요하다는 것과 사회적 자원이 불충분한 경우, 오히려 가정의 보호보다 더 부적절한 대체보호를 가져올 수 있다는 것, 그리고 국가가 가족을 보호한다는 명목으로 개입하는 데 있어서 적정선을 결정하는 것이 매우 어려워 사생활보호와 인권침해의 우려가 있을 수 있다는 것이다.

4) 가족보호의 사회책임적 관점

가족보호의 사회책임적 관점에서 국가는 가능한 한 대체보호가 필요하지 않도록 가족 자체에 대한 지지를 제공해야 하며, 대체보호가 필요할 때에도 그 가족구성원이 가정으로 다시 돌아갈 수 있도록 가족에 대한 지원과 유대관계 유지에 최선을 다해야 한다. 이 관점의 한계는 가족구성원의 문제 원인이 경제적 빈곤과 같은 사회적 박탈이 아니고 가족구성원과 보호자의 개인적·심리적 특성일 때, 자기보호능력이 부족한 가족구성원을 가족에게 돌려보내는 것은 그 사람의 생존권 자체를 위협하는 행위가 될 수 있다는 것이다.

따라서 가족복지의 관점에서 고려되어야 할 사항은 가정교육의 제도적 기반을 마련해 주는 일이다. 현대가족의 기능이 축소되고 있다 하더라도 자녀는 가정에서 태어나 제반 예절이나 가정교육을 통해 건전한 사회인으로 성장·발전한다. 이에 일반 학교교육과 사회교육을 통한 가정생활교육이나 부모교육이 활성화할 수 있는 제도적 방안이 모색되어야 한다. 그리고 주택정책에서도 소규모의 핵가족 주거용 주택을 건설할 것이 아니라, 3세대가 함께 생활할 수 있는 아파트나 주택이 건설되어야 한다. 특히 전통적 가정의 장점을 계승하여 노인문제도 해결하는 동시에 올바른 가족생활이 영위되도록 주택보장서비스가 고려되어야 한다.

PART 02

가족복지정책

CHAPTER 03

복지국가에서 가족복지정책의 지위와 역할

학습 목표

- 복지국가의 개념을 간략하게 설명할 수 있다.
- 복지국가와 가족정책의 관계를 설명할 수 있다.
- 가족복지정책의 개념과 대상을 이해한다.
- 가족복지정책의 범주를 설명할 수 있다.
- 가족복지정책의 유형을 설명할 수 있다.

1. 복지국가와 가족정책의 관계

복지국가와 가족정책의 관계에 대해 에스핑앤더슨(Esping-Anderson, 1999)은 복지의 책임소재를 분석하였다. 복지의 책임이 가족에게 어느 정도 있는가?, 이러한 책임과 시장과는 어떠한 관계에 놓여 있는가?, 그리고 가족과 시장이 국가와는 어떠한 관계를 맺어 나가는가? 등의 가족 관련 변수를 중심으로 살펴보았다. 가족중심의 책임을 강조하는 가족주의[7]와 가족에 대한 사회적 책임을 강조하는 탈가족주의[8]의 양축을 중심으로 서구국가들을 분석하였

7) 가족주의(familism)는 집단으로서의 가족을 개개의 가족구성원보다 중시하고, 가족적 인간관계를 가족 이외의 사회관계에까지 의제적으로 확대 적용하려는 사고방식을 말한다. 가족주의 위주의 가족은 여성이 남성에 예속되고, 부부관계보다 부모와 자식의 관계가 중요시되며, 개인보다 집안을 우선하는 가부장적 가족으로 인식된다. 따라서 가족주의를 '국가가 수행해야 할 공적 책임을 가족에게 완전히 전가하는 체제'로 이해한다.

8) 탈가족주의(de-familization)는 가족의 부양부담을 사회화하고 가족구성원이 가족 내 관계나 역할에 상관없이 사회적으로 적절한 수준의 생활을 유지할 수 있도록 하는 것을 의미한다. 탈가족주의는 가족해체현상과 동일시되면서 저출산의 원인으로 간주하였지만, 최근에는 오히려 탈가족주의가 가족에 전가되었던 출산 및 양육, 노인부양부담을 사회화함으로써 출산율에 긍정적 영향을 미친다는 의견이 설득력을 얻고 있다. 출산과 양육의 부담

다. 그 결과 가족 스스로의 책임과 가족의 기능을 강조하고, 가족의 책임수행이 어려울 때 국가가 개입하는 것을 원칙으로 하는 가족주의 체제는 이탈리아나 독일이 포함된다. 이에 반하여 탈가족주의는 주로 북유럽 국가에게 나타나는데, 가족의 부양과 자녀양육의 책임은 당연히 국가에 있음을 인지하고, 이러한 근거 아래 가족정책을 수행하고 있다.

또한, 국가와 시장경제, 가족 간의 관계에서도 몇 가지 다른 유형을 발견하였다. 복지국가의 형태를 탈상품화[9] 정도에 따라 ① 자유주의 복지체제, ② 조합주의 복지체제, 그리고 ③ 사회민주주의 복지체제로 분류하면 다음과 같다(김혜경 외, 2008, 2011).

1) 자유주의 복지체제

자유주의 복지체제에서는 사회적 개혁이 전통적인 자유주의적 노동의식규범에 의하여 제약을 받는다. 급여대상은 저소득층에 집중되고 급여대상 자격기준은 매우 까다롭다. 따라서 급여대상자에게 복지서비스가 혜택이라기보다는 사회적 낙인으로 남는다. 국가는 시장체계를 활성화함으로써 사적 복지체계를 대신한다. 그리하여 노동의 탈상품화 효과를 최소화하고 다양한 사회계층을 유발한다. 복지수혜자들은 빈곤의 평등을 경험하지만, 시장에서의 역할에 따라 복지혜택도 다르다. 이러한 체제에서는 전통적 가족의 기능과 역할이 강조되면서 가족이 복지의 일차적 책임을 진다. 가족의 책임기능에 문제가 발생하였을 때 국가의 개입이 이루어지며, 그것도 최소한의 개입에 그

을 개별 가족이 지게 하는 가족주의적 특성이 가족구성원의 갈등을 심화시켜 출산기피현상을 불러일으킨다는 것이다. 아일랜드, 노르웨이 등 가족해체에 대한 사회적 인식이 너그럽고, 탈가족주의, 여성 친화적 노동시장, 아동양육지원제도 등이 발달한 국가일수록 출산율이 높게 나타나는 현상이 이를 뒷받침한다. 한국에서도 저출산문제의 해법으로서, 가족의 부양부담을 사회화하고 가족구성원이 가족 내 관계나 역할에 상관없이 사회적으로 적절한 수준의 생활을 유지할 수 있도록 하는 것이 필요하다.

9) 복지의 자격 요건을 나타내는 용어로, 탈상품화(de-commodification)란 개념은 폴라니(Polanyi, 1944)에 의해 처음으로 사용되었다. 이 개념을 활용하여 에스핑앤더슨(Esping-Anderson, 1990)이 복지국가 이론(『The Three Worlds of Welfare Capitalism』)을 만들었다.

치고자 한다. 이러한 형태는 미국, 캐나다, 호주 등에서 볼 수 있다.

2) 조합주의 복지체제

조합주의 복지체제는 역사적인 조합주의적 국가체제의 잔여물로, 새로운 신(新)산업주의 계급구조와 맞물려 나타났다. 시장의 효율성이나 노동의 상품성은 큰 관심사가 아니며 사회권 여부도 논의대상이 아니다. 가장 중요한 것은 계층 차이를 얼마나 유지하는가의 문제이며, 모든 권리가 계층과 지위에 달려 있다. 여기서는 국가가 주된 사회복지 제공자의 역할을 도맡아 하므로 민간주도하의 복지가 상대적으로 덜 강조된다. 사적 보험이나 직업상의 혜택은 복지의 역할을 담당하지 못하며 계층 차이를 강조하는 국가의 정책 때문에 부의 재분배효과는 그리 크지 못하다.

이러한 체제는 전통적 가족주의를 고수하며 개인에 대한 복지의 일차적 책임을 가족에 두고, 자유주의 복지체제와 마찬가지로 국가는 이차적 책임을 담당할 뿐이다. 전업주부는 사회보험에서 제외되며, 가족 관련 급여만이 모성을 보호한다. 보육이나 기타 유사한 각종 가족복지서비스는 매우 미흡한 실정으로, 가족이 기능을 다하지 못할 때에만 국가가 개입하는 최소한의 복지가 행해진다. 이러한 형태는 독일, 프랑스, 오스트리아, 이탈리아, 네덜란드 등에서 볼 수 있는데, 가족기능을 충분히 보완하지 못하고 있다는 점에서 자유주의 복지체제와 크게 다르지 않다.

3) 사회민주주의 복지체제

사회민주주의 복지체제에서는 보편주의 원칙과 사회권의 탈상품화가 신중산층에게까지 확대되어 있으며, 국가가 복지의 중심역할을 담당한다. 국가와 시장 혹은 노동자계층과 중산층이라는 이중성을 허용하지 않고, 최소한의 욕구의 평등성보다는 최고 수준의 평등성을 추구한다. 각종 가족 관련 복지서비스는 신중산층의 욕구를 충족시킬 수 있는 수준까지 높인다. 또한, 사회의 모든 계층이 보편적이고 포괄적인 하나의 복지체계에 포함되며, 시장이나 민간부문의 역할은 최소한으로 이루어진다. 사회구성원이 모두 함께 복지혜택을 받는 동시에 복지비용을 지급해야 할 책임도 지닌다.

이러한 체제에서는 가족의 기능에 보완하는 정책이 아니라 가족의 역할을 적극적으로 공유하고 가족기능의 사회화에 국가가 앞장선다. 그리하여 국가는 가족복지정책을 통하여 사회구성원에게 사적 생활을 영위해 나가는 데 불편함이 없도록 가족 관련 문제를 직접적으로 해결해 나가는 책임을 다하고 있다. 이러한 형태는 덴마크, 스웨덴, 노르웨이, 핀란드 등의 북유럽에서 볼 수 있다.

2. 가족복지정책의 개념

가족복지를 현실에서 실현하기 위해서는 가족복지정책이 구체화되어야 한다. 즉, 가족복지정책은 가족복지를 현장에서 실천하는 제도적·법적인 틀을 제시하고, 다른 영역과의 상호관계를 통하여 가족복지의 효율성을 높이는 정책이다. 가족복지정책은 가족의 실체를 어떻게 인식하는가에 따라 다른 입장을 취할 수 있다. 일반적으로 가족을 바라보는 시각은 세 가지로 구분할 수 있다. 즉, 남성과 여성이 만나 자녀를 낳고 생활하는 사적인 개념의 가족(개인중심 가족), 사회구성원을 양육하는 역할을 담당하는 사회적 개념의 가족(사회적 가족), 사회변화에 따른 정치적 도구로의 공공 개념의 가족(공공가족) 등 다양한 가족의 실체가 존재한다.

이 중 가족에 대한 공공 개념에 기초한 가족정책은 '구성원들의 삶의 질을 높이기 위하여, 사회가 가족에 대해 원하는 바가 무엇인가를 묻고, 원하는 것과 현재 가지고 있는 것을 구별함으로써, 필요로 하는 새로운 인간유대의 실현을 추구하는 의도적인 일련의 정책'을 의미한다(이혜경, 1996). 이러한 정책을 사회복지정책이라는 틀에서 볼 때는 가족복지정책이라고 볼 수 있다. 왜냐하면, 가족복지정책은 가족을 대상으로 하며, 가족구성원과 가족이라는 하나의 단위에서 표출되는 욕구를 지원, 보충, 대체하는 기능을 담당함으로써 가족에게 긍정적인 영향을 미치는 국가개입적 활동이기 때문이다(최경석 외, 2001).

가족복지정책은 사회의 자원을 재분배하고, 구성원의 행동을 통제하고, 여러 정책을 수정·보완하고, 구조적 조정을 하는 기능이 있으므로, 광의로 보면 가족복지와 관련된 국가의 모든 정책을 포함한다. 거시적 차원에서의 가족복지정책은 전반적인 지침 방향을 제시하며, 가족복지 관련 프로그램이나 서비스 실현과정 속에서 각 정책이 구체적으로 실현된다. 따라서 가족복지정책은 가족정책의 한 영역이면서 동시에 가족을 위한 복지정책이라는 면에서 약간의 차이는 있지만 일반적으로 혼용되고 있다. 실제로 가족정책의 궁극적 목적은 가족의 복지를 향상시키는 데 있으므로 가족정책은 곧 가족복지정책이라고 이해를 하여도 무리가 없다고 본다. 가족복지정책은 가족의 복지 증진을 목표로 하기 때문에 각 구성원을 위한 것이 아닌 다른 정책을 실현시키기 위한 목적의 수단으로 가족이 이용되는 것을 배제한다(김혜경 외, 2011).

3. 가족복지정책의 대상

1970년대까지 미국에서 가족복지의 내용적 대상 영역은 ① 가족이 스트레스 상황에 놓일 때, ② 경제적 곤궁 및 사회자원의 도입곤란 등 경제적·사회적 요구를 충족할 수 없는 상황일 때, 그리고 ③ 가족관계나 가족구성원의 개인적 기능의 장애상황으로 가족의 사회적 제(濟)기능을 수행하는 데 제한이 생길 때 등이었다(NASW. 1970). 가족생활주기[10]를 중시하고 가족주기 각 단계의 일반적 상황을 명확하게 하여 가족주기를 ① 결혼성립기, ② 육아기, ③ 노후기로 나누어 각 시점에 해당하는 가족복지 대상 영역을 설정하였다(Feldman & Schertz, 1968, 이영실 외, 2010 재인용).

첫째, 결혼성립기에서는 건전하지 않은 결혼 형태가 가족의 성립을 곤란하

10) 가족생활주기는 가족의 변화과정으로서, 남녀의 결혼으로 새로운 가족이 생기고 자녀를 출산하여 가족은 확대된다. 자녀는 성장하여 결혼하고 자신들이 자라온 가족을 떠나면서 가족은 축소되며 노부부의 사망으로 가족은 소멸한다. 즉, 가족생활주기란 사람이 가족생활에서 경험하는 결혼, 출산, 육아, 노후의 각 단계에 걸친 시간적 연속을 의미한다.

게 하고, 가족구성원 상호간의 불균형을 낳게 되기 때문에 당연히 가족복지의 대상 영역으로 설정된다. 일반적 결혼유형으로는 부모-자녀 관계와 비슷한 결혼, 투사적 동일화의 결혼, 부부간에 거리가 있는 결혼, 미성숙한 결혼, 상호 의존이 강한 결혼, 지배적·굴복적 결혼, 공생적 결혼 등이 있다.

둘째, 육아기에서 가족복지의 대상 영역은 건전한 육아기능수행과 관련된다. 육아기능의 주된 목표는 건전한 신뢰감 육성, 자기통제, 사랑하고 사랑받는 조장, 훈련 학습능력의 습득 등을 도와주는 것이다.

셋째, 노후기에서 가족복지의 대상 영역은 노후문제를 중심으로 하고 있다. 즉, 인생생활주기 속에서 가족생활주기의 최후 단계인 노년기를 60세 이상으로 규정하고, 노후의 문제에 초점을 맞추면서 노인 단독의 문제가 아니라 가족문제로서 노후문제가 주요 대상 영역이 된다.

가족복지정책의 대상은 국가와 가족의 입장에서 본 가족의 욕구와 가족문제라고 할 수 있다. 가족의 욕구가 충족되지 않는다면, 가족문제가 사회문제가 되므로 욕구와 문제는 밀접한 관련이 있다. 그러므로 가족복지의 대상은 가족의 구조와 기능, 가족생활주기에 따라 다양하게 나타날 수 있다. 구체적으로 가족이 지닌 욕구와 문제는 다음과 같은 세 가지 기준으로 분류가 가능하다(성영혜·송주미, 1997).

1) 가족구조 측면에서의 분류

가족구조상의 특성에 따라 가족복지의 대상을 규정하는 것으로 맞벌이가족, 미혼모가족, 이혼·재혼가족, 소년소녀가정가족, 노인가족, 핵가족 등 가족구조상의 다양화를 고려하여 각 가족이 지닌 특성에 따라 복지서비스를 달리하는 경우를 말한다.

2) 가족기능 측면에서의 분류

가족기능상의 특성에 따라 가족복지의 대상을 규정하는 것으로 빈곤가족,

학대가족, 알코올중독이나 약물중독가족, 청소년비행가족, 실직 때문에 소득의 상실로 경제적 측면에서 기능상의 결손을 경험하는 가족, 병리 혹은 장애 때문에 심리적·의료적 문제를 겪고 있는 가족의 경우를 말한다.

3) 가족생활주기에 따른 분류

가족생활주기에 따라 가족은 다양한 변화와 문제 혹은 위기를 경험한다. 부부만의 시기, 자녀출산과 양육기, 미취학 아동기, 학령기, 청소년기, 독립기, 중년기, 노년기 등 가족생활주기에 따라 가족구성원 개개인은 물론 가족 전체가 당면하는 복지욕구는 다양하며, 이에 따라 복지개입을 달리하는 경우를 말한다.

가족기능이 충분히 기능하지 못하여 긴급한 요구를 할 때에는 당연히 국가의 공적 개입이 필요하고, 이에 대한 직접적 성과는 나타난다. 하지만 그러한 끊임없는 국가의 지속적 도움은 오히려 가족 상호부조의 의무나 책임과 가족생활의 유대를 약화시킬 우려가 있다. 따라서 공적 개입의 적절하고 신중한 접근에 의해서만 가족복지정책은 도움이 될 수 있다. 요컨대 가족기능이 충분하지 못하고, 가족의 긴급한 요구 등 기본적 국민 생활권에 대한 국가의 공적 개입은 당연한 현대 국가의 의무임을 잊지 말아야 한다.

그러나 가족복지의 대상은 구체적으로 가족복지가 이루어지는 과정에서 국가의 정책이나 법, 행정조직에 따라 그 대상이 규정된다고 볼 수 있다. 현행 우리나라 가족복지의 대상은 요보호대상자 중심의 가족구성원 개인이며, 가족문제란 빈곤과 이로 말미암은 소득의 상실과 질병, 자녀양육문제, 모성보호문제, 그리고 노후대책문제와 장애인가족 문제 등으로 분리, 제한되어 있다. 따라서 현행의 가족복지는 가족을 대상으로 하는 복지의 개념이 없이 단순히 가족의 중요성을 선언적으로 강조하면서, 서비스 측면에 있어서는 요보호대상자 중심으로 잔여적 성격의 복지모델을 보이고 있다고 할 수 있다.

4. 가족복지정책의 내용

가족복지정책의 내용을 정책의 주체, 범주, 유형 등의 세 가지로 나누어 살펴보면 다음과 같다(최경석 외, 2006 ; 조추용 외, 2008; 이영실 외, 2010; 김혜경 외, 2011).

1) 가족복지정책의 주체

가족복지정책 담당자는 누구인가? 이는 한 국가와 사회가 표방하는 복지의 이데올로기에 따른 정책과 매우 밀접한 관계가 있다. 그러나 국가마다 그 비중에 차이가 있긴 하나 가족복지를 담당하는 주체는 크게 개인과 가족, 국가, 기업과 민간단체 등으로 나누어 볼 수 있다.

전통적으로 우리나라에서는 가족복지정책의 주체를 가족 혹은 부부(부모)로 생각하였다. 따라서 가족기능이 마비되고 해체되면 가족구성원 개인이 개별적으로 해결하였거나 최소한의 유지를 위해 국가의 정책으로 가족을 보호하는 조치의 하나로 이루어졌다. 복지의 주체는 국가만도 아니고 가족 자체도 아니며, 민간 차원의 노력만으로도 불가능하다. 세계경제의 변화는 복지와도 직결되어 있어 국가의 복지에 대한 개입의 위축은 지속될 전망이다. 그래서 이에 대한 대안으로 국가는 민간의 복지참여를 더욱 유도할 것이다.

자본주의 사회에서 민간복지의 대표적 주체는 기업이다. 가족복지 역시 기업복지와 직결되는데, 앞으로 기업은 가족복지를 위해 더 많이 이바지할 것이다. 그 예로 기업의 근로자를 위한 근로자복지는 물론 그들의 자녀를 위한 직장보육사업의 참여, 그리고 여성에 관한 고용평등과 모성보호 조치, 의료와 노후보장을 위한 기업의 역할 등은 기업복지가 가족복지에 이바지하는 점일 것이다. 따라서 가족복지에 국가의 노력은 물론 기업이 참여할 수 있는 방안을 검토하는 일은 중요하다. 또한, 개인의 자발적 복지참여, 즉 자원봉사를 통한 가족복지의 구현도 고려해야 한다.

2) 가족복지정책의 범주

가족복지정책 범위는 어디까지 일까? 그런데 정책의 범위 혹은 범주를 명확하게 구분하기는 쉽지 않다. 왜냐하면, 정책의 목표와 대상이 뚜렷하지 않거나 다른 정책 영역과 중첩되면 구분하기 어려운 측면이 있다. 아울러 가족복지정책이 고정적인 것이 아니라 사회와 가족의 변화상을 반영하는 변화의 특성을 가지기 때문이다. 범주의 설정은 가족복지정책을 어떻게 보느냐에 따라 차이가 있다. 가족복지정책의 범주는 시대의 변화에 따라 다음과 같이 확대되고 있다(Kamerman & Kahn, 1978).

① 제1의 개념: 유럽에서는 가족복지정책을 가족수당, 보편가족급여, 소득세제 등과 같은 소득재분배 의미로 사용하였다.
② 제2의 개념: 인구정책과 장기간에 걸친 인구계획이 추가되었다.
③ 제3의 개념: 주로 부적응가족으로 불리는 소년소녀가정가족, 장애인가족, 노인가족, 빈곤가족, 무주택가족 등에 대한 지원 개념으로 사용되었다.
④ 제4의 개념: 최근의 개념으로서의 가족복지정책은 아동의 인권옹호, 취업여성에 대한 지원 등을 중심으로 확대되었다.

캐머만(Kamerman)과 칸(Kahn, 1978)이 정의한 가족복지정책에의 세 가지 접근, 즉 ① 관점으로서의 접근, ② 분야 혹은 체계로서의 접근, 그리고 ③ 수단으로서 접근기준을 가족복지정책의 범주로 적용하여 살펴보면 다음과 같다.

(1) 관점으로서의 접근

모든 사회정책은 가족에게 직·간접적으로 영향을 주므로 가족정책의 관점에서 보아야 한다는 입장이며, 이 경우 가족정책은 사회정책의 맥락에서 파악해야 하므로 하나의 당위적 목적개념이 된다. 캐머만과 칸의 이 접근으로 가족복지정책을 이해하고자 할 때는 가족복지정책의 범주를 따로 정하지 않아도 된다. 왜냐하면, 모든 사회정책집행의 중심에 가족 단위가 있기 때문에 가족을 반드시 고려하게 되고, 가족을 고려한다는 의미는 적어도 가족에게 해를 끼치지 않는 구도로 정책을 집행한다는 것이기 때문이다. 그렇지만 현실적으로 모든 정책을 가족중심으로 고찰한다는 것은 매우 어려운 일이기 때문에 이것이 가능하게 하려면 가족복지에 대해 사회적 합의가 있어야 한다.

(2) 분야 혹은 체계로서의 접근

가족복지정책은 사회정책의 한 분야로 취급되어 특정 영역으로 국한된다. 국가별로 획일화된 정해진 범주가 있는 것은 아니지만, 아래에 제시된 영역은 가족복지정책을 평가할 때 주요 영역[11)]으로 이해되고 있다.

① 소득보장정책에 관한 것: 사회보장, 현금부조, 현물지원, 세제급여
② 인구정책에 관한 것: 가족계획
③ 고용과 노동시장정책에 관한 것
④ 주택정책에 관한 것
⑤ 아동양육 프로그램과 서비스에 관한 것: 가정보육, 시설보육
⑥ 보건과 의료보호정책에 관한 것
⑦ 대인복지서비스에 관한 것

(3) 수단으로서의 접근

캐머만과 칸은 가족복지정책이 다른 사회정책의 목적을 달성하기 위한 하나의 수단이 되기도 한다고 보고 있다. 대표적으로 가족복지정책은 부모가 자녀를 더 많이 낳도록 장려하거나, 가족계획을 통해 자녀출산을 제한하는 등의 방식으로 인구정책을 위한 수단으로 활용될 수 있다.

11) 캐머만과 칸(1978)은 이 7개 분야 중 인구정책을 제외하고 가족복지와 관계가 있다고 판단되는 6개 분야를 가족복지정책의 체계로 전개하고 있다.

3) 가족복지정책의 유형

각국의 가족복지정책을 유형화하는 것은 가족복지정책에 대한 이해를 도울 수 있고, 우리나라 가족복지정책이 지향해야 할 방향을 설정하는 데도 도움을 준다. 가족복지정책에 대한 가장 보편적 접근은 캐머만과 칸(1978)이 제시한 세 가지 유형이다. 이들은 가족을 대상으로 하는 국가의 공적 정책이라고 설명하면서, 서구의 14개 국가의 가족복지 관련 정책을 비교 분석한 결과 다른 유형을 제시하였다.

첫째, 가족복지정책을 사회문제 해결을 위한 정책의 한 분야로 보는 유형이다. 즉, 가족복지정책을 하나의 정책 영역으로 인식하고, 구체적 목표를 설정하여 그 정책을 이루어 나가는 형태를 의미한다. 가족복지정책을 포괄적인 다른 사회문제 해결정책의 한 분야로 다루면서, 특히 다른 정책과 연계성을 강조한다. 가령 아동정책, 보육정책, 빈곤가족정책, 여성정책, 주택정책 및 고용정책 등과 관련된 프로그램이나 서비스가 이에 해당한다.

둘째, 정책을 더욱 효율적으로 수행하기 위해서 가족복지정책을 하나의 매개체로 활용하는 것으로서 가족복지정책의 독립적 영역보다는 다른 정책을 보조하는 잔여적 성향이 강하다. 예를 들면, 부족한 노동인력을 위한 여성의 노동시장진출을 장려하기 위하여 모성보호제도나 보육시설증가정책을 시도하다가, 실업률이 높아지면 다시 여성의 가정 내 역할을 강조하는 등의 정책을 들 수 있다. 최근 우리 사회에서 저출산·고령화 사회를 탈피하기 위한 관련 정책은 이에 해당한다.

셋째, 가족복지정책을 다른 사회정책의 선택 및 정책평가 기준이나 관점으로 접근하는 유형이다. 이 유형은 사회구성원의 전반적 복지를 증진하기 위하여 가족이 가장 접근하기 쉽고 정책효과가 크다는 점을 강조하면서, 다른 정책(노동정책, 의료정책, 교통정책, 주택정책 등)을 결정하는 데 있어서 가족의 전반적 복지를 기준으로 제시하는 역할을 하는 경우이다.

위의 세 유형은 가족복지정책의 궁극적 목표를 어디에 두는가에 대한 관점의 차이가 있기는 하지만, 가족을 정책의 직접적 대상단위로 한다는 점, 가족 구성원 개개인이 아니라 가족을 하나의 통합적 단위로 보고 접근한다는 점은 일치한다. 이러한 일치점은 가족복지정책이 아동, 여성, 노인, 장애인 등을 위한 복지와는 다른 전략적 접근이 필요하다는 점을 일깨워 준다. 특정 개별 집단에 대한 복지정책은 그 집단의 욕구에 민감하게 대응하기 마련이고, 다른 집단과의 이해관계에서 충돌이 생기면 상호 협조가 어렵다. 게다가 특정 개별집단이 자신의 복지를 증진하기 위하여 이익집단의 성격을 띠게 되기도 한다. 그러나 가족복지정책은 이 모든 집단을 포함하면서, 궁극적으로는 사회의 기본단위인 가족의 복지를 증진함으로써 사회문제를 해결하고 이상적 사회를 구현할 수 있다는 점에서 정책적 의의를 찾을 수 있다.

한편, 하딩(Harding, 1996)은 가족의 책임에 대해 국가가 어떤 방식으로 통제, 지원 하는가 또는 그 수준은 어느 정도인가 등에 따라 권위주의 모델, 자유방임 모델, 중간개입 모델 등으로 구분하였다. 권위주의 모델은 국가의 통제가 매우 강력하여 국가가 선호하는 행동의식과 가족 형태를 강화하기 위한 정책과 법적 조치를 지향한다. 자유방임 모델에서 국가는 가족 불간섭을 원칙으로 하며 특별히 선호되는 가족 형태가 존재하지 않는다. 중간개입 모델은 국가 통제방법에 따라 특정한 분야의 책임을 강화하는 동기유인형, 특정 가족 형태에 대한 가정(假定)에 근거한 상호작용형, 또 가족지원형, 가족대체형, 욕구반응형으로 다양하게 제시하였다. 이 유형화는 가족의 책임범위를 놓고 국가와 가족 간에 발생하는 상호작용에 초점을 두고 있다. 캐머만과 칸의 유형이 정책목표를 놓고 접근한 분류라고 한다면, 하딩의 모델은 정책목표 내면에 존재하는 특성을 국가와 가족의 역할분담이라는 측면에서 더 구체적으로 파악할 수 있는 틀을 제공하였다.

CHAPTER 04

가족복지정책의 실제

학습 목표

- 노동권보장정책을 설명할 수 있다.
- 보모권보장정책을 설명할 수 있다.
- 노인돌봄 관련 정책을 설명할 수 있다.
- 소득보장정책을 설명할 수 있다.
- 가족복지정책의 전달체계를 설명할 수 있다.

1. 노동권보장정책: 보육정책, 방과 후 보육정책

1) 보육정책

우리나라의 보육정책은 1961년 영유아복리법의 제정과 함께 시작되었다고 할 수 있다. 초기의 보육정책은 영유아의 복리 향상에 초점이 맞추어져 있어, 1980년대 이후 촉진된 여성의 사회 진출에 따른 보육환경 변화에 적절한 정책적 대응에는 미흡한 면이 있었다.

한편, 도시화가 촉발된 1975년 이래 지난 사반세기를 지나면서 매우 급격한 가족구조의 변화와 가족 가치관의 변화를 경험하고 있다. 3세대 이상 가구가 지속해서 감소했지만, 1세대 가구는 꾸준히 증가하여 핵가족화가 증폭되고, 1997년에는 '자녀는 반드시 있어야 한다.'라고 생각하는 사람이 90.3%에 달했으나, 2000년에는 89.6%, 그리고 2005년에는 65.2%로 감소한 것으로 나타났다(보건복지가족부, 2009; 박주현 외, 2011). 이러한 도시화와 핵가족화, 여성의 사회진출에 따른 자녀에 대한 가치관의 변화는 우리나라 가족구조 변화의 중요한 현상인 저출산을 가져왔다.

이와 같은 저출산 사회환경 속에서 2000년대 들어 더욱 증가된 여성의 사회진출에 따른 보육시설의 탁아 개념이 아닌 보육 서비스로의 전환, 교육에 대한 사회의 전반적 관심 증대에 기인한 보육의 질적 향상 등의 실질적 요청이 반영되어 2004년에 영유아보육법이 전면 개정되기에 이른다. 1961년 영유아복리법과 달리, 2004년 개정 영유아보육법은 여성의 노동권을 보장하기 위하여 보육에 대한 사회적 책임 강화와 보육의 질 개선에 강조점을 두는 것이 특징이라 할 수 있다(손병덕 외, 2008).

2) 방과 후 보육정책

여성의 일반적인 경제활동 참여 인구가 60%를 웃돌지만, ① 결혼 직후 나이라 할 수 있는 25~34세의 경제활동인구가 상당 폭 떨어지는 것과 ② 평소 비경제활동인구 중 비(非)구직 기간의 활동 이유에서 '육아'가 높은 비율을 차지하는 것을 고려하면, 여성의 안정적인 경제활동 참여를 위하여 방과 후 보육의 역할이 얼마나 중요한지를 알 수 있다.

그뿐만 아니라 여성들의 취업에 대한 태도가 '가정과 관계없이 취업'을 원하는 여성이 40%에 이르지만, 실제로 50%가 넘는 여성들의 취업장애가 '육아부담'과 '가사부담'이라는 사실은 아동의 보육과 교육정책이 가족복지정책의 중요한 분야가 됨을 예측할 수 있게 한다.

방과 후 보육은 기본적으로 ① 여성의 경제 참여에 따른 여성 노동권 보장을 위한 아동보육 환경의 필요와 ② 저소득 소외계층의 교육격차 해소라는 두 가지 목적이 공존하여 '방과 후 보육시설', '공부방', '초등학교 방과 후 학교', '지역아동센터', '청소년 방과 후 아카데미' 등 매우 다양한 이름으로 진행되고 있다. 전자는 12세까지 방과 후 보육을 명시한 영유아보육법을 기반으로 하며, 후자는 18세까지 지역아동센터 교육을 명시한 아동복지법 및 초등학교 방과 후 교육의 주체인 교육인적자원부 주도 초중고 방과 후 학교(교육인적자원부, 2006)를 기반으로 한다고 할 수 있다.

이처럼 현재 방과 후 보육정책은 보육시설의 방과 후 보육과정의 정책지침이 되는 영유아보육법(여성가족부)과 지역아동센터, 공부방, 청소년 방과 후 아카데미 등 지역복지관이 주도하는 방과 후 교육 프로그램의 정책지침이 되는 아동복지법(보건복지부), 그리고 초등학교 방과 후 교육을 주도하는 교육과학기술부의 3원화된 구조 속에 진행되고 있다. 그뿐만 아니라 방과 후 보육과 교육의 지도를 담당하는 인력에 대한 국가인증제도가 존재하지 않기 때문에 보육시설의 방과 후 보육은 보육교사가, 지역아동 센터는 사회복지사가, 그리고 초등학교 방과 후 교육은 다양한 경력자들이 진행하고 있다.

초등학교 방과 후 교육을 위하여 일부 광역시도 교육청이 방과 후 교육을 위해 특성화된 전략을 추진하고 있으나, 방과 후 교사의 자격이 일원화되어 있지 않은 까닭에 교육의 질적 향상을 위한 엄격한 정책이 추진되고 있지 않은 상황이다. 따라서 여성의 노동권을 보장하려는 근본 취지와 교육격차 해소를 위한 방과 후 보육정책의 적절한 추진과 정착을 위하여 일원화된 보육 및 교육정책이 중앙정부 주도로 개편되고, 방과 후 보육과 교육의 질적 개선 및 지도교사의 사회복지적 자질검증을 위해 자격검증제도를 도입하는 것이 매우 시급한 과제라고 할 수 있다(손병덕 외, 2008).

2. 부모권보장정책: 출산전후휴가, 육아휴직, 부성 육아휴직

저출산·고령화 사회의 원인이면서 동시에 국가경제 활성화에 중요한 역할을 할 수 있는 여성의 사회경제활동 참여를 위한 정책적 배려는 앞으로 우리나라의 복지적 필요를 채우는 중요한 과제라 할 수 있다. 전통적 개념에서 자녀돌봄의 주체였던 여성의 사회경제적 역할이 증대될 수밖에 없는 상황에서 기혼여성의 자녀 출산과 관련된 문제, 육아양육의 문제, 그리고 남성의 자녀돌봄을 위한 역할 분담의 복합적 문제들을 정책적으로 지원하는 부모권보장정책은 출산전후휴가, 육아휴직, 부성 육아휴직 등으로 구체화될 수 있다.

1) 출산전후휴가와 육아휴직

산업화·정보화 사회에서 여성의 경제활동 참여비율이 증가하면서 기혼 여성의 경제활동참여율이 증가하는 것도 자연스러운 현상으로 받아들여지고 있다. 핵가족화와 생활환경의 개선, 여성의 사회진출을 촉발하게 하는 가치관의 변화 등은 기혼여성의 경제활동을 더욱 쉽게 하는 요소로 작용한다. 이처럼 사회적으로 전개되는 여성을 위한 긍정적인 변화에서 직장생활을 하는 기혼여성에게 출산과 보육문제, 즉 부모권을 보장해 줄 수 있는 가장 기본적 정책은 출산전후휴가와 육아휴직과 관련된 법령일 것이다.

출산전후휴가와 육아휴직제도는 '근로기준법'과 '남녀고용평등과 일·가정 양립 지원에 관한 법률'을 기반으로 하는 법령으로서 맞벌이가족과 한부모가족을 위한 효과적인 복지대책이다.

(1) 출산전후휴가제도

임신 중의 여성근로자 및 여자공무원이 출산 전후에 걸쳐 90일을 쉬고도 임금 혹은 월급을 받을 수 있는 휴가를 말한다. 근로기준법(법률 제11270호, 2012. 2. 1, 일부개정) 제74조에서는 다음과 같이 명시하고 있다.

① 사용자는 임신 중의 여성에게 출산 전과 출산 후를 통하여 90일의 출산전후휴가를 주어야 한다. 이 경우 휴가 기간의 배정은 출산 후에 45일 이상이 되어야 한다.
② 사용자는 임신 중인 여성 근로자가 유산의 경험 등 대통령령으로 정하는 사유로 제1항의 휴가를 청구하는 경우 출산 전 어느 때라도 휴가를 나누어 사용할 수 있도록 하여야 한다. 이 경우 출산 후의 휴가 기간은 연속하여 45일 이상이 되어야 한다.
③ 사용자는 임신 중인 여성이 유산 또는 사산한 경우로서 그 근로자가 청구

하면 대통령령으로 정하는 바에 따라 유산·사산 휴가를 주어야 한다. 다만, 인공 임신중절 수술(모자보건법 제14조 제1항에 따른 경우는 제외한다)에 따른 유산의 경우는 그러하지 아니한다.

④ 제1항부터 제3항까지의 규정에 따른 휴가 중 최초 60일은 유급으로 한다. 다만, 남녀고용평등과 일·가정 양립 지원에 관한 법률 제18조에 따라 출산전후휴가급여 등이 지급된 경우에는 그 금액의 한도에서 지급의 책임을 면한다.

⑤ 사용자는 임신 중의 여성 근로자에게 시간외 근로를 하게 하여서는 아니 되며, 그 근로자의 요구가 있는 경우에는 쉬운 종류의 근로로 전환하여야 한다.

⑥ 사업주는 제1항에 따른 출산전후휴가 종료 후에는 휴가 전과 동일한 업무 또는 동등한 수준의 임금을 지급하는 직무에 복귀시켜야 한다.

(2) 육아휴직제도

육아휴직이란 근로자가 만 8세 이하 또는 초등학교 2학년 이하의 자녀(입양한 자녀를 포함한다)를 양육하기 위하여 신청·사용하는 휴직을 말한다. 육아휴직은 근로자의 육아 부담을 해소하고 계속 근로를 지원함으로써 근로자의 생활안정 및 고용안정을 도모하는 한편, 기업의 숙련인력 확보를 지원하는 제도이다.

① 육아휴직 기간: 육아휴직 기간은 1년 이내이며, 자녀 1명당 1년 사용가능하므로 자녀가 2명이면 각각 1년씩 2년 사용 가능하다. 부모가 모두 근로자라면 한 자녀에 대하여 아버지도 1년, 어머니도 1년 사용 가능하다.

② 급여 지급대상: 사업주로부터 30일 이상 육아휴직을 부여받아야 한다. 육아휴직 개시일 이전에 피보험단위기간(재직하면서 임금 받은 기간)이 모두 합해서 180일 이상이 되어야 한다(단, 과거에 실업급여를 받았을 경우 인정받았던 피보험기간은 제외). 같은 자녀에 대해서 피보험자인 배우자가 육아휴직(30일 미만은 제외)을 부여받지 않아야 한다.

③ 급여 지급액: 육아휴직기간 동안 매월 통상임금의 100분의 40을 지급하고(상한액: 월 100만 원, 하한액: 월 50만 원), 급여 중 일부(100분의 15)

를 직장복귀 6개월 후에 합산하여 일시불로 지급한다. 육아휴직급여액의 지급대상 기간이 1개월이 안 되는 달에 대해서는 일수로 계산하여 지급한다. 또한, 육아휴직기간 중 사업주로부터 육아휴직을 이유로 금품을 지급 받은 경우로서 매월 단위로 육아휴직기간 중 지급받은 금품과 육아휴직급여의 100분의 85에 해당하는 금액(그 금액이 50만 원 미만인 경우에는 하한액 50만 원)을 합한 금액이 육아휴직 시작일 기준으로 한 월 통상임금을 초과한 경우에는 그 초과한 금액을 육아휴직급여의 100분의 85에 해당하는 금액에서 빼고 지급한다.

④ 급여 신청시기: 육아휴직을 시작한 날 이후 1개월부터 매월 단위로 신청하되, 당월 중에 실시한 육아휴직에 대한 급여의 지급 신청은 다음 달 말일까지 해야 한다. 매월 신청하지 않고 기간을 적치하여 신청 가능하다. 단, 육아휴직이 끝난 날 이후 12개월 이내에 신청하지 않을 경우 동 급여를 지급하지 않는다.

2) 부성 육아휴직

우리나라에서는 여성의 사회진출을 돕기 위해 국가정책으로 출산전후휴가와 육아휴직제도가 적극적으로 실현하고 있다. 그렇지만 실제 육아 부담은 여성에게 편중되는 것으로 나타나는 것 또한 한국적 가족 환경을 반증하는 또 다른 상황이다. 이런 문제를 개선하기 위하여 제안되는 정책이 '부성 육아휴직'이다. 부성 육아휴직은 자녀양육에 대하여 부모의 공동책임을 인정하고 휴직기간 중 일정 기간을 아버지에게 할당하는 제도를 말한다. 스웨덴은 부성 육아휴직이 1994년 제도화된 이후 휴가기간 동안 남성의 육아분담비율이 1977년에 7%에 불과하던 것이 1996년에는 46%로 증가하였다(윤홍식, 2005).

이로 보아 부성 육아휴직은 남성의 육아 부담을 높여 여성의 사회적 진출을 높이는 데 결정적 이바지를 할 수 있는 가족정책으로 이해된다. 현재 우리나라는 경제협력개발기구(OECD) 가운데 터키, 멕시코와 함께 여성의 경제활동참가율이 가장 저조하고, 합계출산율 또한 최하수준이며, 남성의 육아분담 비율이 공무원의 경우 1%에도 훨씬 못 미치는 실정이다. 이러한 상황을 고려할 때 남성의 육아 부담을 제고하기 위한 부성 육아휴직과 같은 발전적 형태의 가족정책은 충분히 고려할 만한 제안이라 할 수 있다.

고용노동부는 이와 같은 상황을 일부 받아들여 남녀고용평등법 일부 개정 법률(2008년 6월 시행)에서 사업주는 근로자가 배우자의 출산을 이유로 휴가를 청구한 경우 3일의 휴가를 주도록 하였다. 그러다가 남녀고용평등과 일·가정 양립 지원에 관한 법률 제18조의 2에서 사업주는 근로자가 배우자의 출산을 이유로 휴가를 청구하는 경우에 5일의 범위에서 3일 이상의 휴가를 주도록 하였다(이때 사용한 휴가기간 중 최초 3일은 유급, 2012년 8월 시행).

3. 노인돌봄 관련 정책: 노인장기요양보험제도

1) 추진 개요

보건복지부는 2000년에 치매 등 노인성 질환의 문제를 가지고 있는 노령층의 장기요양보호 수요에 적극 대처하기 위해 노인장기요양보호정책기획단을 설치하였고, 2002년 10월에는 노인보건복지종합대책 및 실행계획을 제시하였다. 이후 2003년 3월 공적 노인요양보장제도 실행모형 개발을 위한 공적 노인요양보장추진기획단을 설치하였고, 2004년 개편된 고령화 및 미래사회위원회를 기반으로 하여 2005년 1월 고령친화산업 활성화전략을 발표하였으며, 마침내 국민건강보험공단을 주체로 '노인장기요양보험법률안'이 공포되기에 이르렀다. 이 법률안에 다르면, 2008년 7월 1일부터 수발급여를 제공하고 노인장기요양보험료를 징수하며, 노인장기요양보험료 산정 및 수발인정 신청 등을 2007년 7월 1일부터 시행하였다.

노인장기요양보험제도는 치매/중풍의 노화 및 노인성 질환, 기타 사유 등으로 말미암아 장애로 일상생활의 불편이나 의존적인 상태에 있는 대상자에게 간병/수발, 일상생활 지원 등의 서비스를 제공함으로써 노인의 자립생활을 지원하고 노인부양 가구의 부담을 경감하는 것을 목적으로 하는 국가사회보장제도다. 노인장기요양보험은 고령이나 노인성 질병 등으로 일상생활을 혼자 수행하기 어려운 노인 등에게 신체활동 또는 가사 지원 등의 수발급여를 사회적 연대 원리에 의해 제공하는 사회보험제도다. 이는 대상자의 심신상태와 부양 여건에 따라 시설수발기관 및 재가기관 등 다양한 형태의 서비스 공급자를 포괄하며, 대상노인에 대한 현물서비스 제공과 함께 예외적으로 가족수발비, 휴식서비스와 같은 부양가족 지원서비스도 포함하는 등 급여 형태가 다양하다. 노인장기요양보험제도는 서비스 대상자에게 신체 중심형 서비스(배설, 목욕, 식사, 이동 등) 및 일상가사 중심형 서비스(조리, 세탁, 청소 등)와 함께 의료 중심형 서비스(요양상의 간호진료 보조, 요양상의 상담 등)를 제공하는 것을 목적으로 하고 있다.

2) 노인장기요양보험제도의 주요 특징

우리나라 노인장기요양보험제도는 건강보험제도와는 별개의 제도로 도입·운영되고 있는 한편으로, 제도운영의 효율성을 도모하기 위하여 보험자 및 관리운영기관을 국민건강보험공단으로 일원화하고 있다. 또한, 국고지원이 가미된 사회보험방식을 채택하고 있고 수급대상자에는 65세 미만의 장애인이 제외되어 노인을 중심으로 운영되고 있다.

(1) 건강보험제도와 별도 운영

장기요양보험제도를 건강보험제도와 분리 운영하는 경우 노인 등에 대한 요양필요성 부각이 비교적 용이하여 새로운 제도 도입에 용이하며, 건강보험재정에 구속되지 않아 장기요양급여 운영, 장기요양제도의 특성을 살릴 수 있도록 국민건강보험법과는 별도로 노인장기요양보험법을 제정하였다.

(2) 사회보험방식을 기본으로 한 국고지원 부가방식

우리나라 장기요양보장제도는 사회보험방식을 근간으로 일부는 공공부조 방식을 가미한 형태로 설계·운영되고 있다.

(3) 보험자 및 관리운영기관의 일원화

우리나라 장기요양보험제도는 이를 관리·운영할 기관을 별도로 설치하지 않고 국민건강보험법에 따라 설립된 기존의 국민건강보험공단을 관리운영기관으로 하고 있다. 이는 도입과 정착을 원활하게 하기 위하여 건강보험과 독립적인 형태로 설계하되, 그 운영에는 효율성 제고를 위하여 별도로 관리운영기관을 설치하지 않고 국민건강보험공단이 이를 함께 수행하도록 한 것이다.

(4) 노인중심의 급여

우리나라 장기요양보험제도는 65세 이상의 노인 또는 65세 미만의 자로서 치매·뇌혈관성 질환 등 노인성질병을 가진 자 중 6개월 이상 동안 혼자서 일상생활을 수행하기 어렵다고 인정되는 자를 그 수급대상자로 하고 있다. 여기에는 65세 미만자의 노인성질병이 없는 일반적인 장애인은 제외되고 있다.

3) 노인장기요양보험 적용

(1) 적용대상

건강보험 가입자는 장기요양보험의 가입자가 된다(노인장기요양보험법 제7조 제3항). 이는 건강보험의 적용에서와 같이 법률상 가입이 강제되어 있다. 또한, 공공부조의 영역에 속하는 의료급여 수급권자의 경우 건강보험과 장기요양보험의 가입자에서는 제외되지만, 국가 및 지방자치단체의 부담으로 장기요양보험의 적용대상으로 하고 있다(동법 제12조).

(2) 장기요양인정

장기요양보험 가입자 및 그 피부양자나 의료급여수급권자 누구나 장기요양급여를 받을 수 있는 것은 아니다. 일정한 절차에 따라 장기요양급여를 받을 수 있는 권리(수급권)가 부여되는데 이를 장기요양인정이라고 한다. 장기요양인정절차는 먼저 공단에 장기요양인정신청으로부터 출발하여 공단직원의 방문에 의한 인정조사와 등급판정위원회의 등급판정, 그리고 장기요양인정서와 표준장기요양이용계획서의 작성 및 송부로 이루어진다.

4) 기존 건강보험제도 및 노인복지서비스 체계와의 차이점

(1) 국민건강보험제도와의 차이

국민건강보험은 질환의 진단, 입원 및 외래 치료, 재활 등을 목적으로 주로 병·의원 및 약국에서 제공하는 서비스를 급여대상으로 하는 반면, 노인장기요양보험은 고령이나 노인성질병 등으로 말미암아 혼자의 힘으로 일상생활을 영위하기 어려운 대상자에게 요양시설이나 재가기관을 통해 신체활동 또는 가사지원 등의 서비스를 제공하는 제도이다.

(2) 기존 노인복지서비스 체계와의 차이

기존 노인복지법상의 노인요양은 주로 국민기초생활보장수급자 등 특정 저소득층을 대상으로 국가나 지방자치단체가 공공부조방식으로 제공하는 서비스 위주로 운영되어 왔으나, 노인장기요양보험법상 서비스는 소득에 관계없이 심신기능 상태를 고려한 요양필요도에 따라 장기요양인정을 받은 자에게 서비스가 제공되는 더욱 보편적인 체계로 운영되고 있다.

〈표 4-1〉 노인장기요양보험제도와 기존 노인복지서비스체계 비교표

구분	노인장기요양보험제도	기존 노인복지서비스 체계
관련 법	노인장기요양보험법	노인복지법
서비스 대상 서비스 대상	보편적 제도	특정대상 한정(선택적)
	장기요양이 필요한 65세 이상 노인 및 치매 등 노인성질병을 가진 65세 미만자	국민기초생활보장수급자를 포함한 저소득층 위주

구분	노인장기요양보험제도	기존 노인복지서비스 체계
서비스 선택	수급자 및 부양가족의 선택에 의한 서비스 제공	지방자치단체장의 판단(공급자 위주)
재원	장기요양보험료+국가 및 지방자치단체 부담+이용자 본인부담	정부 및 지방자치단체의 부담

4. 소득보장정책: 기초연금, 가족(아동)수당, 아동양육수당

1) 기초연금

(1) 기초연금의 개념

지금의 노인들은 국가발전을 위해 노력하고, 자녀를 위해 희생하였지만 정작 자신의 노후를 준비하지 못하였다. 노인들의 안정된 노후생활을 도와주기 위해 1988년부터 국민연금 제도가 시행되었지만, 제도가 시행된 지 오래되지 않아 국민연금에 가입하지 못한 분이 많고, 가입을 하였더라도 그 기간이 짧아 충분한 연금을 받지 못하는 노인들도 많다.

따라서 노인들의 편안한 노후생활을 도와주고 연금 혜택을 공평하게 나누기 위하여 기초연금을 주는 것이다. 또한, 지금의 청년들과 미래 세대는 더 많이, 오래 국민연금에 가입할 수 있어 앞으로 더 많은 국민연금과 기초연금을 합하여 안정적인 연금 혜택을 누리게 될 수 있다.

그리고 국민연금 제도가 성숙함에 따라 자동적으로 기초연금이 조정되므로 미래의 재정부담도 줄어들게 된다. 현재의 심각한 노인빈곤문제를 해결하면서, 미래 세대의 부담을 덜어주고 노후에 안정된 혜택을 누릴 수 있도록 기초연금 제도[12]를 도입하게 되었다.

12) 2014년 7월부터 종전의 기초노령연금 제도가 폐지되고, 기초연금 제도가 시행되었다.

(2) 기초연금 수급대상자

기초연금은 만 65세 이상이고 한국 국적을 가진 국내에 거주(「주민등록법」 제6조 1, 2호에 따른 주민등록자)하는 노인 중 가구의 소득인정액이 선정기준액 이하인 사람에게 준다. 2015년도 기준 선정기준액은 단독가구일 때 93만 원이며, 부부가구일 때 148만 8,000원이다. 단, 부부 중 한 사람만 신청하는 경우도 부부가구에 해당한다.

(3) 기초연금 감액

산정된 기초연금액은 가구 유형, 소득인정액 수준에 따라 다음과 같이 감액될 수 있다.

① 부부 감액

단독가구와 부부가구 간의 생활비 차이를 감안하여, 부부가 모두 기초연금을 받는 경우에는 각각에 대하여 산정된 기초연금액의 20%를 감액한다.

② 소득역전 방지 감액

만약 소득인정액이 91만 원인 노인이 10만 원의 기초연금을 받는다면, 기초연금을 못 받는 소득인정액이 94만 원인 노인보다 오히려 소득이 많아지게 된다.

이렇게 기초연금 수급으로 말미암아 발생할 수 있는 불공평성 문제를 해결하기 위해, 소득인정액과 기초연금 산정액을 합한 금액이 선정기준액 이상인 경우 기초연금액의 일부를 감액한다. 즉, 단독가구, 부부 1인 수급 가구는 2만 원, 부부 2인 수급 가구는 4만 원 단위로 감액한다. 감액에 따른 최소 지급액은 단독가구 및 부부 1인 수급 가구는 2만 원, 부부 2인 수급 가구는 4만 원이다.

2) 가족(아동)수당

(1) 가족(아동)수당의 개념

가족수당이라는 용어는 나라마다 달리 사용되어지고 있으며, 아동의 생활보장을 구체화시키는 현금급여로서 아동수당이라는 용어로도 통용되고 있다. 이것은 아마도 대부분의 국가에서 아동을 부양하는 가족에게 아동 수에 따라 수당이 지급되기 때문일 것이다. 이러한 사회보장제도를 한국이나 일본에서는 아동수당이라 부르고 있지만, 프랑스 등 많은 나라에서는 가족수당이라 부른다(박경일, 2008).

아동수당과 가족수당의 차이는 다음과 같다. 아동수당은 아동만을 대상으로 아동의 생활비를 충족시키기 위해 일정 기간 지급되는 현금을 가리키는 것이다. 가족수당은 그 대상을 요부양가족으로 확대하고, 현금급여 이외의 현물이나 서비스 급여도 포함하는 통합적이고 포괄적인 사회보장제도로 볼 수 있다. 즉, 가족수당은 아동뿐만 아니라 요부양자와 가족법상의 관계에 따라 해당 요부양자를 부양해야 할 의무가 있는 자에게 요보장사고(要保障事故)에 대한 예방적 차원과 사후적 대책으로서 국가가 급여를 행하는 사회보장제도이다.

가족수당제도는 각 나라의 사회적 배경에 따라서 독자적 특징을 형성해 나가면서 현재에 이르렀지만, 공통된 것은 동일한 경제사회적 상황에서 피부양가족인 아이가 있는 노동자세대는 무자(無子)세대와 비교할 때, 생활수준이 떨어진다는 사실이다. 가족 수는 각 가정에 따라서 다르지만 노동의 대가인 임금은 각 노동자세대의 가족 수와 부양의 내용과는 무관하게 직종이나 업무에 따라서 지급된다. 그 때문에 가족 수가 많으면 당연히 생계가 어려워지게 된다. 이처럼 임금수입과 가계지출과의 차이(gap)를 메우기 위해서 유자세대에 주어지는 경제적 보조가 가족수당이다. 따라서 가족수당은 유자(有子)세대나 무자세대와 관계없이 사기업과 일부 공무원에게 임금보충 수단으로써 실시되는 가족급여가 아니다. 가족수당은 유자세대 모두에게 공평하고 광범위하게 실시하는 것이 합리적이고, 아동의 존재가 유자세대의 사유물이 아니라 사회적 존재라는 인식을 바탕으로 하고 있기 때문에 사회보장의 하나로서 가족수당이 발전하게 되었다(박경일, 2008).

(2) 가족(아동)수당의 의의와 필요성

가족(아동)수당은 아동의 건전 육성과 자질 향상이라는 복지권의 실현, 유자녀가정에 대한 소득보장정책, 그리고 다자빈곤으로 말미암은 소득 지출의 증대에 대한 소득보충적 기능을 한다는 점에서 그 의의를 살펴볼 수 있다.

우리나라에서는 사회수당으로써 노령수당과 장애인 생계보조수당이 있으며, 조세제도상의 부양가족공제제도가 있으나 그 수혜대상은 특수 지역계층에 한정되어 있다. 특히 부양가족공제에 있어서 저소득계층은 공제할 소득이 없으므로 그 혜택을 전혀 받을 수 없다. 따라서 이것은 소득재분배의 측면에서는 오히려 역진적인 성격을 지닌다고 할 수 있다. 그뿐만 아니라 가계를 보충할 목적으로 지급되는 가족수당은 그 대상이 일반 공무원이나 교원, 그리고 대기업 중심으로 한정적이고 임금보조적인 성격을 지니고 있다.

또한, 세계 최고수준의 낮은 합계출산율은 계속될 전망이고, 65세 이상 노인인구 비율은 2020년에는 15.1%로 증가될 전망이다. 그리하여 노인부양비가 2000년 10.1%에서 2020년에는 21.7%로 되어 세대 간의 부양부담 문제가 크게 두드러질 것으로 예측된다. 그리고 오늘날 우리 사회에서는 생산인구인 젊은층의 3D 기피 현상으로 노동력 부족 문제가 심각하다.

이 같은 상황 속에서 우리나라 대부분의 가정이 자녀를 한 명 혹은 두 명 두는 것이 보편화되어 있지만, 높은 교육열에 따른 아동양육비의 가계 부담이 증대되고 있는 실정이다. 또 결식아동의 숫자도 증가하고 있고 청소년비행도 증가하고 있다. 따라서 아동의 건전한 성장발달과 양육을 위한 보호대책이 더욱 충실해지고 확대되어야 할 것이다.

3) 아동양육수당

우리나라의 양육수당은 영유아보육법(법률 제11144호, 2011. 12. 31, 일부 개정) 제34조의 2에 따라 부모의 양육 부담을 낮추고 기관에 다니는 아동과 다니지 않는 아동 간의 형평성을 기하고 어린이집이나 유치원을 이용하지 않는 아동의 건전한 성장 발달을 지원하며 양육지원의 사각지대를 없애기 위해 2009년에 도입된 제도로서 2009년 이후 매년 지원범위를 확대해 왔다. 특히 지난 2011년부터는 양육수당의 지원 대상 아동 연령과 지원 금액을 확대해 어린이집 등을 이용하지 않는 차상위계층 이하 가구의 만 36개월 미만 아동에게 월 10~20만 원을 지급하고 있다.

그런데 국내 육아정책연구소의 보고서(2012)에 따르면, '양육수당을 받기 때문에 자녀를 어린이집에 보내지 않고 집에서 키울 수 있는가'에 대한 질문에는 '별로 그렇지 않다'가 41.4%로 가장 높게 나타났다. '별로 그렇지 않다'와 '전혀 그렇지 않다'를 합한 응답율은 60.4%로 긍정적인 인식을 하는 경우인 39.5%에 비해 월등히 높았다. 차상위계층 이하 비(非)수급 가구의 어머니에게 양육수당이 증액된다면 자녀를 어린이집에 보내지 않고 집에서 키울 의향이 있는지를 질문한 결과 '어린이집 이용을 중단 하겠다'는 비율이 35.8%, '어린이집을 계속 이용 하겠다'는 비율이 64.2%로 양육수당 증액에 상관없이 계속 어린이집을 이용하겠다는 응답이 이용 중단에 비해 약 2배가량 높게 나타났다.

또한, 양육수당 증액 시 어린이집 이용을 중단하겠다고 응답한 어머니를 대상으로 월 희망급여액을 질문한 결과 '40~50만 원 이하'가 34.2%로 가장 높고, 그 다음으로 '20~30만 원 이하' 28.9%, '50만 원 초과' 17.1%, '30~40만 원 이하' 15.8% 순으로 나타났으며, 월 평균 희망급여액은 47만 원으로 조사됐다. 따라서 현재 보육료 지원을 받고 어린이집에 다니는 영아가 가정 내 보육을 선택하기 위해서는 급여액이 월 40만 원을 상회해야 할 것으로 보인다.

양육수당 수급으로 양육비 부담이 완화됐는지를 조사한 결과 '대체로 그렇다'가 46%로 가장 높게 나타났으며, '매우 그렇다'와 '대체로 그렇다'를 합한 비율은 63.9%로 그렇지 않다고 응답한 경우에 비해 높게 나타났다. 양육비 부담 완화 측면에서 양육수당은 대체로 긍정적인 효과를 지니고 있는 것이다. 또, 양육수당이 자녀의 건전한 성장과 발달에 도움이 되는지에 대해서는 50.9%가 '매우 그렇다', 38.3%가 '대체로 그렇다'라고 응답해 대부분의 수급자가 양육수당이 자녀의 성장과 발달에 도움이 된다고 인식하고 있는 것으로 나타났다.

이와 관련해 보고서는 "현행 양육수당은 아동 발달 증진과 양육비 부담 완화 측면에서 긍정적인 효과를 지니는 반면, 출산율 제고 측면에서는 그 효과가 미흡한 것으로 평가된다"며 "양육수당 본연의 정책 효과를 추가적으로 지니기 위해서는 양육수당 급여액 상향 조정이 요구된다"고 했다(메디컬투데이, 2012. 5. 17).

5. 가족복지정책의 전달체계

1) 공적 전달체계

여성가족부는 가족정책 실현을 위해 청소년가족정책실 소속으로 가족정책관을 두고 있다. 가족정책관에는 가족정책과, 가족지원과, 다문화가족정책과, 다문화가족지원과가 있으며, 각 과별 업무는 다음과 같다.

❖ 가족정책과

○ 건강가정기본계획의 수립·조정 및 연도별 시행계획의 총괄
○ 중앙부처 및 지방자치단체 가족정책의 협의·조정 총괄
○ 가족 및 가족친화 사회환경 관련 법령의 관리·운영
○ 건강가정정책의 평가
○ 중앙건강가정정책위원회의 구성·운영
○ 가족제도·가족실태에 관한 조사·연구

- ○ 건강가정사업을 위한 아동업무에 관한 정책의 개발
- ○ 가정의 날 및 부부의 날 운영 등 가족 관련 행사에 관한 사항
- ○ 가족 관련 법인·단체의 육성·지원 및 지도·감독
- ○ 건강가정사·가정봉사원의 양성 및 교육훈련
- ○ 지역사회 가족기능 강화 관련 자원 연계 및 조정
- ○ 가족친화 사회환경 관련 실태조사 및 계획의 수립·시행
- ○ 가족친화 직장·마을 환경 조성 지원 및 가족친화 기업 등의 인증·관리
- ○ 결혼준비교육·부모교육·가족윤리교육과 가족가치의 실현 및 가정생활과 관련된 교육 등에 대한 지원
- ○ 가족상담·교육 프로그램의 개발·보급
- ○ 민주적이고 양성평등한 가족문화의 확산 및 건전가정의례의 보급에 관한 사항

❖ 가족지원과

- ○ 아이돌봄서비스 등 가족의 자녀양육 지원
- ○ 조손(祖孫)가족 지원에 관한 시책의 추진
- ○ 미혼모 및 청소년 한부모의 자립 지원에 관한 사항
- ○ 취약가족 등에 대한 지원
- ○ 한부모가족 지원 관련 계획의 수립 및 법령의 관리·운영
- ○ 한부모가족 아동양육 및 교육 등 지원
- ○ 한부모가족 복지시설의 지원·육성 및 종사자 능력개발
- ○ 한부모가족 복지단체의 지원 및 관리
- ○ 한부모가족의 고용연계 지원 및 복지자금 대여
- ○ 한부모가족 실태조사 계획 수립·시행
- ○ 자녀양육비 이행 지원에 관한 사항
- ○ 이혼위기가족에 대한 상담·교육 등의 서비스 지원
- ○ 양육비 이행에 관한 계획의 수립에 관한 사항

- 양육비 이행 관련 법령의 관리·운영 및 제도 개선에 관한 사항
- 양육비 이행 실태에 관한 조사·연구에 관한 사항
- 양육비 이행 인식 개선을 위한 교육·홍보에 관한 사항
- 양육비가이드라인의 개발·활용에 관한 사항
- 양육비이행심의위원회의 운영에 관한 사항
- 양육비이행관리원의 지도·관리 및 감독에 관한 사항
- 한시적 양육비 긴급지원 제도의 운영에 관한 사항
- 양육비 이행을 위한 중앙행정기관, 지방자치단체 및 관계 기관의 협의·조정에 관한 사항

❖ 다문화가족정책과

- 중앙부처 및 지방자치단체의 다문화가족지원정책 총괄
- 다문화가족지원법령 제·개정
- 외국인정책위원회 결혼이민자지원실무분과위원회의 총괄·운영
- 다문화가족정책위원회 및 실무위원회 운영
- 다문화가족지원정책 기본계획 및 연도별 시행계획의 수립·평가
- 다문화가족지원 중장기 정책 수립, 정책 개발 및 제도 개선
- 다문화가족 관련 각종 계획·대책 수립
- 다문화가족 실태조사 실시
- 다문화가족지원센터 운영(방문교육 포함)
- 다문화가족 자녀 언어발달 지원 및 통·번역서비스, 언어영재교실
- 다문화가족지원센터 평가 및 현장점검, 타부처 연계 업무
- 다문화가족지원 프로그램 개발 및 센터 외부협력에 관한 사항
- 다문화가족지원사업 관련 연구용역
- 다문화가족 전국 네트워크대회
- 다문화가족 자녀 언어발달지원 사업
- 다문화가족 나눔봉사단, 사례관리 서비스

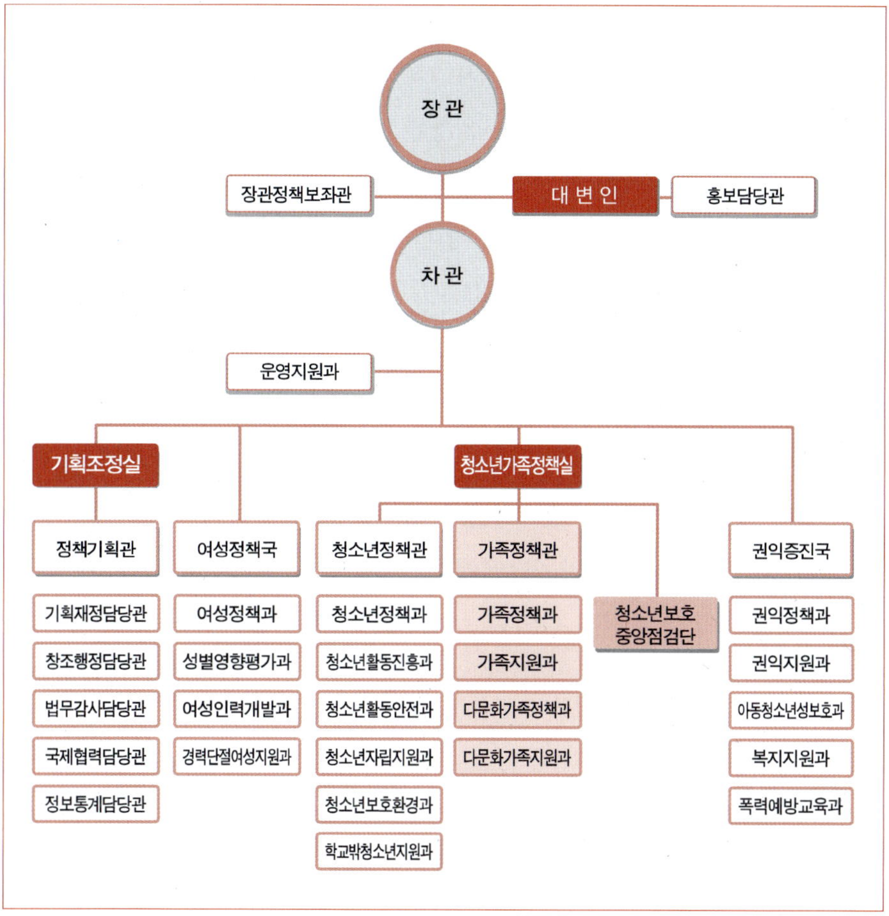

출처: 여성가족부 홈페이지(www.mogef.go.kr, 2015. 12. 30).

[그림 4-1] 여성가족부 조직도

❖ 다문화가족지원과

- ○ 다문화가족에 대한 사회적 인식개선을 위한 시책 추진 및 홍보
- ○ 다국어지원시스템 구축·운영 등 다문화가족의 의사소통 지원
- ○ 다문화가족의 자녀양육 지원에 관한 사항
- ○ 결혼이민자 전문인력 양성 등 경제·사회적 자립 지원
- ○ 결혼중개업 관리에 관한 법령의 관리·운영
- ○ 결혼중개업 종사자 및 지방자치단체 관계 공무원의 교육에 관한 사항

◦ 결혼중개업 등록·신고의 관리
◦ 국제결혼 예정자의 사전 준비 지원에 관한 사항
◦ 국제결혼이민관의 설치 및 운영에 관한 사항

2) 민간협력을 통한 전달체계

건강가정정책의 주체는 국가뿐 아니라 기업, 사회단체, 공공기관, 가정 등이 모두 수평적인 관계를 형성하는 '정부 없는 거버넌스(governance without government)'가 되어야 한다. 따라서 중앙정부를 통한 전달체계 이외에도 지역사회를 기반으로 조직된 전달체계, 즉 기업, 사회단체, 사회복지기관, 여성문화회관, 자원봉사단체, 주민자치단체, 그리고 보건소 등이 협조자로 등장할 수 있다. 대표적으로 주민자치단체에서는 지역주민의 욕구와 가정, 부모, 청소년들에게 건강과 관련된 다양한 프로그램을 제공하고 자원봉사활동을 하고 있다. 특히 여가활용과 지역노인의 부양, 부모교육, 건강한 가정문화운동과 관련한 프로그램을 제공하고 있다. 만일 건강가정지원센터에서 전문적으로 개발한 건강가정 관련 교육과 지원 프로그램을 시행한다면 윈-윈(win-win)의 전달체계를 구축할 수 있다.

이러한 시도는 지역사회에서 자주 시행되고 있다. 특히 보건소와는 생애주기에 따른 가족구성원의 보건의료 문제를 제공하고, 전반적인 가정 단위의 정보 제공과 건강가정 시스템 구축을 협조한다면 매우 유익한 협조체계가 될 것이다. 저출산의 문제가 자녀에 대한 가치관의 변화라고 하지만, 실제로 낙태되는 태아와 잘못된 성지식, 출산·자녀양육의 부담 등이 복합적으로 나타난다. 신체적인 건강뿐 아니라 보건의료 지원이 가정 단위로 이루어지려면 현재의 보건소 인력과 시스템으로는 부족하다. 이럴 때 건강가정지원센터나 관련 민간기관과의 협력체계는 여러모로 전달체계로서의 역할을 할 수 있다. 특히 보육정보 시스템은 건강가정 지원사업과 매우 유기적일 수 있다. 부모교육 및 상담, 가족문제로 말미암은 가정의 스트레스 문제해결 등을 보육단체나 보육정보센터, 관련 협회 등에서 독립적으로 지원하기는 어렵다. 이때 건강가정지원센터와 협력하여 지원시스템을 구축한다면 효율적인 전달체계를 갖게 될 것이다(조희금 외, 2005, 2010).

건강가정지원센터의 건강가정사업은 가족과 가족구성원의 욕구에 초점을 둔 포괄적인 사업이긴 하지만, 재정을 포함한 인적·물적 자원의 부족으로 서비스에는 한계가 있을 수밖에 없다. 건강가정지원센터에서 가족과 가족구성원에게 충분한 서비스를 제공하지 못할 때 민간기관과의 협력체계를 구축하여 서비스를 제공해야 할 필요성이 제기된다. 민간기관과의 협력체계를 구축하는 데 있어 무엇보다 중요한 것은 '어느 기관에서 주도적으로 사업을 수행할 것인가?'에 관심을 둬서는 안 된다. 건강가정지원센터는 '서비스를 요구하는 가족과 가족구성원의 욕구를 충족시키기 위해서 어떤 기관과 협력체계를 유지할 필요가 있는가?'를 먼저 고려하여야 한다.

가족복지정책 관련 법

학습 목표

- ◦ 건강가정기본법의 제정 목적을 설명할 수 있다.
- ◦ 한부모가족지원법의 제정 목적을 설명할 수 있다.
- ◦ 민법 제4편과 5편의 가족 관련 내용을 설명할 수 있다.
- ◦ 영유아보육법의 제정 목적을 설명할 수 있다.
- ◦ 모성보호에 관한 3법을 제시하고, 이를 설명할 수 있다.

1. 건강가정기본법

1) 법이 지향하는 이념

건강가정기본법의 기본이념은 "가정은 개인의 기본적인 욕구를 충족시키고 사회통합을 위하여 기능할 수 있도록 유지·발전되어야 한다."라고 동법 제2조에서 밝힌다. 이는 가정이란 개인의 기본적인 욕구를 충족시킬 수 있는 바탕을 제공함과 동시에 사회 유지의 기초가 됨을 명시하는 것이다. 이처럼 기본이념은 동법 전체를 요약하여 제시하고 있다. 이러한 기본이념을 바탕으로 동법 제1조의 목적과 제15조의 기본계획은 동법의 실천을 제시하고 있다. 따라서 실천을 통해서 동법의 지향성과 여기에 담긴 정신을 분석하면 구체적인 이념을 알 수 있다.

여기에서는 건강가정기본법이 추구하는 구체적인 이념을 다음의 다섯 가지로 정리하여 살펴본다. 이는 ① 가정의 건강성 증진, ② 가정문제에 대한 사전적·예방적 지원의 필요, ③ 가정 단위의 통합적 서비스 제공, ④ 양성평등과 민주적인 가족가치의 구현, 그리고 ⑤ 가정의 자립과 협동 및 국가의 지원 강화 등이다(조희금 외, 2002, 2005).

(1) 가정의 건강성 증진

건강가정기본법은 가정의 건강성 증진을 통하여 건강한 사회를 구현하는 것이 궁극적으로 개인의 행복과도 불가분의 관계를 맺는다는 '개인-가정-사회'의 상호작용적인 관점을 가진다. 종종 개인은 가정이라는 공동체 안에서 자신의 자유와 권리를 제한받을 수 있다. 그러나 가정이라는 공동체의 존립이 궁극적으로 자신의 행복으로 환원되기 때문에, 가정의 유지가 개인의 자유를 무시하는 것이 아니라 개인의 선택과 행복으로 귀결된다. 한편, 가정문제의 증가로 말미암은 가족갈등과 가족해체는 사회비용을 증가시키는데, 결국 그 비용은 가정에서 나오는 것이다. 따라서 건강한 가정이 어떻게 사회적 자본으로 이바지하여 건강한 사회의 기초가 되는지는 사회적 자본의 중요성에 대한 인식에서 출발한다(이정전, 2003).

동법 제4조 제1항에서 제시한 "모든 국민은 가정의 구성원으로서 안정되고 인간다운 삶을 유지할 수 있는 가정생활을 영위할 권리를 가진다."라는 것은 헌법 제10조의 "모든 국민은 인간으로서의 존엄과 가치를 가지며, 행복을 추구할 권리를 가진다. 국가는 개인이 가지는 불가침의 기본적 인권을 확인하고 이를 보장할 의무를 진다."를 구체화한 것이다. 또한, 헌법 제34조의 "① 모든 국민은 인간다운 생활을 할 권리를 가진다. ② 국가는 사회보장·사회복지의 증진에 노력할 의무를 진다. ③ 국가는 여자의 복지와 권익의 향상을 위하여 노력하여야 한다. ④ 국가는 노인과 청소년의 복지향상을 위한 정책을 실시할 의무를 진다. ⑤ 신체장애자 및 질병·노령 기타의 사유로 생활능력이 없는 국민은 법률이 정하는 바에 의하여 국가의 보호를 받는다. ⑥ 국가는 재해를 예방하고 그 위험으로부터 국민을 보호하기 위하여 노력하여야 한다."를 실천하려는 것이다.

(2) 가정문제에 대한 사전적·예방적 지원의 필요

이제까지 우리나라의 가정 관련 정책은 문제가 발생하고 나서 사후치료하는 방식을 취해 왔다. 즉, 문제발생을 예방하기보다는 문제가 발생하고 나서 큰 비용을 치르면서 대책을 마련하였다. 그러나 가정을 둘러싼 환경의 변화는 점차로 가정은 자신에게 부과된 책임을 수행할 능력을 상실해 가고 있다. 따라서 가정의 책임에 대한 사회적 연대와 책임 분담이 필요하다. 이러한 변화에 대응하고자 건강가정기본법이 만들어졌다. 동법에서는 이전까지의 사후치료적인 방법에서 벗어나 문제 예방의 측면을 강조하고 있다. 즉, 가정문제 발생으로 말미암은 가족기능 약화, 가족갈등, 가족해체 등을 사전에 방지할 수 있는 기제(機制)를 강조하고 있다.

가정문제에 대한 예방적 접근의 중요성은 나라마다 마련하는 정책에도 나타난다. 이는 가족기능 강화를 위한 정책이 세계적인 추세라는 것을 의미한다. 예를 들어, 중화민국(Republic of China)은 지자체 가족교육센터에서 미혼남녀가 결혼 전 교육을 의무적으로 받도록 하고 있다. 미국의 오클라호마 주(Oklahoma State) 등에서는 결혼준비 및 유지에 관한 법안과 결혼 전 교육 법안을 입법화하였다. 영국은 결혼준비교육 및 이혼 전에 의무적으로 상담을 받도록 하였다. 그리고 캐나다는 '가족위원회'를 법제화하여 가족상담교육을 문서로 밝혔다(정현숙, 2003).

(3) 가정 단위의 통합적 서비스 제공

① 생활 단위인 가정의 강조

건강가정기본법에서는 생활공동체인 가정을 기본 단위로 하고 있다. 생활 단위인 가정은 생활공동체이기 때문에 가족구성원의 노동력을 재생산하는 역할을 담당한다. 노동력 재생산은 두 가지 차원에서 수행되는데, 현재의 노동력을 유지하는 것과 미래의 노동력을 재생산하는 것이다. 즉, 가정은 가사노동을 통해 날마다 노동력을 재생산하며, 인간 그 자체를 생물학적으로 생산하여 세대에 걸쳐 그들을 키우고 유지하며, 살아 있는 노동자로서 지속적으로 사회화시키는 노동력의 세대 재생산을 담당한다.

이처럼 국가와 사회가 유지될 수 있도록 이바지하는 가정에 대한 국가의 지원은 당연하다. 나아가 모든 국민은 생명활동에 필요한 생활을 영위하고 노동력을 재생산하여 인간으로서의 존엄과 가치를 가지고 살아갈 권리가 있으며, 국가는 이를 보장할 의무가 있다. 따라서 모든 국민은 생활을 통해 노동력을 재생산할 권리가 있으므로 만일 어떤 가정이 노동력을 재생산하기에 자원이 충분하지 못했다면, 국가는 이를 지원할 의무가 있다.

② 가정 단위의 통합적 가정정책 서비스

그동안 가족정책의 대상은 주로 가족을 통해 부양받을 수 없는 취약 계층, 즉 장애인, 요보호 노인, 요보호 아동, 요보호 여성 등으로 문제가 발생한 개인을 대상으로 하였다. 따라시 전체 가정을 대상으로 한 통합적인 서비스의 제공은 거의 이루어지지 않았다. 건강가정기본법은 국가가 제공하는 복지서비스의 대상을 일반 가정으로 확대시킨 최초의 법이다. 이 법을 통해 우리나라의 복지는 그동안 요보호 대상에게 제공되던 지원 서비스 중심의 잔여적 복지에서 보편적 복지로 전환하였다.

(4) 양성평등과 민주적인 가족가치의 구현

① 양성평등과 민주적인 가족관계

양성평등과 민주적인 가족관계가 형성되어야 건강한 가정이 탄생한다. 건강한 가정은 열린 대화가 가능하며 가족 역할을 공유할 수 있다. 또한, 가족 간 휴식과 여가도 공유할 수 있다. 건강가정기본법은 헌법 제36조 제1항에서 제시한 "혼인과 가족생활은 개인의 존엄과 양성의 평등을 기초로 성립되고 유지되어야 하며, 국가는 이를 보장한다."라는 정신에 따라 동법 전반에 걸쳐 이를 강조하고 있다.

가사노동 가치에 대한 사회적 인식의 확산과 정당한 가치평가는 양성평등의 관점에서 동법이 특히 강조한다. 가정생활을 가능토록 하는 기본인 가사노동을 통해 노동력 재생산이 이루어진다. 자녀양육이나 가족구성원에 대한 보살핌 노동을 포함한 가사노동은 분명 사회경제적인 가치가 있다. 그럼에도 가사노동의 무보수성은 가정 내 여성의 지위를 의존적으로 만들고, 노동시장에서도 열악한 노동조건을 감수할 수밖에 없도록 한다. 그러므로 가사노동의 정당한 가치평가는 무보수 가사노동의 생산성을 인정하여 이를 수행하는 담당자의 노동 가치를 정당하게 평가하는 데 이바지한다. 이를 통해 가사노동 담당자의 사회경제적 지위에 영향을 주고 그들의 삶의 질을 향상시키는 데 이바지함과 동시에 가사노동을 그늘 경제에서 벗어나 올바른 복지지표 체계에 포함하게 한다(문숙재 외, 2002).

② 성과 세대, 그리고 생활과 문화의 통합

건강가정기본법은 양성평등이나 세대 간의 민주적인 가족관계를 강조할 뿐만 아니라, 일상생활 및 문화의 중요성을 명시하는 통합적인 가정정책을 제시하고 있다. 따라서 가족은 양성 간에 평화로운 관계를 확립해야 하며, 나아가 일상의 의식주생활과 소비생활, 자녀출산 및 양육, 여가, 가족구성원의 부양 및 지역사회 내 시민적 역할 수행과 자원봉사, 그리고 공동생활문화의 창조 등 생활과 문화의 개념을 중요하게 인식하여야 한다.

(5) 가정의 자립과 협동 및 국가의 지원 강화

가정에 대한 국가 지원의 최종 목적지는 가정의 자립에 있다. 가정은 언제까지나 국가의 지원에 의존할 수 없다. 개인의 자립은 생활에 필요한 전반적인 능력의 균형 있는 발전과 그러한 기회의 보장을 요구한다. 가정의 자립은 가정생활의 주체성 확보와 자생력을 의미한다. 가정의 자립을 지원하려면 가정자원화, 즉 가정이 가진 자원을 충분히 활용하여 가정의 자생력을 살리고 증진시키는 것을 의미한다. 또 가정은 사회와 유기적인 관련을 맺는 유기체이므로 사회와의 상호작용을 통해 지역사회 내에서 공동체를 형성하고, 이웃과 함께 더불어 살아가야 한다. 협동은 자립을 보완하면서 어떻게 서로 도우면서 자원을 공유하며 살아갈 것인가를 고려한다. 여기서 협동은 가정 간의 협력, 공공기관이나 공적인 시설, 지역사회의 다른 체계와의 협력관계를 포함하는 넓은 개념을 의미한다. 따라서 가정이 가족이기주의를 극복하고 공동문화의 창조라는 궁극적인 목표를 달성하려면 가정의 자립과 협동이 요구된다(조희금 외, 2002).

그러므로 국가나 지자체의 가정에 대한 지원은 가정을 능동적인 주체로 인정한 바탕 위에서 이루어져야 한다. 즉, 국가가 가정에 대해 일방적인 개입차원의 지원 서비스를 제공해서는 안 된다. 국가는 가정의 자율성과 자립성을 증진시킬 수 있는 자원을 제공해야 한다. 이는 가정이 국가나 사회의 영향을 받기만 하는 수동적인 존재가 아니라, 사회와 상호작용하는 능동적인 존재라는 점을 인정하는 것이다(조희금, 2003).

2) 법의 체계

건강가정기본법은 5장, 37조의 본칙과 부칙으로 되어 있다. 제1장은 '총칙'으로 법의 총론적인 성격을 규정하고, 제2장은 '건강가정정책'으로 정책 수립을 위한 위원회와 기본계획의 수립에 관한 내용을 규정하고 있다. 제3장은 '건강가정사업'으로 가정의 건강성 증진을 위한 구체적인 사업을 규정하고 있으며, 제4장은 '건강가정전담조직 등'으로 전문인력에 관한 내용을 규정하고 있다. 그리고 제5장은 '보칙'으로 민간단체 등의 지원에 대한 내용을 규정하고 있다. 이 법은 다른 법률과 마찬가지로 헌법의 하위 법률이면서 가정에 관련된 기본법의 성격을 갖는다. 또한, 이 법을 통해 구체적인 실천이 가능하게 하려고 사업법적인 성격을 포함한다. 따라서 건강가정기본법은 가정에 관련된 사업이 이미 다른 법령에 규정되어 있으면 해당 사업법을 통해 실시 가능하도록 하는 선언적 의미를 갖는다. 그리고 이 법의 체계는 가정과 관련해서 개발되어야 할 사업 영역을 주로 규정한다.

(1) 제1장 총칙(제1조~제12조)

총칙은 법령 전체에 관한 원칙적이고 기본적인 사항을 말한다. 총칙에는 법령의 목적, 정의, 해석 등이나 이념, 책무 등을 규정한다. 그러나 총칙에서 어떤 사항을 규정할 것인가는 실제 법령을 제정할 때 결정한다(박영도, 1997). 건강가정기본법 제1장은 다음과 같이 구성되어 있다(각 조의 내용은 '부록 1'을 참조).

제1조 목적
제2조 기본이념
제3조 정의
제4조 국민의 권리와 의무
제5조 국가 및 지방자치단체의 책임
제6조 다른 법률과의 관계
제7조 가족가치
제8조 혼인과 출산
제9조 가족해체 예방
제10조 지역사회 자원의 개발·활용
제11조 정보제공
제12조 가정의 날

(2) 제2장 건강가정정책(제15조~제20조)

제2장은 실체 규정으로 이 법이 달성하고자 하는 입법 목적을 구체적으로 실현하기 위한 가장 기본적인 내용을 담고 있다. 여기서 실체 규정이란 법령의 본칙에 규정하는 조문 중 총칙에 이어 규정하는 것을 의미한다. 건강가정기본법 제2장은 다음과 같이 구성되어 있다(각 조의 내용은 '부록 1'을 참조).

제15조 건강가정기본계획의 수립
제16조 연도별 시행계획의 수립·시행 등
제17조 시·도별 시행계획의 조정 등
제18조 계획수립의 협조

제19조 교육·연구의 진흥
제20조 가족실태조사

(3) 제3장 건강가정사업(제21조~제33조)

제3장도 제2장과 같이 실체 규정으로 이 법이 달성하고자 하는 입법 목적을 구체적으로 실현하기 위한 가장 기본적인 내용을 담고 있다. 건강가정기본법 제3장은 다음과 같이 구성되어 있다(각 조의 내용은 '부록 1'을 참조).

제21조 가정에 대한 지원
제22조 자녀양육지원의 강화
제23조 가족단위 복지증진
제24조 가족의 건강증진
제25조 가족부양의 지원
제26조 민주적이고 양성평등한 가족관계의 증진
제27조 가족단위의 시민적 역할증진
제28조 가정생활문화의 발전
제29조 가정의례
제30조 가정봉사원
제31조 이혼예방 및 이혼가정지원
제32조 건강가정교육
제33조 자원봉사활동의 지원

(4) 제4장 건강가정전담조직 등(제34조~제35조의 2)

제4장도 제2장이나 제3장과 같이 실체 규정으로 이 법이 달성하고자 하는 입법 목적을 구체적으로 실현하기 위한 가장 기본적인 내용을 담고 있다. 건강가정기본법 제4장은 다음과 같이 구성되어 있다(각 조의 내용은 '부록 1'을 참조).

제34조 건강가정사업의 전담수행
제35조 건강가정지원센터의 설치
제35조의 2 유사명칭의 사용금지

(5) 제5장 보칙(제36조, 제37조)

보칙은 법령의 본체를 이루는 실체적 규정의 전체로서 그 전반에 걸쳐 공통으로 적용되는 사항으로, 총칙 규정으로 하기에는 적합하지 않은 절차적, 기술적인 사항을 벌칙에 앞서 규정하는 것이다(박영도, 1997). 이 법의 보칙은 "민간단체 등의 지원"에 관한 것으로, "국가 및 지방자치단체는 건강가정사업을 수행하는 단체 또는 개인에 대하여 필요한 비용의 전부 또는 일부를 보조하거나 그 업무수행에 필요한 지원을 할 수 있다."라고 규정하고 있다. 또한, '과태료'에 관한 사항으로 동법 제35조의 2를 위반한 자에게는 300만 원 이하의 과태료를 부과할 수 있도록 했다.

(6) 부칙

부칙은 부수적이고 경과적인 사항을 규정한다. 통상 부칙에는 법의 시행일, 시행을 위한 준비행위, 유효 기간, 적용례, 경과 조치, 그리고 법령의 개정 및 폐지 등에 관한 내용을 규정한다(이 법의 부칙은 '부록 1'을 참조).

3) 법 개정의 논란과 한계

건강가정기본법의 법제화는 가족을 둘러싼 최근의 변화에 대한 우리 사회의 공식적 대응으로써 상징적 의미가 있다. 그러나 '가족위기'를 둘러싼 주요한 쟁점이 모호하게 처리되어 이후 갈등과 논란을 일으켰다. 그러므로 건강가정기본법의 쟁점에 대한 논의는 주관적이거나 특정집단의 이해를 대변하기보다 될 수 있는 대로 객관적 근거를 통해 전개해야 한다. 이를 구체적으로 검토하는 전제조건은 다음과 같다(양옥경 외, 2007). 첫째, 건강가정기본법과 시행령의 제정과정에서 논란이 되었던 주요쟁점을 중심으로 한다. 둘째, 논쟁의 근거로 사용된 자료는 건강가정육성법(안)과 가족지원기본법(안)의 논쟁과정에서 제시되었던 공청회 자료와 내부자료 등 문서로 만들어진 자료에 한한다. 셋째, 건강가정기본법의 쟁점을 논의함에서 모법 조항을 위배하지 않는 안의 범위에서 법안이 가지는 모호성과 문제점에 한한다.

(1) 건강가정기본법 논란의 주요쟁점 사항

① 가족정책에 있어 국가의 역할

가족정책에서 가장 중요한 쟁점 중의 하나는 국가와 가족의 관계를 어떻게 규정할 것인가의 문제이다. 여기서 관계란 국가의 관점에서 가족에 대해 어떠한 가정(假定)을 전제하고 있는가와 그 가정(假定)에 근거한 국가의 역할은 무엇인가에 의해 결정되는 것이다. 가족에 대한 가정(假定)은 다시 국가가 가족과 가족을 둘러싼 현재의 변화에 대해 어떻게 인식하고 있는가의 문제로 바뀌어 표현될 수 있다. 건강가정기본법은 이혼율의 증가, 출산율의 급격한 감소 등과 같은 일련의 현상이 건강하지 못한 가정의 출현으로 야기되고, 국가의 역할은 이러한 일련의 현상을 사전에 예방함으로써 건강한 가정을 구현하는 데 두고 있다. 실제로 동법 제5조 제1항을 보면, "국가 및 지방자치단체는 건강가정을 위하여 필요한 제도와 여건을 조성하고 이를 위한 시책을 강구하여 추진하여야 한다."라고 규정하고 있다. 이러한 측면에서 동법은 가족에 대한 국가의 정책 방향을 제시하고 그 역할을 명시함으로써 현재의 변화(위기)에 대한 국가의 책임을 적시(適時)했다는 데 일단 긍정적인 평가를 할 수 있을 것이다.

그러나 중요한 것은 가족과 가족을 둘러싼 제반 변화에 대한 국가의 개입 여부이기보다는 국가개입(정책) 내용의 문제이다. 만약 국가의 정책이 실제 가족의 모습과 변화의 방향을 반영하지 못하고 있다면, 국가의 개입은 현재의 '위기'를 완화하기는커녕 더욱 증폭시킬 수 있기 때문이다. 동법은 과거와 같이 가족에 대한 국가의 직접적 통제(가족계획)를 명시하고 있지 않다는 측면에서 국가의 정책이 하딩(Harding, 1996)이 분류한 권위주의적인 유형으로 볼 수는 없을 것이다. 그러나 국가가 가족에 대한 명확한 상을 제시하고 이를 구현하기 위한 정책을 법에 명시했다는 측면에서 특정 영역에서 권위주의적 국가의 개입이(비록 상대적으로 덜 권위주의적일지라도) 가족구성원과 가족에게 강제되고 있다고 볼 수 있을 것이다. 예를 들어, 동법 제8조 제1항을 보면, "모든 국민은 혼인과 출산의 사회적 중요성을 인식하여야 한다."라고 규정함으로써 높은 이혼율과 저출산으로 대표되는 현재의 위기가 혼인과 출산에 대해 국민이 그 중요성을 간과하고 있고, 국가의 역할은 그 중요성을 국민에게 강제함으로써 건강한 가정을 구현해야 한다는 논리적 귀결을 보여주고 있다.

또한, 동법 제28조(가정생활문화의 발전)와 제29조(가정의례)의 규정에서 국가는 건강한 가정을 구현하기 위해 국민을 일깨우고 교육하겠다는 의도를 명시적으로 보여주고 있다. 그러나 문제는 현재의 위기가 건강한 가정생활문화와 가정의례의 진작을 통해 완화될 수 있는 문제가 아니라는 점이다. 실제로 국가정책(건전한 가정생활문화와 가정의례)을 통해 이상화된 가족의 모습은 이상과 현실의 괴리를 확대시켜 현재의 '가족 위기'를 증폭시킬 가능성이 매우 크다. 특히 이상화된 가족의 모습은 (가부장적 가족제도 속에서) 사적 영역으로 간주하는 가정생활과 의례의 주요한 담당자인 여성의 책임을 (내용상으로) 강화함으로써(이연정, 1999) 양성평등에 어긋나고, 가족의 위기를 확대·강화할 수 있기 때문이다. 물론 가족에 대한 국가의 지원은 동법 제21조(가정에 대한 지원)에 명시되어 있다고 주장할 수 있지만, 동조 제5항의 규정을 보면 가족에 대한 지원을 현행 관계 법률에 위임함으로써 동법을 통해 실현될 수 있는 실제적 지원 정책은 없다고 할 수 있다. 예를 들어, 동법 제21조 제2항 제2호의 "소득보장 등 경제생활의 안정"은 동조 제5항의 규정에 따라 기존의 국민기초생활보장법, 국민연금법 등과 같은 법률에 위임함으로써 가족과 가족구성원에 대한 기존의 소득보장정책의 문제점(국민기초생활보장제도의 사각지대와 부양의무자 기준, 사회보험의 성차별과 사각지대 등의 문제)을 되풀이할 뿐이다. 이처럼 동법은 가족의 변화 또는 위기에 대한 국가의 명시적인 책임을 규정하고 있다고는 하나 그 실천성을 검토해 보면, 주로 국민을 일깨우는 일이나 교육에 집중하고 있다. 구체적 지원책도 현행 관계 법률에 위임하거나 아니면 "노력하여야 한다."라는 구속력 없는 추상적 문구로 대체함으로써 가족의 변화 또는 위기에 대한 국가의 실제적 책임을 회피하고 있다(동법 제5조 제3항, 제22조 제2항, 제26조 제2항, 제27조 제2항 등).

건강가정기본법에 대한 이상의 논의를 정리하면, 첫째, 국가가 현재의 가족 위기(변화)에 대한 대안으로 건강한 가정 상을 설정하고 있지만 이는 국민을 일깨우거나 교육을 통해 구현하고자 함으로써 현재의 위기에 대한 대안을 제시하기보다 그 위기를 가중시킬 우려가 있다. 둘째, 일부 긍정적으로 평가될 수 있는 동법의 가족에 대한 지원 내용을 현행 관계 법률에 위임하거나 추상적인 문구로 대체함으로써 가족에 대한 실제적 지원을 회피하는 것이다. 셋째, 특정 가족가치를 구현할 수 있다는 우려가 제기되는 건강가정 교육의 구체적 내용과 사업을 가치(value) 중심에서 기술(skills) 중심으로 전환해야 할 것이다. 예를 들어, 동법 제32조 제2항 제1호의 "결혼준비교육"의 내용은 결혼에 대한 전통적 가치를 교육하기보다는 부부간의 의사소통 방법이나 갈등해결 방법 등의 문제에 집중해야 할 것이다(윤홍식, 2004).

② 법안의 정책대상: 건강가정 대 다양한 가족 형태

건강가정의 개념에 대한 정의는 이미 법안의 제정과정에서 많은 논란을 불러왔던 사안이다. 건강가정에 대해 부정적 견해를 제출했던 여성계와 사회복지계는 건강가정이 특정한 가족 형태(전통적인 핵가족)를 지향한다고 비판한 반면(김인숙, 2003; 남윤인순, 2003; 윤홍식, 2003a), 가정학계는 건강가정이 특정 가족 형태를 지향하는 개념이 아니라고 주장하였다(정민자, 2003). 그러면 왜 건강가정기본법 제정과정에서 '건강가정'이 주요한 쟁점으로 두드러졌던 것일까? 그 이유는 다음과 같다.

첫째, 건강가정이 가지는 이념적 지향성에 대한 문제제기이다. 논리적으로 건강한 가정이 있다면(비록 건강가정기본법에 명시되어 있지는 않는다고 해도), 그 반대편에는 건강하지 않은 가정이 있다는 가정(假定)이 성립하기 때문이다. 만약 일부에서 주장하듯 건강한 가정이 건강하지 않은 가정과 대비되는 개념이 아니라면 굳이 '건강(한)'이라는 수사가 붙은 특정 가정을 언급할 필요성이 없기 때문이다. 즉, 건강가정이 가치중립적이라면 가정 또는 가족이라는 용어의 사용으로 충분하고 수식어가 붙은 건강가정의 용어를 사용할 이유가 없다. 또한, 동법의 법제화 배경이 이혼으로 말미암은 가족해체의 급증과 출산율의 급락 등과 같은 소위 '가족의 위기' 상황에 대한 국가의 공식적 대응이라는 측면을 고려한다면 건강가정은 형태적으로 당연히 이혼하지 않은 부부와 아동으로 구성된 가정을 지향한다는 추론이 가능하다.

이러한 논리에 근거한다면 결국 이혼한 가정, 한부모 가정, 아동이 없는 가정 또는 적정한 수의 아동을 갖고 있지 않은 가정 등은 건강하지 못한 가정이 되는 것이다. 그러나 문제는 건강가정에 대비되는 개념으로서 소위 '건강하지 않은 가정'은 우리 사회의 실제 가족의 모습을 반영하고 있다는 점이다. 실제로 전형적 가정이라 일컬어지는 부부와 미혼자녀로 구성된 가구가 아닌 비전형적 가구는 2010년 현재 전체가구의 절반에 달하고 있다(통계청, 2011). 앞서 지적하였듯이 현재 가족의 위기가 가족에 대한 우리 사회의 이상적 인식과 실제 가족 모습의 괴리로부터 출발하는 것임을 고려한다면, 전형적 형태로서의 건강가정으로 단정한 건강가정기본법은 가족과 가족을 둘러싼 최근의 변화에 대한 효과적인 대안을 제시하기보다 가족에 대한 사회·심리적 위기를 증폭시키는 역할을 할 수 있다.

둘째, 건강가정의 개념과 관계되는 정책대상의 문제이다. 건강가정을 어떻게 정의하는가에 따라 앞으로 (건강가정기본법에 근거한) 가족정책과 프로그램의 대상이 결정될 수 있다. 이는 앞서 언급했듯이 만약 건강가정이 특정형태의 가정을 지향하고 있다면, 다수의 건강하지 못한 가정이 정책의 대상으로부터 소외되거나 소외되지 않는다 해도 국가의 건강가정 구현(동법 제1조)을 위한 수동적 대상으로 전락할 수 있게 된다. 외국에서도 가족에 대한 좁은 의미의 정의가 실제 가족의 모습을 반영하는 다수의 비전형적 가족을 국가와 사회의 정책 대상으로부터 배제할 수 있다고 지적하고 있다(Vosler, 1995; Teachman, Tedrow & Crowder, 2000). 따라서 정책실행의 측면에서 본다면 건강가정의 개념은 국가의 지원이 가장 절실할 것으로 예상하는 한부모 가정 등과 같은 비전형적 가정을 정책의 대상으로부터 배제하는 근거로 작용할 수 있을 것이다(동법 제21조 제5항).

이러한 논란을 반영하듯 실제로 동법에서는 건강가정의 개념이 분명하게 명시되어 있지 않고 있다. 동법 제3조 제3호에 의하면, "'건강가정'이라 함은 가족구성원의 욕구가 충족되고 인간다운 삶이 보장되는 가정을 말한다."라고 정의하고 있어 형태적인 측면에서 특정 가족 형태를 지향하지 않은 듯하다. 그러나 동법 제3조 제1호에 의하면, "'가족'이라 함은 혼인·혈연·입양으로 이루어진 사회의 기본단위를 말한다."라고 정의하고 있어 사실상 단독가구, 사실혼 가족 등과 같은 비전형적 가족을 가족의 개념으로부터 배제하고 있다. 가정에 대한 개념도 동조 제2호에 의하면, "'가정'이라 함은 가족구성원이 생계 또는 주거를 함께하는 생활공동체로서 구성원의 일상적인 부양·양육·보호·교육 등이 이루어지는 생활단위를 말한다."라고 규정해 가족의 일상적 기능이 수행하는 생활공동체를 가정이라고 간주하는 듯하다. 문제는 가족과 가정의 관계가 모호하다는 점이다. 가족이 가정에 선행되는 조건인지, 가족과 가정이 별개의 독립적인 개념인지 불분명하다. 만약 가족이 가정에 선행되는 개념이라면 건강가정의 개념이 혼인·혈연·입양에 근거한 가족의 형태를 지향하는 개념이지만, 두 개념 간에 구속적 관계가 없다면 가정은 혼인·혈연·입양과 관계없는 독립적 생활공동체라고 이해할 수 있을 것이다. 여기서 생활공동체의 개념으로 가정을 정의한다면 미국사회복지사협회(NASW: National Association of Social Workers)의 가족에 대한 정의와 같이 다양한(가족과 유사한 기능을 수행하는) 생활공동체를 가족이라 정의함으로써(NASW, 1982; Vosler, 1995 재인용) 건강가정의 개념이 실제 가족의 모습을 반영한다고 볼 수도 있을 것이다. 이처럼 '건강가정'에 대한 개념이 모호함으로써 현행 건강가정기본법은 많은 갈등과 논란의 소지를 내재하고 있다.

③ 전문인력에 대한 문제

누가 통합적 가족복지서비스의 전달주체가 될 것인가? 이 문제는 건강가정의 개념과 함께 법 제정과정에서 심각한 사회적 갈등을 일으켰다. 그러나 갈등의 핵심은 단지 '누가 전달의 주체가 될 것인가?'하는 이해집단 간의 대립이기보다는 '가족서비스를 효과적으로 전달하기 위한 주체의 자격이 무엇인가?'로 이해되어야 할 것이다. 건강가정기본법 제35조 제2항과 제3항에 의하면, 국가 및 지방자치단체가 설치하는 건강가정지원센터에 건강가정사업을 수행하기 위한 전문인력으로 "건강가정사"를 두도록 한다. 건강가정사의 자격은 "대학 또는 이와 동등 이상의 학교에서 사회복지학·가정학·여성학 등 여성가족부령이 정하는 관련 교과목을 이수하고 졸업한 자"로 규정하고 있으며, 그 구체적인 자격요건은 동조 제4항에서 "대통령령"으로 위임하고 있다.

논의의 핵심은 가족에 대한 통합적 서비스를 담당할 주체는 객관적으로 검증된 인력이어야 한다(윤홍식, 2003b, 2003c). 동법 시행령 제4조에 의하면, 건강가정사의 직무는 "가정문제의 예방·상담 및 개선", "건강가정의 유지를 위한 프로그램의 개발", "건강가정 실현을 위한 교육(민주적이고 양성평등한 가족관계 교육을 포함)", "가정생활문화운동의 전개", "가정 관련 정보 및 자료제공", "가정에 대한 방문 및 실태파악", 그리고 "아동보호전문기관 등 지역사회자원에의 연계" 등이다. 이러한 과제를 수행하기 위해 요구되는 전문가의 자격을 깊이 생각해 보면 다음과 같다(양옥경 외, 2007).

첫째, 전담인력은 가족의 문제를 개별 가족의 고립된 문제로 인식하지 않고 지역사회 및 전체사회와의 상호 관계 속에 이해하는 능력이 갖추어진 집단이어야 한다. 실제로 동법 제10조에 의하면, "국가 및 지방자치단체는 건강한 가정구현에 기여할 수 있도록 지역사회자원을 최대한 개발하고 활용하여야 한다."라고 규정하고 있다. 이는 지역사회와 개별가족이 유기적으로 결합하여질 때 가족에 대한 통합적 서비스가 효과적으로 이루어질 수 있음을 반영하는 것이다. 따라서 전문인력은 가족과 지역사회의 관계를 유기적으로 결합시켜내며, 그 자원을 효율적으로 운영할 수 있는 전문적인 교육을 받은 집단이어야 한다.

둘째, 전문인력은 현재 우리나라의 복지정책·제도·서비스를 총괄할 수 있는 전문적인 교육을 받은 자이어야 할 것이다. 왜냐하면, 법의 제안 이유에서 보듯 동법의 주요한 목적은 "~가정중심의 통합적 복지서비스 체계를 확립~(보건복지위원장, 2003)"이기 때문이다. 예를 들어, 전문가는 가족의 소득보장을 위해서, 최저생활을 보장하기 위한 국민기초생활보장제도는 물론이고, 경로연금, 한부모가족지원제도, 국민연금 등과 같은 소득보장제도와 관련한 모든 제도에 관해 충분한 이해를 바탕으로 이를 요구하는 개인과 가족에게 서비스를 효과적으로 전달할 수 있는 능력이 있는 자이어야 한다.

셋째, 건강가정기본법의 주요한 목적 가운데 하나는 가족위기에 대해 사후적으로 대처하는 것뿐만 아니라, 사전에 개입을 통해 가족의 위기를 예방하자는 것이다(보건복지위원장, 2003). 가족위기를 예방하려는 방안으로 동법 제26조 제1항에 의하면, "부부 및 세대 간에 가족갈등이 있는 경우 이를 예방·상담하고, 민주적이고 양성평등한 가족관계를 증진시킬 수 있도록 가족지원서비스를 확대하고, 다양한 가족생활교육·부모교육·가족상담·평등가족홍보 등을 추진"하도록 규정하고 있다. 또 동법 제31조 제1항에도 "이혼하고자 하는 부부가 이혼 전 상담을 받을 수 있게 하는 등 이혼조정을 내실화할 수 있도록 필요한 조치를 강구"하도록 규정하고 있다. 이처럼 동법은 '가족위기'에 대한 예방적 차원의 개입방법으로 '상담'을 주요한 수단으로 간주하고 있다. 따라서 전문인력은 가족위기에 대한 전문적인 상담능력을 갖춘 자이어야 한다.

여기서 미국을 살펴보면, 연방정부의 노동부(U.S. Department of Labor)에서 자격에 대한 엄격한 기준을 제시하고 있다. 가족과 가족구성원에 대한 상담전문가는 관련 전문분야(사회복지학, 정신과, 심리학 등)의 전공자로 석사 및 박사학위를 소지하고, 최소한(반드시) 전문가로부터 지도(supervision)를 받은 실무(현장)경험이 2년 이상인 검증된 사람에게 자격을 부여하고 있다(Bureau of Labor Statistics, 2002). 이는 상담을 통해 위기가족의 문제를 완화할 수 있는 전문인력의 자격요건으로 현장경험이 필수적으로 요구되어 진다는 것을 반영하는 것이다. 동법에서도 제35조 제2항에 의하면, "센터에는 건강가정사업을 수행하기 위하여 관련 분야에 대한 학식과 경험을 가진 전문가를 두어야 한다."라고 전문인력(건강가정사)의 자격을 규정하고 있다. 따라서 동법의 사업내용을 효과적으로 수행(최소한 가족과 가족구성원에 대한 상담서비스를 제공)하려면 전문인력은 관련 분야의 전공자로 현장에서 최소한 2년 이상의 실무경험을 통해 검증받은 자이어야 한다. 여기서 현장경험이란 가족과 가족구성원에 대해 직접적인 상담서비스를 제공하는 업무를 수행한 경우로 한정하여야 한다.

넷째, 건강가정기본법은 국가 및 지방자치단체가 건강가정 교육을 하도록 규정하고 있다(동법 제32조 제1항). 이는 전문인력이 가족 및 가족과 관련된 분야에서 적합한 전문지식을 교육받은 집단이라는 것을 전제로 하는 것이다. 가족에 대한 전문지식은 크게 두 가지 영역으로 구분할 수 있다. 첫째는 가족을 단위로 한 '가족'에 대한 전문지식을 의미한다. 예를 들어, 가족법, 가족정책, 가족 내 의사결정, 가족과 관련된 각종 이론 등이 가족을 단위로 한 전문지식의 범주에 속할 것이다. 이는 가족의 관점에서 가족 내부 및 외부와의 특성 및 관계를 이해하는 데 요구되는 지식이라 할 수 있다. 두 번째로 전문인력은 가족을 구성하는 '개별 구성원'에 대한 전문지식을 습득한 자이어야 한다. 왜냐하면, 가족이란 결국 아동, 노인, 여성 등과 같은 개별 구성원의 집합체이기 때문이다. 아동(복지)학, 노인(복지)학, 여성(복지)학 등의 분야가 개별 구성원에 대한 전문지식의 예가 될 수 있다. 따라서 전문인력의 자격기준을 정하는 관련 교과목은 가족을 단위로 한 전문지식과 함께 아동, 노인, 여성 등과 같은 개별 구성원에 대한 지식을 습득할 수 있는 교육과정이 함께 고려되어야 한다.

다섯째, 건강가정기본법에 의한 사업을 수행하려면 전문가는 앞서 개별적으로 언급한 네 가지 자격기준을 충족시키고, 이를 효과적으로 통합할 수 있는 전문성을 확보하기 위해 추가교육과 훈련을 받은 자이어야 한다. 왜냐하면, 첫째는 동법 제35조 제3항에서 규정한 사회복지학, 가정학, 여성학 등의 전공자는 앞의 네 가지 요건을 부분적으로 갖추고 있기 때문에 추가교육을 통해 이를 보완해야 한다. 예를 들어, 가정학 전공자는 가족을 단위로 한 전문지식은 다른 전공자에 비해 비교우위에 있을 가능성이 크지만, 나머지 자격요건에 대해 전문적으로 교육·훈련을 받았다고 보기 어렵기 때문이다. 둘째는 이러한 개별적 요건이 종합적으로 체계화되어 실천력을 담보 받으려면 구체적인 실무교육이 선행되어야 한다. 이를 위해 전문인력은 현장에서 가족에 대한 통합적 서비스를 제공하기 이전에 현장실습과 같은 소정의 추가적인 교육을 받을 필요성이 제기된다. 즉, 개별학과 전공자의 부족한 부분을 보완하고 종합적 실무능력을 키우려면 여성가족부 주관 아래 전문인력을 대상으로 한 추가교육이 요구된다.

(2) 법의 한계

건강가정기본법은 가족과 가정을 둘러싼 최근 우리 사회의 변화에 대한 국가의 공식적 대응이라는 측면에서 긍정적 의의가 있다고 평가할 수 있다. 그러나 동법의 내용을 찬찬히 따지고 파고들어가 보면 많은 문제점을 내재하고 있다. 단적인 예로 '건강가정'이라는 정책대상의 규정에서부터 이를 국가가 '국민계도와 교육을 통해 구현'하겠다는 정책의도에 이르기까지 다양한 문제가 드러난다. 이러한 문제의식을 바탕으로 건강가정기본법의 한계는 다음과 같다.

첫째, 가족에 대한 통합적 복지정책의 비전이 미약하다. 동법의 내용을 보면 가족에 대한 실제적 지원내용을 담보하기보다는 상징적 의미가 더 크다고 할 수 있다.

둘째, 양성평등적 관점에 근거한 가족정책의 비전이 미약하다. 즉, 양성평등의 내용이 가족 또는 가정이라는 울타리 내로 제한되어 있다.

셋째, 생활공동체의 개념에 근거한 가족의 다양성을 포함하지 못하고 있다. 동법 제8조 제1항에서 "모든 국민은 혼인과 출산의 사회적 중요성을 인식하여야 한다."라고 규정한 것에서 알 수 있다.

넷째, 동법의 제정과정에서 전담인력 문제에 집중하다 보니 시민사회의 다양한 의견수렴에 미흡했다. 이로 말미암아 최상의 대안 도출을 이끌어내지 못하였다.

4) 법의 기대 효과

건강가정기본법을 시행하기 이전인 2004년에 전달체계인 '건강가정지원센터' 시범사업을 세 곳에서 성공적으로 시행하였다. 시범사업을 한 곳은 서울특별시 용산구(숙명여자대학교 생활과학연구소 위탁), 전라남도 여수시(시 직영), 경상남도 김해시(인제대학교 부설 김해종합사회복지관 위탁) 등이다. 2005년 1월 1일 건강가정기본법이 시행되어 이제 7년을 지났으며, 2012년 6월 기준으로 전국에 140개소의 건강가정지원센터가 활발하게 운영되고 있다. 앞 절에서 동법에 대한 개정의 논란을 살펴보았으며, 여기에서는 동법 시행으로 기대되는 효과와 사회적 기여에 대해 알아본다.

(1) 건강가정기본법의 기대 효과

건강가정기본법 시행으로 기대되는 효과에 대해 김승권(2004)은 ① '개인-가족-사회'의 병행 발전, ② 국가의 적극적 가족정책 기대, ③ 국민의 권리·책임의 강조에 의한 건강가정유지에의 자발적 참여 기대, ④ 민주적·양성평등에 기초한 가족관계 및 가사가치의 증대, ⑤ 사전예방적 가족정책의 증대와 사회적 비용의 감소 효과, ⑥ 가족 단위의 종합적 정책의 추진 전략, ⑦ 다양한 가족의 수용과 지원체계의 구축 강화, ⑧ 전달체계 강화 및 전문종사자 육성·배치를 통한 건강가정사업의 효율성 증대, ⑨ 결혼 및 출산의 사회적 가치 증대를 통한 가족 및 출산 안정화 도모, ⑩ 가정기능의 강화, ⑪ 취약계층 가정의 지원확대를 통한 사회통합 달성, ⑫ 가정생활문화의 발전과 건강성 강화, 그리고 ⑬ 여성의 자아욕구 충족 등을 들었다.

① '개인-가족-사회'의 병행 발전

건강가정기본법은 '개인-가족-사회'가 상호작용하면서 동반자적으로 발전할 수 있도록 지원하는 역할을 하는 것으로 건강한 가정이 건강한 개인과 건강한 사회의 기초가 된다. 즉, '개인발전-가족안정-지속적 사회발전'이라는 모형이다.

② 국가의 적극적 가족정책 기대

건강가정기본법은 우리 사회에서 국가의 전반적인 가족정책을 명시적으로 제시한 최초의 법률이다. 이는 지금까지의 가족정책이 개별 대상에 초점을 두거나 먼저 가정에서 문제를 해결하고, 이것이 여의치 않은 매우 제한적인 경우에만 국가가 개입하는 소극적인 가족정책을 펼쳐온 것과 비교하면 진일보한 것이다. 즉, 건강가정기본법은 국가의 책무를 거시적 및 미시적 측면에서 명시하여 앞으로 중앙정부 및 지방자치단체가 건강가정의 유지 발전을 위해 무엇을 해야 할 것인지, 그 기본적인 개념은 어디에 두어야 하는지를 명백히 규정하고 있다.

③ 국민의 권리·책임의 강조에 의한 건강가정 유지에의 자발적 참여기대

건강가정기본법은 건강가정을 위한 국가의 책무와 아울러 국민 개개인의 자기 가정을 위해 자발적인 참여와 노력을 기울이도록 명시하고 있다. 자기 가정을 안정시키고 지키려는 자신의 노력이 있을 때만이 국가정책의 효과가 발휘될 수 있을 것이다. 건강가정은 개인주의적, 이기주의적인 가치관보다는 우선 가족공동체를 위한 노력이 필요하고, 나아가 지역사회를 위한 가정의 참여와 자원봉사활동의 강조를 통해 건강한 사회를 위한 책임도 제시하고 있다. 이는 최근 우리 사회에 나타난 '가족이기주의'를 불식시키는 방안이기도 하며, 공동체 생활을 위해 노력하는 자세를 강조하는 것이다.

④ 민주적·양성평등에 기초한 가족관계 및 가사가치의 증대

건강한 가정은 민주적이고 양성평등한 가족관계를 그 바탕으로 한다. 이는 가부장제적 가치관이 남아 있는 우리 사회에서 가족이 지향해야 할 가치관을 제시하는 것으로 의미가 크다. 더군다나 민주적, 양성평등에 저해되는 다양한 사회제도의 개선과 이를 위한 국가와 국민의 노력은 한층 배가될 것이며, 궁극적으로 이를 지향하는 사회가 구현될 것이다. 또 가사노동의 가치에 대한 인정은 당연하나, 이를 법적으로 명시한 것은 지대한 의미가 있는 것으로 앞으로 정당한 가치인정을 위한 조사와 연구가 다각적으로 이루어져야 할 것이다.

⑤ 사전예방적 가족정책의 증대와 사회적 비용의 감소 효과

지금까지 한국 사회의 가족정책은 사후치료 중심이었다. 그러나 건강가정기본법은 문제 예방적 측면을 매우 강조하고 있어 가정문제의 발생으로 말미암은 가족 기능약화, 가족갈등, 가족해체 등을 사전에 방지할 수 있는 기제를 강조하고 있다. 이를 위해 동법은 건강가정교육, 이혼 전 상담을 포함한 건강가정 상담을 규정하고 있으며 '가족실태조사'를 시행하도록 하고 있다. 가족실태조사는 국가와 지방자치단체가 개인과 가족의 생활실태를 파악하고, 건강가정 구현 및 가정문제 예방 등을 위한 서비스 욕구와 수요를 파악하기 위하여 5년마다 시행하고 있다. 이와 같은 사전예방적 성격의 가족정책을 통해 가족이 겪는 고통을 최소화하고, 가족문제의 발생으로 일어나는 과도한 사회복지 비용의 지출을 절약할 수 있을 것으로 기대된다.

⑥ 가족 단위의 종합적 정책의 추진 전략

건강가정기본법은 가족 단위의 복지증진을 강조하고 있다. 즉, 동법 제23조 제1항에 의하면, "국가 및 지방자치단체는 사회보험, 공공부조 등 사회보장제도의 운용과 관련하여 보험료 산정·부과, 급여 등을 운용함에 있어서 가족을 지지하는 시책을 개발·추진하여야 한다."라고 하였으며, 아울러 동조 제2항에서 "경제·사회, 교육·문화, 체육, 지역사회개발 등 각 분야의 제도·정책 및 사업을 수립·추진함에 있어 가족을 우대하는 방안을 강구"할 것을 요구하고 있다. 이는 모든 사회정책에서 가족 단위의 종합적 복지정책을 추진함으로써 가족구성원의 생활 여건과 삶의 질 향상을 위해 노력해야 한다는 것이다. 나아가 국가와 지방자치단체는 가족의 건강증진을 위해 "영·유아, 청소년, 중·장년 등 생애주기에 따르는 가족구성원의 종합적인 건강증진대책을 마련"하도록 명시하고 있다(동법 제24조).

⑦ 다양한 가족의 수용과 지원체계의 구축 강화

최근 우리 사회에서는 전통적 개념의 다양한 가족과 현대적 개념의 다양한 가족이 동시에 나타나고 있다. 전자는 한부모가족, 소년소녀가정, 노인부부

가족, 노인단독가구 등이며, 후자는 기혼 독신가구, 재혼가족, 미혼모가족, 동거가족, 동성애가족, 공동체가족 등이다. 건강가정기본법의 다양한 가족 관련 내용을 다음과 같이 살펴볼 수 있다. 첫째, 동법 제5조 제2항에서 가정을 위한 시책을 강구함에 있어 "가정유형을 고려"해야 한다. 둘째, 동법 제15조 제1항에서 여성가족부장관은 건강가정기본계획을 수립하여야 하고, 기본계획에는 "다양한 가족의 욕구충족을 통한 건강가정 구현"에 관한 사항이 포함되어야 한다. 셋째, 동법 제21조 제4항에서 "국가 및 지방자치단체는 한부모가족, 노인단독가정, 장애인가정, 미혼모가정, 공동생활가정, 자활공동체 등 사회적 보호를 필요로 하는 가정에 대하여 적극적으로 지원하여야 한다."라고 규정함으로써 전통적 의미의 다양한 가족뿐 아니라 현대적 의미의 다양한 가족을 광범위하게 수용하고 있다.

⑧ 전달체계 강화 및 전문종사자 육성·배치를 통한 건강가정사업의 효율성 증대

건강가정기본법 제34조에 의하면, "여성가족부 및 지방자치단체는 건강가정사업에 관한 업무를 전담하여 수행할 수 있도록 하여야 한다."라고 명시하여 전담 부서의 설치를 규정하였다. 또한, 가정문제의 예방, 상담 및 치료, 건강가정 유지를 위한 프로그램 개발, 가족문화 운동의 전개, 가정 관련 정보 및 자료 제공 등을 위하여 건강가정지원센터를 두도록 하였다. 건강가정지원센터에는 사회복지학·가정학·여성학 등 소정의 교과목을 이수하고 졸업한 전문가를 배치하도록 하였는데, 이들이 '건강가정사'이다. 건강가정사 이외에도 가정봉사원 제도를 제시하고 있는데, 이는 현재 노인복지 측면에서 일부 도입되고 있기는 하지만, 이를 더욱 확대하여 '가사, 육아, 산후조리, 간병 등을 돕기 위한 것'이다. 나아가 국가와 지방자치단체는 건강가정 관련 연구를 진흥하고 전문가를 양성하며, 교육 프로그램을 지속적으로 개발·제공할 것을 규정하고 있다.

⑨ 결혼 및 출산의 사회적 가치증대를 통한 가족 및 출산 안정화 도모

우리 사회에서는 지속적으로 혼인 가치관이 변화됐으며, 실제 초혼 연령의 상승, 미혼율의 증대, 소자녀 선호로 말미암은 저출산은 사회문제로 대두하고 있다. 특히 2005년 출산율은 세계에서 가장 낮은 1.08명에 머물렀다. 이러한 현상은 개인적 책임이라기보다는 사회적 책임의 성격이 강하다. 경기침체, 청년실업, 비정규직 근로자의 증대로 말미암은 직장 불안정, 소득감소 등이 결혼제도에의 접근을 어렵게 하고 있으며, 결혼하여 출산한다 하더라도 엄청난 자녀양육 부담, 출산 당사자인 여성이 '가정생활과 직장생활을 병행' 하기에는 사회제도가 너무 미흡하기 때문이다. 건강가정기본법은 모든 국민이 혼인과 출산의 사회적 중요성을 인식하도록 명시적으로 제시하고 있다.

또한, 국가와 지방자치단체는 출산과 육아에 대한 사회적 책임을 인식하고 모성보호와 태아의 건강보장 등 적절한 출산환경을 조성하도록 적극적으로 지원할 책임이 있다고 명시하고 있다. 이는 개인적 노력과 사회의 책임완수가 동시에 이루어져야 함을 의미하는 것이다. 따라서 국가와 지방자치단체에서는 결혼지원 및 출산환경 조성을 위한 다양한 정책이 강구되어 추진되어야 한다. 그럼으로써 결혼에 의한 가족형성, 출산에 의한 사회존속이 지속할 수 있을 것이다. 또 국가와 지방자치단체가 가정을 위해 지원하는 정책 중에는 태아검진 및 출산·양육의 지원, 직장과 가정의 양립 등을 포함하고 있다. 이는 임신, 출산, 육아 등을 위한 사회적 지원의 강화를 의미하는 것으로 출산율 안정과 건강한 출산의 도모에 이바지할 것이다.

⑩ 가정기능의 강화

기능이 강화된 가정이 '건강가정'이라고 할 수 있다. 건강가정기본법의 모든 내용은 가족기능의 강화를 위한 것이라 하겠다. 특히 동법 제15조 제2항에서 제시하는 "가족기능 강화 및 가정의 잠재력 개발을 통한 가정의 자립증진대책", "민주적인 가족관계와 양성평등적 역할분담", "가족의 양육·부담 등의 부담 완화", 그리고 "위기가족에 대한 긴급 지원책"이 건강가정 기본계획에 포함되어야 함은 가족기능 강화의 중요성을 강조한 것이다. 또 가정의 가족기능의 강화를 위한 사업적 측면으로 국가와 지방자치단체는 가정이 원활한 기능을 수행하도록 지원하여야 한다고 명시하고, 구체적으로 가족구성원의 정신적·신체적 건강지원, 소득보장 등 경제생활의 안정, 안정된 주거생활, 태아검진 및 출산·양육의 지원, 직장과 가정의 양립, 음란물·유흥가·폭력 등 위해환경으로부터의 보호, 가족친화적 사회분위기 조성, 이 외에 건강한 가정의 기능을 강화, 지원할 수 있는 관련 사항 등을 사업으로 제시하고 있다.

⑪ 취약 계층 가정의 지원확대를 통한 사회통합 달성

건강가정기본법은 취약 계층에 대한 지원을 강화하기 위해, 국가와 지방자치단체는 "영·유아 혹은 노인 등 부양지원을 요하는 가족구성원이 있는 가정에 대하여 부양부담을 완화하기 위한 시책을 강구"해야 하며, "질환이나 장애로 가족 내 수발을 요하는 가족구성원이 있는 가정을 적극 지원하며, 보호시설을 이용할 수 있도록 전문보호시설을 확대"하도록 하였다(동법 제25조 제1항과 제2항). 아울러 "가족구성원 중 장기요양을 필요로 하는 질병이나 사고로 간병을 요할 경우 가족간호를 위한 휴가 등의 시책을 마련"하도록 하였다(동조 제3항). 이외에도 전술한 바와 같이 '가족기능의 강화'에 의한 취약 계층 가족의 지원 확대가 이루어질 수 있을 것이다. 이와 같은 일련의 정책을 추진함으로써 취약 계층의 가족이 감소하고 생활수준이 향상될 것이다. 이는 사회통합의 달성뿐만 아니라 국가 발전에 그들이 적극적으로 동참할 기회를 확대하는 계기가 될 것이다.

⑫ 가정생활문화의 발전과 건강성 강화

그동안 정부에서는 가정생활의 발전을 위한 구체적인 정책을 펴는 데 사생활의 측면이 강하다는 이유로 매우 소극적이었다. 그렇지만, 건강가정기본법에서는 가족여가문화, 양성평등한 가족문화, 가족 단위 자원봉사활동, 건강한 의식주 생활문화, 합리적 소비문화, 지역사회 공동체문화, 건전한 가정의례 등을 지원하고 고취하려고 국가와 지방자치단체의 역할을 강화하였다. 사회변동에 따른 가족의 적응력을 키우고, 건강한 가족문화의 조성에 사회가 적극적으로 동참함으로써 건강가정을 조성하려는 것이다. 이는 가족 관련 각종 교육에 대한 국가의 적극적인 참여와 깊은 관련이 있는 것으로 종합적이고 체계적인 건강가정 조성에 크게 이바지할 것으로 판단된다.

⑬ 여성의 자아욕구 충족

현대 사회의 여성은 높은 교육수준과 발전적 가치관을 따르고 있어 자아욕구가 매우 높은 수준이다. 그렇지만, 사회 전반적으로 남아 있는 가부장제적 가치관과 각종 차별로 말미암아 자아욕구의 충족이 쉽지 않은 것이 현실이다. 그만큼 가정과 직장에서 여성에게 갈등을 조장하고 있다는 것이다. 이를 개선하기 위해 건강가정기본법은 국가와 지방자치단체가 가정을 위해 직장과 가정의 양립을 위한 정책을 명시하고 있다. 이는 보육서비스의 확충 및 내실화, 출산전후휴가제도의 내실화 및 정착, 육아휴직제도 및 가정간호 휴직제도의 내실화 및 정착 등이 강력히 추진되어야 함을 의미한다. 이러한 사회제도가 발전한다면 여성의 자아욕구 충족의 가능성이 증대될 것이 기대된다. 즉, 모든 여성의 자아욕구가 더욱 충족될 수 있는 사회가 도래할 것임을 시사하는 것이다. 동법 제22조 제1항에 의하면, 구체적으로 "국가 및 지방자치단체는 자녀를 양육하는 가정에 대하여 자녀양육으로 인한 부담을 완화하고 아동의 행복추구권을 보장하기 위한 보육 및 방과 후 서비스, 양성평등한 육아휴직제 활용을 적극적으로 확대해 나가야 한다."라고 강조하고 있다.

(2) 건강가정기본법 제정의 사회적 기여

건강가정기본법은 가정에 대한 정책과 제도의 틀을 다시 구성하여 더욱 효과적인 접근 방식을 마련하기 위한 하나의 방안이다. 이는 가정생활의 실태와 문제, 변화하는 현상 등에 주목하여 새로운 패러다임(paradigm)을 시도한 것이다. 동법의 제정으로 기대되는 사회적 이바지에 대해 이기영(2004)은 ① 가정 단위의 통합적 지원을 통한 정책의 효율성 제고, ② 가정문제에 대한 사전적·예방적 접근을 통하여 장기적 효과성 창출, ③ 다양한 형태의 가정에 대한 지원을 통한 사회통합 실현, ④ 가정생활에 대한 제도적 접근의 전문화를 통한 서비스의 질적 향상, ⑤ 가정 관련 정책 및 제도의 거시적·장기적 방향 제시, 그리고 ⑥ 사회적 일자리 창출 등을 들었다.

① 가정 단위의 통합적 지원을 통한 정책의 효율성 제고

그동안 가정에 대한 국가의 복지서비스는 아동·노인·장애인·청소년·여성 등 개별적인 구성원을 대상으로, 주로 위기가 발생하고 나서 개입하는 방식이었다. 이러한 정책적 접근은 필연적으로 가정생활을 하나의 단위로 보고 접근하는 통합성의 결여에서 오는 한계 또는 비효율성을 가질 수밖에 없다. 최근 우리 사회가 다양한 가정문제에 직면하게 되면서 이에 효과적으로 대처하고, 나아가 가정의 건강성을 증진시키려면 가정 중심의 통합적 지원체계가 구축되어야 한다는 필요성이 강하게 제기되어 왔다.

건강가정기본법은 가정을 구성하는 개별 대상보다는 가정생활 자체를 하나의 주체, 생활 단위로 접근하여 이에 기초한 정책, 사업 및 서비스를 제공하고 기존의 패러다임을 전환함으로써 이러한 한계를 극복할 수 있는 근거를 마련하고 있다. 즉, 동법을 통해 개인이 아닌 가정을 하나의 단위로 접근하는 행정적·제도적 기틀이 마련되어, 가정에 대한 정책 및 제도의 통합성을 꾀함으로써 가정문제의 해결과 예방의 효율성을 높일 수 있다.

② 가정문제에 대한 사전적·예방적 접근을 통하여 장기적 효과성 창출

그동안 가정 혹은 가족과 관련된 제도와 법에서 그 한계로 자주 거론된 쟁점은 국가의 개입이 주로 요보호 가족에 집중되어, 어떤 문제가 발생한 다음에 그 해결과 치료를 위해 사후적으로 서비스를 제공한다는 점이다. 복지사회를 지향하는 오늘날 우리의 관심은 '요보호 가족'을 중심으로 한 사후적 접근에만 머물러서는 안 된다. 가정은 상호 이타적인 가족구성원으로 이루어진 생활공동체로서 일차적인 부양 경영체로서의 기능을 통해 사회의 안전망으로서의 구실을 하고 있다. 건강한 가정은 바로 가장 중요한 사회자본이라고 할 수 있다. 가정에 대한 예방적 차원의 제도적 접근을 통하여 가정문제의

발생을 사전에 차단함으로써 사회자본으로서의 가정 기능을 보장할 때 장기적으로 사회적 비용이 많이 감소하며, 이러한 점에서 가정에 대한 예방적 접근을 지지하는 건강가정기본법은 사회적으로 크게 이바지할 것이다.

③ 다양한 형태의 가정에 대한 지원을 통한 사회통합 실현

변화하는 사회현상 중 가장 두드러진 것은 다양한 가족 형태의 출현과 확산, 그리고 이에 따른 가족 관련 가치관과 인식의 변화 등이다. 건강가정기본법에서는 다양한 형태의 가정 욕구를 충족시키고, 다양한 가정과 함께 연대하여 건강한 가정, 건강한 사회를 만들어 간다는 점을 명시하고 있다. 최근 들어 '복지'는 매우 다양한 개념과 결합하며 다양한 대상을 포괄하는 추세를 보이고 있다. 어떤 특수한 계층만을 포함하는 것이 아니라 다양한 형태의 개인과 가족, 생활 단위, 공동체를 포함한다. 또 그들이 살아가는 보편적·일상적인 생활의 연속선 속에서 문제가 발생하지 않음과 동시에 삶의 안정과 행복을 추구하는 개념으로 확산되고 있다.

건강가정기본법은 가정의 건강성에 대해 다양한 가족, 다양한 계층, 다양한 시각에서 접근하고 있으며, 그 이념으로 복지뿐 아니라 '안정', '평등', '존중', '주체성', '삶의 질 향상' 등 다양한 가치를 포괄하고 가족 간 연대, 가족공동체 문화 형성을 통한 지역사회와의 연대를 지향한다는 점에서 사회적 통합에 이바지하는 바가 크다고 할 수 있다.

④ 가정생활에 대한 제도적 접근의 전문화를 통한 서비스의 질적 향상

건강가정기본법에서는 건강가정사업을 수행하는 전문인력의 자격과 역할, 제도화의 조건 등을 시행령 및 시행규칙을 통해 제시함으로써 가정생활에 대한 전문적 교육을 받은 전문가의 양성과 배출, 전문기관의 보급 등을 제도화하고자 한다. 그리고 가정문제 해결 및 예방을 위한 프로그램의 개발과 보급, 관련 서비스의 실천, 교육과 상담을 통한 접근 등 전문적인 사업이 수행될 수 있는 기반을 확보하고자 한다. 또한, 동법에서는 건강가정사업을 수행하는 전담기구, 그리고 행정부서 등에 대한 규정을 둠으로써 그동안 산발적으로 행해지던 가정생활 관련 사업이 통합성과 효율성을 갖고 행해지도록 기틀을 마련하고 있다. 동법 제정을 계기로 가정생활에 대한 접근이 전문기관을 통해, 전문가를 통해, 전문가에 의해, 전담조직의 지원 아래 행해질 수 있는 환경이 조성됨으로써 복지서비스의 질적 향상을 도모하고 효과적인 정책 실현이 가능해질 수 있다.

⑤ 가정 관련 정책 및 제도의 거시적·장기적 방향 제시

건강가정기본법에 나와 있는 가족실태조사와 건강가정 기본계획의 수립과 실행 등을 통하여 장기적으로 효과가 있을 수 있는 가정정책이 본격적으로 마련될 수 있으며, 세부적인 정책 실현 사업에 대한 비전을 제시할 수 있다. 실태에 기반을 두어 가족 관련 변화를 정확하게 예측해서 거시적이고 장기적인 가정성책의 방향을 제시함으로써 앞으로 심각한 문제가 예상되는 저출산·고령사회에 효과적으로 대응할 수 있다.

⑥ 사회적 일자리 창출

건강가정기본법을 따르면, 건강가정지원센터에 전문가인 건강가정사를 두도록 규정하고 있다. 국가는 건강가정사를 통하여 가정에 대해 필요한 서비스를 지원한다. 건강가정사는 사회복지학, 가정학, 여성학 등 관련 교과목을 이수하고 졸업한 자 또는 특례조치에 의해 양성교육을 받은 자로 되어 있기 때문에 이들 대부분은 여성들이다. 그러므로 건강가정사는 여성의 사회적 일자리 창출에 이바지할 것이다. 또한, 동법은 부양부담이 있는 가정의 가족부양을 지원하도록 규정하고 있으며, 구체적으로 건강한 가정을 유지하는 데 필요한 경우 가정을 방문하여 가사, 육아, 산후조리, 간병 등을 돕는 가정봉사원을 지원할 수 있게 하였다. 가정봉사원은 여성가족부가 정하는 바에 따라 일정한 교육을 받게 되어 있다. 가정봉사원은 특히 전업주부가 가정살림의 노하우(knowhow)를 이용하여 활동할 수 있는 영역이므로 이 부분에서 사회적 일자리 창출에 이바지할 것이다.

2. 한부모가족지원법

1) 법의 의의와 목적

산업화와 도시화, 핵가족화를 경험한 이후 이혼·사별·미혼모로 말미암은 한부모가족의 급속한 증가는 새로운 가족 개념의 필요를 요청하고 있다. 한부모가족의 급속한 증가는 선진국에서 이미 경험된 것처럼 한부모가족의 사회경제적 소외현상을 일으키기 때문에 기존 기초생활보장법과 함께 정책적 지원이 불가피하다. 즉, 한부모가족의 상당수를 차지하는 모자가족은 자녀보육 때문에 경제적 자립이 어렵고, 경제적 어려움은 심리적 부담뿐만 아니라 가족관계와 사회적 소외를 야기할 가능성이 높기 때문에 매우 복합적인 심리·사회·경제적 갈등을 일으킬 수 있다. 따라서 한부모가족의 이러한 문제를 해소, 예방, 지지하기 위한 사회복지적 지원과 원조가 요청된다. 한부모가족지원법은 한부모가족이 건강하고 문화적인 생활을 영위할 수 있게 함으로써 한부모가족의 생활 안정과 복지 증진에 이바지함을 목적으로 한다(동법 제1조).

2) 법의 주체와 적용 대상자

한부모가족지원법의 주체는 국가, 지방자치단체, 국민 모두가 해당되며(동법 제2조), 그 적용 대상자는 한부모가족의 구성원, 즉 모와 부 혹은 그 양육아동이다. 한부모가족이란 모 또는 부가 세대주(세대주가 아니더라도 세대원을 사실상 부양하는 자를 포함)인 가정을 말하며, 아동이란 모 또는 부에 의하여 양육되는 18세 미만(취학중인 때에는 20세 미만)의 자녀를 말한다(동법 제4조). 이때 모 또는 부란 ① 배우자와 사별 또는 이혼하거나 배우자로부터 유기된 자, ② 정신 또는 신체의 장애로 인하여 장기간 노동능력을 상실한 배우자를 가진 자, ③ 미혼자(사실혼 관계에 있는 자는 제외), ④ 위 ①에서 ③까지에 규정된 자에 준하는 자로서 여성가족부령이 정하는 자로 아동을 양육하는 자를 말한다.

한부모가족지원법은 외국인에 대한 특례규정을 두고 있는데, 국내에 체류하고 있는 외국인 중 대한민국 국민과 혼인하여 대한민국 국적의 아동을 양육하고 있는 사람도 대상이 된다(동법 제5조의 2 제3항). 그리고 출산 후 해당 아동을 양육하지 아니하는 미혼모도 미혼모 공동생활가정을 이용할 때에는 이 법에 따른 보호대상자가 된다(동법 제5조의 2 제1항).

3) 한부모가족 보호와 지원 지역복지기관

한부모가족지원법상 보호기관이란 동법에 의한 보호를 행하는 국가 또는 지방자치단체를 말한다. 국가 또는 지방자치단체는 아동의 양육 및 교육 서비스, 장애인·노인·만성질환자 등의 부양서비스, 취사·청소·세탁 등 가사서비스, 교육·상담 등 가족관계 증진 서비스, 그 밖에 대통령령이 정하는 한부모가족에 대한 가족지원 서비스를 제공하도록 노력하여야 한다(동법 제17조).

한부모가족복지단체란 한부모가족의 복지 증진을 목적으로 설립된 기관 또는 단체를 말한다(동법 제4조 제7호). 한부모가족복지시설의 종류는 ① 모자가족복지시설(생계가 어려운 모자가족에게 일정 기간 동안 주거와 생계를 지원[기본생활지원], 독립적인 생활이 어려운 모자가족에게 일정 기간 동안 공동생활을 통하여 자립을 준비할 수 있도록 주거 등을 지원[공동생활지원], 자립욕구가 강한 모자가족에게 일정 기간 동안 주거를 지원[자립생활지원]하는 시설), ② 부자가족복지시설(생계가 어려운 부자가족에게 일정 기간 동안 주거와 생계를 지원[기본생활지원], 독립적인 생활이 어려운 부자가족에게 일정 기간 동안 공동생활을 통하여 자립을 준비할 수 있도록 주거 등을 지원[공동생활지원], 자립욕구가 강한 부자가족에게 일정 기간 동안 주거를 지원[자립생활지원]하는 시설), ③ 미혼모자가족복지시설(미혼 여성의 임신·출산 시 안전 분만 및 심신의 건강 회복과 출산 후의 아동의 양육 지원을 위하여 일정 기간 동안 주거와 생계를 저원[기본생활지원], 출산 후 해당 아동을 양육하지 아니하는 미혼모 또는 미혼모와 그 출산 아동으로 구성된 미혼모자가족에게 일정 기간 동안 공동생활을 통하여 자립을 준비할 수 있도록 주거 등을 지원

[공동생활지원]하는 시설), ④ 일시지원복지시설(배우자[사실혼 관계에 있는 사람을 포함한다]가 있으나 배우자의 물리적·정신적 학대로 아동의 건전한 양육이나 모의 건강에 지장을 초래할 우려가 있을 경우 일시적 또는 일정 기간 동안 모와 아동 또는 모에게 주거와 생계를 지원하는 시설), 그리고 ⑤ 한부모가족복지상담소(한부모가족에 대한 위기·자립 상담 또는 문제해결 지원 등을 목적으로 하는 시설) 등이 있다(동법 제19조 제1항).

한부모가족지원법 제19조 제2항의 규정에 의한 한부모가족복지시설에서의 보호기간은 3년 이내로 한정하지만, 다음의 어느 하나에 해당하는 자는 1년 미만의 기간을 단위로 하여 그 기간을 연장할 수 있으되, 총 연장기간은 2년 이내로 한다. '고등교육법'에 따른 대학(이하 '대학' 이라 한다) 이하의 학교에 재학 중인 모 또는 부, '학원의 설립·운영 및 과외교습에 관한 법률'에 따라 등록된 학원에서 교육 중인 모 또는 부, '여성발전기본법' 제33조 제3항의 여성의 직업능력개발훈련을 위한 시설 또는 '근로자직업능력 개발법'에 따른 직업능력개발훈련시설에서 교육·훈련 중인 모 또는 부, 시장·군수·구청장(자치구의 구청장을 말한다)이 장애·질병 등의 이유로 보호기간의 연장을 인정하는 자가 그것이다.

4) 복지의 내용과 시행

(1) 복지급여대상자의 보호기관과 급여대상자

동법 제12조 제2항의 규정에 의한 복지급여대상자의 보호기간은 1년 단위로 하여, 보호대상자 또는 그 친족, 그 밖의 이해관계인은 제12조의 규정에 의한 복지급여를 관할시장·군수·구청장에게 신청할 수 있다.

국가 또는 지방자치단체는 동법 제11조의 규정에 의한 복지급여의 신청이 있을 때에는 생계비, 아동교육지원비, 아동양육비, 그리고 기타 대통령령이 정하는 비용 등의 복지급여를 시행하여야 한다. 다만, 이 법에 의한 보호대상자가 국민기초생활보장법 등 다른 법령에 의하여 보호를 받고 있는 때에는 그 범위 안에서 이 법에 의한 급여를 하지 아니한다.

아동양육비를 지급할 때 미혼모 또는 미혼부가 5세 이하의 아동을 양육하는 경우에는 예산의 범위 안에서 추가적인 복지급여를 실시할 수 있다. 이 경우 미혼모 또는 미혼부가 자녀를 양육하지 아니하고 미혼모 또는 미혼부의 직계존속이 양육하는 경우에도 추가적인 복지급여를 실시할 수 있다. 또 동법에 따른 보호대상자의 신청이 있으면 예산 범위에서 직업훈련비와 훈련기간 중 생계비를 추가적으로 지급할 수 있다(동법 제12조 제3항).

(2) 생활 안정 및 자립 촉진 복지자금 대여

국가 또는 지방자치단체는 한부모가족의 생활 안정과 자립을 촉진하기 위하여 사업에 필요한 자금, 아동교육비, 의료비, 주택자금, 그리고 그 밖에 대통령령이 정하는 한부모가족의 복지를 위하여 필요한 자금 등을 대여할 수 있다(동법 제13조).

(3) 고용촉진과 주거안정 방법

국가 또는 지방자치단체는 한부모가족의 모 또는 부와 아동의 고용을 촉진하기 위하여 적합한 직업훈련의 실시와 취업 알선에 노력하여야 하고(동법 제14조), 국가 또는 지방자치단체는 각종 사업장에 한부모가족의 모 또는 부와 아동이 우선 고용되도록 노력하여야 한다. 국가 또는 지방자치단체가 운영하는 공공시설의 장은 그 공공시설 안에서 각종 매점 및 시설의 설치를 허가하는 경우 이를 한부모가족 또는 한부모가족복지단체에 우선적으로 허가할 수 있다(동법 제15조).

국가 또는 지방자치단체는 한부모가족의 아동이 공공의 아동편의시설과 그 밖의 공공시설을 우선적으로 이용할 수 있도록 노력하여야 한다(동법 제16조). 국가 또는 지방자치단체는 '주택법'이 정하는 바에 의하여 국민주택을 분양하거나 임대하는 경우에는 한부모가족에 일정 비율이 우선 분양될 수 있도록 노력하여야 한다(동법 제18조).

5) 한부모가족지원법의 개선 필요 내용

한부모가족지원법은 한부모가족의 생활 안정과 복지 증진에 이바지함을 목적으로 한다. 그러나 저소득 한부모가족이 전체 가구의 20%에 달하고 남성 한부모가족보다 25% 수준의 열악한 삶을 사는 여성 한부모가족의 실질적인 경제환경을 개선하는 데는 실효를 거두기가 어렵다는 한계가 있다. 대략 전체 한부모가족의 10%만이 한부모가족지원법의 혜택을 받고 있는 것으로 알려졌다. 대부분의 여성 한부모가족은 경제적 지원을 받지 못하고, 생활안정을 기대할 수 있는 전문적 직업훈련에 편입되고 있지 못한 형편이다. 따라서 경제적 위기를 경험하고 있는 여성 한부모가족이 한부모가족지원법의 지원을 받을 수 있도록 개선되어야 한다. 더불어 대여나 직업훈련에 관련해서도 실제로 경제적 위기를 없앨 수 있는 정도의 대여방안이 강구되어야 하고, 전문적인 직업훈련을 통해 최소한의 삶이 실질적으로 개선될 수 있도록 정책 전환이 있어야 할 것이다(손병덕 외, 2008).

3. 민법(가족 관련 부분: 제4편과 5편)

1) 개요

가족에 대한 법적 정의를 자세히 알기 위해서는 가족에 대한 가장 포괄적이고 구체적인 질서체계라 할 수 있는 민법을 살펴보아야 한다. 민법에서 가족과 관련한 부분은 제4편(친족편)과 제5편(상속편)으로, 이를 일반적으로 가족법이라고 부르기도 한다. 제4편의 제2장 제779조에서는 가족을 "호주의 배우자, 혈족과 그 배우자, 기타 본법의 규정에 의하여 그 가(家)에 입적한 자"로 규정하고 있다. 민법의 가족에 대한 규정은 매우 남성 중심적인 가족질서를 전제하고 있어 여러 차례 개정을 거쳤는데, 특히 2005년 개정은 호주제도 폐지로 일대 변혁을 가져왔다(황근수, 2007; 최덕경·박주현, 2012).

2) 2005년 민법 개정의 주요 내용

(1) 호주제도의 폐지와 가족 범위

2008년 1월 1일자 호주제도의 폐지는 헌법에 제시된 인간의 존엄과 남녀평등에 기초한 것이다. 여기서는 친족 중에 호주에 관한 규정과 호주제도를 전제로 하는 입적(入籍), 복적(復籍), 일가창립(一家創立)과 분가(分家) 등에 관한 규정을 삭제하였다.

한편, 가족의 범위가 개정됨에 따라 두 가지 차원으로 규정하고 있다. 즉, ① 가족을 배우자, 직계혈족 및 형제자매로 보고 있으며, ② 직계혈족의 배우자(사위, 며느리, 계모, 계부 등), 배우자의 직계혈족(장인, 장모, 시부모, 배우자의 자녀 등) 및 배우자의 형제자매(단, 생계를 같이 하는 경우)까지로 규정하며, 첫 번째보나 확대된 범주로 보고 있다. "여기에서 생계를 같이 하는 경우"라는 의미는 공동의 가계 내에서 동거하며 생활공동체의 관계가 있는 때와 반드시 동거하지 않더라도 공동의 가계에 속한 때(예: 부모와 가계를 같이 하는 자녀가 기숙사 생활)를 뜻한다.

(2) 자녀의 성(性)과 부성추종(父性追從)의 원칙완화

개정 전에는 성(性) 불변의 법칙에 따라 자(子)는 부(父)의 성과 본을 따르고 부가(父家)에 입적한다고 규정하였다. 또한, 생부로부터 인지 받지 못한 때 혹은 부가 외국인일 때는 모(母)의 성과 본을 따르고 모의 호적에 입적하도록 규정하고 있었다. 그러나 이때에도 생부가 인지하면 생부의 호적에 입적하고 생부의 성과 본을 따름을 원칙으로 하였다.

한편, 개정 후에는 혼인신고를 할 때 부부가 협의하면 어머니의 성을 따를 수 있고, 중간에 어머니의 성으로 바꾸는 것은 불가능하다. 단, 친부의 성폭력 등으로 자녀가 아버지 성 따르기를 거부할 때, 이혼가정일 때와 같이 자녀의 복리를 위하여 성을 변경할 필요가 있을 때, 부모나 자녀의 청구에 의해 가정법원의 허가를 받아 성을 변경할 수 있다. 또한, 혼외자(혼인 이외 출생한 자녀)도 부모가 합의하여 모의 성과 본을 따를 수 있으며, 부모의 합의가 없다 하더라도 법원의 결정으로 모의 성과 본을 따를 수 있다. 그리고 여자가 재혼 시 동반한 자녀도 자녀의 복리에 도움이 될 때에는 법원의 허가를 받아 계부의 성으로 변경할 수 있다.

(3) 동성동본 혼인금지 폐지

동성동본(同姓同本) 혼인금지는 '민법 개정을 하거나, 그렇지 않을 경우 1999년 1월 1일부터 자동으로 효력이 상실'된다는 1997년 헌법재판소의 헌법 불일치 결정에 따라 사문화되었다. 개정 후에는 동성동본 혼인금지제도를 폐지하였으며, 근친혼 금지제도로 전환하고 그 범위를 조정하였다. 근친혼 금지의 범위(동법 제809조)는 다음과 같다.

- 8촌 이내의 혈족(친양자의 입양 전의 혈족을 포함한다) 사이
- 6촌 이내의 혈족의 배우자, 배우자의 6촌 이내의 혈족, 배우자의 4촌 이내의 혈족의 배우자인 인척이거나 이러한 인척이었던 자 사이
- 6촌 이내의 양부모계(養父母系)의 혈족이었던 자와 4촌 이내의 양부모계의 인척이었던 자 사이

(4) 여자의 재혼 금지기간의 폐지

부성추종의 원칙에 대한 충돌을 피하기 위해 "여자는 혼인관계 종료일로부터 6개월이 경과하지 아니하면 혼인하지 못한다."라는 규정이 있었다. 그러나 친자관계의 감정기법의 발달(유전자감식기술)로 이 규정을 계속 두어야 할 합리적인 이유가 없어 삭제하였다.

참고자료 5-1

▮"출생 비밀 가려달라"…유전자 검사 성행

자신의 '출생 비밀을 가려달라'는 친자 확인 소송이 크게 늘고 있다. 유전자감식기술

의 발달로 친자 확인방법이 간편하고 정확해지면서 유전자 검사가 성행하고 있다. 1일 대법원에 따르면 부모·자녀관계를 확인해 달라는 친자확인 소송(친생자관계존부확인 소송)이 크게 늘면서 2009년 한 해에만 4,301건이 전국 1심 법원에 접수됐다. 2005년에는 2,227건이었지만 2006년 2,353건, 2007년 2,671건, 2008년 3,467건으로 5년 새 두 배 가까이 늘었다.

친자확인 검사 비용이 적게 들고 검사 결과가 빨리 나오는 것도 소송 증가의 원인이 되고 있다. 실제로 민간 전문업체를 이용(검사 비용 30~50만 원)하면 24시간 내에 결과가 나온다. 민간업체에 유전자 검사를 의뢰하는 경우도 많아졌다. 불륜관계나 숨겨놓은 자식 등과 관련된 의뢰뿐 아니라 중국 등 해외교포들이 한국인과의 친척관계를 입증하기 위해 민간업체를 주로 이용한다. 법원은 민간업체의 유전자 검사 신뢰도나 합법성을 인정해 준다. 가정법원 관계자는 "서울대 병원에 유전자 감정을 의뢰하기도 하지만 민간업체에 의뢰하는 경우도 많다"고 설명했다.

출처: 한국경제(2011. 3. 2).

(5) 친생부인(親生否認)제도의 개선

기존에는 남편만 제기할 수 있었던 친생자 확인 소송에 대해 기본권 침해로 헌법 불일치 결정이 내려졌다(1997년). 따라서 아버지뿐 아니라 어머니도 친생부인의 소송을 제기할 수 있다(동법 제846조). 소(訴)는 부(父) 또는 처(妻)가 다른 일방 또는 자(子)를 상대로 하여 그 제소기간은 사유가 있음을 안 날로부터 2년 이내이다(동법 제847조 제1항). 단, 상대방이 될 자가 모두 사망한 때에는 그 사망을 안 날부터 2년 이내에 검사를 상대로 하여 친생부인의 소를 제기할 수 있다(동법 제847조 제2항).

3) 2005년 이후 민법 개정의 주요 내용

(1) 남녀의 약혼연령 및 혼인적령 규정 정비

약혼연령 및 혼인적령에 관하여 남자는 만 18세, 여자는 만 16세로 달리 규정하고 있었으나, 이는 불합리한 차별로서 남녀평등에 반한다는 비판이 제기되었다. 따라서 개정된 민법에서는 약혼연령(동법 제801조) 및 혼인적령(동법 제807조)을 남녀 모두 만 18세로 하였다.

(2) 이혼숙려기간 도입

협의이혼제도는 간편한 절차만으로도 이혼의 효력이 발생함으로써 혼인의 보호보다는 자유로운 해소에 중점을 두고 있다는 문제점이 있었다. 따라서 개정된 민법에서는 협의이혼 당사자는 일정 기간이 지난 후 가정법원으로부터 이혼의사 확인을 받아야만 이혼할 수 있도록 하였다(동법 제836조의 2 제2항). 여기에서 일정 기간이란 양육하여야 할 자녀(민법상의 미성년 자녀)가 있을 때는 3개월, 없을 때는 1개월을 뜻한다. 단, 폭력으로 인하여 당사자 일방에게 참을 수 없는 고통이 예상되는 등 이혼을 하여야 할 급박한 사정이 있는 경우에는 위의 일정 기간을 단축 또는 면제받을 수 있다(동법 제836조의 2 제3항).

한국인의 성정(性情)을 잘 보여주는 표현 가운데 '홧김에'라는 말이 있다. 홧김에 때리고, 홧김에 들이받는 등 홧김에 사고 친다는 말이 뒤를 잇는다. 신문의 사회면을 들추면 정말 어이없는 혹은 정말 이해할 수 없는 사건·사고들이 꼬리를 무는데 대부분은 홧김에 저지른 실수다. 운전자 간 사소한 싸움이 홧김에 되돌릴 수 없는 최악의 사고를 낳고, 술자리의 사소한 다툼도 홧김에 수십 년 우정을 갈라놓는다.

이러한 홧김에 저지른 일 가운데 가장 후회스러운 것이 아마도 이혼일 것이다. 물론 누가 들어도 이혼할 수밖에 없는 혹은 꼭 이혼해야 하는 사연이 있다. 하지만 '칼로 물 베기'라는 부부싸움이 발전해 부부 모두가 후회하는 결론에 도달하는 때도 많다는 것이 법원의 입장이다. 홧김에 본인들은 물론 자녀에게 심각한 악영향을 미치는 성급함을 방지하기 위한 제도가 2008년 6월 22일부터 시행하고 있는 이혼숙려기간제이다.

참고자료 5-2

▌"숙려기간 불필요하다" 의견 대다수

협의이혼 신청자들의 대다수가 숙려기간 중 전문 상담가의 상담을 받지 않는 것으로 조사됐다. 한국여성정책연구원이 공개한 협의이혼제도 운용실태와 개선방안 연구보고서에 따르면, 숙려기간 중 상담을 받은 비율은 미성년 자녀가 있는 경우 8.3%, 미성년 자녀가 없는 경우에는 3.5%에 불과했다. 상담을 받지 않는 이유로는 '도움이 될 것 같지 않아서'라는 응답이 가장 많았고 '상담에 관한 정보 부족'과 '시간적 여유가 없어서'가 뒤를 이었다.

출처: 미디어인뉴스(2012. 1. 27).

(3) **자녀의 면접교섭권 인정**

종전에는 부모에게만 면접교섭권을 인정하고 있어 자녀는 면접교섭권의 객체로 인식되는 문제가 있었다. 따라서 개정 민법 제837조의 2 제1항에서 "자(子)를 직접 양육하지 아니하는 부모의 일방과 자(子)는 상호 면접 교섭할 수 있는 권리를 가진다."라고 규정하여 자녀에게도 면접교섭권을 인정한다.

4. 영유아보육법

1) 법의 의의와 목적

우리나라의 보육제도는 일하는 기혼여성의 아동을 보호하는 탁아사업의 형태로 시작되었다가, 1980년대 후반부터 기혼여성의 사회진출을 적극적으로 돕는 차원에서 보육권보장의 사회적 책임문제가 공적으로 제기되기 시작하였다. 그 결과 1991년에 제정되고 그 후 수차에 걸쳐 개정된 영유아보육법은 영유아를 심신의 보호와 건전한 교육을 통하여 건강한 사회 성원으로 육성함과 아울러, 보호자의 사회경제적 활동을 원활하게 함으로써 가족복지 증진에 이바지함을 목적으로 한다(동법 제1조).

이러한 영유아보육법의 목적에 따라 보육은 영유아의 이익을 최우선적으로 고려하고, 영유아가 안전하고 쾌적한 환경에서 건강하게 성장할 수 있도록 하여야 하며, 영유아는 자신 또는 보호자의 성·연령·종교·사회적 신분·재산·장애 및 출생지역 등에 따른 어떠한 종류의 차별도 받지 아니하고 보육되어야 한다(동법 제3조).

2) 법의 주체 및 적용 대상자

국가 및 지방자치단체, 모든 국민은 보호자와 더불어 영유아를 건전하게 보육할 책임을 진다. 따라서 시장·군수·구청장 등 지자체의 단체장은 영유아의 보육을 위한 적정한 보육시설을 확보할 책임이 주어진다(동법 제4조). 여기에서 영유아란 6세 미만의 취학 전 아동을 말하며, 보육이란 영유아를 건강하고 안전하게 보호·양육하고 영유아의 발달 특성에 적합한 교육을 제공하는 사회복지서비스를 말한다. 그리고 보육시설이란 보호자의 위탁을 받아 영유아를 보육하는 시설을 말하고, 보호자란 친권자·후견인, 그 밖의 자로서 영유아를 사실상 보호하고 있는 자를 말한다(동법 제2조).

3) 영유아 보육시설, 보육정보센터, 보육개발원

(1) 보육시설

보육시설의 종류로는 ① 국·공립보육시설(국가 또는 지방자치단체가 설치·운영하는 보육시설), ② 법인보육시설(사회복지사업법에 의한 사회복지법인이 설치·운영하는 보육시설), ③ 직장보육시설(사업주가 사업장의 근로자를 위하여 설치·운영하는 보육시설로 국가 또는 지방자치단체의 장이 소속 공무원을 위하여 설치·운영하는 시설을 포함), ④ 가정보육시설(개인이 가정 또는 그에 준하는 곳에 설치·운영하는 보육시설), ⑤ 부모협동보육시설(보호자들이 조합을 결성하여 설치·운영하는 보육시설)이 있다.

국·공립보육시설은 국가 또는 지방자치단체가 설치·운영하며, 도시 저소득주민 밀집 주거지역 및 농어촌지역 등 취약지역에 우선적으로 설치하여야 한다. 국·공립보육시설 외의 보육시설 설치는 지자체 단체장의 인허가를 취득하여야 한다(동법 제12조). 영유아보육법 제14조 제1항의 규정에 의하여 상시 여성근로자 300인 이상 또는 근로자 500인 이상을 고용하고 있는 사업장은 직장보육시설을 설치하여야 한다.

영유아보육법 제35조 제1항의 규정에 의한 초등학교 취학 직전 1년의 유아 및 장애아에 대한 무상보육은 매년 3월 1일 현재 만 5세에 도달한 유아를 대상으로 하여 실시하되, 예산의 범위 안에서 다음의 어느 하나에 해당하는 유아에 대하여 우선적으로 실시한다. ① 국민기초생활보장법에 의한 수급자인 유아, ② 교육진흥법 제2조의 규정에 의한 도서·벽지에 거주하는 유아, ③ 행정구역상 읍·면지역에 거주하는 유아가 그것이다.

(2) 보육정보센터

보육에 관한 정보의 수집, 제공 및 상담을 위하여 여성가족부장관은 중앙보육정보센터를, 특별시장·광역시장·도지사 및 시장·군수·구청장은 지방보육정보센터를 설치·운영하여야 한다(동법 제7조). 이때 필요하다고 인정하는 경우에는 영아·장애아보육 등에 관한 보육정보센터를 별도로 설치·운영할 수 있다. 중앙보육정보센터 및 지방보육정보센터에는 보육정보센터의 장과 보육에 관한 정보 제공 및 상담업무 등을 담당하는 보육전문요원 등을 두며, 보육 관련 법인·단체 등에 위탁하여 운영할 수 있다.

(3) 보육개발원

여성가족부장관은 보육에 관한 연구와 정보 제공, 프로그램 및 교재 개발, 평가척도 개발 및 종사자 연수 등의 업무를 위하여 보육개발원을 설치하거나 당해 업무를 관련 연구기관 등에 위탁할 수 있다.

(4) 보육의 내용과 평가

보육과정은 영유아의 신체·정서·언어·사회성 및 인지적 발달을 도모할 수 있는 내용을 포함하여야 하며(동법 제29조), 동법 제29조 제2항의 규정에 의하여 여성가족부장관이 개발·보급해야 하는 표준보육과정에는 교육·영양·건강·안전 등 영유아의 발달단계에 따른 보육 내용이 포함되어야 한다(동법 시행규칙 제30조).

여성가족부장관은 동법 제30조 제3항의 규정에 의하여 보육정책위원회의 심의를 거쳐 운영체계, 평가지표, 수수료 등 보육시설의 평가인증에 관하여 필요한 사항을 정한다. 평가지표에는 보육환경, 보육과정 운영, 보육교사와 보육영유아 간의 일상적 상호작용, 영유아의 건강·영양 및 안전, 보육인력의 전문성, 보육시설운영관리, 가족 및 지역사회와의 연계 등이 포함되어야 한다(동법 시행규칙 제31조).

4) 영유아보육법의 개선 필요 내용

보육시설 수의 지역편차를 줄이고, 기본적으로 보육시설 부족문제를 없앨 수 있는 방안을 강구하여야 한다. 직장보육시설의 경우 직원 500인 이상의 곳에 설치를 권장하고 있지만, 과반수의 해당 직장에서 실행되지 않고 있는 것은 매우 시급하게 해결되어야 할 과제다. 한편, 저소득층 맞벌이 부부들이 주로 이용하고 법적인 장치가 마련되어 있지 않은 채 운영되고 있는 24시간 보육시설을 위한 실태조사가 이루어져야 한다. 더불어 24시간 보육시설에 아동을 맡기는 부모의 방임적 요소, 신체와 정서 발달의 문제 가능성을 해소할 수 있는 실질적 방안이 함께 수립되어야 한다.

5. 모성보호에 관한 3법

가족정책 관련 법규 중 여성의 경제적 활동을 위한 사회진출을 도우면서 동시에 모성의 역할을 충실히 할 수 있도록 보호하는 법에는 근로기준법, 남녀고용평등과 일·가정 양립 지원에 관한 법률, 그리고 고용보험법이 포함된다.

1) 근로기준법

(1) 법의 의의와 목적

근로기준법은 근로자의 기본적 생활을 보장·향상시키고, 균형 있는 국민경제의 발전을 꾀하는 것을 목적으로 하며(동법 제1조), 여성의 경제적 활동과 모성 역할을 도모하는 데 이바지한다.

(2) 법의 적용 대상자

근로기준법상 법의 상호 관련자는 직업의 종류와 관계없이 임금을 목적으로 사업이나 사업장에 근로를 제공하는 '근로자'와 사업주 또는 사업경영 담당자, 그 밖에 근로자에 관한 사항에 대하여 사업주를 위하여 행위 하는 '사용자' 사이에 적용된다(동법 제2조).

(3) 근로기준법의 내용

근로기준법의 내용 중 여성에 관련된 부분을 정리하면 다음과 같다. 근로에 참여할 수 있는 최저연령은 15세 미만인 자(초·중등교육법에 따른 중학교에 재학 중인 18세 미만인 자를 포함)로 제한된다(다만, 대통령령으로 정하는 기준에 따라 고용노동부장관이 발급한 취직인허증을 지닌 자는 근로자로 사용할 수 있다[동법 제64조]). 15세 이상 18세 미만인 자의 근로시간은 1일에 7시간, 일주일에 40시간을 초과하지 못한다(다만, 당사자 사이의 합의에 따라 1일에 1시간, 1주일에 6시간을 한도로 연장 가능하다[동법 제69조]). 이때 사용자는 임신 중이거나 산후 1년이 지나지 아니한 여성과 18세 미만자를 도덕상 또는 보건상 유해·위험한 사업에 사용하지 못한다(동법 제65조).

사용자는 여성근로자가 청구하면 월 1일의 생리휴가를 주어야한다(동법 제73조). 임산부의 보호를 위하여 사용자는 임신 중의 여성에게 산전과 산후를 통하여 90일의 보호휴가를 주어야한다(이때 휴가기간의 배정은 산후에 45일 이상이 되어야 한다[동법 제74조]). 또한, 사용자는 임신 중인 여성이 임신 16주 이후 유산 또는 사산한 경우로서 그 근로자가 청구하면 대통령령으로 정하는 바에 따라 보호휴가를 주어야 한다. 다만, 인공임신중절 수술(모자보건법 제14조 제1항에 따른 경우는 제외)에 따른 유산의 경우는 그러하지 아니한다(동법 제74조 제2항). 제74조 제1항 및 2항에 따른 휴가 중 최초 60일은 유급으로 한다. 다만, 남녀고용평등과 일·가정 양립 지원에 관한 법률 제18조에 따라 출산전후휴가급여 등이 지급된 경우에는 그 금액의 한도에서 지급의 책임을 면한다(동법 제74조 제4항).

사용자는 임신 중의 여성근로자에게 시간 외 근로를 하게 하여서는 아니되며, 그 근로자의 요구가 있는 경우에는 쉬운 종류의 근로로 전환하여야 한다(동법 제74조 제5항). 육아시간의 적절한 운용을 위하여 생후 1년 미만의 유아를 가진 여성근로자가 청구하면 1일 2회 각각 30분 이상의 유급 수유시간을 주어야 한다(동법 제 75조).

(4) 근로기준법의 개선 필요 내용

근로기준법은 모성보호를 위한 법규로서 여성의 근로 여건을 개선하는 데 상당 부분 이바지하고 있다. 그러나 580만 9000명의 비정규직 근로자(통계청의 2012년 3월 근로형태별 부가조사 결과)의 약 40%가 넘는 여성의 모성보호 정책은 마련되어 있지 않은 상황이다. 2007년 7월 1일부터 시행되는 '기간제 및 단시간근로자 보호 등에 관한 법률'에도 여성근로자의 모성보호를 보장하는 내용은 포함하고 있지 않아, 비정규직 근로층에 상당수 편입되어 있는 저소득층 기혼여성들을 위한 대책 마련이 시급하다 하겠다.

2) 남녀고용평등과 일·가정 양립 지원에 관한 법률

(1) 법의 의의와 목적

대한민국헌법의 평등이념에 따라 고용에서 남녀의 평등한 기회와 대우를 보장하고 모성보호와 여성 고용을 촉진하여 남녀고용평등을 실현함과 아울러 근로자의 일과 가정의 양립을 지원함으로써 모든 국민의 삶의 질 향상에 이바지하는 것을 목적으로 한다(동법 제1조).

(2) 법의 적용 대상자

근로자를 사용하는 모든 사업 또는 사업장에 적용되며, 기본적으로 고용상 남녀평등을 목적으로 하기에 사업장 내 차별적 요소의 제거가 중요한 적용 사항이 된다. 여기서 차별이란 사업주가 근로자에게 성별, 혼인, 가족 안에서의 지위, 임신 또는 출산 등의 사유로 합리적인 이유 없이 채용 또는 근로의 조건을 달리하거나 그 밖의 불이익한 조치를 하는 경우를 말한다.

다만, 직무의 성격에 비추어 특정 성이 불가피하게 요구되는 경우, 여성 근로자의 임신·출산·수유 등 모성보호를 위한 조치를 하는 경우, 그 밖에 이 법 또는 다른 법률에 따라 적극적 고용개선조치를 하는 경우 등에 해당하는 경우는 제외한다(동법 제2조).

(3) 모성보호와 일·가정의 양립 지원 내용

① 출산전후휴가에 대한 지원(동법 제18조)

> ① 국가는 근로기준법 제74조에 따른 출산전후휴가 또는 유산·사산 휴가를 사용한 근로자 중 일정한 요건에 해당하는 자에게 그 휴가기간에 대하여 통상임금에 상당하는 금액을 지급할 수 있다.
> ② 제1항에 따라 지급된 출산전후휴가급여 등은 그 금액의 한도에서 근로기준법 제74조 제4항에 따라 사업주가 지급한 것으로 본다.
> ③ 출산전후휴가급여 등을 지급하기 위하여 필요한 비용은 국가재정이나 사회보장기본법에 따른 사회보험에서 분담할 수 있다.
> ④ 여성 근로자가 출산전후휴가급여 등을 받으려는 경우 사업주는 관계 서류의 작성·확인 등 모든 절차에 적극 협력하여야 한다.
> ⑤ 출산전후휴가급여 등의 지급요건, 지급기간 및 절차 등에 관하여 필요한 사항은 따로 법률로 정한다.

② 배우자 출산휴가(동법 제18조의 2)

① 사업주는 근로자가 배우자의 출산을 이유로 휴가를 청구하는 경우에 5일의 범위에서 3일 이상의 휴가를 주어야 한다. 이 경우 사용한 휴가기간 중 최초 3일은 유급으로 한다.
② 제1항에 따른 휴가는 근로자의 배우자가 출산한 날부터 30일이 지나면 청구할 수 없다.

③ 육아휴직(동법 제19조)

① 사업주는 근로자가 만 8세 이하 또는 초등학교 2학년 이하의 자녀(입양한 자녀를 포함한다)를 양육하기 위하여 휴직(이하 '육아휴직'이라 한다)을 신청하는 경우에 이를 허용하여야 한다. 다만, 대통령령으로 정하는 경우에는 그러하지 아니하다.
② 육아휴직의 기간은 1년 이내로 한다.
③ 사업주는 육아휴직을 이유로 해고나 그 밖의 불리한 처우를 하여서는 아니 되며, 육아휴직기간에는 그 근로자를 해고하지 못한다. 다만, 사업을 계속할 수 없는 경우에는 그러하지 아니한다.
④ 사업주는 육아휴직을 마친 후에는 휴직 전과 같은 업무 또는 같은 수준의 임금을 지급하는 직무에 복귀시켜야 한다. 또한, 제2항의 육아휴직기간은 근속기간에 포함한다.
⑤ 기간제근로자 또는 파견근로자의 육아휴직기간은 기간제 및 단시간근로자 보호 등에 관한 법률 제4조에 따른 사용기간 또는 파견근로자보호 등에 관한 법률 제6조에 따른 근로자파견기간에 산입하지 아니한다.
⑥ 육아휴직의 신청방법 및 절차 등에 관하여 필요한 사항은 대통령령으로 정한다.

④ 일·가정의 양립을 위한 지원(동법 제20조)

① 국가는 사업주가 근로자에게 육아휴직이나 육아기 근로시간 단축을 허용한 경우 그 근로자의 생계비용과 사업주의 고용유지비용의 일부를 지원할 수 있다.
② 국가는 소속 근로자의 일·가정의 양립을 지원하기 위한 조치를 도입하는 사업주에게 세제 및 재정을 통한 지원을 할 수 있다.

⑤ 직장어린이집 설치 및 지원 등(동법 제21조)

> ① 사업주는 근로자의 취업을 지원하기 위하여 수유·탁아 등 육아에 필요한 어린이집(이하 '직장어린이집'이라 한다)을 설치하여야 한다.
> ② 직장어린이집을 설치하여야 할 사업주의 범위 등 직장어린이집의 설치 및 운영에 관한 사항은 영유아보육법에 따른다.
> ③ 고용노동부장관은 근로자의 고용을 촉진하기 위하여 직장어린이집의 설치·운영에 필요한 지원 및 지도를 하여야 한다.

⑥ 그 밖의 보육 관련 지원(동법 제21조의 2)

> 고용노동부장관은 제21조에 따라 직장어린이집을 설치하여야 하는 사업주 외의 사업주가 직장어린이집을 설치하려는 경우에는 직장어린이집의 설치·운영에 필요한 정보 제공, 상담 및 비용의 일부 시원 등 필요한 지원을 할 수 있다.

(4) 남녀고용평등과 일·가정 양립 지원에 관한 법률의 개선 필요 내용

여성의 모성보호를 위해 제정된 남녀고용평등과 일·가정 양립 지원에 관한 법률의 의의는 첨삭될 수 없으나, 실제 고용에서 여성의 낮은 취업의 질과 성별 임금격차의 문제는 동법이 향후 개선되어야 할 과제를 남긴다. 현재 전문직종에서의 여성 비율은 여전히 낮은 것으로 보고되고, 개선되고 있던 성별 임금격차는 최근 다시 악화되고 있는 것으로 나타난다. 여성의 노동시장 참여의지를 약화시키는 이러한 문제들을 해결하기 위하여 전문직종에서의 여성 비율을 높이는 구체적 방안이 제시되고, 성별 임금격차를 개선할 법적·제도적 장치마련이 우선되어야 할 것이다.

3) 고용보험법

(1) 법의 의의와 목적

고용보험법은 고용보험의 시행을 통하여 실업의 예방, 고용의 촉진 및 근로자의 직업능력 개발과 향상을 꾀하고, 국가의 직업지도와 직업소개 기능을 강화하며, 근로자가 실업한 경우에 생활에 필요한 급여를 실시하여 근로자의 생활 안정과 구직활동을 촉진함으로써 경제·사회 발전에 이바지하는 것을 목적으로 한다(동법 제1조).

(2) 법의 주체 및 적용 대상자

고용보험은 고용노동부장관이 관장하며(동법 제3조), 동법 제1조의 목적을 실현하기 위하여 피보험자에게 고용 안정, 직업능력 개발사업, 실업급여, 육아휴직급여 및 출산전후휴가급여 등의 혜택이 주어진다.

(3) 고용보험법의 내용

고용보험법상 모성보호에 해당되는 급여 내용에는 육아휴직급여와 출산전후휴가급여가 있다.

① 육아휴직급여: 고용노동부장관은 남녀고용평등과 일·가정 양립 지원에 관한 법률 제19조에 따른 육아휴직을 30일(출산전후휴가 기간 90일과 중복되는 기간 제외) 이상 부여받은 피보험자 중 다음의 요건을 모두 갖춘 경우에 육아휴직급여를 지급하도록 되어 있다.

> ① 육아휴직을 시작한 날 이전에 제41조에 따른 피보험 단위기간이 통산하여 180일 이상일 것
> ② 같은 자녀에 대하여 피보험자인 배우자가 육아휴직(30일 미만은 제외한다)을 부여받지 아니하고 있을 것
> ③ 육아휴직을 시작한 날 이후 1개월부터 끝난 날 이후 12개월 이내에 신청할 것. 다만, 같은 기간에 대통령령으로 정한 사유로 육아휴직급여를 신청할 수 없었던 자는 그 사유가 끝난 후 30일 이내에 신청하여야 한다.
> ④ 피보험자가 육아휴직급여 기간 중에 그 사업에서 이직하거나 새로 취업한 경우, 사업주로부터 육아휴직을 이유로 금품을 지급받는 경우, 기타 거짓이나 그 밖의 부정한 방법으로 육아휴직급여를 받았거나 받으려 한 경우에 그 급여를 받은 날 또는 받으려 한 날부터의 육아휴직급여를 지급하지 아니한다.

② 출산전후휴가급여: 고용노동부장관은 또한 남녀고용평등과 일·가정 양립 지원에 관한 법률 제18조에 따라 피보험자가 근로기준법 제74조에 따른 출산전후휴가 또는 유산, 사산휴가를 받은 경우로서 다음의 요건을 모두 갖춘 경우에 출산전후휴가급여 등을 지급한다.

> ① 휴가가 끝난 날 이전에 제41조에 따른 피보험 단위기간이 통산하여 180일 이상일 것
> ② 휴가를 시작한 날 이후 1개월부터 휴가가 끝난 날 이후 12개월 이내에 신청할 것. 다만, 그 간에 대통령령으로 정하는 사유로 출산전후휴가급여 등을 신청할 수 없었던 자는 그 사유가 끝난 후 30일 이내에 신청하여야 한다.
> ③ 동법 제75조에 따른 출산전후휴가급여 등은 근로기준법 제74조에 따른 휴가 기간에 대하여 근로기준법의 통상임금에 해당하는 금액을 지급한다. 다만, 제19조 제2항에 따라 근로자의 수 등이 대통령령으로 정하는 기준에 해당하는 기업이 아닌 경우에는 휴가 기간 중 60일을 초과한 일수(30일을 한도로 한다)로 한정한다.

(4) 고용보험법의 개선 필요 내용

근로자에게 실업 및 능력개발 비용을 지원하고 사업주에게는 고용 유지와 교육훈련 비용을 지원하는 고용보험법 내의 모성보호와 관련된 사업은 육아휴직급여와 출산전후휴가급여가 있는데, 이런 사업은 아동부양 여성의 실질적 고용안정에 기여하는 것으로 이해된다. 그러나 그 밖의 사업 중 직업능력개발훈련(실업자 및 재직자)에 여성의 참여비율이 여전히 낮은 것으로 나타나 고용보험법의 실효적 실행 여부에 상당한 의문을 일으키고 있다. 따라서 재직자뿐만 아니라 실업자 훈련에서 여성의 전문훈련 기회를 제고할 수 있는 법안의 창출이 필요하다(손병덕 외, 2008).

PART 03

가족복지 실천

CHAPTER 06

사정

학습 목표

- ○ 가족 욕구사정을 설명할 수 있다.
- ○ 가족체계와 환경과의 상호작용에 대해 설명할 수 있다.
- ○ 가족생활주기의 개념을 이해한다.
- ○ 면접과 관찰에 대해 설명할 수 있다.
- ○ 가계도와 생태도를 이해하고, 그려서 설명할 수 있다.

1. 사정 영역

1) 가족의 욕구

가족 욕구사정은 가족복지 실천의 전(全) 과정 중 본질적으로 중요한 과제다. 예를 들어, 아동학대가 발생했을 때 그 문제는 단순히 피해아동의 문제일 뿐만 아니라 가족 전체의 문제이기도 하다. 그러므로 가족 욕구사정은 문제를 적절히 판단하고 문제 해결을 위한 가족의 장단점을 파악하며, 가족을 보존하고 결국 문제 해결을 도울 수 있는 가장 효과적인 개입 계획을 개발할 수 있도록 한다. 따라서 적절하게 안배된 가족 욕구사정은 사회복지사로 하여금 문제 해결을 위해 최선의 개입을 실행할 수 있도록 돕는 역할을 한다. 예를 들어, '학대아동 가족 욕구사정'에 포함되어야 하는 기본요소를 정리하면 〈표 6-1〉과 같다.

〈표 6-1〉 학대아동 가족 욕구사정에 포함되어야 하는 기본요소

구분	문제와 위기요소	지지요소
가족구성원 관계	•가출 혹은 별거 중인 구성원 •가족구성원 간 관계에 문제 •현재 발생한 문제에 도움을 줄 수 없는 부모	•가족구성원 중 지속적으로 긍정적인 관계를 가진 사람 존재 •가족 내 역할모델 존재
폭력/학대/알코올중독 기록	•가정폭력을 행사한 경험 •알코올중독 경험 •범죄기록 •학대/방임을 한 경험	•학대/방임/폭력 기록이 없음
가족 내 문제상황 대처능력	•일정한 직업이 없는 부모 •위기상황을 대처할 수 없는 부모 •의식생활을 돌볼 수 없는 부모	•일정한 직업 •건강한 생활을 유지할 수 있는 능력 •복지서비스의 지지자원이 될 수 있는 가족구성원 존재
가족 동기부여 능력	•문제상황을 남의 탓으로 돌리는 부모 •변화를 위한 어떤 동기부여도 거부 •사회복지사의 서비스 거부/무시 •사회복지사의 서비스보다 자신의 일상생활을 우선시	•가족문제 해결을 위한 서비스에 적극 협력하는 자원 존재 •자신의 문제 인정 •사회복지사와의 지속적인 연락
가족 의식주 생활 정도	•불충분한 수입 •경제적 재원 운용능력 부족 •부족한 음식 •의류 부족, 불청결 •위험한 거주환경 •전기, 수도, 난방문제 •교통수단의 문제	•기본적 수입 확보 •재원 운용능력 존재 •기본적 의식주의 요구 충족
육체·정신건강	•가족구성원 중 발달장애 존재 •발견된 심리적 문제에 대한 치료 거부 •서비스에 대한 불합리한 거부/무시	•발견된 건강 및 심리적 문제 해소 서비스에 대한 적극적 협력 •문제 해소를 위한 자발적 행동 의지
양육능력	•자녀에 대한 기본적 양육기술 부족 •애정을 향상시키기 위한 기술 부족 •훈련, 지도능력 부족 •아동발달을 돕는 능력 부족	•기본적 양육기술 이해 •훈련, 지도능력 향상에 관심 •양육능력 향상에 적극적으로 참여할 의지

출처: California Social Work Education Center(2001), 손병덕 외(2008), 가족복지론, pp. 142-143 재인용.

〈표 6-1〉에서 재기된 것처럼 학대아동 문제에 개입하기 위하여 가족 욕구사정을 할 때 기본적으로 포함되어야 하는 요소는 ① 가족구성원 관계, ② 폭력/학대/ 알코올중독 기록, ③ 가족 내 문제상황 대처능력, ④ 가족 동기부여능력, ⑤ 가족 의식주 생활 정도, ⑥ 육체·정신건강, 그리고 ⑦ 양육능력 등이다. 이러한 분류를 기초로 하여 '문제와 위기요소'와 '지지요소'를 찾아내는 작업이 바로 가족 욕구사정의 과정이다.

2) 가족체계

가족체계와 가족관계를 시각적으로 잘 이해할 수 있도록 표시하는 방법을 가계도라 한다. 가계도는 가족관계를 한눈에 파악할 수 있도록 도우며, 세대 간 관계 및 가족사에서 드러나는 중요한 사건들을 체계적으로 살펴볼 수 있게 해 주는 장점이 있다. 가계도 작성을 위하여 사회복지사는 클라이언트와 대면하여 가족력과 가족의 특징, 그리고 연대기적으로 발생한 사건 중에 중요한 내용을 표시함으로써 클라이언트의 현재 문제에 직간접적으로 영향을 미친 사건을 파악하는 데 도움이 될 수 있다.

적절한 가족체계 사정을 위하여 사회복지사는 클라이언트가 가장 편안한 상태에서 자신의 가족과 관계된 내용을 진술할 수 있도록 환경을 만들어 줄 필요가 있다. 예를 들어, 편안한 분위기의 상담실을 마련하고 상담실 내 인테리어의 배치를 고려하며, 자유롭게 표현할 수 있도록 예상되는 대화 내용과 질문을 미리 준비한다.

3) 환경과의 상호작용

개인과 가족은 서로 직간접적으로 서로 상호작용하며 그들을 둘러싼 환경과 역동적으로 상호작용하여 개인과 가족이 서로 성장 및 성숙할 수 있는 요건이 만들어진다. 클라이언트와 가족의 이러한 생활공간 내 상호작용의 구체적 모습은 생태도를 그림으로써 쉽게 파악할 수 있다. 생태도에는 클라이언트와 가족을 둘러싸고 있는 환경의 각 요소의 상호작용, 즉 자원의 흐름이 드러난다. 클라이언트와 가족에게 직간접적으로 긍정적 혹은 부정적으로 영향을 미치는 집단, 기관, 개인을 판별해 내고, 클라이언트의 문제 해결을 위해 어떠한 자원이 활용될 수 있을 것인가에 대한 유용한 정보가 생태도를 통해 드러날 수 있다.

특별히 생태도를 그릴 때 클라이언트뿐만 아니라 가족구성원 중 자발적으로 참여할 수 있는 사람들이 동참하여 가족을 둘러싸고 있는 환경요소를 확인하는 작업을 한다면, 가족 간 문제를 파악하고 없애는 데 좀 더 긍정적으로 이바지할 수 있다. 그러나 이때 가족구성원은 참여를 원한다 할지라도 클라이언트가 원하지 않는다면 오히려 문제의 소지가 있으므로 클라이언트의 의견을 존중하는 것이 바람직하다.

4) 가족생활주기

가족생활주기란 아동기부터 노년기에 이르기까지 가족구성원들이 일반적으로 경험하게 되는 정서적·심리적·지적 발달과정 전반을 뜻한다. 듀발(Duvall)은 가족생활주기를 8단계로 세분화하였으나, 카터(Carter)와 맥골드릭(McGoldrick, 2005)은 가족으로부터의 독립, 결혼, 양육, 자녀 독립, 그리고 은퇴와 노년 등 5단계로 더욱 간단히 구분하였다. 가족생활주기는 누구나 경험하게 되는 삶의 과정이지만, 각 과정을 성공적으로 수행하면 정신건강 문제와 동반되는 신체건강 문제들을 예방·해소할 수 있다.

클라이언트와 가족구성원들은 가족생활주기를 경험하면서 개인의 특성에 따라 가지는 특별한 스트레스 혹은 우울의 사건이 있을 수 있다. 그러므로 이런 것들을 확인함으로써 클라이언트의 문제 해결과 해소에 도움이 될 수 있다. 그뿐만 아니라 클라이언트가 가족생활주기를 잘 이해하면 할수록 다음 인생의 과정을 더 수월하게 보내고 성공적으로 삶을 진척시킬 수 있다. 따라서 상담과 치료과정에서 클라이언트에게 가족생활주기를 잘 이해하도록 돕는 것은 중요한 작업이다.

2. 사정 방법

1) 면접

사정에서 면접은 가장 오래된 사회복지 실천방법의 하나로 사회복지실천가들이 널리 사용하고 있는 임상사회복지 실천방법이다. 면접방법은 사회복지사와 클라이언트가 직접 얼굴을 대면하고 문제를 논의하는 과정이므로 신뢰를 구축할 수 있는 방식이기도 하다. 이때 사회복지사는 클라이언트와 개별면접을 할 것인지, 둘 이상의 집단면접을 할 것인지, 그리고 어떤 질문을 사용할 것인지에 대하여 미리 준비하는 것이 중요하다.

특히 이러한 사전 고려는 사안의 민감성(아동학대나 가정폭력 등 당사자들의 이해관계가 서로 문제가 될 수 있는 경우 등)에 따라 혹은 면접 당사자가 어떤 환경에서 가장 편안함을 느끼고 면접에 참여할 수 있는가에 따라 면접 상황이 충분히 고려되어야 할 것이다. 일반적으로 사회복지사의 위기개입 대상이 되는 가정폭력, 아동학대, 노인학대, 청소년 비행행동의 초기 면접에서는 사안의 민감성 때문에 다른 사람의 동시 참여 시 자신의 실제 상황의 노출을 꺼리는 때가 많다. 따라서 이런 때에는 개별면접이 선호된다.

면접 시 사용될 질문에 대하여는 기관과 대상에 따라 표준화된 질문지가 자주 사용된다. 표준화된 질문지는 기관의 성격, 문제의 특징에 따라 내용이 달라질 수 있다. 그러나 이름, 성별, 나이, 가족구성원, 결혼 여부, 직업, 수입 등의 인구통계학적 내용을 시작으로 현재 발생하고 있는 문제가 무엇이며, 문제의 심각한 정도, 같은 문제가 지속될 때 느끼는 심적 부담감의 정도, 예상되는 문제의 결과가 어떻게 나타날 것인지 등의 질문이 포함될 수 있다.

이상과 같은 기본적이고 과정적인 질문 외에도 면접 당시의 맥락과 상황에 따라 클라이언트로 하여금 자유롭게 느낌과 의견을 표현하게 할 수도 있고,

사안의 핵심적인 내용을 도출하기 위해 사회복지사가 적절하다고 판단되는 질문을 유도할 수도 있다.

2) 관찰

관찰은 사정과정에서 매우 중요한 역할을 한다. 관찰은 가족의 역할, 가족관계, 가족의 생활모습 전반을 살펴보는 도구로 작용할 수 있으며, 사정 전, 사전과정, 그리고 사정 후의 전 과정에 걸쳐 발생할 수 있다. 클라이언트의 말과 행동을 통해 관찰이 가능하고, 클라이언트를 포함한 가족 단체상담을 통해서도 가족 간 관계, 역할 정도 등을 이해할 수 있는 단서를 찾을 수 있다. 또한, 초기 사정을 통하여 발견된 사실을 확인하고 개입 계획을 보완하는 자료도 수집이 가능하다.

이처럼 관찰사정은 매우 강력한 사정도구가 될 수 있으나, 고려할 몇 가지 문제점을 소개하면 다음과 같다. 첫째, 공개관찰은 클라이언트 자신이 관찰되고 있다는 사실을 통보받거나 동의했을 때 관찰자를 의식하여 자신의 원래 행동과 다르게 행동할 가능성이 있다. 이때 정확한 사정이 어려우므로 공개관찰의 이런 단점을 없앨 수 있는 사전 준비가 필요하다. 둘째, 정신지체 장애를 가지고 있는 클라이언트를 보호자의 동의하에 관찰한다 할지라도 여전히 윤리적으로 문제가 될 수 있다. 셋째, 관찰자의 관찰에 영향을 주는 사회적 통념과 문화적 편견 등은 관찰자에게 왜곡된 사정을 가능하게 할 수 있다. 예를 들어, 우리나라의 학대를 고려할 때 상당 부분 개선은 되고 있으나, 학대에 대한 아동의 권리보다 자녀에 대한 부모의 권한이 강조되는 사회적 통념이 일부 존재하고, 여성보다 남성이 학대 가해자일 가능성이 많다고 미리 예단할 가능성이 있다. 그러므로 관찰자는 객관적 관찰을 방해하는 사회적 통념이나 문화적 편견을 최소화하려는 노력을 기울여야 한다.

그러나 이러한 단점이 존재한다 할지라도 관찰사정은 여전히 사정의 한 방법으로 매우 중요한 역할을 한다고 볼 수 있다. 특히 아동의 문제를 사정할 때 아동의 식생활 습관, 놀이행동, 또래와의 관계, 그리고 학교생활 등 생활 전반을 관찰함으로써 개입 계획을 도출하는 데 매우 중요한 이바지를 할 수 있는 아동의 전반적 개괄이 가능할 수 있다. 이처럼 아동의 일반적 행동과 다른 사람과의 관계를 발견할 수 있는 필수적 매개 역할을 할 수 있는 방법이 관찰사정이다.

3) 사정도구에 의한 사정

가계도와 생태도 외에 대상에 따라 사정도구가 사용될 수 있다. 예를 들어, 학대아동의 표준지표는 아니나, 아동의 학대상황을 확인할 수 있는 사정도구가 사용되기도 한다.

CHAPTER 07

가족문제 예방을 위한 실천

학습 목표

- 결혼준비교육의 필요성을 설명할 수 있다.
- 부부교육의 필요성을 설명할 수 있다.
- 부모교육의 필요성을 설명할 수 있다.
- 은퇴준비교육의 필요성을 설명할 수 있다.

1. 결혼준비교육

1) 결혼준비교육의 필요성

결혼준비교육이란 결혼을 앞두고 있는 연인이나 미혼자를 대상으로 성공적 결혼생활을 할 수 있도록 돕기 위해 행해지는 교육으로 예비부부교육이라고도 한다. 우리나라에서 시행되고 있는 결혼준비교육에 포함되는 내용은 주로 의사소통, 성생활, 결혼에 대한 헌신, 갈등해결, 자기 이해, 근원가족, 역할기대 등으로 예비부부가 결혼을 성공적으로 준비하도록 돕는 공식적 사회화 기회라고 할 수 있다. 즉, 결혼의 본질은 무엇이며 결혼이 의미하는 것이 무엇인지, 풍성한 결혼생활을 위한 지침, 그리고 결혼관 등이 다루어지고 있다.

결혼준비교육의 의의는 미혼 남녀에게 무엇보다 결혼 초기의 적응기간에 발생할 수 있는 갈등이나 문제상황을 예측하여 대처할 수 있도록 하고, 결혼의 중요성, 건강한 부부상, 결혼의 가치 등에 대해 진지하게 생각할 수 있는 기회를 주어 바람직한 결혼문화를 만들어 내도록 하는 사회적 노력이라는 데 있다. 따라서 결혼한 부부를 대상으로 부부관계향상교육을 시행하는 것도 필요하지만, 결혼 초기에 이혼율이 높게 나타나는 점을 고려하면 예비부부를 대상으로 한 결혼준비교육은 더욱 중요하고도 절실하다. 특히 결혼은 단순한 남녀의 만남이 아니라 다른 가족체계에서 생활해 온 남녀가 만나기 때문에 결혼에 대한 준비는 매우 중요하다(문숙제 외, 2006; 김익균 외, 2009).

2) 결혼준비교육의 내용과 실제

결혼준비교육이 처음으로 공교육에서 다루어진 것은 1924년 미국 보스턴 대학에서 개설한 '결혼과 가정생활'이라는 교과목이다. 이처럼 일찍부터 공적 차원에서 결혼준비교육 프로그램에 관심을 둔 미국은 2002년 부시 대통령에 의해 건강한 결혼생활을 강화하기 위한 더욱 새로운 지원책을 정부 차원에서 시행하기 시작하였다.

미국 아동가족국(Administration for Children & Families)에서는 예비부부를 대상으로 건강한 결혼생활에 필요한 지식과 기술을 교육할 목적으로 '지역사회 건강결혼개혁운동'을 펼쳤다. 여기에는 루이스(Lewis)와 고셋(Gossett, 1999)이 제시한 아래와 같은 건강한 결혼생활의 여덟 가지 필수조건이 포함되어 있다.

① 배우자가 함께 부부관계에 대한 명확한 정의를 내리는 일에 참여한다.
② 강력한 부부결속력은 친밀감과 자립의 정도로 나타난다.
③ 상대방의 생각과 감정에 서로 관심을 기울인다.
④ 감정을 솔직하게 표현한다.
⑤ 피할 수 없는 갈등이 일어나더라도 확대시키거나 절망적 상황으로 몰고 가지 않는다.
⑥ 문제해결기술이 잘 발전된다.
⑦ 대부분의 기본적 가치관을 공유한다.
⑧ 변화와 스트레스를 다루는 능력이 잘 발전된다.

미국의 부부관계예방과 향상 프로그램(Prevention and Relationship Enhancement Program: PREP)은 12시간의 미니강의와 의사소통, 갈등관리, 종교적 신념, 용서, 그리고 우정 관계 등을 포함한 특정 주제에 관한 토론활동으로 구성되어 있다. PREP에 참가한 예비부부의 85%가 매우 높은 만족도를 나타냈으며, 특히 의사소통기술에 대한 부분이 가장 큰 도움이 된 것으로 조사되었다. 한편, 우리나라에서는 주로 건강가정지원센터와 지역사회복지관 등에서 결혼준비교육을 시행하고 있으며, 그 외에 종교단체들이 주관하고 있는 가정상담소 등에서 진행하고 있는 프로그램이 있다.

3) 결혼준비교육의 효과성

결혼준비교육은 부부문제를 예방하고 부부의 삶의 질과 가족구성원 간 관계의 질을 높일 수 있고, 결혼으로 말미암아 발생하는 여러 가지 전환을 미리 인지하고 계획할 수 있다. 또한, 결혼을 기점으로 경제적, 정서적, 사회적으로 독립을 이루는 동시에 새로운 사람과의 관계를 정립하여 평등한 관계에 소속되도록 도와줄 수 있다(박주희, 2006; 정현숙, 2007).

그리고 결혼준비교육은 결혼 전에 결혼준비를 위한 문제해결이나 개인과 환경의 강점 향상을 실천할 수 있는 기회를 제공한다. 이는 예방적 학습을 준비 혹은 경험을 갖게 하여 결혼과 가족생활의 내용을 전문적 이론과 훈련을 통하여 강화, 향상시키도록 돕는다. 동시에 예비부부가 결혼준비교육에 참가함으로써 자아존중감, 평등한 역할, 의사소통 등에 있어 의미 있는 향상을 보였다. 따라서 결혼준비교육은 결혼 전 연인의 관계향상, 결혼과 배우자에 대한 현실적 이해, 상호간 역할기대 합의, 효과적 의사소통, 갈등해결의 중요성 인식과 기술획득 등의 효과가 있는 것으로 나타났다(오윤자, 2001).

2. 부부교육

1) 부부교육의 필요성

부부교육이란 부부를 대상으로 하여 결혼생활의 고통이나 붕괴를 예방하기 위한 더욱 현실적인 새로운 접근법으로서 성공적이며 안정된 결혼생활을 성립하고 유지하기 위한 교육이다. 부부관계, 부모-자녀관계, 조손관계, 형제자매관계 등의 가족관계를 긍정적이고 역동적으로 향상시키기 위해서는 각 관계를 기준으로 한 가족관계향상교육을 생각할 수 있다. 그런데 특히 가족관계 중에서 부부관계가 차지하는 비중과 중요성은 매우 높다. 왜냐하면, 가족 내에서 부부관계를 어떻게 유지하느냐는 가족 전체의 가족관계에 영향을 미치기 때문이다. 따라서 부부관계향상을 위한 다양한 프로그램을 통하여 부부관계를 향상시켜야 한다.

결혼과 건강한 부부에 대한 개념과 올바른 인식이 없고 그 방법론을 모르는 부부 중에 부부갈등을 해결하지 못하고 그 갈등이 악화되어 결국 이혼에 이르는 사례가 많다. 부부관계는 예방 차원보다는 부부관계가 악화되었을 때 혹은 부부관계 문제를 해결할 수 없을 때가 되었을 때에 비로소 심각성을 인정하는 예가 많다. 이렇게 되었을 때는 부부관계를 회복하기가 매우 어렵다.

건강한 사회를 이루기 위해서는 사회의 기본단위인 가정이 건강해야 하고, 가정이 건강하기 위해서는 부부가 건강한 관계를 유지해야만 한다. 건강한 사회를 이루고 이혼에 따른 정서적·사회경제적 손실을 예방하기 위해서도 부부교육은 반드시 필요하다. 세대별 특성을 고려한 부부교육을 평생교육의 일환으로서 제도적으로 도입해야 한다(손병덕 외, 2008).

2) 부부교육의 내용과 실제

부부는 교육을 통해 결혼생활에서 비롯되는 고통이나 이혼을 줄이는 행동, 성공적 결혼을 만드는 행동을 증가시키는 구체적 방법을 학습한다. 그렇게 함으로써 행복한 결혼생활을 이루고자 하는데, 우리나라 부부가 생각하고 있는 행복한 결혼의 주요강점은 다음과 같다(김윤재 외, 2007).

① 의사소통: 서로 터놓고 이야기하고 감정을 나누며, 자주 이야기하고 계속 관계를 가지는 것

② 함께 시간 가지기: 가족으로 무엇인가를 함께하고 저녁식사를 함께하며, 함께 생일과 명절을 축하하는 것
③ 지지: 서로 의지할 수 있고 가족을 우선으로 지키는 것
④ 영적 신념: 가족구성원을 묶도록 도와주고 스트레스를 이기도록 도와줌
⑤ 신체적·정신적 건강: 건강한 가족의 가장 주요한 강점

부부교육이 결혼준비교육 프로그램과 약간 다른 점은 건강한 결혼생활이 자녀에게 미치는 영향을 좀 더 강조한다는 데 있다. 즉, 건강한 결혼생활의 최대 수혜자가 바로 자녀이기 때문에 올바른 자녀양육을 위해서는 건강한 결혼생활이 매우 중요함을 일깨워 주고 교육내용에서도 그 부분을 구체적으로 언급한다. 결혼생활과 자녀양육과의 관계는 건강한 부부에게서 양육된 아동을 그렇지 않은 부부에게서 양육된 아동과 비교한 다음의 양육결과를 보면 잘 알 수 있다(Family Strengthen Policy Center, 2005).

① 학교생활을 더 성실히 하며 대학 진학률이 더 높다.
② 신체적·정신적으로 더 건강하다.
③ 약물이나 알코올에 접촉하는 비율이 낮다.
④ 아버지, 어머니 모두와 좋은 관계를 가진 경험이 더 많다.
⑤ 1년 혹은 그 이상 동안 빈곤상태에 놓인 경험이 더 적다.
⑥ 신체적 혹은 성적 학대를 겪은 일이 더 적다.
⑦ 건강, 감정, 정신건강과 문제행동의 발생비율이 더 낮다.
⑧ 자살시도율이 더 낮다.
⑨ 청소년비행률이 더 낮다.
⑩ 10대 미혼부모가 되는 비율이 더 낮다.

3) 부부교육의 효과성

부부교육에 참여한 많은 부부는 실제 부부간 생활에서 대화문제, 자녀양육과 교육문제, 고부와 친족 간 문제, 종교문제, 그리고 사회활동문제 등으로 말미암아 부부갈등을 가져오고, 심지어 이혼 등을 일으키는 사회문제로 드러나고 있다. 이러한 부부갈등은 당사자 간에는 해결하지 못하고 부부교육 프

로그램을 통해서 효과를 보고 있다. 부부교육을 통해서 결혼생활에 미치는 여러 요소를 이해하고 부부갈등을 없애는 대화기술 등을 배우며, 부부의 역할을 서로 잘 감당하게 한다. 이리하여 부부 상호간의 결혼만족도를 높이고 이혼율을 줄일 수 있다.

그러나 우리나라는 아직까지 전문적 부부교육 프로그램을 개발하지 못하고 있다. 대표적 프로그램을 소개하면, 부부생활세미나, 부부관계향상 프로그램, 새생활가정세미나, 부부관계증진학습 프로그램 등이 있으나, 일률적이고 프로그램 결과에 대한 전문적 평가가 거의 이루어지지 않고 있는 실정이다. 따라서 선진국의 프로그램을 그대로 적용하는 것은 우리나라의 사회문화적 배경과의 차이로 말미암아 문제가 있으므로 우리나라 실정에 맞는 프로그램 개발이 요구된다.

3. 부모교육

1) 부모교육의 필요성

부모교육은 가정에서의 부모 특히 어머니가 중심이 되는 교육환경 혹은 교육기관과의 상호작용과 연결을 의미하는 것으로 부모의 적극적 참여가 필수이며, 부모의 역할과 권한이 매우 강하게 드러나는 교육 프로그램이라고 할 수 있다. 가족과 부모는 분리될 수 없으며 부모문제가 해결되어야 가족문제도 해결될 수 있다. 따라서 부모 역할을 조성하는 사회적 조직을 유지하고 부모가 가지는 환경적 긴장을 완화시킴으로써 가족문제의 발생을 예방하는 가족복지 측면, 즉 부모교육 측면에서 접근하는 것이 바람직하다.

부모 역할이 무엇보다 중요하다는 것을 사회구성원 대부분이 부모가 되어 공통으로 인식하고 있음에도 부모 역할은 여전히 시대를 불문하고 어렵고 힘든 일이다. 따라서 이를 긍정적이며 효율적으로 수행하기 위해서는 먼저 부모로서 준비된 자세와 건강한 가족분위기를 형성하는 주체가 바로 부모임을 자발적으로 인식할 수 있는 체계적인 지역사회 접근이 필요하다.

부모교육의 필요성을 제시하면 다음과 같다. 첫째, 부모 자신이 자녀교육에 대한 신념과 안정감을 갖게 된다. 둘째, 아동의 성장·발육에 관한 원리나 아동의 특성과 요구를 이해하고 학습할 수 있게 된다. 셋째, 자녀교육에 따른 충분한 지식과 방법을 터득하게 된다. 넷째, 부부간의 자녀교육 지도방향이 일치되어 일관성 있는 교육을 할 수 있게 된다. 다섯째, 부모교육을 통해 얻은 지식과 능력을 실제 유아교육 분야에 활용할 수 있는 기회도 얻게 된다. 여섯째, 부모교육은 가정생활의 향상에 도움이 된다. 일곱째, 가정과 유아교육기관 간에 원만한 관계를 갖고 부모와 교사가 일치단결하여 자녀를 바람직하게 지도하는 데 도움이 된다.

2) 부모교육의 내용과 실제

가장 널리 알려진 부모교육은 부모효율성 훈련(Parent Effectiveness Training: PET)이다. 임상심리학자 고든(Gordon, 1960)은 자녀의 정신적·정서적 문제를 병리적인 정신의학적 문제로 취급할 것이 아니라, 부모-자녀 간의 인간관계에서 생긴 문제로 보아야 한다고 생각했다. 따라서 부모-자녀관계를 개선시킬 수 있는 방법으로, 부모를 교육하기 위한 프로그램을 만들었는데 그것이 바로 부모효율성 훈련이다.

PET 프로그램은 의사소통기술 훈련에 집중되어 있는데, 이는 자녀와의 의사소통, 문제해결 장면에서 갈등을 겪고 있는 부모에게 자녀와의 긍정적 의사소통기법을 교육시킴으로써 부모역할에 적극적으로 대처할 수 있게 하는 것이 목적이다. 따라서 가정생활에서 일어나는 많은 상황과 대화를 포함시켜 부모 역할훈련에서 기초가 되는 의사소통기술과 방법을 구체적으로 프로그램에 포함시키고 있다.

PET 프로그램은 일반적으로 여타의 교육에서 그러하듯이 의사소통기술 혹은 대화기술을 습득하는 것만으로는 충분하지 않음을 지적하고 그 근본원리의 이해가 중요함을 먼저 설명한다. 그리고 문제를 소유한 자녀를 돕기 위해 부모가 새로운 통찰을 하도록 돕는다. PET 프로그램 대부분은 이론교육을 포함하여 실제 역할연습과 피드백 주고받기, 강사의 모델링을 관찰하고 문답하는 등의 형식으로 자유롭게 진행된다. 우리나라에서도 PET 프로그램이 활성화되어 1989년 한국심리상담연구소에 지부가 설치되어 많은 부모가 강의를 듣고 정규과정을 마친 것으로 알려져 있다(정옥분·정순화, 2000).

다음으로 NPTP(New Parents as Teachers Project) 프로그램이 있는데, 이 프로그램은 미주리 주(州)의 교육위원회를 중심으로 루이스재단, 미주리 주의 여러 학교 구역(대도시, 중소도시, 시골 등)의 재정적 후원으로 개발되었다. 이론적 근거는 화이트(White) 등을 중심으로 한 Harvard University Preschool Project(1965~1978)와 교육학, 의학, 발달심리학 이론이다. 이들 이론과 연구에 근거하여 두 가지 가정(假定)을 세웠다. 첫째, 생의 초기 언어, 지능, 호기심, 사회적 기술, 정서발달이 주요하다. 둘째, 가능한 한 초기에 가정과 같은 편안한 환경에서 부모와 유아에게 교육적 자극을 주는 것이 효과적이다. NPTP 프로그램의 대상은 모든 계층에 있는 유아와 부모로서 주로 임신부터 3세까지의 지속적 프로그램으로 다음과 같이 구성되어 있다.

① 부모에게 영유아가 태어나기 전의 정보와 안내를 제공해서 부모 됨이 중요한 일이라는 것을 심리적으로 준비하도록 한다.
② 영유아가 발달하고 성장해 나가는 과정에 대해 정기적으로 교육받음으로써 영유아의 언어, 인지, 사회, 운동기술발달을 촉진하도록 돕는다.
③ 영유아의 교육, 청각·시각발달을 정기적으로 진단함으로써 문제나 장애를 미리 발견하도록 한다. 교육내용은 가정방문이나 집단모임을 통해서 운영된다. 가정방문내용은 영유아의 나이에 따라 달라진다.

부모교육 프로그램에서 공통으로 사용될 수 있는 기법을 소개하면 다음과 같다(정현숙, 2000).

① 긍정적인 부모: 자녀관계 맺기, 신뢰감 쌓기(긍정적 정서 경험하기, 부정적 정서 다루기, 민주적 가족분위기 만들기), 소속감 길러 주기(격려하기, 자녀의 잘못된 목표행동 다루기, 무기력함 보이기), 애정표현 및 시간과 경험 공유하기
② 자존감을 높여 주는 대화하기: 듣기, 효과적 대화법, 갈등해결과 협상
③ 아이행동 가르치기: 수용 가능한 한계 가르치기, 결과 경험시키기, 행동하기

3) 부모교육의 효과성

부모교육의 효과성은 첫째, 부모-자녀 간 상호작용의 질을 개선하며, 부모와 자녀의 행동을 긍정적으로 변화시키기 위한 의식적인 목적 지향적 학습활동을 강화시켜 준다. 둘째, 부모참여를 통해서 유아교육 프로그램의 계획과 실천, 평가, 수정 등 모든 주요단계에 부모의 결정권한을 강화시켜 주며 동시에 부모 역할기능을 발달시켜 준다. 셋째, 부모개입이 부모의 가능성을 실현하는 과정으로서 그들의 정신력, 가능성, 능력을 발견하도록 돕는다. 넷째, 부모 역할은 부모와 자녀 사이에 계속적 상호작용으로 말미암아 부모와 자녀를 변화시킨다. 따라서 부모교육은 자녀양육과 교육활동에 관여하고 있는 부모가 그들의 역할과 기능을 더욱 효과적으로 충분히 발휘함으로써 부모와 자녀의 행동을 긍정적으로 변화시킨다.

4. 은퇴준비교육

1) 은퇴준비교육의 필요성

은퇴는 노화를 논할 때 함께 등장하는 용어이다. 노화가 생물학적 의미를 많이 담고 있다면, 은퇴는 사회적 의미를 더 크게 담고 있다. 은퇴에 대한 사회적 개념을 살펴보면, 빌랜마드(Buillenmard)와 레인(Rein, 1993)은 은퇴란 일하는 것을 명백하게 그만두고 공식적 노동시장에서 물러날 때 일어나는 일이라고 했다. 어떤 사람은 일을 계속할 만한 건강이 되지 못하기 때문에, 혹

은 나이와 관련된 장애로 말미암아, 혹은 일자리를 잃고 새로운 일자리를 찾을 수 없어서 공식적 노동시장에서 물러나게 된다.

이같이 은퇴는 일할 수 없는 무능력과의 갈등, 그로 말미암아 살아남기 위해 가족과 자선단체, 공공복지에 의존하는 것과는 상당히 다르다. 은퇴는 사회제도적 관점에서 다루어야 하며, 개인의 수입이 연금으로 대체되며 성인기의 주된 노동에서 떠나는 것이다. 은퇴를 사회적 기능의 손실로 이해하고 사회적 관점에서 접근하는 것이 타당한데, 은퇴는 사회적 노화현상이며 인생주기의 한 부분인 매우 자연스러운 단계로 받아들여야 한다.

은퇴에 대한 준비를 한 경우와 그렇지 않은 경우는 이후의 적응과정에서 차이가 나기 때문에 구체적으로 은퇴에 대한 준비를 하는 것이 행복한 노후생활을 위해 도움이 된다는 것이다. 즉, 은퇴 이후의 삶에 대해 스스로가 긍정적이며 적극적으로 인식하고 대처하고자 하는 자세, 경제적 측면과 건강측면을 미리 준비하는 것 등은 은퇴 이후의 삶의 질을 높이기 위해 갖추어야 할 필수조건이라고 할 수 있다. 그러므로 이러한 사항을 더욱 구체적으로 미리 교육하는 것이 중요하다(김동기·김은기 역, 2006).

우리나라에서는 국제통화기금(International Monetary Fund: IMF)체제 이전까지만 해도 은퇴준비교육이 중심이슈로 주목받지 않았다. 그러나 국제경제환경이 종신고용이라는 개념은 사라지고, 근로자는 평생에 몇 번씩 직장을 옮겨 다녀야 하는 환경으로 변화하였다. 이로 말미암아 고령근로자들은 심리적 반발감을 가지게 되었고, 기업을 위해 충성과 시간을 바쳤던 그들은 기업에 대한 배신감과 박탈감, 상실감을 느끼게 되었고, 결국 기업의 생산성에 영향을 미치게 되었다. 은퇴준비교육은 고령근로자의 이러한 심리적 문제를 완화하는 기제로 작용할 수 있다. 은퇴준비교육을 통해 고령근로자는 현재 경제환경을 이해하고, 자신의 노동 삶에 대한 새로운 시각을 갖고 은퇴 후의 삶을 적극 준비하는 기회를 가질 것이다. 한편, 기업은 경력개발 프로그램과 함께 운영함으로써 젊은 근로자의 직업생활을 새롭게 준비시키는 계기가 될 것이다.

2) 은퇴준비교육의 내용과 실제

미국의 은퇴준비교육은 조직적 차원에서 근로자의 은퇴 후의 삶을 준비하기 위해 소속 기업으로부터 지원받는 프로그램으로 노조, 대학 및 전문대학, 기업 등에서 시행하고 있다. 일례로 미국은퇴자연합회가 제공하는 은퇴준비교육은 총 20시간의 프로그램으로 진행된다. 그 내용은 은퇴로 말미암은 생활의 도전, 건강문제, 주거문제와 주택, 법적 문제, 역할조정과 태도, 시간의 활용, 수입관리, 그리고 재정계획 등의 주제를 포함한다.

일본의 은퇴준비교육은 60세 정년제 도입을 계기로, 55세에 정년은퇴 이후의 새로운 직업생활을 본인의사에 따라 재설계하고자 하는 사원에 대한 우대조치로서 기업에 의해 도입되었다. 현재 일본의 은퇴준비교육 적용연령은 40대까지 확대되고 있고, 1995년을 기점으로 59% 이상의 기업이 은퇴준비교육 프로그램을 운영하고 있다.

반면, 우리나라 기업의 은퇴에 대한 인식은 매우 미비하다. 그것은 은퇴준비교육 프로그램을 시행하는 조직이 거의 없다는 것으로도 입증되고 있다. 은퇴준비교육은 은퇴 후 생활을 성공적으로 영위하기 위해 필요한 정보와 지식을 제공하는 데 목적이 있다. 은퇴준비교육의 내용은 재정, 건강, 인간관계, 여가활동, 사회참여, 은퇴 고려에 대한 태도, 법률적 지식, 노인복지서비스 정보 등으로 구성되어 있다. 프로그램 시행방법은 상담, 강의, 토의, 현장견학과 실습, 워크숍 등의 다양한 방법이 시도되고 있다.

그런데 시행하고 있는 기업의 은퇴준비교육 프로그램도 다음과 같은 문제점이 있다.

첫째, 은퇴준비교육 프로그램 대상의 문제다. 은퇴준비교육을 전 직원을 대상으로 하지 않고 은퇴가 결정된 사람 혹은 은퇴를 불과 1~2개월 앞둔 사람들에게 불만의 소지를 줄이기 위해 임시변통으로 시행하고 있다. 그리고 모든 근로자는 은퇴의 가능성을 갖고 있고 그 사실을 인정하고 있지만, 그것을 준비할 수 있는 체제가 구비되어 있지 않다.

둘째, 은퇴준비교육 시간이 매우 짧다. 은퇴준비교육을 시행하는 기업의 경우 형식적으로 단기간에 진행됨으로써 그 효과가 의문시되고 있다.

셋째, 은퇴준비교육 시행시기의 문제다. 은퇴준비교육이 근로자의 미래를 보장하는 활동으로서 진행되는 것이 아니라, 은퇴가 확정된 후에 시행함으로써 오히려 그 참여를 저하시키고 있다.

넷째, 은퇴자의 현실적 요구를 반영하지 못하고 있다. 은퇴준비교육은 은퇴자 개인의 경력과 관련하여 개별적 형태로 진행되어야 하나, 이와 무관하게 조직에서 일반적으로 제공되고 있다. 이로 말미암아 은퇴준비교육에의 참여는 개인적 은퇴에의 유용성으로 인식되지 못하고, 기업의 요구에 부응하는 활동으로까지 인식되고 있다.

3) 은퇴준비교육의 효과성

은퇴준비교육은 기업 측에서 전직 알선 프로그램 등을 사용하여 강제적 은퇴의 가능성을 줄여 노사관계를 정착시키고, 은퇴자 개인에게는 위로금보다 새로운 인생을 살도록 도와주는 이중의 효과가 있다. 은퇴준비교육의 효과성을 구체적으로 살펴보면 다음과 같다(배문조·전귀연, 2006; 양영순, 2009).

첫째, 은퇴준비교육에 재취업교육, 창업교육, 여가와 취미활동 관련 교육, 건강관리교육, 재정관리와 재테크 관련 교육, 가족 및 인간관계교육, 전원생활교육 등을 포함시킬 때, 경제적인 면은 물론 심리적인 면까지 고려한 것으로 은퇴 후의 풍요로운 삶을 준비하는 데 도움을 줄 수 있다.

둘째, 은퇴준비도가 부부간의 친밀한 관계, 특히 심리적 은퇴준비가 결혼만족도에 가장 큰 영향력을 주므로 부부가 함께 참여하는 은퇴준비교육 프로그램이 은퇴자의 삶의 질을 높여 줄 수 있다.

셋째, 이미 은퇴가 정해진 사람을 대상으로 봤을 때, 장기간 직장생활을 했던 사람들이 은퇴 후에 성공적 삶을 계획하도록 하는 데 도움을 줄 수 있다.

CHAPTER 08

가족기능 강화를 위한 실천: 사례관리

학습 목표

- 사례관리의 개념을 이해한다.
- 사례관리의 이론적 관점과 원칙을 설명할 수 있다.
- 사례관리자의 역할을 설명할 수 있다.
- 사례관리의 유형과 과정을 설명할 수 있다.
- 사례관리를 통한 취약가족 역량강화사업을 설명할 수 있다.

1. 사례관리의 개념

정부의 다양한 탈빈곤정책에도 2000년 이후 우리나라의 빈곤가구율은 지속해서 증가하고 있는 것으로 보고되고 있다. 특히 취약 한부모가족인 모자가구는 일반가구와 비교하면 절대빈곤율이 6%, 조손가구는 3배 이상 높은 것으로 나타났다. 이처럼 빈곤층이 점점 증가하는 요인 중의 하나는 이들의 생활 및 심리적 위기관리체제가 미흡하고, 정부의 지원이 개인에 초점을 맞추었기 때문이라고 볼 수 있다.

이에 가족단위의 집중적 사례관리가 필요하게 되었고 자활이 가능한 국민기초생활보장 수급자, 한부모가족 등 저소득·취약가족을 중심으로 가족강점과 욕구에 초점을 맞춘 맞춤형 사례관리사업의 필요성이 대두되었다. 사례관리는 다양한 욕구를 가지고 있는 취약계층의 기능회복과 복지증진을 위하여 공식적·비공식적 지원과 활동의 네트워크를 조직·조정하여 욕구에 맞는 개별적 지원계획에 따라 지역자원의 자원과 연계하여 적합한 서비스를 제공하고 이를 종합적으로 점검, 관리하는 사회복지실천방법 중 하나이다. 그러나 사회복지실천현장에서 '사례관리란 이런 것이다.'라고 한두 마디로 정의하기는 쉽지 않다. 초기에는 중증 장애인과 치매노인이 가지고 있는 복합적이고 만성적인 문제를 효과적으로 관리하기 위하여 도입되었으나 최근에는 구체적 문제해결과 단기관리까지를 포함하고 다양한 활동을 설명하는 매우 폭넓은 용어로 사용되고 있다(조홍식 외, 2010).

몇몇 학자와 단체가 말한 사례관리 정의를 요약하면 〈표 8-1〉과 같다.

〈표 8-1〉 사례관리의 정의

구분(연도)	개념 정의
미국사회복지사협회(NASW, 1984)	사례관리는 서비스를 연결하고 조정하여 개인의 욕구를 충족시킬 수 있는 포괄적 프로그램이며 클라이언트와 서비스 전달체계 사이의 연결고리다.
목슬리(Moxley, 1989)	사례관리는 복합적 욕구를 가진 사람의 기능향상과 복지를 위한 공식적·비공식적 자원과 활동의 관계망을 조직·조정·유지하는 활동이다.
밸로우(Ballow)와 민트(Mint, 1996)	사례관리는 한 번에 여러 원조자로부터 원조가 요구되는 많은 문제 때문에 삶이 만족스럽지 못하거나 생산적이지 못한 사람을 도와주는 과정이다.
쿠마(Kumar, 2000)	사례관리는 클라이언트의 욕구에 대한 사정, 계획, 조정, 전달과 모니터링을 통하여 서비스 통합을 달성하기 위한 전문적 서비스 실천과정이다.

한편, 사례관리에 대한 정의 속에는 공통으로 다음과 같은 세 가지의 핵심 개념이 포함되어 있다.

- 한 번에 여러 원조자로부터 다양한 원조와 복합적 욕구를 가진 클라이언트
- 서비스와 자원 간의 네트워크 형성과 통합적 서비스
- 서비스 연결과 조정, 지속적 사후관리와 피드백

사례관리는 먼저 만성적이고 복합적인 문제를 가진 개인 및 가족과 함께 일하면서 그들 스스로 자신에게 필요한 서비스와 자원을 획득하고 능력을 향

상시키는 과정에 참여할 수 있도록 하는 측면에서 과정적 측면을 강조하고 있다. 또 다른 측면에서는 클라이언트에게 필요한 서비스를 전개해 나가는 과정에서 지역사회 내에서 자원을 찾고 연결하고 조정하고 평가하고 모니터링하여 서비스가 지속될 수 있도록 하는 관리적 측면을 가지고 있다. 사례관리란 생태체계적 관점에서 만성적이고 복합적인 문제를 가진 개인 및 가족과 함께 일하면서 그들과 자원제공자의 기능을 향상시켜 사회 속에서 자신들에게 필요한 서비스와 자원을 스스로 획득하고 사회적 기능을 회복하고 수행할 수 있도록 지원하는 과정이라고 할 수 있다(권진숙, 2008).

이상의 개념을 토대로 가족복지실천방법으로서 사례관리란 만성적이고 복합적인 가족문제를 가진 개인 또는 가족과 함께 일하면서 그 가족과 자원제공자의 능력과 기능을 향상시켜 가족의 욕구가 충족될 수 있도록 하고, 그것을 토대로 가족의 기능이 회복·향상될 수 있도록 돕는 과정이라고 할 수 있다(송정애·정해은, 2010).

2. 사례관리의 이론적 관점과 원칙

1) 사례관리의 이론적 관점

사례관리는 궁극적으로 클라이언트를 중심으로 자립을 지향하며 서비스 지원과정에서 적극적인 지역사회의 참여와 보호를 강조하고 있다. 이러한 목적을 달성하기 위하여 사례관리에서는 생태체계론적 이론, 임파워먼트 및 강점 이론, 네트워크 이론을 중심 이론으로 하고 있다. 다시 말하면, 클라이언트의 장기적이고 복합적인 문제를 종합적으로 사정하기 위해서는 생태체계론적 이론을, 클라이언트의 역량 강화를 위해서는 네트워크 이론의 이론적 관점과 접근방법을 중요시하며, 그 구체적 내용은 〈표 8-2〉와 같다.

〈표 8-2〉 사례관리의 중심이론

중심이론	주요 내용
생태체계론적 이론	•개인과 환경은 서로 분리될 수 없는 존재로 본다. •실천과정에서 클라이언트와 동등한 파트너십을 형성한다. •클라이언트에게 영향을 미치는 모든 환경을 사정하고 개인과 환경 간의 상호작용을 분석한다. •클라이언트의 생활상황과 가족생활주기에서의 단계를 사정한다. •개인과 모든 환경 간의 적합성을 증진시킬 수 있는 개입방법을 모색한다. •긍정적 관계와 생활경험을 통하여 클라이언트와 개인적 유능성을 증진시켜 나간다. •사회적 지지는 사례관리자의 원조와 조화를 이룰 뿐만 아니라 전체적 실천에 필수적인 요소로 본다. •클라이언트와 함께 해결방안을 모색하고 클라이언트의 역량강화에 초점을 둔다.
임파워먼트 및 강점 이론	•임파워먼트 실천은 클라이언트가 스스로의 힘으로 자신에게 필요한 자원을 얻을 수 있도록 역량을 강화하는 것이다. •임파워먼트 실천은 개인과 대인관계 그리고 지역사회 여러 가지 기회와 물리적 환경 속에서 내재된 자원을 찾아내고 이를 클라이언트가 잘 활용할 수 있도록 돕는 기능을 수행한다. •바람직한 변화를 위해 모든 클라이언트에게 내재되어 있는 문제를 해결할 수 있는 강점과 동기 및 잠재능력을 강조한다. •사례관리의 주요목적은 클라이언트의 잠재력을 극대화함으로써 문제를 해결하고 환경체계를 활용할 수 있는 능력을 함양하는 것이다.
네트워크 이론	•네트워크는 부족한 자원을 다른 기관과의 협력을 통하여 극복하려는 노력의 결과이다. 이를 통하여 누락된 클라이언트를 발굴하고 서비스의 단절을 극복할 수 있으며 서비스와 프로그램의 중복조정 등을 통하여 효율성을 증대시키고 부족한 자원을 동원한다. •사회자본의 구성요소로 사회관계망, 신뢰, 호혜성을 들 수 있다. 거버넌스 이론은 공공과 민간의 효율적 파트너십을 분석하기 위한 것이다. •조직 간 관계이론은 지역사회에서 형태의 조직을 포함하고 있으며 이러한 조직 간의 조정과 협력이 지역주민, 나아가 지역사회복지를 개선, 증진시키는 데 있어 중요하다는 점을 강조한다. •사회교환이론은 개인, 가족, 집단 또는 조직 간의 교환을 통하여 개인, 가족, 집단, 조직, 지역사회 발전을 강조한다.

출처: 송정애 · 정해은(2010), 가족복지론(2판), pp. 169-170.

2) 사례관리 실천의 원칙

사례관리를 실천하는 과정에서 수많은 윤리적·법적 쟁점이 있다. 이 쟁점들은 복잡한 의사결정을 할 때 생겨나며 클라이언트를 보호하는 데 있어서 가족구성원에 대한 개입증가와 이용 가능한 자원부족은 사례관리에서 윤리적 쟁점을 야기한다(Woodside & McClam, 2006). 사례관리자가 자주 경험하는 쟁점은 가족구성원 간의 의사 불일치 혹은 클라이언트가 폭력적일 때, 비밀보장과 경고의 의무 등이 있다. 이와 같은 쟁점을 경험할 때 사례관리자는 무엇보다 사례관리 실천을 위한 기본원칙을 중시해야 한다. 전미사회복지사협회는 사례관리자가 윤리적 실천을 할 수 있도록 사례관리 표준지침을 제공하고 이러한 지침을 준수할 것을 강조하고 있다(권진숙·박지영, 2008).

목슬리(Moxley)는 사례관리 실천에 있어서 다음 여섯 가지의 기본원칙을 제시하고 있다(송정애·정해은, 2010).

① 사례관리자는 클라이언트수준에서 일한다.

② 사례관리자는 체계적 관점을 유지하고 클라이언트가 자신의 개인자원을 이용할 기회를 보장해 준다.

③ 사례관리자는 행정적 과정과 기술을 이용하여 행정가이면서 관리자의 역할 및 과업을 수행한다.

- 전문가팀을 구축하여 사례에 대해 판정하며 서비스 전달을 계획하는 역할과 과업을 수행
- 목표설정과 점검에 있어서 클라이언트와 다른 전문가와 함께 일하는 역할과 과업을 수행
- 클라이언트의 사회망과 대안서비스 전문가의 각 부분에 대한 과업과 책임의 완성을 점검하는 역할과 과업을 수행
- 개입의 효과성과 서비스 전달과 관련하여 각 개인에게 환류를 제공하는 역할과 과업을 수행

④ 사례관리자는 임상적 과정과 기술을 이용한다.

- 사례관리자와 클라이언트와의 관계는 보호되고 개별화되어야 한다.
- 개별사정과 사정의 질을 평가하기 위해 인간 상호 관계에 필요한 기술을 이용한다.

- 클라이언트의 기술을 발전시키기 위해 사정과 계획과정을 같이 한다.

⑤ 사례관리자는 책임성의 근거를 지니고 일한다.
- 노력 지향의 책임성
- 효과성 지향의 책임성

⑥ 사례관리자는 서비스 전달의 통합을 달성하기 위하여 노력한다. 클라이언트의 다양한 욕구가 하나의 통합된 방법으로 성취할 만큼 조직적이었는지, 서비스와 지지가 중복되지 않았는지를 살핀다. 아울러 공적 서비스가 클라이언트 자신의 보호능력을 감소시키지 않도록 보장하면서 동시에 사회망의 능력도 감소시키지 않도록 보장한다.

리빙스턴(Livingston) 등은 정신보건 영역에서 다음 10가지의 효과적 사례관리 원칙을 제시하고 있다(송정애·정해은, 2010).

① 사례관리자는 가능한 한 직접적 서비스나 원조를 제공해야 한다.
② 지역사회 내의 자연적 자원이 가장 우선시되어야 한다.
③ 개입활동은 주어진 조건 속에서 그리고 사무실을 벗어난 활동 영역에서 이루어진다.
④ 개인과 팀으로 이루어진 사례관리가 효과적이다.
⑤ 사례관리자가 서비스에 대하여 우선적인 책임을 진다.
⑥ 사례관리자는 준전문가일 수 있다. 그러나 슈퍼바이저는 경험이 많고 충분한 자격을 갖춘 사람이어야 한다.
⑦ 사례량은 비교적 잦은 접촉이 가능할 정도로 적게 주어져야 한다.
⑧ 사례관리서비스는 (필요시) 시간 제한적이지 않아야 한다. 이는 만성질환자이거나 정신질환자의 경우에는 반드시 적용되어야 할 원칙이다. 반면 가벼운 신체학대나 방임사례의 경우 시간제한적 서비스가 클라이언트와 가해자의 관계형성에 도움이 될 수 있는 경우가 많다.
⑨ 클라이언트는 하루 24시간, 일주일에 7일 동안 언제나 자신과 친숙한 사람과 연결될 수 있어야 한다.
⑩ 사례관리자는 클라이언트의 선택권을 부양시켜야 한다.

3. 사례관리자의 역할

사례관리 실천을 위하여 사례관리자는 클라이언트와의 관계 형성과 문제사정, 문제해결의 시술 등 사례관리자가 클라이언트 및 가족과 함께 일하는 과정에서 기초가 되는 임상적 기능을 수행할 수 있어야 한다. 아울러 사례관리자는 자원 발견과 연결, 관리의 기능과 함께 조정 및 옹호의 기능을 수행할 수 있어야 한다. 이러한 기능수행을 위한 사례관리자의 역할은 직접적 개입을 위한 역할과 간접적 개입을 위한 역할로 구분될 수 있다.

직접적 개입을 수행하기 위한 역할로는 지지자의 역할, 교육자의 역할, 안내자 및 협조자의 역할, 정보전달자의 역할이 있다. 간접적 개입을 위한 역할로는 중개자, 연결자, 조정자, 옹호자, 협의자 등의 역할이 있다. 효과적 사례관리를 위하여 사례관리자는 이러한 역할을 수행하기 위한 기본교육과 훈련이 필요하며 나아가 충분한 자격을 갖춘 슈퍼바이저에 의한 슈퍼비전 과정이 필요하다. 직접적 개입을 위한 역할과 간접적 개입을 위한 역할을 종합해 볼 때 사례관리자의 필수역할은 상담자·교육자의 역할, 조정자·중재자의 역할, 옹호자·협의자의 역할로 구분할 수 있다.

〈표 8-3〉 사례관리자의 역할

역할	내용
상담자·교육자 (counselor/educator)	상담자로서 사례관리자는 클라이언트의 행동에서 역기능적 패턴을 발견하게 해 주고 더 유용한 패턴을 개발하도록 클라이언트를 도와야 한다. 먼저 클라이언트를 이해하고 신뢰를 형성하며 클라리언트가 자신을 위해 자원망을 개발하고 유지하기 위해서 알아야 할 것을 상담한다. 때로 그들은 새로운 지식과 기술뿐 아니라 스스로에 대해 새로운 것을 배울 필요가 있다.
조정자 (coordinator)	조정자의 역할을 위해 사례관리자는 먼저 클라이언트의 문제와 타인으로부터 원조가 있어야 하는 욕구를 동시에 사정해야 한다. 또한, 계획을 세우고 원조자들과의 효과적 만남을 갖도록 돕는다. 필요시에 사례관리자는 또한 원조자 사이의 갈등을 줄이기 위해 의사소통을 촉진하고, 자원망의 효율성을 증가시켜야 한다.

역할	내용
옹호자 (advocator)	때로 필요한 자원이 없거나 특정 클라이언트에게 서비스 제공이 거부되는 상황이 발생하기도 한다. 옹호자로서 사례관리자는 필요한 자원을 얻을 수 있도록 일한다. 또 다른 경우 사회가 클라이언트에게 지나치게 과한 것을 요구하는 상황도 발생한다. 이 경우 사례관리자는 그 요구를 중화시키거나 비용을 낮추어 요구를 충족시킬 수 있도록 옹호자로서의 역할을 한다.

출처: 송정애·정해은(2010), 가족복지론(2판), p. 172.

4. 사례관리 유형과 과정

1) 사례관리의 유형

사례관리 모넬에는 전통적 장기 모델과 관리보호 모델, 일반사회복지 모델과 전문사회복지 모델, 의료 모델과 일차적 치료 모델로 구분할 수 있다. 이 책에서는 서비스 수준에 따라 구분된 단순형, 기본형, 종합형, 전문관리형에 관하여 살펴보고자 한다. 각 사례관리 유형은 사례관리의 목적, 기능, 사례관리자의 역할, 전문성 정도, 위치와 슈퍼비전, 담당사례 수, 개별 혹은 팀 접근, 그리고 사례관리자의 업무에 대한 자율성과 권위의 정도 등에 따라 〈표 8-4〉와 같은 특성이 있다.

〈표 8-4〉 서비스 수준에 따른 사례관리 유형

구분	단순형	기본형	종합형	전문관리형
사례관리 목적	지역사회자원과 서비스 연계	지역사회자원과 서비스 연계와 기초상담·조언	지역사회자원과 서비스 연계, 심층상담·치료	직접적·간접적 서비스 제공과 관리자로서 서비스관리
사례관리 기능	욕구인식 및 사정, 사례계획과 서비스 연계, 서비스 점검	적극적 사례발굴, 사정, 사례계획 및 개입, 서비스 연계, 상담, 서비스 점검	15개 기능수행 (Rothman)	기본적 사례관리 기능과 자원배분, 통솔, 의사결정기능 포함
사례관리자의 역할	자원과 서비스 중개자	중개자, 상담자, 교육자, 지지자, 서비스 점검자	자원 및 서비스중개자, 상담 및 치료자, 교육자, 옹호자	연계자, 상담자, 치료자, 교육자, 관리자

구분	단순형	기본형	종합형	전문관리형
사례관리자의 전문성 정도	준전문가, 비전문가(전문대 졸업자·훈련된 자원봉사자)	준전문가, 전문가(전문대 졸업자·초년생 사회복지사)	전문가(경력이 풍부한 선임 사회복지사)	특수 분야 전문가
사례관리자의 위치와 슈퍼비전	기존의 조직과 업무수행부서에서 수행, 전문가에 의한 엄격한 슈퍼비전	기존의 조직 내에서 수행, 경험이 많은 사회복지사의 슈퍼비전 필요	독립된 사례관리부서 최소한의 슈퍼비전	독립된 팀 형성, 슈퍼비전이 필요 없음
사례관리자의 담당사례 수	비교적 많음	적절한 사례(30사례 내외)	비교적 적은 사례(10~20사례)	최소한의 사례(10사례 미만)
사례관리자의 개별/팀 접근	팀 접근이 가능하나 주로 개별적 접근	개별적 접근	개별적 접근	팀 형성에 의한 접근
업무에 관한 자율성 및 권위 정도	자율성 결정권이 없음. 전문가와 협의요망	어느 정도 자율성 보장	자율적 의사결정 보장	전문분야별 자율성 보장, 그러나 공동결정 요망

출처: 황성철(1994), 송정애·정해은(2010), 가족복지론(2판), p. 174를 수정 재인용.

2) 사례관리 과정

사례관리 과정의 일반적 과정은 관여와 클라이언트 사정, 자원사정, 계획, 개입, 조정과 분리 등 7단계로 이루어져 있으나, 일반적으로 가족복지실천현장에서의 사례관리 과정은 접수, 사정, 계획, 조정, 점검, 그리고 평가와 종결의 6단계 과정으로 진행되고 있다. 각 단계의 구체적 내용은 〈표 8-5〉와 같다.

〈표 8-5〉 가족복지실천을 위한 사례관리 과정

과정별	내용
1. 접수	내담자의 프로그램에 가장 적합한 사례를 발견하고 사전적격심사를 통하여 내담자의 욕구를 확인한 후 서비스를 제공할 것을 약속하고 계약하는 과정 •사례발견: 출장원조, 의뢰, 정보제공 •사전적격심사: 서비스 제공의 적합성 결정 •계약: 서비스 제공에 동의하고 서명(접수사례기록일지, 사례관리기록지)

과정별	내용
2. 사정	•접수과정에서 사례관리서비스 대상자의 복합적 욕구, 현재기능, 장점과 능력, 공식·비공식 자원체계, 보호능력에 관한 전반적 자료를 수집하고 분석하는 과정 •내담자의 욕구, 능력, 지원체계 활용능력, 지원체계의 결함 등을 사정(사례보고서)
3. 계획 (목표설정, 보호계획수립)	•사례관리 목적을 달성하기 위하여 장·단기 목표달성을 위한 가장 적절한 방안을 모색하기 위하여 내담자와 함께 개별적 계획을 수립하는 과정(사례보고서, 지역사회 네트워크 활동지, 지역사회 활용)
4. 조정 (서비스의 연결, 계획수행)	•보호계획을 수행하는 과정으로 내담자에게 필요한 서비스를 연결하며 개입을 통하여 서비스 자원획득과 활용의 어려움을 극복하고 적절하게 서비스를 배열하고 정리하는 과정 •사례관리 실천의 성패를 결정짓는 중요한 과정으로 단계적인 서비스 수행을 통하여 적절하게 배치하는 과정(사례보고서, 지역사회 네트워크 활동지, 지역사회 활용)
5. 점검	•내담자에게 제공되는 서비스의 적시성, 적당성, 적설성 및 연속성을 보장하기 위해 서비스 전달과 실행과정을 추적하고 재사정을 실시하는 과정(사례보고서, 지역사회 네트워크 활동지, 지역사회 활용)
6. 평가와 종결	•내담자에게 제공된 서비스, 진행사항, 보호계획, 서비스 활동 및 서비스 체계의 효과성과 효율성을 종합적으로 판단하여 사례관리 과정을 종결하는 과정 •사례관리의 효과성과 효율성 분석을 통하여 피드백을 제공하고 서비스 체계의 수정을 위한 수단이 됨(종결보고서, 종결 후 개입효과 진행일지, 종결사례대장, 사후관리 진행일지)

출처: 송정애·정해은(2010), 가족복지론(2판), p. 175.

5. 사례관리를 통한 취약가족 역량강화사업

가족복지실천에서의 사례관리는 최근 건강가정지원센터를 중심으로 이루어지고 있다. 정부에서는 심각한 경제위기와 지속해서 증가하는 빈곤가족이 자립할 수 있게 하려고 취약가족을 대상으로 집중적 사례관리의 필요성을 인식하게 되었다. 그리하여 자활할 수 있는 기초수급자, 한부모가족 등 저소득 취약가족을 중심으로 가족강점과 욕구에 역점을 둔 맞춤형 사례관리사업을 시범적으로 벌였다. 예를 들면, 2004년부터 2009년까지 부산, 경기, 충남, 전

남, 전북 등 5개 지역을 대상으로 한부모가족 사례관리 시범사업을 하였다. 사례관리가 종결되고 6개월에서 3년이 지난 후 사례관리 대상자 329명을 대상으로 조사한 결과, 생활향상이 79.6%, 유지가 14.3%, 악화가 6.1%로 나타나 높은 성공률을 보였다.

이처럼 한부모가족 사례관리사업은 가족기능이 약화한 취약가족에게 지속적 가족상담, 자원연계 등을 지원함으로써 가족결속력 및 자생역량을 강화할 수 있도록 하는 것을 기본방향으로 하고 있다. 서비스 내용으로는 지역사회 자원 활용 및 연계, 일대일 맞춤상담 및 집단상담, 학습교사 등 인적 자원 연계, 건강문제, 직업교육, 보육서비스, 아이 돌보미, 사회적 일자리, 법률문제 등 관련 정보의 제공으로 이루어지고 있다(송정애·정해은, 2010).

CHAPTER 09

가족문제 해결을 위한 실천: 가족치료적 접근

학습 목표

- 보웬의 가족치료 모델을 설명할 수 있다.
- 구조적 가족치료 모델을 설명할 수 있다.
- 경험적 가족치료 모델을 설명할 수 있다.
- 해결중심 단기 가족치료 모델을 설명할 수 있다.
- 여성주의 가족치료 모델을 설명할 수 있다.
- 이야기치료 모델을 설명할 수 있다.

1. 보웬의 가족치료 모델

1) 발달배경과 주요 개념

(1) 발달배경

보웬(Bowen)은 정신과 의사로 1950년대 후반에 유일하게 가족치료이론에 크게 이바지한 사람 중의 한 사람이다. 초기에 그는 개인적 병리와 원인 분석에 치중한 정신분석을 기반으로 한 임상치료를 했다. 그는 환자 자신이 병의 원인이고 환자가 병적이라고 생각하는 정신과 모델이 적합하지 않다는 것을 깨달았다. 특히 환자들의 정서적인 부분이 밖으로 드러나지 못하고 묻혀버린 경향이 있다는 것을 관찰하였다.

보웬은 1946년부터 1954년까지 가족치료 선구자의 한 사람인 토피카(Topeka), 캔사스(Kansas)의 매닝거 클리닉(The Menninger Clinic)에서 일하면서 정신치료에 환자의 어머니를 참여시키기 시작했다. 이는 "어머니와 아이의 공생관계에서는 어머니의 불완전한 자아가 아기와 자신을 분화하는 것이 불가능할 수 있다."라는 연구가설을 내세웠기 때문이다. 실제로 조현병(정신분열증) 환자의 어머니는 자녀에게 지나친 애정과 결속으로 불안정한 애착을 보인다는 것을 발견할 수 있었다.

보웬은 1959년 조지타운(Georgetown) 대학 임상연구소에서 자신의 이론을 정립할 수 있었다. 연구와 다른 사람들에게 가족치료 훈련을 하면서 또 다른 개념을 만들어 자신의 이론을 확립시켰다. 정서적 단절과 사회적 퇴행은 핵가족과 원 가족 안에서 일어나는 감정적 과정을 1975년에 보충하여 발표하였다. 그는 조지타운의 연구소에서 가족치료 이론을 교육·훈련함으로써 많은 제자를 양성하였다. 그의 가족치료이론은 게린(P. Guerin), 포가티(T. Fogarty), 카터(E. Carter), 후라모(J. Framo), 맥골드릭(M. McGoldrick) 등에 의해 더욱 발전·확장되었다.

보웬은 가족체계를 하나의 사회체계로 간주하여 한 부분의 변화는 다른 한 부분의 변화를 가져온다는 상호관계성의 체계이론으로, 문제의 원인과 치료를 전형적인 인과관계의 특징으로 묘사하고 있다. 치료적 접근이 개인을 변화시키므로 가족의 변화를 시도하지만, 이론에 의존한 단순한 관점 때문에 현실적인 문제에 대한 다양한 관점이 제한을 받고 있다(Becvar, 1997, 김혜숙, 2003 재인용).

(2) 주요 개념

초기의 가족치료자들은, 흔히 개인의 증상은 가족 내의 상호작용의 변화로 가능하다고 보았다. 그러나 보웬의 가족치료이론은 이러한 관점에서 더 나아가 어떤 것이 과거와 현재의 역기능적인 패턴을 만들어 내고 유지하는가에 대한 해답을 찾으려고 시도했다. 그러기 위해서 개인의 핵가족뿐만 아니라 원 가족과의 관계망을 강조하지 않을 수 없었다. 대부분의 사람이 부모 곁을 떠나 독립적으로는 살지만, 부모와의 미해결된 정서적 감정적 반응은 자신들의 핵가족 안에서 또다시 반복하는 패턴으로 일어나고 있기 때문이다.

보웬이론의 주요 개념은 환경과의 관계에서 긴장과 불안감이 가져오는 강한 결속(togetherness)과 융합(fusion)의 경향이 존재한다면, 다른 한쪽은 자율성과 개별성을 지향하는 '분화(differentiation)'가 있다. 이것은 그의 첫 가설인 '어머니와 아이의 공생관계'에서 긴장과 불안 상태에서 나타나는 '미분화된 자아집합체'란 개념에서 더욱 발전시킨 것이다.

보웬은 1963년 세대를 통한 핵가족의 문제에 접근하는 주요 개념으로 자아분화와 융합, 핵가족의 정서체계, 삼각관계, 가족의 투사과정, 다세대 전달과정, 출생순위, 사회적 퇴행 등으로 설명하였다. 또한, 1975년 자신의 임상경험으로 정서적 단절(emotional cut-off)과 사회의 정서적 과정을 추가로 설명하였다(Bowen, 1978; 김혜숙, 2003).

① 자아분화와 융합

보웬은 자아분화라는 개념을 두 가지로 설명한다. 그 하나는 다른 사람으로부터의 자기의 분리이다. 다른 하나는 감정과 정서를 지적 체계인 사고에 의해서 적절하게 잘 통제하고 분별하는 능력의 정도를 말한다. 감정체계가 충동적이면서 감정반사 행동을 한다면, 지적 체계는 감정충동에 의한 행동을 좀 더 효과적이고 합리적으로 변화시켜준다. 또 이성적으로 생각할 수 있게 하며 목표 지향적인 활동을 가능하게 한다.

외부의 자극에 쉽게 반응하며 화를 내고 큰소리치며 물건을 부수는 행위는 감정반사 행동을 쉽게 하는 사람들이다. 이런 감정반사 행동을 지적사고에 의해 통제하지 못하는 사람들을 보웬은 분화가 낮은 사람이라고 한다. 이런 사람은 감정체계와 지적 체계의 구별이 어려워 가족체계의 정서에 쉽게 융합한다. 이런 개인은 감정과 사고의 구별이 어려우며 객관적인 사고를 하기가 어렵다. 자신의 자아정체감이 약하고 의존감이 강하며 개별성이 아주 약하다.

자녀는 태어나면서부터 엄마의 감정체계에 영향을 받는다. 엄마의 감정적 정서적 체계가 신뢰와 배려로 확신과 즐거움으로 일관된다면 긍정적인 감정들의 기류에 반응한다. 반면, 엄마의 감정체계가 불안과 긴장, 화와 분노로 지배적이라면 자녀는 다른 선택의 여지가 없이 이런 감정에 반응하는 것을 터득할 것이다. 자녀가 성장하면서 점진적으로 자신의 능력을 발전시켜 엄마의 감정체계로부터 자유롭게 반응할 수 있는 능력을 키워나간다. 성장하는 아동은 가족과 정서적인 관계를 가진 동시에 개인적으로 생각하고, 느끼고, 행동할 수 있으며, 분화할 수 있다는 신념을 기초로 하고 있다.

보웬은 가족구성원이 가족 내에서 감정적으로 상호의존 혹은 감정의 상호관계로부터 얼마나 자유로울 수 있는가의 감정적인 과정을 분화라고 설명한다. 반면, 가족구성원의 융합된 상태를 가족 내에서 감정적으로 상호 고착되어 있는 경우라고 설명한다. 융합된 가족은 다른 가족구성원을 자기 자신의 연장으로 보는 환상을 가지고 있으며, 가족구성원 간의 분리와 성장을 거부하는 병리적인 면이 있다.

그는 분화수준의 개념을 기본적 수준과 기능적 수준으로 구분하여 설명한다. 이 두 가지 개념을 간략히 설명하면 다음과 같다(Bowen, 1976; 김혜숙, 2003).

◦ 기본적 수준의 분화
- 개인이 출생가족으로부터 어린 시절에 형성된 자아를 통해서 이루어진다.
- 한번 일정한 수준의 분화가 이루어지면 환경의 변화에도 잘 변화하지 않는다.
- 부모의 감정적 분화 정도에 크게 영향을 받지 않는다.
- 자신의 목표달성을 위해 꾸준히 노력한다.
- 감정 반사 행동과 지적 사고 행동을 구별하며 이성적으로 행동한다.

◦ 기능적 수준의 분화
- 주어진 상황이나 환경에서 얼마나 자신의 목표를 달성할 수 있는지를 나타내는 개념이다.
- 기능적 수준의 분화도가 낮은 사람은 위기상황에서 쉽게 감정적 반사 행동을 나타낸다.
- 각 가족구성원의 시간과 장소, 상황에서 얼마나 현명하게 대처할 수 있는 능력 수준으로 자신이 원하는 목표활동을 할 수 있는가에 대한 것이다.

다음은 가족 안에서 어떻게 기능적인 융합이 일어나 어떠한 영향을 미치는

지를 잘 볼 수 있는 예이다(김혜숙, 2003).

> "나는 자신의 행동이 바보스러웠다고 여겨지기 때문에 말하기 꺼려지는 경험을 한 적이 있다. 그러나 그 후 나는 약간 성숙했다. 나는 아버지와 언쟁을 벌인 적이 있었다. 그것은 아주 사소한 것에서 출발했지만, 감정이 격앙됨에 따라 점점 더 커졌다. 아버지는 미친 사람처럼 나를 때렸고, 이로 말미암아 나도 역시 이성을 잃었다. 나는 집안을 뛰어다니면서 의자를 집어던지고 개를 걷어찼다. 동생을 때리고 급기야 집 밖으로 뛰쳐나왔다. 나는 10분 동안 계속 뛰어갔다. 정말로 감정은 나를 지배했고, 그때 나는 통제력을 잃었다. 일이 그 지경이 되기 전에 밖으로 나와 진정하는 편이 훨씬 좋았을 것이다."

이런 관계에서 가족구성원은 감정 지향적이 되고, 사고 지향적인 행동의 성장에 방해를 받는다. 기본적 융합은 인간이 성년기 동안 갖는 평균수준의 융합을 의미한다. 기능적 융합은 감정적으로 어떤 특정 상황에서 감정에 지배받게 되는 경우로 긴장되고 불안한 상황에서 발생하고 얼마간 지속적이다. 대부분 기능적인 융합은 사람들이 나중에 후회할 말과 행동을 하는 결과를 낳는다.

보웬은 인간의 감정체계에 더불어 감정에 대한 느낌인 느낌 체계, 그리고 사고하고 이성적으로 행동할 수 있는 지적 체계를 설명하고 있다. 느낌 체계는 감정을 나타내는 자신에 대한 자신의 느낌을 말한다. 예를 들면, 남편에게 화를 내는 내 느낌은 어떤 것인가? 창피한 느낌인지, 부끄러운 느낌인지 스스로 지각하여 생긴 것이다. 지적 체계는 인간의 행동을 잘할 수 있도록 사고할 수 있는 능력이다. 인간의 사고 능력은 가장 늦게 진화된 것으로 이성적 사고, 합리적 사고, 현명한 판단을 할 수 있다. 지적 체계는 유일하게 인간이 자기감정을 다스릴 수 있고, 사고에 대하여 의사소통할 수 있는 고차원의 세계다(Kerr & Bowen, 1988, 남순현 외 역, 2005).

보웬은 가족구성원의 분화수준 척도를 알아볼 수 있는 지표를 아래와 같이 제시하였다.

- 가족의 감정적인 관계체계에서 기족구성원이 얼마나 의사결정을 하는지 주관적으로 느끼는 정도
- 자기 스스로 의사결정을 하면서 가족에게 민감하게 반응할 수 있는 정도
- 자신의 감정과 느낌에 따라 스스로 행동할 수 있으면서도 동시에 가족구성원으로 머물 수 있는 정도
- 다른 사람의 책임소재를 분명히 알며 다른 사람을 책임질 수 있는 것을 아는 정도
- 불일치, 적대감정, 소외에 직면하면서도 자신에게 솔직하게 대할 수 있는 정도
- 다른 사람과의 관계에서 자신의 정체성을 잃지 않으면서도 친밀감을 유지할 수 있는 정도
- 감정적인 반사 행동을 하지 않고 이성적으로 반응하여 행동할 수 있는 정도

이러한 보웬의 분화수준 척도는 이론상으로 제시되어지는 내용으로, 주관적으로 자신의 분화수준을 판단하는 것이다. 임의의 수치로 자아분화가 가장 낮은 상태를 0으로 보고 자아분화가 가장 높은 상태를 100으로 하였다. 그는 가족구성원의 자아분화수준 특성을 다음과 같이 나타내었다(Kerr & Bowen, 1988).

- 매우 낮은 자아분화수준(0~25)
  - 사고와 감정을 구분하는 능력이 결핍되어 있고 대부분 감정에 지배를 받는다.
  - 자아개념이 아주 약하고 자신의 욕구감정이 희박하다.
  - 다른 사람의 말과 태도 감정에 아주 지나치게 반응한다.
  - 감정적 반사행동을 주로 한다.
  - 높은 수준의 불안감을 갖고 있다.
  - 자신을 희생하면서 강한 융합 관계를 갖는다.
  - 스트레스 상황에서 적응이 어려우며 심한 역기능적인 행동을 한다.

- 낮은 자아분화수준(25~50)
  - 지적 체계보다는 감정체계의 영향을 많이 받는다.
  - 융합은 심하지 않으나 자아정체감이 약하다.

- 다른 사람에게 인정받으려고 많은 에너지와 관심을 쏟는다.
- 다른 사람의 반응에 너무 민감하며 쉽게 유동적이며 좌절한다.
- 감정의 직접적인 표현으로, 행동은 충동적으로 나타낸다.
- 다른 사람과 정서적으로 강한 밀착관계를 형성한다.
- 신체적, 정신적, 사회적 역기능의 문제를 초래할 수 있다.
- 불안과 두려움의 탈피로 약물, 알코올, 마약에 의존하는 경향이 있다.

○ 보통의 자아분화수준(50~75)
- 만성적 불안이 낮으며 목표지향 활동을 한다.
- 감정체계와 지적 체계의 상호작용이 가능하다.
- 다른 사람과 융합되지 않으면서 밀접한 관계를 유지한다.
- 신체적, 정서적, 사회적 역기능 현상을 일으키나 쉽게 다시 회복이 가능하다.
- 어떤 상황에서나 합리적으로 대처하며 신념, 확신, 원칙에 의해 타인과 관계한다.
- 분화수준이 65~75정도에서는 심리적 역기능 현상은 쉽게 보이지 않는다.

○ 높은 자아분화수준(75~100)
- 감정체계와 지적 체계 사이에 충분한 분화가 이루어진다.
- 자신에 대한 자신감, 믿음, 신념이 강하다.
- 다른 사람의 신념, 가치를 그대로 존중하며 수용할 수 있다.
- 다른 사람과 정서적으로 친밀감을 교류하며 자아정체감이 확실하다.
- 다른 사람과의 관계에서 현실적으로 사고하고 객관적으로 볼 수 있다.
- 스트레스 상황에서 역기능적이 아니라 현명하고 실제적으로 대처한다.
- 불안 감정을 잘 다룰 수 있는 능력이 있다.
- 행동이 자율적이며 책임을 진다.

② 핵가족의 정서체계

핵가족의 정서체계는 가족이 정서적으로 서로 강한 결속력과 연결 정도를 나타내는 것을 뜻한다. 핵가족에서 형성되는 가족 간의 강한 정서적 유대감은 이미 자신들의 원 가족에서부터 형성된 것을 다시 반복한다. 자신의 원 가족에서부터 자아분화가 안 된 사람은 결혼하여도 부부관계에서 강한 융합을 이루려는 경향이 있다. 그래서 결혼을 할 때에 자기 자신의 분화 정도와 비슷한 수준의 배우자를 선택한다고 보았다.

부부간의 강한 융합은 언제나 서로 만족할 수 없으며, 어렵고 힘든 상황에서는 상대방을 서로 비난하며 책임을 지려 하지 않는다. 외부의 자극에도 민감하게 반응하며 감정적으로 쉽게 단절하려는 경향이 있다. 부부의 문제가 자녀에게 다시 투사되고 역기능을 가져온다. 핵가족에서 부부 문제는 자아분화수준, 원 가족과 감정적 단절 정도, 가족 안에서의 스트레스 수준의 강도에 따라 다르게 나타날 수 있다.

③ 삼각관계

두 사람, 이인체계는 때로 너무 밀착될 수도 있고 너무 격리될 수도 있는 불안성한 체세이다. 두 사람이 정서적으로 불안과 긴장이 없을 때는 안정된 관계를 유지할 수 있다. 그러나 두 사람 사이에 불안이나 스트레스 상황에서 긴장이 높아지면 불편한 사람은 제삼자를 끌어들이든지, 술이나, 일, 여가로 삼각관계를 형성하기도 한다.

보웬은 삼각관계를 가족관계 안에서 가장 불안정한 관계체계로 보았다. 실제로 삼각관계가 일시적으로 불안이나 긴장, 위기 상황에서는 어느 정도 도움을 줄 수는 있다. 하지만 오히려 가족의 갈등문제를 더욱 무감각하게 하고 가족의 감정을 더욱 혼란스럽게 한다. 일반적으로 가족관계에서는 부모의 관계가 불안정하고 갈등관계일 때, 자녀 중 하나가 쉽게 삼각관계를 형성한다. 자녀는 부모에게 의존한 상태이고 부모를 필요로 하기 때문에 부모가 자신의 불안을 자녀에게 투사하면, 자녀는 부모를 위로하고 도와주려고 노력한다.

가족구성원의 증상이나 문제는 융합된 삼각관계에 의한 경우가 많다. 융합관계에서는 독립성보다는 구속력이 더 강하기 때문에 지적 체계에 의한 행동보다는 감정에 의존하는 감정반사 행동을 하게 된다. 이성적인 사람의 반응은 상대방이 화를 낸다고 무조건 반응하지 않고 상대방의 상황을 이해하려고 한다. 그러나 융합관계에 있는 사람은 상대방이 화를 내는 것에 상당히 두려움을 느끼며 관계에 대한 불안감을 갖고 과민하게 반응한다.

이런 과민한 반응은 예를 들어, 위축되어 전혀 반응하지 않으므로 상대방이 무시하는 것으로 해석해서 더욱 화를 불러일으킬 수 있고, 또는 상대방보다 더 강한 화를 내므로 상대방을 지배하고 통제하려는 의도를 가진다. 이런 융합 관계를 형성하는 사람은 제삼자로 자녀를 끌어들이므로 자신의 불안을 투사하는 경향이 있다. 이런 삼각관계가 고정적으로 지속해서 이루어질 때에 자녀의 반응은 불안한 마음에서 정상적인 행동이 어려워지고 기능장애를 불러일으킨다.

④ 가족의 투사과정

가족의 투사과정은 가정에서 심한 스트레스나 위기의 상황, 갈등과 싸움의 관계에서 바람직스럽게 해결하지 못하고 부모의 문제나 갈등을 자녀에게 전가하는 것이다. 가족의 투사 정도는 부모의 자아분화수준과 상관관계가 있으며, 위기 상황에서의 불안감, 결혼과 자녀에 대한 태도, 기대와도 관련이 있다. 예를 들어, 부부관계에서 남편이 직장 일로 온종일 바빠서 집안일이나 아내에게 전혀 관심을 보이지 않는다고 가정하자. 이때 아내는 남편과 멀어질수록 더욱 자기 자녀에게 모든 에너지와 애정을 쏟고 삶의 가치를 느끼게 된다.

보웬(1978)은 이러한 가족의 투사과정에서 자란 사람은 결국 대인관계나 사회생활에 잘 적응하지 못하며 자아분화수준도 낮다는 연구결과를 얻었다. 또한, 그는 자신의 가족에서도 유일하게 여동생이 고등학교만 졸업해서 사회생활에 잘 적응하지 못하는 것을 보았다. 이는 자기 부모의 자아분화수준과 관련이 있고, 남동생과 여동생 부부가 삼각관계를 이루고 서로 강하게 구속하고 있음을 알 수 있었다.

⑤ 다세대 전달과정

다세대 전달과정은 자녀의 자아분화수준이 현재 속해 있는 핵가족에서만 형성되는 것이 아니라 여러 세대를 거치는 동안에 형성되어 온 것으로 본다. 특히 가족의 낮은 자아분화수준에 따른 이상 행동은 세대를 넘어 또 다음 세

[그림 9-1] 조현병: 이게 누구인가?

대에도 전달된다. 분화수준이 낮은 여성이 자신과 비슷한 분화수준의 남성과 결혼해서 자녀에게 삼각관계를 통한 투사를 했을 때, 이 자녀는 부모보다 더 낮은 자아분화의 특징을 나타낸다. 또 여러 세대를 거쳐 계속되면 조현병(調絃病, 정신분열증)이나 만성적인 정서장애가 발생하기도 한다는 것이다.

가족의 역기능이나 만성적인 질병을 보면, 개인의 문제라기보다는 가족 안에서 세대를 통해서 전달되는 가족의 문제라고 여겨진다. 따라서 세대를 통해서 전달되는 가족의 보이지 않는 유산을 잘 점검하고 검토해 볼 필요가 있다. 또 어떠한 유산을 자신의 자녀에게 전수할 것인지를 고민해야 한다.

⑥ 출생순위

출생순위는 토멘(W. Toman)이 출생순위에 따른 성격에 대하여 1961년에 발표한 연구를 보웬이 자신의 치료적 가족체계에 포함하였다. 토멘은 비록 일반적인 가족을 연구하였지만, 가족에서 장녀냐 막내냐의 위치에 따라 성격 형성이 독특하게 다르다는 것을 발견하였다. 보웬은 출생순위를 불안과 관련지어 분화수준과 연관시켰다. 그래서 출생순위가 어떻게 가족투사과정의 대상이 되는지 이해하는 데에 좋은 자료가 되었다. 또한, 개인이 결혼생활에 어떻게 적응하며, 가족치료를 할 때 어떻게 반응할 것인가를 예측할 수 있는 좋은 자료가 되었다.

예를 들어, 불안감에 의한 자녀의 위치에서 보면, 장남이나 장녀는 불안해질수록 고집스럽고 권위적이며 규칙에 강한 집착을 보인다. 반면, 막내는 불안하면 당황하고 책임을 지지 않으려는 방향으로 행동한다는 것이다. 자아분화수준과도 연관 지어 보웬은 자녀의 위치에 따른 차이를 설명했는데, 부모의 기대수준이 높은 장남이나 장녀는 부모와 강한 감정의 유대관계를 맺으며, 삼각관계에 빠질 위험이 커 자아분화수준이 떨어질 경향이 많다. 반면, 부모의 기대수준이 낮은 자녀는 삼각관계에 빠져들 위험이 적고, 부모와의 감정적인 유대도 약한 편이어서 오히려 독립적이고 분화가 잘 되고 분화수준도 올라간다. 그리고 출생순위는 결혼해서 부부관계와 투사과정에도 영향을 미친다.

⑦ 정서적 단절

정서적 단절은 세대 간에 자신의 부모와의 정서적인 관계를 단절하는 것이다. 보웬을 따르면, 부모와의 정서적 단절의 의도는 가족의 중요성을 부정하는 것과 독립하고자 하는 강한 표현이기도 하다. 부모와의 정서적인 융합을 이룬 사람은 자신의 정체성 상실에 대한 강한 두려움 때문에 정서적 단절을 통해 자신의 문제를 해결하려 한다. 그러나 이런 사람은 결혼하면 또 고립과 소외에 대한 불안으로 부부간에 감정적으로 강한 융합을 시도한다. 특히 자신의 부모에게서 독립하기 위한 목적으로 결혼한 사람은 부모에게서 벗어났지만, 다시 또 자신의 핵가족에서 정서적으로 융합하므로 부모와 함께 있었던 문제를 다시 반복한다.

⑧ 사회의 정서적 과정

가족구성원이 사회생활에서 경험하는 정서적 과정은 가족의 정서적 과정에도 영향을 미친다는 개념으로 두 가지 방법이 있다. 하나는 사회생활에서 적응을 잘하면, 대인관계에서 친밀감을 유지하고 개별적인 행동이 가능하게 된다. 그리하여 가족 안에서도 분화수준이 올라갈 수 있다. 반면, 사회생활에서 만성적인 스트레스에 시달리고 원만한 대인관계를 유지하지 못하면, 가족에서도 분화수준이 낮게 나타난다. 그리고 사회생활에서 다른 사람으로부터 많은 비난과 불안감을 많이 느끼는 사람은 가족 안에서도 분화수준이 낮게 나타나고, 정서적 반사 행동을 할 경향이 높다.

2) 치료목표와 치료과정

보웬의 치료과정은 가족이 감정적인 융합에 의한 불안감과 가족 내 상호간에 얽혀 있는 삼각관계의 탈피를 시도한다. 그가 가장 많이 다루는 것은 불안과 긴장으로, 어떻게 하면 불안을 감소시키고 자아분화수준을 높이느냐이다. 자아분화수준을 높이기 위해서는 내담자 가족이 불안감정을 다룰 수 있는 능력이 있어야 한다고 전제한다. 자기가 무엇 때문에 불안이 생기고 불안의 감정이 자신에게 어떤 영향을 주며, 어떤 행동을 하도록 하는지 객관적으로 알 수 있도록 가족을 돕는다. 치료과정은 가족에게 질문하고 대답을 얻는 방식, 즉 담화형식으로 이루어지고 치료자는 코치(Coach)와 자문가의 역할을 담당한다. 치료자는 객관성과 중립을 유지하면서 가족의 감정에 쉽게 반응하지 않도록 유의하며 아주 이성적이고 자기 절제적이다.

가족 중 한 사람이 자아분화수준이 높아지면, 가족의 변화를 일으킬 수 있다고 보기 때문에 개별적으로도 치료한다. 중요한 것은 IP(내담자)의 문제 증상이 아니라, 가족의 감정싸움이고 가족의 감정체계가 문제라고 보기 때문이다. 부부문제는 자녀를 참여시키지 않고 부부만으로 진행하고, 자녀문제는 자녀와 함께 하거나 또는 동석하지 않고 치료를 진행한다. 전형적인 보웬의 치료과정은 두 사람의 성인과 치료자로 구성된다. 가족 수와는 상관없이 가족의 고질적인 심각한 삼각관계를 변화시키는 데에 중요한 관점을 둔다.

치료과정에서 다루는 것 중 빠질 수 없는 것이 감정체계와 지적 체계, 융합 대 개별성에 관한 것이다. 어느 한 쪽으로 고착되지 않도록 감정과 사고의 조화, 결속력과 개별성의 조화를 중요시한다. 또한, 가족구성원의 개인적인 욕구, 기대, 원하는 것을 채울 수 있는 자신만의 고유한 개별성의 유지는 이성적인 사고와 지적 체계에서 더욱 발달할 수 있다고 본다.

(1) 가족평가

보웬은 가족을 다세대 중심의 가족체계와 구조를 사정하고 평가하기 위하여 가족가계도를 활용하였다. 다세대에서 경험한 가족의 패턴과 영향력은 현 핵가족의 문제에 중요한 결정 요인으로 본다. 그래서 최소한 3세대에 걸친 가족사와 연관된 문제를 다세대라는 맥락에서 현재 문제를 이해할 수 있도록 도식화하여 사용하였다. 가족가계도는 가족을 사정·평가하는 단계에서 자료를 재조직하고, 치료과정에서는 가족의 관계와 핵심적인 삼각관계를 추적하는 것으로 사용하였다. 가족의 사정과 평가는 치료목표를 분명하게 설정하게 하고 치료개입을 쉽게 해 준다.

(2) 탈삼각화 과정

보웬은 치료목표가 가족 안에서 작용하는 불안과 감정적 융합에서 오는 자아분화수준을 높이는 것으로 보았다. 가족의 체계가 변화하려면 무엇보다도 폐쇄된 체계에서 벗어나 개인의 자율성과 책임성이 원활하게 이루어지도록 하는 것이다. 현재의 핵가족에서 재현되는 삼각관계 패턴은 원 가족에서 부모와의 부정적인 경험에 의한 것이라고 볼 수 있다. 탈삼각화 과정은 다음과 같다.

- 삼각관계에 있는 가족 간의 정서적 공간적 거리를 둔다.
- 가족구성원 중 누군가 불안감으로 위기와 혼란을 느낀다.
- 가족의 이인관계를 재정의하며 강화한다.
- I-Position 형성하기, 다른 사람 수용하기, I-Message 전달하기
- 가족구성원에게 긍정적 해석과 간접적인 칭찬
- Take-I-Position 자기 입장과 역할을 획득한다(엄마가 자신의 문제를 남편에게 직접 하도록 함).

(3) 치료과정의 4단계

① 처음 단계: 가족과 함께 치료 계획을 세움

내담자(IP)와 가족이 경험하고 있는 문제와 증상에 초점을 맞추어 불안의 정도를 파악하며 가계도를 작성한다. 이때 가족의 역사성과 정보수집과 증상

을 파악하면서 내담자의 부담을 덜어 주고, 가족의 전체적인 관계의 흐름을 파악한다. 전체적인 가족의 시스템을 탐색하는 가족사정과 평가가 이루어진다. 핵가족과 부모의 원 가족에 대해 가족평가를 한다.

② 두 번째 단계: 예상과 연습

반복되는 가족의 경험이나 가족구성원의 행동패턴 속에서 가족이 해결방안을 찾지 못하는 가족패턴을 통찰하므로 증상을 추측할 수 있다. 가족 가운데 누가 승자이고 패자인지, 누가 권력이 있고 없는지, 문제 상황에서 회피 추적관계를 통하여 세대과정에서 나타나는 패턴을 본다. 가족에게 나타나는 상호작용과 대처방식을 인식할 수 있도록 계획에 의해서 생길 수 있는 문제를 예상해 본다.

지료자는 가족이 구성원의 감정표현과 언어를 객관적으로 보고, 자신의 감정을 스스로 통제할 수 있도록 교육과 적절한 질문을 한다. 가족을 대상으로 현재 핵가족의 감정체계는 자신들의 원 가족에서 익혔던 상호작용 방식의 연장이라는 것을 알 수 있도록 교육한다. 현재의 문제가 다세대의 전수로 부모가 자녀에게 무엇을 투사하고 있는지, 투사하므로 얻을 수 있는 이점은 무엇인지 이해하도록 교육한다.

③ 세 번째 단계: 인식의 변화

가족이 자신의 행동과 언어패턴에 대한 강한 인식의 틀에서 서서히 벗어나는 단계이다. 가족구성원 내면의 감정과 불안감은 낮은 자아분화수준과 관련이 있고, 감정체계에 대한 지적 체계의 이해를 도울 수 있다. 치료자는 가족과 질문을 통한 대화로 한 번도 생각해 보지 못했던 관점, 자신의 감정에 대한 통찰, 가족과의 상호관계성을 재인식할 수 있도록 돕는다. 내담자 가족에게 치료 장면을 녹음한 것을 보여 주고 자신들의 방법을 보면서 자기방어가 어떤 상황에서 발생하였는지를 알 수 있도록 한다. 가족이 다른 사람을 비판하지 않으면서 자기 신념과 확신을 하고 대화에 임할 수 있도록 한다.

④ 네 번째 단계: 체험

새로운 계획을 실천하는 단계로, 증상이 감소하며 새롭게 향상된 분화수준이 형성된다. IP와 모든 가족은 각기 변화의 주체가 되어서 자신들의 행동을 조절해 나갈 수 있으며 각자의 목표설정과 이행을 할 수 있다. 치료자는 조력자의 역할, 코치, 교사의 역할을 한다. 가족이 가족의 정서 과정과 그 안에서 자신들의 역할을 명확하게 알도록 하며, 가족구성원 상호간의 이해와 기능적인 애정관계로 발전하도록 한다.

치료자는 내담자와 내담자 가족 간의 전이나 역전이의 상호작용의 굴레에 빠지는 위험을 직면하여야 한다. 치료자가 가족의 정서 과정에 융합하기보다는 객관적으로 치료자의 입장에 서는 것이 아주 중요하다. 객관적인 치료자의 태도는 내담자 가족의 정서적 감정체계에 균형을 잡게 해 줄 수 있어야 한다. 치료자가 스스로 자아분화 수준이 높을수록 내담자 가족에 깊이 개입하고 관여하면서도 객관적인 입장에서 치료에 임할 수 있다.

3) 치료자 역할과 치료기법

치료자의 역할로 자아분화수준이 내담자의 수준보다 높아야 하는 것이 필수적이다. 치료자는 중립적인 자세로 가족의 감정적 동요를 진정시키고, 자아분화를 높이는 촉진자이자 모델이 되어야 한다. 보웬은 치료자를 코치로 비유하고 가족이 능력을 최대한 발휘할 수 있도록 조용히 돕는 능동적 역할을 하여야 한다고 하였다.

(1) 가계도

앞에서도 말했지만, 보웬은 가족의 정서적 과정이 세대에 걸쳐 반복되고, 해결되지 않은 정서문제가 가족에게서 지속해서 나타날 수 있다고 전제한다. 그래서 다세대 가족체계에 관한 자료를 조직하기 위해 그는 가계도를 주요 기법으로 사용하였다. 가계도 작성을 위해 치료자는 먼저 내담자에게 가계도를 그리는 이유를 설명한다. 작성과정에서 가족이 편안하게 느낄 수 있도록 배려하면서 간단하고 무난한 정보를 묻는 말에서부터 시작하여 세대에 걸친 관계패턴과 질병, 문제 등의 정서 과정에 관한 질문을 한다.

가계도를 해석하는 과정에서 치료자는 가족의 고통스러운 사건이나 불행에 대하여는 가족이 감정적으로 준비된 상태일 때 깊이 이야기한다. 또한, 좋은 의도나 극복과정을 탐색하여 긍정적 해석을 하는 것이 바람직하다. 그리고 단정적이기보다는 가능성이나 가설(假說)로 표현하는 것이 상담 진행에 더 도움이 된다.

(2) 코칭

코칭(Coaching)은 치료자가 내담자와 가족으로 하여금 자신의 능력이나 기능을 최대한 발휘하여 문제에 직접 대처하도록 돕는 방법이다. 치료자는 그들이 상호작용과정을 객관적으로 생각해 보게 한다. 문제발생에 이바지한 자신의 부분을 보게 하여 관계 속에서 자신의 역할을 어떻게 변화시킬 것인지를 질문한다. 예를 들면, "당신이 남편에게 어떻게 했을 때 남편이 그렇게 화를 내는지 생각해 보았나요?"라고 한다. 그리고 "당신의 부모나 친척 중에서 당신과 비슷한 행동을 하는 사람은 누구였나요?"라고 질문한다. 이렇게 함으로써 세대 간의 정서 과정 전수를 구체적으로 이해할 수 있게 하는 것이다.

(3) 치료적 삼각관계

치료적 삼각관계란 주로 부부처럼 두 사람의 성인과 치료자의 삼각관계 형태를 이루어 개입하는 기법이다. 치료자가 두 사람의 정서 과정에 연루되지 않으면서 두 사람과 최적의 거리를 유지하는 객관적인 자세를 취한다. 이리하여 가족은 평정을 찾아 문제 해결방법을 찾게 되고 관계는 개선될 수 있다.

(4) 관계성 실험

관계성 실험은 중요한 삼각관계에 변화를 일으키는 것으로, 정서적으로 가까이 가고자 하는 사람과 도망치는 사람을 치료하기 위한 기법이다. 대개 추적자는 의사소통과 공동의 시간과 결속을 더 많이 요구한다. 반면, 도망자는 거리를 두고 다른 일에 열중하거나 늦게 움직이고 관계를 회피한다. 치료자는 이들에게 각각 추적자와 도망자로 이름을 붙인다. 추적자에게 "도망자를 절대 쫓지 마라."라고 하고, "당신의 삶에서 그 사람 말고 무엇이 있나요?"라고 질문한다. 추적자에게 뒤쫓는 것을 중단하고 관계 압박에서 벗어나 자신과 다른 사람과의 관계에 무슨 일이 일어나는가를 실험해 보게 한다. 도망자에게는 상대방의 요구를 회피하거나 도망가지 않고, 자신의 생각과 감정을 표현하는 방법을 실험해 보게 한다.

(5) '나-입장' 취하기

나-입장 취하기(I-Position) 기법은 다른 사람이 무엇을 하는가를 비난하거나 지적하는 대신에, 자신이 무엇을 생각하고 느끼는가를 말하게 하여 자신의 생각과 감정을 표현하게 하는 방법이다. 예를 들어, "당신은 왜 그렇게 어지르고 다녀?"라고 말하는 대신에, "당신이 벗어놓은 옷이나 본 책을 그때그때 정리했으면 좋겠어요."라고 표현하도록 하는 것이다. 또 "당신 때문에 아이가 엉망이다."라고 말하는 대신에, "당신은 아이 지도를 좀 더 엄격하게 했으면 좋겠어요."라고 표현하도록 하는 것이다.

(6) 불안완화 기법

치료과정에서 불안을 완화하고 감정을 차분히 가라앉힐 때 가족구성원 간에 이성적으로 얘기할 수 있다. 이를 위한 방법으로 감정보다 생각에 대한 질문을 더 많이 하기, 부부간의 상호작용을 최소화시키고 한 사람씩 차례로 상담자에게 이야기하게 하고, 다른 사람을 관찰하고 경청하는 방법, 비슷한 문제를 가진 다른 가족의 이야기를 해 주거나 비디오테이프, 영화 등을 이용하여 가족 속에서 자신의 역할기능을 배우게 하는 방법, 즉 치환 이야기 등이 있다.

2. 구조적 가족치료 모델

1) 발달배경과 주요 개념

구조적 가족치료는 미누친(S. Minuchin)이 개발하였으며 필라델피아(Philadelphia) 아동지도클리닉을 중심으로 발전하였다. 미누친은 아르헨티나 출신의 내과 의사로 이스라엘 군대에서 일했고, 2차 세계대전 이후 미국으로 건너갔다. 뉴욕(New York)에서 애커먼(Ackerman)으로부터 소아 정신분석 훈련을 받으면서 가족에 관심을 두게 되었다. 1952년에 버려진 아이들을 돕기 위하여 이스라엘로 갔는데, 그곳에서 그는 가족의 중요성을 절실히 깨닫게 되었다.

그는 뉴욕에서 비행청소년을 교정하는 정신과의사로, 저소득층 가족을 치료하게 되면서 기존의 중산층 가족에게 적용하던 대화를 통한 지적인 가족치료 방법으로는 한계가 있음을 알게 되었다. 저소득층 가족 대부분이 복합적인 문제를 지니고 있는데다가 어려움을 극복하기 위한 대안도 부족하고, 고치기 어려운 굳어진 습관을 지니고 있음을 발견하였다. 그리하여 그는 치료자가 좀 더 적극적으로 개입하여 구체적이고 행동 중심적인 접근을 하는 것이 가족의 변화를 이끌어 낼 수 있음을 치료경험을 통해 알게 되었다(Nichols & Schwartz, 2001, 김영애 외 역, 2002).

구조적 가족치료는 체계이론에 기초한 다음의 세 가지 원리를 강조한다(Beavers & Voeller, 1983, 최규련, 2008 재인용).

첫째, 사회적 상황은 개인의 정신생활에 영향을 미치고 개인은 사회적 상황에 영향을 미치는 상호작용이 반복된다. 둘째, 상호작용방식은 인간관계규칙이 포함되는 구조와 관련되므로 가족구성원 개인의 문제 행동은 가족관계의 구조문제를 반영한다. 따라서 가족구조를 바꾸면 구성원의 정신 내적 과정과 행동 변화가 가능하다. 셋째, 치료자가 내담자 가족과 일할 때 그의 행동은 사회적 상황의 일부가 된다.

구조적 가족치료는 과거보다는 현재의 잘못된 가족구조를 고치는 것을 중시하고 가족구성원 간의 상호작용 방법과 관계규칙을 도식화하였다. 그리하여 복잡한 가족문제를 진단하고 치료하는 실제적이고 명확한 지침을 제시하였다. 구조적 가족치료의 주요 개념은 다음과 같다.

(1) 하위체계

가족은 안으로 다양한 하위체계로 구성된 하나의 체계이면서 동시에 가족을 둘러싼 친척, 직장, 친구, 학교, 경제, 교육, 지역사회 등의 외부체계의 하위체계로도 작용한다. 가족 내에 하위체계로 우선 개인이 있다. 부부, 부모, 모자, 모녀, 부자, 부녀, 형제, 자매, 고부, 조손 등의 이(2)인 관계도 하위체계이다. 3명의 자녀가 있다면 이들도 하나의 하위체계이고, 할머니, 어머니, 며느리, 딸로 구성된 4명의 여성이 있다면 이들도 하나의 하위체계이다. 이와 같이 하위체계는 세대, 성별, 기능, 성향과 흥미 등에 따라 형성될 수 있다.

가족구성원 개인은 여러 하위체계에 동시에 속할 수 있으며 각기 다른 역할과 기능을 갖고 일정한 위계질서 속에 행동한다. 예를 들면, 아내는 남편과 부부 하위체계를 이루고 동시에 딸과는 모녀 하위체계, 아들과는 모자 하위체계를 이루며, 또 시어머니와 고부 하위체계를 이루는 등 상보적(相補的) 관계를 맺는다.

가족은 유기체와 같아서 각각의 하위체계 구성원이 고유한 역할을 적절히 수행할 때에는 건강하게 유지된다. 하지만, 만약 그렇지 않을 때는 역기능 가족이 되어 증상이 발생하게 된다. 특히 부부, 부모, 부모-자녀, 형제자매 하위체계의 기능이 잘 수행되는 것이 가족체계의 건강에 중요하다(Minuchin, 1974, 김종옥 역, 1988).

① 부부 하위체계

부부간의 주요 과제는 애정과 성적 기능, 친밀감 기능, 의사소통 기능과 밀접하게 연관된다. 이러한 기능은 현대 사회에서 건강한 부부체계의 기준으로 간주할 정도로 강조되고 있다. 이를 위해서는 부부가 자녀나 시부모, 친정부모 등 가족 내 다른 하위체계와 친구, 직장, 사회활동 같은 가족 밖 다른 체계로부터 간섭이나 방해를 받지 않고 부부만의 시간과 공간, 관심 영역을 확보하여야 한다. 그리고 부부 하위체계는 의견 차이를 극복하고 갈등문제를 협상하고 해결하는 과제를 잘 수행해야 한다. 또한, 각자의 능력과 개성을 존중하고 자기 발전을 상호 지원해야 한다.

② 부모 하위체계

부모 하위체계의 주요 기능은 자녀의 발달과 성장을 위한 양육, 지도, 통제 등과 관련되며, 이는 자녀의 연령이나 발달단계, 특성에 따라 달라진다. 부모는 자녀의 연령과 발달단계에 적합한 양육과 지도교칙을 정하고 애정과 통제의 균형을 이루는 권위 있는 부모역할을 하는 것이 중요하다. 그리고 자녀의 특성이나 성장하는 과정에 따라 그때마다 부모와 가족이 재조정·재구조화되어야 하고, 부모가 하나의 팀으로 의견을 조정해서 일치되고 일관성 있는 지원을 하는 것이 바람직하다.

③ 부모-자녀 하위체계

부모-자녀 하위체계는 부모와 자녀 두 세대로 구성된 체계이다. 이 체계의 중요한 기능은 위계구조와 부모의 권위가 확립되어 구성원 모두가 행복하고 발전하는 것이다. 즉, 부모-성장기 자녀체계에는 부모가 자녀의 발달적 욕구를 이해하고 자녀가 잘 성장하고 잠재력을 발휘하도록 긍정적 영향력을 발휘하는 것이 중요하다. 노부모-성인 자녀 체계에서는 상호간의 발달적 욕구를 지지하고 지원하는 상호작용을 하여야 한다. 아울러 노부모의 자녀에 대한 권위유지와 자녀의 부모 공경과 효도를 축으로 하는 유대감이 지속하여야 한다.

④ 형제자매 하위체계

형제자매 하위체계는 동일한 세대로 구성되지만 성별, 역할별, 권력별로 자체적인 위계구조를 이루고 있다. 그 안에서 협동, 자기주장과 경쟁, 양보와 협상, 연합, 갈등해결, 우애 등을 배우고 사회성을 기르는 것이 핵심적이다. 이 하위체계에서 경험적으로 학습한 대인기술은 이후의 대인관계에서 자연스럽게 나타난다.

형제자매 하위체계가 기능적이기 위해서는 형제자매 간에 친밀감과 유대감을 높여야 한다. 부모는 형제자매 간의 갈등이나 문제를 자율적으로 해결할 기회를 주며, 공평하게 대하는 것이 바람직하다. 그러나 형제자매 하위체계가 지나치게 가까운 경우 외부사람과의 관계 형성에 어려움이 발생할 수 있다. 반면, 형제자매 간에 지나치게 소원한 경우에는 상호간의 영향력이나 유대감이 약화하여 외동이처럼 되기 쉽다.

(2) 경계선

경계선 개념은 가족구성원 개인과 하위체계를 둘러싸는 보이지 않는 테두리로서 다른 사람과의 접촉의 양과 성질을 결정한다. 즉, 경계선은 개인과 개인 또는 하위체계와 하위체계 간의 상호작용과정에 누가, 어느 정도, 어떻게 관여하는지를 정하는 규칙이다(Minuchin, 1974, 김종옥 역, 1988). 경계선을 통하여 가족구성원 간의 친밀 정도, 정보와 에너지, 자원의 교류 정도를 파악할 수 있다.

원래 사람은 자율적이고 독립적인 자유로움을 추구하는 욕구를 하는 동시에 다른 사람과 유대감과 친밀감을 나누고 소속감을 갖고자 하는 욕구를 지닌다. 이 두 가지 욕구의 조화와 균형은 개인이나 하위체계의 건강성과 성장에 매우 중요하다. 그러므로 경계선은 개인이나 하위체계의 독립과 자율성을 보호하는 기능과 구성원 간의 상호교류와 친밀성을 보호하는 기능이 조화를 이루게 되어야 한다. 이를 구조적 가족치료에서는 명확한 경계선이라 한다. 기능적인 가족은 명확한 경계선을 가지는데, 이런 가족은 자율적이고 독립적이면서도 필요할 때 협동하고 지지하며 서로에게 관여한다. 따라서 '나'라는 정체감과 '우리'라는 소속감을 동시에 가진다.

구조적 가족치료에서 역기능적인 가족은 지나치게 경직된 경계선이나 모호한 경계선을 가진다고 전제한다. 가족 대부분은 경직된 경계선부터 모호한 경계선에 이르는 연속선상의 한 지점에 위치한다. 경계선이 경직되면 가족구성원 간에 교류가 없는 상태로 서로 개입하지 않고 '너는 너, 나는 나'처럼 따로따로 가족이 되는데, 이를 유리된 가족이라 부른다. 이들은 상호간에 지나치게 자율적이고 독립적이어서 의사소통이나 보호가 부족하고 온정과 애정, 접촉 등이 제한받기 때문에 소외감과 거리감을 느끼게 된다. 그리하여 소속감이 결핍되고 구성원 상호간에 도움과 격려, 지지가 있어야 하는 기회를 살피는 데 둔하여져 문제 해결도 어려워지게 된다.

모호한 경계선은 가족구성원이 지나치게 감정적으로 개입되고 지나치게 얽혀서 필요 이상으로 관여하게 된다. 이런 가족은 '너의 일도 나의 일, 우리 모두 함께'처럼 최대한 가족과 함께하는 일체감을 강조하고 개인 시간이나 개인 영역은 허용되지 않는 밀착된 가족이라고 부른다. 이들은 지나친 관심과 간섭, 지지를 보이며 과민반응을 나타내고, 모든 구성원은 똑같이 생각하고 느껴야 한다고 하여 개별성과 독립성을 인정하지 않는다. 그러므로 구성원들의 정체감 확립과 자율성이 방해받고 발달적 욕구와 독자적 문제 해결의 기회가 부족하게 되어 문제가 발생하게 된다.

(3) 위계구조와 제휴

가족의 위계구조는 하위체계 간의 경계선과 기능을 기반으로 하는 가족 내 권력과 책임의 소재와 관련이 있다. 바람직한 위계구조는 부모 하위체계가 자녀 하위체계에 대해 권위와 영향력이 있고 경계선이 명확하다. 만약 이 위계구조가 달라지면 가족구성원 간에 제휴라는 역기능 현상이 발생한다. 제휴란 가족구성원이 서로 연결되는 방법으로 지지나 협력 또는 반대나 대립하는 것을 말한다(Goldenberg & Goldenberg, 2001, 김득성 외 역, 2003). 여기에는 연합(coalition)과 동맹(alliance)이 있다.

연합은 두 사람이 제삼자에게 대항하기 위하여 협력하고 연결되는 제휴를 하는 것이다. 연합이 지속적으로 나타나는 것을 안정적 연합이라 하는데, 이는 다툼의 대상이 되는 가족구성원과 거리를 두고 두 사람이 연합하고 밀착된 관계를 계속 유지하는 것이다. 안정적 연합이 세대를 넘어 형성될 때 가족의 위계구조는 무너지고 역기능적이 된다(정문자 외, 2012). 예를 들면, 어머니와 아버지가 의사소통되지 않고 갈등을 겪을 때 어머니가 딸과 연합하여 아버지를 격리시키고 대항하려고 시도하는 것이다. 이때 어머니와 딸의 안정적 연합으로 어머니는 아버지를 지배하고 통제하려고 함으로써 부모체계의 권위와 기능이 약화하는 결과를 가져온다.

우회연합은 가족구성원 간에 갈등이 발생할 때 이를 피하기 위해 다른 사람을 끌어들여 정서적으로 연합하는 것을 의미하며(Goldenberg & Goldenberg 2001, 김득성 외 역, 2003), 이도 역시 역기능적 위계구조가 된다. 흔히 부모의 갈등이 심한 경우 어머니가 아버지와 직접 갈등을 해결하려 하지 않고, 이를 피하기 위한 방책으로 한 자녀를 택하여 밀착된 관계를 형성함으로써 우회적으로 갈등을 해결하는 역할을 하는 것이다. 그 결과 우회연합 대상이 되는 부모-자녀 간의 경계가 파괴되고 자녀는 정서적·행동 문제를 일으키게 되기 쉽다.

동맹은 두 사람이 공동의 이익이나 목적을 위하여 제휴하는 것으로 반드시 제삼자와 적대적이지는 않다(김유숙, 2002). 예를 들어, 언니와 동생이 같이 합세하여 어머니에게 용돈액수를 올려달라고 요청하고, 어머니의 허락을 받아내기 위해 상호 지지하고 협력적 관계를 갖는 것이다. 동맹도 세대를 넘어서 형성될 때 부모의 권위와 가족의 위계구조는 약화한다. 예를 들면, 아버지와 아들이 지배적인 어머니에 대한 요구를 관철하기 위해 같이 합세하고 협력하는 경우에 어머니는 물론 아버지의 권위가 무너진다. 그리하여 아들에 대한 지도가 효율적이지 못하게 된다.

2) 치료목표와 치료과정

(1) 치료목표

구조적 가족치료에서 가족구성원의 증상이나 문제는 어디에서 비롯된다고 생각하는가? 앞에서 우리는 역기능적 가족구조로 말미암아 발생하는 것으로 이해하였다. 그러므로 치료목표는 역기능적 가족구조를 변화시켜서 증상을 제거하거나 문제를 해결하는 것이다. 즉, 경계선과 하위체계 기능, 위계구조와 제휴 등을 재정비하여 가족을 재구조화하게 되면 증상이나 문제가 제거된다고 본다. 가족의 재구조화를 위한 공통적 목표는 다음과 같다(Becvar & Becvar, 1988, 정혜정·이형실 역, 1997).

- 부모와 자녀 간의 위계질서 확립
- 세대 간의 명확한 경계설정: 부부 하위체계와 자녀 하위체계의 명확한 경계 확립
- 기능적 의사소통과 상호교류
- 부모의 협력관계
- 가족구성원의 적절한 역할수행

(2) 치료과정

구조적 가족치료는 문제의 정의 → 문제에 대한 정보수집 → 가족구조의 사정과 가설 설정 → 상담목표 설정 → 치료적 개입 → 다시 문제에 대한 정보수집으로 피드백의 과정을 거친다. 가족사정을 위한 별도의 회기를 갖기보다는 각 회기마다 가족사정-목표설정-치료적 개입과정을 반복하면서 가족구조의 변화를 시도한다(김유숙, 2002).

치료자의 가족개입 단계는 크게 다음 세 단계로 이루어진다(Minuchin, 1974, 김종옥 역, 1988): ① 치료자가 가족과 관계를 맺고 자연스럽게 가족에 합류하면서 기존의 가족에 적응하는 단계, ② 역기능행동이 나타나는 가족구조를 사정하는 단계, ③ 가족 재구조화 과정 단계.

① 제1단계: 합류과정

성공적인 재구조화 작업을 시작하려면 치료자와 가족이 서로 이해하고 적응하여 같이 작업하기 좋은 관계를 형성하는 것이 필요하다. 이를 합류라 하는데, 치료자가 가족을 있는 그대로 수용하고, 그들의 방식을 존중하여 가족체계와 관계를 맺는 행동을 뜻한다. 가족에 합류한다는 것은 가족의 일원으로서 자연스럽게 가족의 상호작용과 정서체계에 적응하는 것을 말한다. 그리

하여 가족의 핵심주제를 파악하고, 가족구성원 각자의 느낌을 함께 느끼는 것이다.

그렇다면 합류가 라포(rapport)와 어떻게 다른가? 합류는 라포와 비슷한 개념이지만, 라포는 치료적 관계 상태를 의미하고, 합류는 치료적 관계 형성을 위한 치료자의 행동을 표현하는 의미를 지닌다. 합류는 가족구성원 개개인에 관한 관심과 부드러운 인사, 구성원 개개인의 말할 기회를 균등하게 부여, 구성원에 대한 존중과 경청, 지지와 수용, 강점을 부각하기, 공통의 주제 다루기, 긍정적 상호작용 분위기 조성, 가족에게 익숙한 언어사용과 행동방식 따르기 등의 방법으로 구체화할 수 있다.

치료자가 가족을 이해하고 그들의 위계구조와 상황을 존중하고 수용하면서 자연스럽게 가족과 신뢰를 형성할 때 가족은 치료자를 받아들이게 된다. 즉, 치료자가 가족에 합류할 때 가족은 치료자의 개입을 수용하며 진지하게 반응하게 되고, 변화과정에 참여하고자 하는 의지를 갖게 되는 선결조건이 된다. 따라서 합류는 치료자가 가족에 대한 영향력을 효과적으로 발휘하고 가족의 자발적 참여를 이끌어내는 데 매우 필요하고 중요하다.

② 제2단계: 가족의 구조 사정과정

치료자는 먼저 가족의 구조와 상호작용을 사정하고 평가하기 위한 기초 정보 확인을 위하여 다음과 같은 질문을 한다: 가족구성원의 성별, 나이, 직업, 종교, 가족주기와 발달단계, 사회경제적 지위, 스트레스 상황과 발달적 변화, 현재 제시된 문제 등. 또한, 치료자가 상담실에서의 가족의 행동과 언어 형태, 그들 간의 상호교류 작용, 그리고 자리에 앉는 위치와 가족구성원 간의 물리적 거리를 관찰하는 것이 가족 내 하위체계의 기능, 경계선, 제휴와 위계구조 등에 대한 많은 정보를 얻는 중요한 단서가 된다.

예를 들어, 어머니와 딸, 아들이 옆에 가까이 앉아 있고, 아버지는 그들과 떨어져 뒤로 물러서 있다고 생각해 보자. 어머니와 아버지는 경직된 경계선을 지니고, 어머니와 자녀는 모호한 경계선을 지니는 것으로 가정할 수 있다.

또 어머니와 자녀가 연합하고 아버지의 권위는 약화하여 소외되거나 따돌림(왕따)당하고 있을 가능성도 있다. 상담 중에 누구의 말이 가족에게 존중되고, 누구의 말은 중간에 잘리고 무시되는지도 가족구조를 파악하는 좋은 실마리가 된다.

③ 제3단계: 가족의 재구조화 과정

가족의 재구조화란 가족의 역기능 구조를 변화시키는 것을 뜻한다. 이에는 가족의 경계선 조정, 하위체계의 기능 강화, 위계구조의 확립이 포함된다. 보통 가족구조를 확인한 다음 가족을 재구조화하는 작업을 시작하지만, 어떤 때에는 두 가지 작업이 동시에 행해지기도 한다. 이를 위해 치료자는 증상과 가족구조에 대한 가족구성원의 기존 관점과 신념체계를 흔들어 가족의 항상성에 불균형 상태를 만들고, 가족구성원에게 변화를 위한 동기를 갖게 하는 다양한 치료기법을 활용한다.

3) 치료자 역할과 치료기법

치료자는 치료목표를 달성하기 위하여 가족의 상호작용 구조를 반영하는 가족구성원의 행동양식을 관찰하고 바람직한 가족구조에 대한 가설을 세운다. 또한, 가족에 합류하고 가족의 상호작용에 적응하면서 치료장면에서 구조가 변화되어 새로운 방법을 시도할 수 있도록 돕고 지지하는 역할을 한다. 그리고 치료자는 체계를 변화시키기 위해 자신을 활용하며 가족 내 구성원의 위치를 바꿈으로써 그들의 주관적인 경험을 변화시킨다.

치료기법을 개입단계에 따라 ① 합류를 위한 기법 ② 가족구조 사정을 위한 기법, 그리고 ③ 가족 재구조화를 위한 기법으로 구분하여 살펴본다(Minuchin, 1974, 김종옥 역, 1988).

(1) 합류를 위한 기법

치료자는 합류를 위해 적응(accommodating), 모방(mimesis), 추적(tracking) 등의 기법을 사용한다.

① 적응 기법

치료자가 가족에게 개입하려면, 먼저 현재의 가족구조에 적응하는 것이 중요하다. 치료자가 가족체계에 관여하기 시작하면, 가족 대부분은 긴장과 저항을 느낄 수 있으므로 그 가족을 있는 그대로 지지하고 존중하는 것이 적응 기법이다. 그 결과 가족이 편안한 마음으로 치료에 임할 수 있게 된다. 예를 들면, 상담에 오신 할머니가 가족에게 지배적인 위치에서 역할을 할 때, 그러한 위치를 인정해 주며 할머니를 통해서 다른 가족구성원과 접촉하는 것이다. 다른 예로, 아버지가 묵묵부답하고 있으면, "지금 말씀하고 싶지 않으신가 보군요. 조금 있다가 하고 싶을 때 말씀하십시오."라고 말한다.

② 모방 기법

모방은 치료자가 가족의 어조, 행동유형, 말의 속도와 억양, 몸짓 등을 흉내 내고 따라 하거나 자신과의 유사점을 강조하는 것이다. 흉내를 내는 대상은 단어나 언어 사용, 동작, 감정표현 비유적 표현 등이 있다. 예를 들면, 말끝을 올려 "~때는 ~요."라는 말을 따라 그대로 흉내 내거나 손을 비비는 동작을 흉내 내는 것 또는 "저도 그럴 때는 애한테 야단을 치게 되지요." 등처럼 말한다. 이렇게 모방 기법을 사용하면, 치료자에 대한 가족구성원의 거부감이 적고 친근하게 받아들여져 합류가 쉬워진다.

③ 추적 기법

추적은 치료자가 가족의 상호작용과 행동양식을 관찰하고, 가족구성원의 대화내용을 따라가면서 그들이 계속 이야기를 하도록 격려하여 가족구조와 하위체계의 기능을 탐색하는 것을 말한다. 이를 위해 지지적 언급, 내용을 명료화하기 위한 질문, 내용을 추적하기, 인정과 격려하기 등이 있다. 예를 들면, "네, 그렇군요.", "아이가 그럴 때 어머니는 어떻게 하시죠?", "그 상황에서 보통 누가 아이를 제지하나요?"라고 말한다.

(2) 가족구조 사정을 위한 기법

치료자는 가족구조 사정을 위하여 실연(enactment), 가족지도(family map) 등의 기법을 사용한다.

① 실연 기법

실연은 가족으로 하여금 그들 간의 상호작용을 상담실에서 실제로 행동으로 보이도록 하는 것을 말한다. 예를 들어, 어머니가 자녀에게 화를 내고 소리 지르자, 그동안 가만히 있던 아버지가 어머니를 비난하고 아이 문제로 부모가 상호 비난하면서 싸우는 모습을 보여 주었다고 하자. 이 상황을 보면, 부모관계는 갈등구조이고 경직된 경계선을 보이며, 어머니의 과다역할과 스트레스 문제, 아버지의 과소역할과 권위약화와 부부분열이 자녀의 행동문제와 연관될 가능성이 크다.

이렇게 함으로써 치료자는 가족구조를 관찰하고 정보를 얻는 동시에 개입 방향에 대해 구상할 수 있다. 한편, 가족은 자신의 역기능적 상호작용을 분명하게 확인함으로써 문제에 대한 초점을 개인이 아닌 가족체계로 넓히게 된다. 그 결과 상담자의 개입과 지지를 통하여 가족구성원은 새로운 상호작용과 새로운 가족 위계구조를 안전하게 실험할 수 있게 된다.

② 가족지도 기법

가족지도는 하위체계 기능과 경계선, 위계구조 등을 그림으로 간단히 나타내는 것이다. 가족지도 기호를 활용하여 가족구조를 나타내면, 현재의 가족구조를 쉽게 이해할 수 있다. 또 가족지도는 가족구조의 변화과정을 평가하거나 치료목표를 설정하는 데 사용된다. 예를 들면, 치료 전(前) 단계에 시모와 남편이 밀착되어 아내를 지배하고 있을 때, 치료 중에 시모와 남편이 분리되고 남편과 아내는 친해졌으나 시모와 아내는 아직 소원할 때, 치료 종결단계에서 시모와 남편이 분리되고, 남편과 아내가 친해졌고, 시모와 아내가 친해졌을 때를 가족지도로 그려보면 [그림 9-2]와 같다.

출처: 최규련(2008), 가족상담 및 치료, p. 166.

[그림 9-2] 치료단계별 변화되는 가족지도

(3) 가족 재구조화를 위한 기법

치료자는 가족의 역기능 구조를 변화시키기 위하여 긴장 고조, 경계선 설정, 재정의, 과제주기, 강점 인식 등의 기법을 사용한다(Minuchin, 1974, 김종옥 역, 1988).

① 긴장 고조 기법

긴장 고조는 가족체계에 스트레스를 증가시키고 도전이 일어나도록 한다. 이는 가족 안에서 반복되고 있는 역기능 행동을 깨닫고 연합, 동맹 등의 역기능적 구조에 익숙한 기존의 평형상태에서 벗어나 재구조화되도록 하기 위해서이다. 예를 들어, 치료자가 역기능적인 의사소통방식이나 익숙한 행동패턴을 방해하거나 중단시키는 방법, 역기능적 상호작용을 집중적으로 부각하기, 숨겨진 갈등을 자극하여 표면화시키는 방법, 가족구성원 간에 차이점을 강조하기 등이 있다.

② 경계선 설정 기법

경계선 설정은 밀착된 관계에 있는 가족구성원에게는 경계를 분명히 하여 개인의 독립심과 자율성을 키워 준다. 또 유리(遊離)된 가족에게는 가까이 접근하고 접촉을 증가하도록 도와준다. 또한, 세대 간의 경계를 명확하게 하고, 부모 하위체계와 자녀 하위체계가 분리될 수 있도록 상담실에서 부모끼리, 자녀끼리 자리를 재배치하기, 부모의 권위와 영향력 강화하기, 가족구성원들의 세대 간 연합 깨기, 취약한 하위체계와 번갈아가며 일시적 동맹 맺기 등의 기법을 사용하는 것이다.

③ 재정의 기법

재정의는 증상을 역기능적 가족구조와 연관 지어 긍정적 의도를 부각하는 것을 뜻한다. 예를 들어, 아이의 과잉행동은 아버지와 갈등관계에 있는 어머니의 외로움을 덜어주려는 시도라고 재정의할 수 있다. 그 결과 가족은 증상을 부정적으로 보던 것에서 벗어나 가족구조의 역기능과 연관 지어 새로운 각도로 볼 수 있게 되고, 가족구조의 변화에 협력할 수 있게 된다.

④ 과제주기 기법

과제주기는 치료자가 가족의 재구조화 진행과정에서 미흡한 부분을 가족구성원이 활성화하도록 하기 위하여 사용하는 기법이다. 가족의 재구조화에 도움이 되는 특정의 행동 영역을 찾아 과제를 내어준다. 이때 언제, 어디서, 누구와 어떻게 상호작용해야 하는가를 구체적으로 분명히 제시한다. 주로 치료회기 사이에 가족구성원이 특정 하위체계의 기능을 개선하고 위계구조를 변화시키는 기회를 가지게 하는 것이다. 과제는 가족의 재구조화에 가장 필요한 것, 그 파급효과가 가족 전체에 미칠 수 있는 것, 그리고 가족이 할 수 있는 것을 찾아 주도록 해야 한다.

⑤ 강점 인식 기법

강점 인식은 가족이 가진 강점과 긍정적인 점을 찾아내고 활용하는 기법이다. 이로써 가족이 기존 인식의 틀을 바꾸어 새로운 현실을 보게 되고, 새로운 방식의 상호작용을 할 수 있게 된다.

4) 적용 사례

중학교 2학년 장녀가 1학년 때는 학교에 가다마다 반복하여 겨우 2학년에 진급하였으나, 2학년이 되면서 계속 두 달 보름 정도 학교에 가지 않는 문제로 가족치료를 하였다. 이 가족은 할머니, 부모, IP(Identified Patient), 남동생

2명으로 구성되었다. 아버지(38세)는 3형제 중 장남이고, 회사원으로 직장에 전념하여 자녀양육을 어머니에게 전부 위임하였다. 아버지는 전근이 많은 직장에 근무하여 IP는 초등학교 때만 다섯 번 전학하였다. 어머니(35세)는 4남매 중 막내이며 나이에 비해 어린 느낌이 드는 사람으로, 어머니 역할에 대한 자신감이 부족하고 역할을 충분히 하지 못하는 인상을 주었다. 최근 가족구성원이 된 할머니(60세)는 건강하여 어머니 대신에 가정일에 관여하는 상태이다. 두 남동생(11세, 9세)은 친밀하게 지내며 함께 누나에게 대들기도 한다. 하지만 IP는 동생들을 많이 챙겨주고 배려하며 동생들과 잘 지내는 편이다. 이 가족의 역기능 구조를 살펴보면 다음과 같다(최규련, 2008).

① 아버지는 위계상 우위에 있으나 가족과 단절된 상태이다.
② 할머니가 어머니 자리를 차지하고, 어머니는 자녀와 같은 위계구조에 들어가 IP와 연합을 형성하여 할머니에게 대항하는 결과, 내담자는 문제행동을 유지한다.
③ 할머니와 어머니, 어머니와 IP 및 자녀의 관계가 세대경계를 벗어나 있다.

치료자는 초기(1~4회기)에 아버지와 합류하고 아버지의 권위를 존중하였다. 또 어머니와 협력하여 할머니가 어머니 역할대행에서 벗어나 노인대학을 다니도록 하였다. 중기(5~8회기)에는 어머니의 위치와 기능을 강화하기 위하여 먼저 자녀에 대한 어머니의 지나친 관여를 줄였다. 한편, 아버지의 자녀와의 관계를 강화하는 과제로 아버지가 자녀와 함께 학교생활 대화하기, 숙제 봐주기, 아들들과 목욕 함께하기 등을 과제로 주었다. 그 결과 부모 하위체계가 명확해졌고 아버지와 자녀의 교류가 증가하여 가족의 경계선, 제휴, 권력 등의 가족구조가 변화되었다. 종결단계(9~12회기)에서는 아버지의 협력을 받아 어머니의 역할기능이 향상되도록 하였다. 그 결과 부모 하위체계가 강화되었고 어머니는 자녀에게 확실한 의견을 말하였다. 아버지는 어머니를 돕게 되었고, IP의 등교거부는 없어졌다(김유숙, 2000).

3. 경험적 가족치료 모델

1) 발달배경과 주요 개념

(1) 발달배경

경험적 가족치료는 정신분석이론과 행동주의가 갖는 결점에 대한 반동으로 출현한 인본주의와 실존주의, 현상학 등의 이론과 게슈탈트(Gestalt)치료의 영향을 받아 출현하였다. 1960년대 인본주의 영향으로 인간의 성장 잠재력과 문제해결력을 존중하고, 자아 가치와 성숙 및 성장을 중시한다. 실존주의와 현상학의 영향으로 자발성, 자유와 창의성, 지금-여기에서 개인의 주관적인 감정과 욕구, 행동을 중시한다. 또한, 게슈탈트치료의 영향으로 상담 장면에서 상담자와 가족 사이에 그때그때 경험하는 상황과 느낌을 중시하고 현재 충만을 경험하는 것, 그리고 이를 가족이 공유함으로써 치료적 변화가 촉진되고 가족이 성장하는 것을 강조하였다. 또한, 민감성과 감정표현을 강조하고, 가족이 치료과정에서 경험하는 것들이 성장에 중요한 자극과 계기가 된다는 것을 전제한다(정문자, 2007).

휘테이커(C. Whitaker)와 사티어(V. Satir)는 상담 장면에서 느끼는 자신과 다른 사람의 감정을 중요시하고 성장을 지향하는 공통점을 가진다. 그리고 상담과정에서 내담자의 정서적 경험과 치료자의 활력이 효과적인 치료에 중요하다고 믿는다. 또한, 치료자가 온정적이고 지지적, 적극적이며 솔직하게 자신을 개방하여 치료적 변화를 촉진하는 공통점을 가진다. 그러나 구체적인 방법에서 차이를 보인다. 휘테이커는 치료자 자신을 활용한 가족과의 자발적이고 창의적인 만남을 중시하고, 치료자가 온전한 인격을 갖춘 모델로 개방적이고 진실한 사람이면, 기법을 사용하지 않아도 가족의 잠재력을 이끌어 낼 수 있다고 믿었다. 한편, 사티어는 잘 훈련된 기법으로 상담과정을 계획하고 구조화하며, 정서와 느낌을 강화하는 여러 기법을 사용한다.

휘테이커는 가족의 감수성을 증가시키고 경험을 확대하고 공유하기 위해서, 개개인의 방어기제가 감소되도록 가족의 안정과 방어를 깨거나 도전과 자극을 주어 스트레스를 유발하고 자발성을 이끌어내기도 한다. 그는 다른 기법보다도 치료자 자신의 창조적인 존재 자체를 활용해야 한다고 주장하였다. 그리고 치료자의 역전이에 관심을 가지고, 이를 막는 방법으로 공동치료가 효과적이라고 주장하였다. 그는 1995년 세상을 떴고 그의 영향력은 약화되었다(Nichols & Schwartz, 2001, 김영애 외 역, 2002).

한편, 사티어는 초기에 MRI에서 일하였기 때문에 의사소통 치료자였다. 치료과정에서 성장을 체험하는 연습을 하는 것이고, 치료자는 가족이 성숙한 인간으로 성장할 수 있도록 도와야 한다고 주장하였다. 즉, 사티어는 자아존중감, 감정, 가족규칙을 중시하고, 특히 가족의 의사소통체계를 건강하게 하여 개인의 잠재력과 역량을 발휘하고, 성장을 지향한다는 점에서 의사소통 모델 또는 성장 모델로 불린다. 그가 1988년 세상을 떠나고 나서 반맨(J. Banmen)이 사티어의 뒤를 이어 경험적 가족치료 모델을 확대·보급하고 있다.

(2) 주요 개념

경험적 가족상담이론의 두 거장은 휘테이커와 사티어라 할 수 있는데, 여기서는 사티어 모델을 중심으로 살펴본다. 사티어는 기본적으로 인간은 더욱 나은 사람으로 성장할 수 있는 잠재력과 생명력을 가지고 있다는 인본주의적인 철학을 기초로 가족상담 모델을 개발하였다. 그녀는 자신의 치료적 접근을 상담가와 가족이 함께 가족의 건강한 교류를 촉진하여 올바른 성장을 자극하는 목표를 가진 일종의 성장 모델로 설명하였다. 즉, 이 모델은 정서적으로 깊이가 없이 상호작용하는 가족들에게 그들의 내면에 숨겨진 진실한 감정을 솔직하게 표현하도록 도와준다. 그리하여 더욱 성숙한 인간이 되도록 안내하는 치료적이면서도 성장 지향적인 모델이다.

사티어 모델은 다음의 네 가지 전제를 기초로 한다. 첫째, 모든 사람의 행동에는 합리적이거나 적절한 동기가 있다. 둘째, 상담 과정을 통하여 모든 사람의 문제는 치유될 수 있다. 따라서 치료자는 일관된 행동으로 바람직한 의사소통을 해야 한다. 셋째, 마음과 신체는 서로 연결된 체계의 한 부분이다.

넷째, 자존감과 효과적인 의사소통은 서로 밀접한 관련이 있다. 다시 말하면, 자존감과 효과적인 의사소통 능력은 정비례한다.

기본적으로 사티어는 인간의 성장을 강조하는 이론을 추구하였기 때문에, 사람이란 심리적으로 성장하고 발전하고자 하는 욕구가 있고 또한 그러한 능력을 갖춘 존재로 보았다. 그리고 개인이 성장하기 위해서는 다양한 차원에서의 변화가 일어나야 하는데, 이러한 변화는 경청하는 과정에서 일어난다고 본다. 따라서 변화를 통해 자신의 상태를 극복하여 자아존중감이 높아지도록 도와주는 데 초점을 두고 있다.

사티어 모델의 주요 개념은 대화체계, 자아존중감, 개인의 성장 등을 들 수 있다. 첫째, 대화체계는 가족의 기능성을 알 수 있는 중요한 기준이다. 가족 간의 상호작용이 활발하게 일어날 때 그 가족은 열린 체계라 할 수 있으며, 가족 간의 대화가 분명해서 상대방에게 의사전달이 쉽게 이루어지는 상태를 말한다. 이러한 가족들은 서로의 의견을 존중하며 가족구성원 모두 가치 있고 사랑받고 있다고 느끼며, 융통성 있고 건설적인 문제 해결 능력을 갖추고 서로의 성장을 돕는 특징이 있다.

반면, 닫힌 체계를 가진 가족은 가족 간의 대화가 분명하지 않아 상대방을 혼란스럽게 만드는 역기능적인 방식으로 대화가 진행된다. 역기능적인 관계를 유지하는 가족들은 낮은 자존감, 자기비하와 불만감을 가지게 된다. 이들은 자기감정이나 느낌에 충실한 상태에서 대화하지 못하기 때문에 역기능적 대화가 발생하는 것이며 흔히 대화 내용을 이중으로 전달하여 상대방을 혼란스럽게 만든다.

둘째, 사티어는 자아존중감이 높은 사람은 자신을 소중하게 여기고 다른 사람을 존중하며 책임감이 크며, 어려운 상황도 잘 견디고 극복할 수 있는 사람이라고 보았다. 그러므로 사티어의 가족치료는 자아존중감을 높이고 인생에 대한 자기 선택권을 돕는 개인 성장을 목표로 하고 상담을 통하여 낮은 자존감을 회복시키고 자신의 가치를 인정할 수 있는 자원을 찾아내도록 도와주는 것이다. 이를 위해 치료자는 가족체계에 변화가 일어나도록 노력을 기울이게 된다. 상담 과정에서 가족은 다른 사람들 앞에서 자신의 느낌이나 생각을 분명하게 말할 수 있어야 한다. 아울러 가족 각자의 차이점을 인식해야 하며, 의사결정을 할 때 강요가 아닌 협상을 통해 이루어지도록 이끌어야 한다.

셋째, 경험주의적 치료자는 문제의 증상 치료보다는 개인의 성장에 유념한다. 개인의 성장은 연쇄적 변화를 가져와 가족을 변화시켜 가족을 성장하게 한다. 개방적인 가족체계에서는 자신의 생각을 자유롭게 말할 수 있고 현실과 타협하며 개인적으로 성장할 수 있다. 그래서 치료자는 가족의 개방적인 자기표현을 격려하고 개인의 성장을 발달시키는 데 역점을 둔다.

2) 치료목표와 치료과정

사티어 모델의 기본 목표는 개인의 표출된 행동과 내면의 경험이 일치하는 경험의 통합, 선택에 대한 자유, 그리고 더욱 독립적인 태도를 갖게 하는 것이다. 즉, 가족구성원 간에 존재하는 욕구와 감정에 좀 더 관심을 가지게 하며, 가족 내에서 그들의 감정을 공유하게 하는 것이다. 사티어는 기능적인 의사소통과 자아존중에 초점을 두며 증상을 극복하는 과정과 성장 과정을 강조하기 때문에 가족의 억압된 감정에 많은 관심을 두었다. 따라서 사티어는 상담을 통하여 가족구성원이 기능적인 개인이 되도록 도와주는 데 초점을 두었다. 그가 생각하는 기능적인 사람은 다른 사람을 자신과는 다른 독특한 존재로 대하고, 자신의 생각이나 의견을 명백하게 알릴 수 있으며 현재의 관점에서 사람이나 상황을 파악할 수 있는 사람이다.

사티어의 가족상담 모델은 가족에게 새로운 희망과 꿈을 갖도록 하며, 자기 가치나 자아존중감을 향상시키도록 한다. 이를 위해 가족구성원 간에 적합한 의사소통을 할 수 있도록 변화시키며, 가족 규칙을 명확하게 하고 행동에 책임을 질 수 있도록 가르친다. 이 모델을 따르는 가족상담가들은, 가족의 기능 향상이라는 목표 달성은 각 구성원의 성장과 감수성의 증진을 통해 이루어지는 것으로 여기기 때문에 경험을 중시한다. 따라서 경험주의적 가족치료에서는 가족구성원 각자가 정서적 감수성을 회복하여 다른 사람과의 관계에서 정서적으로 깊이 있는 관계가 되도록 도와주는 것이 목표라고 할 수 있다.

사티어는 현상학 이론 외에 자아심리학, 학습이론, 의사소통이론, 체계이론 등 다양한 이론에 바탕을 둔 다음 네 가지 전제를 기초로 접근한다(Satir et al., 1991, 한국버지니아사티어연구회 역, 2000; 정문자, 2007). 첫째, 모든 행동은 합리적이고 적절한 동기가 있다. 사람이 학습된 행동을 한다면 그것이 그 사람이 그 상황에서 할 수 있는 최선의 행동이다. 둘째, 모든 사람은 치료될 수 있으며, 치료는 치료과정 중에 일어난다. 내용보다는 과정이 치료에 중요하며, 치료자는 한결같이 일치형 의사소통을 하는 것이 필수적이다. 셋째, 신체적 활력과 정서적 건강수준은 연관되어 있다. 따라서 치료에서는 인간의 모든 것을 이용해야 한다. 넷째, 자아존중감과 효과적인 의사소통은 상호 관련되어 있다. 자존감은 결혼, 부부관계, 부모-자녀관계, 스트레스에 대한 반응과 대처능력, 융통성, 차이점이나 불확실성을 다루는 능력, 그리고 성장과 자유를 누리는 것 등에 영향을 미친다.

3) 치료자 역할과 치료기법

인본주의적인 관점을 견지했던 사티어는 가족관계의 친밀성과 치료자의 따뜻하고 온화한 태도를 강조한다. 친밀한 가족관계를 위해 부모는 자녀의 말에 경청하고, 동시에 자녀는 부모의 입장과 관점을 이해하도록 하는 데 관심을 두고 있다. 결국, 치료자는 가족 기능 향상이라는 목표를 달성하기 위하여 변화하는 가족의 모델이 되어야 한다. 이를 위해 사티어는 주로 가족 조각기법이나 은유, 재정의 등과 같은 기법을 사용하였다.

(1) 가족 조각기법

역기능적인 대화 형태에서 비롯된 가족 간의 문제와 갈등에서의 실질적인 상담 목표는 대화의 언어적인 측면과 비언어적인 측면을 일치시키는 것이다. 따라서 가족 조각기법은 정상적인 의사소통을 촉진하는 방법으로 주로 사용된다. 가족 조각이란 한 시점을 선택하여 그 시점에서 인간관계와 다른 사람에 대한 느낌 등을 동작과 공간을 사용하여 표현하는 비언어적 기법을 말한다. 즉, 이것은 가족 구조 내에서 개인이 갖는 위치를 배열하는 것으로, 가족의 의사소통 유형이나 경계선, 규칙, 소속감, 가족체계의 융통성 정도를 파악할 수 있다.

이 기법을 사용하는 목적은 가족구성원 각자가 자신의 내면적 감정에 접촉함으로써 실제의 자신을 알아가며 새로운 대처 방법을 찾아보게 하기 위한 것이다. 가족 조각을 할 때에는 먼저 가족구성원이 어떤 대화의 유형을 갖고 있는지 찾아야 한다. 사티어는 보통 가족 조각을 하는 데 있어서, 스트레스 상황인 사람들이 자주 사용하는 의사소통 유형을 ① 회유형, ② 비난형, ③ 초이성형, ④ 산만형, 그리고 ⑤ 일치형 등으로 구분하였다(Nichols, 2004, 김유숙, 2006 재인용). 치료자는 상담과정 중 이 같은 의사소통 유형을 가족 조각기법을 활용해 경험하도록 한다. 그리하여 자신들이 가진 의사소통의 어려운 점을 깨달아 바람직한 의사소통으로 변화하도록 돕는다.

첫째, 회유형은 자신의 가치나 감정을 무시한 채 다른 사람에게 자신의 힘을 넘겨주고 모두가 동의하는 말만 한다. 다른 사람과 상호작용하는 상황은 존중하지만, 자신의 진정한 감정은 존중하지 않는다.

둘째, 비난형은 약해서는 안 된다는 의지를 갖추고, 자신을 보호하고 다른 사람이나 환경을 괴롭히거나 나무란다. 비난하기 위해 다른 사람의 가치를 격하시키면서 자신과 상황에만 가치를 둔다. 다른 사람에게 자신을 힘이 있고 강한 사람으로 인식시키려고 노력한다.

셋째, 초이성형은 자신이나 다른 사람을 과소평가한다. 지나치게 상화만 중시하며, 기능적인 것에 대해 합리적으로 언급하고 자료와 논리를 중요시한다. 말은 감정에 초점을 두는 것에서 상황에 초점을 두는 것으로 바꾼다.

넷째, 산만형은 즐거워하거나 익살스럽지만, 심리적으로 혼란되어 있다. 위협에 직면하면 그것을 무시하고 마치 위협이 존재하지 않는 것처럼 행동하므로 주위를 교란다. 말에 초점이 없어서 의미나 내용이 없고, 혼자 바쁘고

산만하다.

다섯째, 일치형은 자신이 중심이 되어 다른 사람과 관계를 맺으면서 접촉하고, 사람과 연결이 필요할 때 스스로 직접 선택한다. 자신과 다른 사람을 돌보고, 현재 상황을 아는 만큼의 위치에서 반응한다.

(2) 은유

사티어는 개인의 내적인 과정을 표출해 내는 은유적인 방법으로 빙산기법을 활용한다. 이것은 대부분 사람의 경험은 물 위에 떠 있는 빙산 아래의 수면에서 이루어진다는 의미이다. 상담자는 내담자의 변화를 촉구하기 위해 표면적인 경험뿐 아니라 잠재된 내적 과정도 다루어 역동적으로 변화시켜야 한다. 이 방법을 통해서 내담자는 자신의 내면 감정을 느껴 보고, 이를 표현하며 소용없는 기대를 버리는 과정을 가지게 된다. 이것은 내남사에세 힘을 주게 되어 스스로 선택하여 성취하고 책임을 질 수 있도록 이끈다.

초기에는 내담자의 표면적 행동인 빙산의 윗부분을 다루지만, 점차로 내면적 부분인 빙산의 아래 영역을 탐색하여 변화를 이끌어야 한다. 빙산을 탐색하는 과정에서 치료자는 내담자의 감정을 다루면서 변화시키기 위해 여러 가지 질문을 한다. 즉, 내담자의 행동에 대한 질문, 우울이나 무력감, 두려움, 분노 등과 같은 부정적인 정서를 표면화시키는 감정에 대한 질문, 자신이나 다른 사람에 대하여 어떻게 생각하는지를 알아보는 지각에 대한 질문, 원하는 것이 무엇인지 알아보는 기대에 대한 질문, 그리고 책임감이나 삶의 조화에 대하여 알아보는 자기에 대한 질문 등을 할 수 있다.

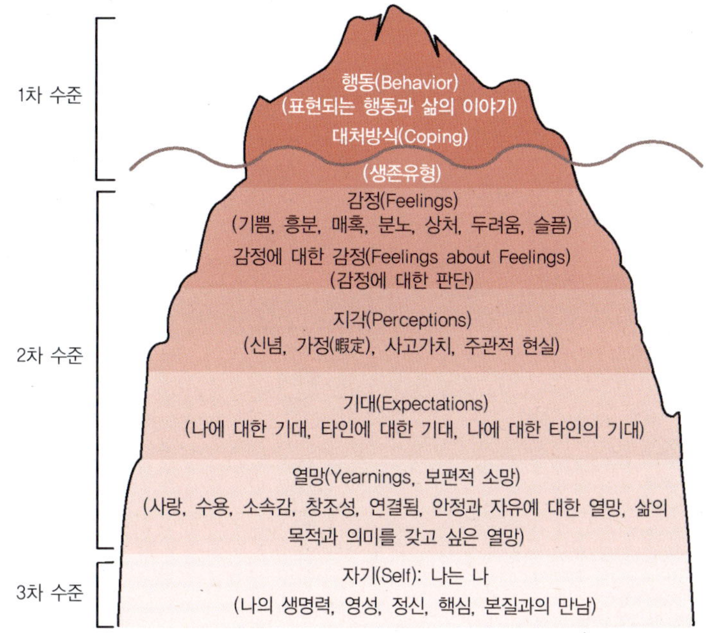

출처: Bamman(1995), A Counselling Practicum using Satir Model Workshop 자료집; 강문희 외(2006); 정문자 외(2012), 가족치료의 이해(2판), p. 185.

[그림 9-3] 사티어 모델의 빙산탐색에 활용되는 개인의 경험수준

(3) 재정의

재정의(再定義)는 부정적인 의미를 긍정적인 것으로 바꾸기 위하여 사용하는 기법으로, 행동, 감정, 사고에 내재한 긍정적 의미를 제시하는 것으로도 볼 수 있다. 치료자가 긍정적인 측면에서 행동의 의미를 강조하고, 내담자가 긍정적인 측면에서 자신이나 상대방의 행위를 볼 수 있도록 의미를 재정의하는 것은 곧 내담자의 문제에 새로운 의미를 부여하는 것이다. 이는 내담자로 하여금 행동을 조절할 수 있다는 생각을 하게 해 주어 긍정적으로 변화될 수 있다는 기대를 하게 해 주는 것이다.

예를 들면, 현재 힘들고 어려운 상황 때문에 모든 것을 자포자기한 내담자가 있다고 가정(假定)하자. 이때 치료자는 그에게 현재 겪고 있는 혼란과 고통은 성장과 발전을 위해 치러야만 할 어려움이라고 재정의해 줄 수 있다. 이러한 재정의를 통해서 내담자는 자신의 혼란스러운 감정을 받아들일 수 있게 되고 긍정적으로 변화될 수 있다는 희망을 품게 된다.

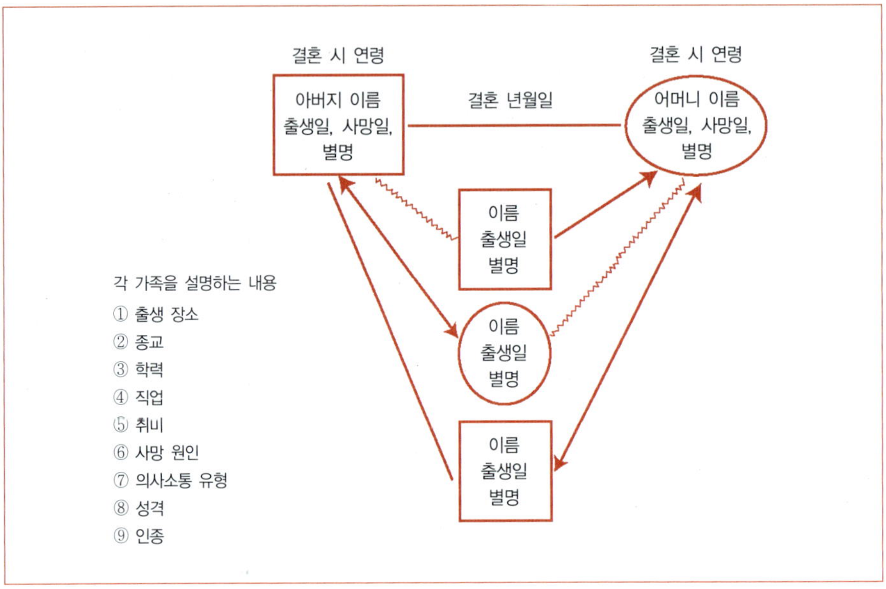

출처: 최경석 외(2006), 한국 가족복지의 이해(제3판), p. 293.

[그림 9-4] 원 가족 삼인군 치료

4) 적용 사례

A의 가족은 밀착된 가족경계가 특징이다. 몸이 작고 소극적인 IP(A)는 비행청소년은 아니었지만, 과거에 소극적 패싸움 문제가 있었고 담배를 피운 적도 있고 고립되는 등 부적응 문제가 있었다. 아버지의 기대에 들어맞지 못하는 사춘기 아들은 성적이 떨어지기 시작했고, 학교를 거부하면서 동료집단과 함께 패싸움에 휘말리기도 했다. 고 1이 되면서 가출 등의 행동을 보이고 그로 말미암아 부모의 불화 문제는 극심해지기 시작했다. 어머니의 정보에 의하면, A는 정신적으로 건강한 생활을 되찾았는데도 교사와 반 친구들 사이에서 집단따돌림 문제가 계속되었고, A는 아직도 학교를 거부하고 있다고 호소하였다.

최근 몇 개월 동안 A는 패싸움 집단에도 가지 않고 가출의 행동도 보이지 않았지만, 아버지(44)와의 관계에서 많은 스트레스를 받으며 회피하는 가족관계 문제를 가지고 있었다. 아버지는 책임감이 강하며 작은 회사에서 운전기사로 일해 왔다. 아버지는 고정된 가족의식과 가부장적이며 일관된 가족규칙을 선호하였다. 그는 가족의 스트레스에 대해 무관심하며 가족에게 감정적이며 다급하고 강박적이며 일 중독적인 경향이 있었다. 그는 외향적이며 원리원칙을 내세우나, 어릴 때 원 가족 학대와 방임적 영향에 의해 수치심에 관련된 문제를 많이 가지고 있었다. A의 아버지는 성실하므로 직장에서 신임을 얻고 있지만, 비교의식과 열등감이 많고 이중 구속적 부부관계, 그리고 아들에 대한 죄의식과 불만 등의 양가감정이 있었다(이현경, 2010).

4. 해결중심 단기 가족치료 모델

1) 발달배경과 기본 개념

(1) 발달배경

해결중심 모델은 MRI의 전략적 치료모델을 토대로 성장하였다. 이후 1978년에 설립된 밀라오키(Milawaukee)의 단기 가족상담센터를 중심으로 드 쉐이저(S. De Shazer)와 버그(Insoo Kim Berg) 부부가 중심이 되어 쌓은 훈련과 경험을 기초로 하여 해결중심 가족상담 모델을 발전시켰다. 이들은 알코올, 약물 중독이나 마약 중독자, 우울증, 노이로제 환자, 거식증 환자 등 다양한 증상의 내담자를 다루고 있다(강문희 외, 2006).

이 모델의 기본 전제는 무엇보다도 내담자의 잠재적인 변화 요구를 중요시하고 문제 해결 능력을 인정한다는 것이다. 즉, 내담자는 진심으로 지금의 모습과는 다른 모습으로 살아가기를 원하기 때문에 미래에 대한 기대와 더욱 나은 삶을 살 수 있는 자원이 있다고 보는 것이다. 그러므로 이 모델에서 치료자와 내담자는 상호 협력적 관계로서, 치료자는 내담자에게 지시적으로 가르치기보다는 내담자가 자신의 목표를 알도록 상황을 제시해 준다. 그리고 성공할 수 있다는 자신감을 심어 주는 역할을 하게 된다. 내담자의 문제는 내담자 자신이 치료자보다 더 많이 알고 있다고 보는 것이다. 따라서 내담자 스스로 해결 방안과 제일 나은 방법을 찾을 수 있도록 치료자와 내담자는 함께 노력해 가야 한다.

해결중심 모델의 기본 전제를 바탕으로 상담에 대한 철학이나 방향을 다음 몇 가지로 제시하고 있다. 이 모델이 갖는 기본 철학은 병리적인 문제보다는 건강하고 긍정적인 면에 초점을 두는 것이다. 즉, 내담자의 역기능적인 측면에 관심을 두기보다는 성공한 것이나 잘하는 것에 초점을 둔다면 내담자가 스스로 바람직한 변화를 촉진한다는 것이다. 이때 내담자는 자신의 장점, 강점, 자원 등을 발견하여 치료에 사용하게 된다. 내담자는 낮은 자존감이나 열등감으로 자신의 에너지를 소모하는 경우가 많다. 치료자는 그런 내담자들을 더욱 긍정적인 모습으로 변화시키기 위해 그들이 가진 에너지나 자원을 활용할 수 있도록 안내해 주는 것이다.

해결중심 모델의 발달에 핵심적인 역할을 한 드 쉐이저는 문제 해결이 문제의 원인을 아는 것보다 더 중요하고, 인간은 자신의 변화에 필요한 자원이 있다고 믿었다. 따라서 치료자는 가족의 장점과 특성을 활용하도록 내담자 가족을 존중하고 격려하여야 한다는 에릭슨(Erickson)의 철학과 전략을 근거로 상담철학을 발전시켰다. 또한, 드 쉐이저는 사회구성주의의 영향을 받아 언어는 내담자의 현실을 구성한다는 상담철학을 발전시켰고, 내담자와 함께 협력적으로 문제를 해결하는 치료자 역할을 정립하였다(De Shazer, 1985). 이와 더불어 버그는 많은 임상실험을 토대로 치료자를 훈련하고, 이론을 보급하는 일에 이바지하고 있다(김혜숙 외, 2012).

(2) 기본 개념

해결중심 모델은 인간에 대한 기본적 신뢰를 바탕으로 한다. 가족 대부분은 실제 생활에서 성공한 경험이 있다. 따라서 그것을 근거로 하여 문제를 해결할 수 있는 잠재 능력을 갖추고 있다고 본다. 이 모델을 지지하는 치료자는 문제의 원인을 알아내기보다는 문제가 해결된 것을 어떻게 알 수 있는가를 아는 것이 더 중요하다고 생각한다. 그래서 문제의 내용보다는 해결 방안에 관심을 둔다. 즉, 가족과 치료자가 함께 문제해결책을 구축하는 데 초점을 둔다. 따라서 과거의 실패보다는 성공을 찾아내어 강화하는 것이 치료 의미가 있다고 여긴다.

또한, 해결중심 모델에서는 한 부분의 변화가 체계의 변화를 가져올 수 있다는 체계론적인 견해를 옹호한다. 따라서 가족 내 한 구성원의 변화가 가족 전체의 변화를 도모할 수 있다고 생각한다. 가족은 변화를 진심으로 바라고 있으므로, 가족에게 긍정적인 변화가 일어나도록 조장하는 것이 바로 치료자의 역할이라고 보았다. 만약 가족이 변화 과정에서 저항을 나타낸다면, 그것은 치료자의 개입방법이 자신들하고 맞지 않다고 느끼기 때문이다. 그러므로 더욱 적합한 개입방법을 찾아내야 한다고 생각한다.

해결중심 모델의 기본 원리와 철학을 정리하면 다음과 같다(김유숙, 2006). 첫째, 병리적인 것보다는 건강한 것에 초점을 맞춘다. 둘째, 가족에게서 강점, 자원, 건강한 특성, 탄력성을 발견해 상담에 활용한다. 셋째, 탈(脫)이론적, 가족의 견해를 중시한다. 따라서 인간행동에 대한 가설에 근거해 가족을 사정하지 않는다. 넷째, 해결방법의 간략화를 추구해 작은 변화부터 시도한다. 다섯째, 예외적인 상황을 탐색해 문제 상황과의 차이점을 발견한다. 그리하여 문제가 발생하지 않는 상황을 증가시킴으로써 가족의 긍정적 부분을 강화한다. 여섯째, 과거의 문제보다는 미래와 해결 방안 구축에 관심을 집중하여 현재와 미래의 상황에 적응하도록 돕는다. 일곱째, 치료자와 가족이 함께 해결 방안을 발견하여 구축하는 과정에서 협력을 중시한다.

2) 치료목표와 치료과정

(1) 치료목표

해결중심 모델에서는 상담을 효과적이고 능률적으로 이끌 수 있는 목표를 구체적으로 설정하는 것이 상담을 성공적으로 이끌 수 있는 가장 중요한 요건으로 본다. 따라서 상담의 목적을 강조하고 내담자와 협동하여 상담 목표를 잘 설정하는 것을 중요시 한다. 상담의 목표 설정에 도움이 되는 원칙을 소개하면 다음과 같다(김혜숙, 2003).

첫째, 가족이 모두 동의한 것을 전제로 가족에게 가장 의미 있고 변화되어야 할 것을 목표로 삼는다. 목표를 설정하는 과정에서 치료자와 내담자는 서로 협동적인 관계를 이루어 나간다. 그래야 목표가 설정되었을 때 내담자는 치료자에게 신뢰하는 마음을 갖게 된다.

둘째, 가족이 설정하는 목표는 가능한 한 작고 구체적으로 묘사되어야 한다. 작은 변화가 큰 변화를 이끄는 것이므로 쉬운 것부터 시작되어야 실패의 가능성이 줄어들어 더 큰 목표를 향해 자신 있게 나아갈 수 있다. 즉, 달성 가능한 목표를 세웠을 때 가족은 쉽게 성취하고 성공에 대한 새로운 희망과 동기가 강화된다.

셋째, 구체적이고 행동적인 것을 목표로 한다. 가족이 제시하는 목표 대부분은 막연하고 추상적인 표현으로 이루어져 있다. 치료자는 이때 실제 생활에서 관찰할 수 있으며, 구체적이고 명확한 행동적 언어로 목표를 설정하도록 도와주어야 한다. 목표를 명확하고 구체적인 행동으로 설명하였을 때, 가족은 성공에 대하여 즉각적으로 인정할 수 있게 된다. 또 성취하지 못한 이유 파악과 대체 방안의 모색이 쉬워진다.

넷째, 가족이 목표를 설정할 때는 가족이 하지 말아야 할 것을 목표로 정하기보다는 할 수 있는 것을 목표로 정하는 것이 더 효과적일 수 있다. 버그(1991)에 의하면, 가족에게 문제가 되는 것을 없애기보다는 있는 것에 관심을 두고, 긍정적인 단어로 목표를 설정하였을 때 더욱 효과적이었다고 하였다.

다섯째, 목표를 시작으로 간주한다. 가족은 대부분 그들의 문제와 목표에 대하여 알고 있으나 막연하고 혼돈된 경우가 많다. 현재의 단계에서 구체적으로 무엇을 시작해야 할지 모를 수 있으므로, 아주 작고 긍정적인 것에서부터 시작하여 변화를 꾀하는 것이 필요하다.

여섯째, 가족의 실생활에서 현실적이고 성취 가능한 것을 목표로 한다. 목표가 비현실적일수록 상담은 성공과 거리가 멀어진다. 가족이 실제 생활에서 성취 가능한 것을 목표로 삼는 것이 중요하다. 가족의 목표가 비현실적이면 상담자가 실생활에서 실현 가능한 것을 찾아내도록 돕고 현실적 성취가 가능한 목표를 삼도록 조정해 주어야 한다.

일곱째, 가족에게 목표를 실행하는 것은 어렵지만, 가치 있는 일임을 알려준다. 가족은 아무리 쉽고 성취 가능한 목표라도 변화를 시작하는 것 자체가 어려운 일이라는 것을 알아야 한다. 새로운 것과 변화를 시도하는 것은 내면의 많은 에너지가 있어야 하는 어려운 일이다.

(2) 치료과정

치료과정은 크게 세 부분으로 구성되고 60분 정도가 소요된다. 첫째, 45분 내외 동안 치료자의 상담이 진행되고, 일면경 뒤나 모니터실에 있는 관찰팀은 상담과정을 관찰하면서 필요하면 인터폰이나 전화로 개입한다. 둘째, 치료자가 관찰팀에 가서 10분 정도 함께 상담과정을 검토하고, 치료자와 내담자 가족의 관계유형과 전달할 메시지에 대해 의논한다. 셋째, 치료자가 상담실로 돌아와서 5분 정도 내담자 가족에게 메시지를 전달한다.

이처럼 해결중심 모델은 치료자와 관찰팀이 전체 상담과정에 함께 참여하는 것이 특징이다. 이러한 특징으로 말미암아 문제상황과 상담 목표, 자원과 해결책 구축에 대한 객관적이고 다양한 관점을 얻을 수 있다. 또한, 현실적이고 효과적인 접근이 가능해지는 이점이 있다. 그리고 치료자와 관찰팀이 10분 정도 의논하는 동안 내담자 가족은 기다리면서 치료자의 피드백에 대하여 기대와 호기심을 가지게 된다. 이로써 치료자가 전달하는 메시지를 그들이 진지하게 경청할 수 있게 된다(De Shazer & Berg, 1993; 김혜숙 외, 2012).

3) 치료자 역할과 치료기법

가족의 문제가 아무리 복잡하다고 해도 그것을 해결하는 방법은 아주 작은 단위의 행동에서 출발해야 한다고 강조한다. 치료자는 가족이 문제를 해결할 수 있는 잠재력이 있다고 믿기 때문에 그들이 가진 자원을 활용하여 스스로 문제 해결을 할 수 있도록 도와주어야 한다. 즉, 치료자는 가족이 아직 잘 사용하지 못하는 능력을 발견해 주어 문제를 잘 해결해 갈 수 있도록 이끌어 주어야 한다.

해결중심 모델에서는 가족에게 하는 질문이 문제 해결에 도움이 된다는 믿음을 가지고 있다. 상담을 통하여 가족이 과거에 성공적이었던 경험을 근거로, 자신들의 능력을 인정하고 무언가를 성취하고 있다고 느낄 수 있는 질문을 한다. 따라서 이 모델에서는 상담 과정에서 문제 해결을 위한 방안을 수립하는 데 필요한 질문을 개발·발전시켜 왔다. 일반적으로 해결 지향적인 질문에는 다음 다섯 가지가 널리 활용된다.

(1) 면담 이전의 변화를 알아보는 질문

흔히 가족은 문제가 가장 심각할 때 상담을 신청한다. 그런데 상담 날짜가 잡혀 그들을 만나보면 문제의 심각성이 많이 완화된 경우를 볼 수 있다. 따라서 해결중심 모델에서는 이러한 상담 이전의 변화를 관심 있게 관찰한다. 이를 근거로 가족의 잠재능력을 찾아내어서 가족이 발견하지 못한 해결 방안을 제시한다. 이때 치료자는 심각했던 문제가 어떻게 완화되었는지를 가족 스스로 확인할 수 있는 질문을 한다. 그들이 실행한 방법에 대하여 인정해 주고 도움 없이 스스로 해결한 점을 칭찬해 주며, 그것을 확대 적용할 수 있도록 격려한다.

(2) 기적 질문

기적 질문은 현실 변화의 구축과 가능성에 대한 자기상을 형성하는 것으로, 문제가 해결된 상태를 상상해 보고 해결하기 원하는 것들을 구체화해 상담 목표를 설정하는 데 도움을 주는 기법이다. 질문 과정에서 해결 상황에 대한 그림을 작은 것에서부터 점차로 확대해 가도록 한다. 가족은 이 질문을 통하여 기적을 만드는 사람은 바로 자신들임을 깨닫게 되며, 문제 해결을 위해 작은 일부터 시작해야 함을 알게 된다. 또한, 변화된 상황을 구체적으로 상상해 보며 이것 자체가 상담 목표임을 인식하게 되는데, 바로 이러한 내적인 과정이 변화의 근거가 된다.

기적 질문은 문제와 분리하여 해결을 상상하게 하는 것이다. 이것은 상담을 통하여 변화되기 원하는 것을 설명하게 하며, 문제에 대한 집착에서 벗어나게 한다. 기적이 일어난 것처럼 하려면 무엇부터 시작해야 하는지 등을 물어본다. 처음에는 가정해서 물어보지만, 점차로 내담자의 의지에 관하여 질문하며, 내담자가 긍정적으로 응답하도록 질문하는 것이 중요하다. 그리고 이를 위해 실제 생활에서 실행할 수 있는 것은 무엇인지에 대하여 질문함으로써 현실 생활과 연결하도록 해야 한다.

(3) 예외 질문

예외 질문은 성공 경험과 현재 잘 기능하고 있는 점을 발견하는 질문을 말한다. 문제 해결을 위해 우연이지만 성공적이었던 방법을 찾아내어 의도적으로 물어보는 것이다. 특히 문제에 관하여 부정적인 사고로 이를 제거하려고 몰두하는 것보다, 해결 방안을 찾으려는 방법에 더욱 관심을 집중시키는 질문이 예외 질문이다. 우리는 일상생활에서 성공적으로 잘하고 있으면서도 이를 의식하지 못하고 있거나 우연하게 효과적인 행동을 하는 경우가 많다. 여기서는 그것을 발견하여 성공적인 행동을 의식적으로 강화시키는 기법으로 질문을 활용한다.

(4) 대처 극복 질문

대처 극복 질문은 만성적인 어려움과 위기로 절망하며 비관적인 상황에 있는 내담자를 다룰 때 유용하게 활용될 수 있다. 어려운 상황에 부닥친 내담자에게는 약간의 성공감을 느끼게 해 주는 이러한 질문이 도움을 줄 수 있다. 또한, 내담자의 경험을 활용하여 새로운 힘을 갖게 하고 자신의 자원을 찾아내도록 하는 데 도움이 된다.

내담자는 치료자가 던지는 질문에서 자신들이 어려운 상황에서 가까스로 대처해 온 방법이나 어쩔 수 없이 해온 행동에 대하여 답한다. 이때 자신의 능력을 발견하게 되고, 해결 방안을 구축하게 된다. 처음에는 이러한 질문에 당황스러워하지만, 점차 부정적인 자아상에서 벗어나 자신의 잠재능력을 수용하게 된다. 그리고 이러한 과정에서 더욱 잘 될 것이라는 기대와 희망을 품게 된다. 이때 치료자는 내담자가 어려운 상황에서도 해결을 위해 노력한 점 등을 칭찬해 주며, 그가 극복할 수 있다는 힘과 능력이 있음을 확인시켜 준다.

(5) 척도 질문

척도 질문은 가족문제의 심각성 정도를 평가하거나 상담의 달성 정도를 평가하는 데 유용하게 활용된다. 또 해결 방안 구축과 관련된 정보를 제공한다. 그리고 변화에 대한 동기를 강화하고, 다음 단계로 가기 위해 무엇을 해야 하는지를 확인하기 위해 만들어진 질문이다. 이것은 수치로 내담자의 수준을 표현할 수 있는 단순한 척도이기 때문에 어린아이부터 노인에 이르기까지 쉽게 사용할 수 있다. 질문 내용으로는 문제 해결에 관한 전망이나 동기에 관한 것, 자아존중감에 관한 것, 진전(進展) 상태와 관계를 평가하는 것으로 이루어져 있다.

위의 다섯 가지 질문 외에 치료 효과의 유지와 강화를 위한 질문이 있으며, 변화가 없거나 상황이 더 나빠졌다고 생각할 때 사용하는 질문이 있다. 전자는 지난번 상담 이후 변화한 것을 이끌어 내는 질문이며, 긍정적인 변화에 대한 질문이다. 또 내담자의 긍정적인 변화를 인정해 주며 가치를 확인하는 질문을 말한다. 후자는 나빠진 상황을 극복하는 방안이나 조금이라도 도움이 된 것은 무엇이었는지를 찾아보는 질문을 말한다.

4) 적용 사례

도벽과 성적부진, 학교부적응, 무단결석, 빈약한 또래관계, 표현력 부족, 우울상태와 복통 등의 신체증상이 있는 딸(14)이 어머니의 권유로 상담실에 왔다. 가족으로 오빠(16), 남동생(12)은 문제없이 학교생활을 하고 있고, 부모사이도 원만하며 어머니가 적극적이고 책임감이 강하다.

상담가는 2회기에 걸쳐 어머니와 딸(IP)에게 해결중심 모델을 적용하여 상담하였다. 1회기에는 상담진행방법, 관찰팀 존재와 역할 소개, 상담자 소개를 하였다. 상담목표를 설정하기 위해 상담을 받은 뒤 바라는 변화에 대해 질문한 결과, 어머니는 딸의 도벽이 없어지는 것, 친구와 잘 어울리는 것을 말했고, IP도 이에 동의하였다.

두 번째로 IP의 잠재력을 발견하고 인정하기 위해 좋아하는 과목을 질문하니 IP가 국어, 동화책 읽기라고 하였다. 그런데 IP가 친구 이야기만 하면 우는 것을 보고, 관찰팀에서는 그 이야기를 다루라고 자문하여 상담가는 최근 속상했던 일을 질문하였다. 그러자 어머니의 대답은 친구 세 명이 IP에게 '자신감이 없는 너하고 친구 안 하겠다'고 했고, 그때의 충격으로 IP는 학교에 가지 않았다고 한다. 그때 어머니의 대처방법은 딸의 친구 부모들에게 전화하여 IP 상태를 이야기하고 협조를 부탁하여 딸의 친구들에게 그렇게 한 의도를 질문하니 딸의 친구들의 대답은 "그냥 충고하려고 했는데 IP가 결석해서… 미안했다"고 말했다고 한다. 다음부터 그렇게 얘기하지 말라고 어머니가 말을 맺었다(정문자 외, 2006; 최규련, 2008).

5. 여성주의 가족치료 모델

1) 주요개념

여성주의 가족치료의 주요개념은 ① 중립성의 문제, ② 권력과 성, ③ 상보성의 문제, ④ 사회적 배경, ⑤ 과정 대 내용, 그리고 ⑥ 순환적 인과론 대

직선적 인과론 등이다(최경석 외, 2006).

(1) **중립성의 문제**

여성주의 가족치료자들은 중립성을 지키는 것은 가정폭력을 설명하지 못하여 불평등을 감추게 하고, 인간관계 내에 있는 권력에 대해 고려하지 못하게 하기 때문에 가족치료를 받는 여성에게 해가 된다고 본다. 좀 더 나아가 가족치료의 중립성은 여성에 대한 남성의 지배를 강화하는 가부장적 관점 혹은 남성 중심적 관점이라고 지적되기도 한다.

(2) **권력과 성**

여성주의 가족치료자들은 부부의 권력구조를 보면 부인의 행동은 자신이 경제력이 없고, 남편과의 관계에서 다른 종류의 권력이 없기 때문에 부인이 남편과의 권력에서 뒤로 물러나 있다고 보고 있다. 또한, 그들은 성을 가족체계를 조직하는 기본원칙이며 사회에 존재하는 사회위계 중 하나이고, 여성은 남성보다 권력을 덜 갖고 있는 것이 현실이라고 본다. 이러한 현실은 여성을 억압하는 사회, 정치, 종교적 체계의 직접적인 직선적 결과로 보고 있다.

(3) **상보성의 문제**

가부장적 이데올로기 안에서 가족의 역할은 일의 세계보다 더 좋은 분리된 장소이며 상보적 관계의 장소라고 볼 수 있는데, 상보성이란 '이것 아니면 저것' 같은 강요된 선택이라고 할 수 있다. 여성주의 가족치료자들은 그런 강요된 선택 혹은 이분법은 개인에게 선택의 자유를 제한하기 때문에 '이것과 저것' 외에 다양성이 존재해야 한다고 주장한다.

(4) **사회적 배경**

여성주의에서는 사람이 존재하는 그 사회적 배경이 인간의 행동을 결정하는 중요한 요인이라고 보고 있다. 여성주의 가족치료자들은 가족의 문제를 제대로 이해하기 위해서는 가정에 영향을 주는 사회적 배경을 고려해야 한다는 것이다.

(5) 과정 대 내용

여성주의 가족치료자들은 체계이론에서 주장한 논리, 즉 많은 가정에서 공통된 상호작용패턴으로 밝혀진 것들이 여성을 병리화하고, 사회가 만들어온 문제를 여성이 만들었다고 비난한 것을 반박하고 있다. 예를 들면, 과잉개입하는 어머니와 과소개입하는 아버지의 경우, 남성은 가정을 돌보지 않고 오로지 직장 일만 하면 된다는 것, 즉 우리 사회의 직업문화와 가부장적 유산의 결과인데, 이것을 부인이 과잉개입함으로 남편이 과소개입하게 된다는 상호작용패턴으로만 봄으로써 여성을 병리화한다는 것이다. 따라서 여성주의 가족치료자들은 가족의 문제를 제대로 이해하기 위해서는 가족구성원의 상호작용방식뿐만 아니라 상호작용의 내용과 과정에 참여하는 가족구성원에게 주는 의미가 고려되어야 한다고 보고 있다.

(6) 순환적 인과론 대 직선적 인과론

여성주의 가족치료자들은 인간관계를 완전히 설명하기 위해서는 순환적 인과론의 개념뿐만 아니라 직선적 인과론, 즉 직선적 사고도 필요하다고 보고 있다. 왜냐하면, 직선적 인과론은 가족 역기능 형성 전(前)의 사건, 구조, 문화적 관습 등을 이해하도록 돕기 때문이다. 따라서 가족 내 인간 상호작용의 복잡성을 충분히 설명하기 위해서는 개인발달과 심리, 가족 상호작용, 사회적 혹은 역사적 배경 등 세 가지 차원에서 살펴보아야 한다.

2) 치료목표

여성주의 가족치료는 기존 가족치료의 큰 틀에는 동의하지만 여성주의의 이론과 가치, 방업을 우선으로 중시하는 모델이다. 여성주의 가족치료 목표는 성차별적 사회화의 결과로 가족에서 여성이 겪는 독특한 문제를 대상으로 하고, 여성이 불이익을 당하지 않도록 가족문제의 해결을 유도하여 주는 것이다. 또 가족 전체의 요구와 가족구성원의 개별화된 요구에 의하여 가족문제를 성적 고정관념의 문화, 권력관계와 관련시켜 보려 하고, 가족구성원의 상호작용을 사회제도에 연계시켜 도움을 주고자 한다. 그리고 가족구성원을 가부장주의에 입각한 전통적 가족구조에 적응하는 데 있지 않고 전통적 가족구조를 변화시키는 데 있다.

3) 치료기법

치료전략과 기법은 클라이언트 행위의 전후맥락을 변화시키고 그것에 도전하는 점이 중시된다. 특히 성차별적인 전통적 구조와 제도를 평등하게 변화시키는 데 전략의 초점이 맞춰진다. 여성주의 가족치료에는 ① 성 역할의 분석, ② 남성과 여성 클라이언트 간 권력균형의 변화, ③ 여성 클라이언트에게 힘 부여하기, 그리고 ④ 기술훈련 등의 기법이 사용되고 있다(김규수·오현숙, 2006).

(1) 성 역할의 분석

성 역할의 분석기법에는 첫째, 남녀 간 성차에 의한 지위와 권력의 불평등을 고려하도록 클라이언트를 교육하며, 둘째, 남성의 근친강간이나 구타 등 학대행위를 사회가 남성에게 폭력을 조장시키는 것으로 재규정하며, 셋째, 클라이언트가 제기하지 않더라도 치료자가 성 역할의 쟁점을 제기하며, 넷째, 본가(本家)의 문제를 다룰 때 성 역할의 쟁점을 도입하며, 다섯째, 이혼이 남성과 여성에게 차별적으로 영향을 미치는 것에 대해 논한다. 여섯째, 사회화의 영향을 받은 문제에 대해 클라이언트가 내린 규정을 재규정하고 이에 대해 도전하며, 일곱째, 클라이언트에게 남성과 여성에게 억압적 역할에 대해 교육한다.

(2) 남성과 여성 클라이언트 간 권력균형의 변화

남성과 여성 클라이언트 간 권력균형의 변화를 이루기 위해서는 첫째, 클라이언트가 남녀 간 평등한 관계의 발달을 위해 도전하도록 하며, 클라이언트에게 대안적 성 역할 행동을 제시하여 준다. 둘째, 부부가 더욱 평등하게 자녀양육의 책임을 지도록 논의하게 하며 가사책임을 평등하게 분배하는 것에 대해 논의하게 한다. 셋째, 개인의 행복이 결혼 관계를 유지하기 위해 희생되어서는 안 된다는 점을 지적하여 주며, 가족문제를 설명하기 위해 성차별적이지 않은 가정(假定) 등을 제공한다. 그리고 자녀에게 부여된 성 역할에 고정적으로 얽매이지 않도록 지원한다. 넷째, 남녀 클라이언트에게 변화의 책임이 같이 있다는 태도를 보이며, 남성과 여성의 역할을 함께 할 수 있도록 도전시킨다. 그리고 여성 클라이언트가 가족 외부에서 지위를 획득할 수 있는 일에 개입할 수 있도록 지도하여 준다. 다섯째, 예견된 성 역할의 변화를 촉진할 수 있도록 가족이 지지망을 발달시키는 것을 도우며, 전통적 성 역할을 극복하는 클라이언트의 행동을 지원하여 준다.

(3) 여성 클라이언트에게 힘 부여하기

여성 클라이언트에게 힘을 부여하기 위해 치료자는 첫째, 여성 클라이언트가 가족에 이바지하는 것을 강조함으로써 클라이언트의 자부심 증진, 역량강화, 의사결정과 자기주장 등을 격려하고 고취해 주어야 한다. 둘째, 클라이언트가 남성에게 지지를 얻기보다 그녀 자신의 사회적 지지망을 개발하도록 격려하여 준다. 셋째, 클라이언트가 자신의 의존성 유형을 파악하고 다루도록 가르치며, 여성이 전통적이고 비전통적인 역할을 하도록 능력을 지원하여 준다. 넷째, 가정 내외에서 자신의 삶에 대해 논의하는 여성 클라이언트를 도울 뿐만 아니라 개인적 시간에 대해 논의하려는 이들을 돕는다.

(4) 기술훈련

치료자는 클라이언트에게 첫째, 여성 클라이언트가 화를 낼 때 나-전달법과 같은 기능적 자기주장의 방법으로 의사표현을 할 수 있도록 교육시킨다. 둘째, 클라이언트가 새로운 성 역할행동을 익히는 것을 돕기 위해 역할연기를 시킨다. 셋째, 여성 클라이언트가 남편과 아동의 요구에 덜 민감하도록 하고, 자신의 요구를 평가하고 충족하도록 가르친다. 넷째, 남성 클라이언트가 자신의 감정을 인식하고 표현하도록 하고 가족의 정서적이고 양육적인 욕구를 충족시키도록 가르친다.

4) 치료자의 역할

가족치료자의 역할은 첫째, 클라이언트와 치료자 간 관계가 매우 평등한 관계라고 강조하며, 둘째, 치료자는 숙련가라기보다는 촉매자 역할을 하며, 셋째, 치료자는 자신의 가치를 클라이언트에게 명백하게 밝힌다. 그리고 넷째, 도구적(instrumental) 행동과 표출적(expressive) 행동 양자를 모델화해 주고 여성의 성 역할 가치에 대해 명백하게 의사소통하게 하며, 가족과 협력적 역할을 맡으며 클라이언트가 자신의 변화와 성장을 스스로 평가하도록 격려하여 준다. 한편, 여성주의 가족치료자들인 존스(Jones, 1990), 쉐인버거(Sheinberg, 1992), 노스워디(Norsworthy, 2000) 등은 치료자의 주요역할을 다음과 같이 제시하였다.

(1) 진단검사와 낙인 사용 않기

진단검사와 낙인(label)은 여성에게 편견을 갖게 하고, 치료자의 권력을 크게 하며 검사결과는 일시적인 것이 아니라 영원한 특성으로 인식될 가능성이 있으므로 사용하지 않는다.

(2) 치료 목표와 규칙에 대한 계약

치료의 목표와 규칙에 대해 계약하는 것은 치료과정의 한 부분인데, 이러한 작업은 치료자의 권력을 제한하여 주며, 여성 클라이언트의 협상기술을 높여 준다.

(3) 소비자의 입장에서 클라이언트 목표설정

클라이언트는 소비자의 입장에서 자신의 목표를 설정하고, 치료자의 서비스를 평가하게 된다. 클라이언트가 자신의 성 역할이 어떻게 형성되었고, 이것이 자신에게 어떤 득실을 가져왔는가를 분석하도록 돕는다.

(4) 클라이언트를 사회화하게 하기

치료자는 클라이언트가 여성의 역할로 사회화됨으로써 당했던 불이익을 인식하게 됨에 따라 생기게 되는 분노의 처리를 돕는다.

(5) 남성적 이상형에 도전하게 하기

엄격하고 합리적이며 인지적인 문제해결 접근법으로 대표되는 남성적 이상형에 도전하기 위해 정서적 표현에 대한 확인이 사용된다.

(6) 클라이언트의 의존성 감소시키기

시간제한적 치료와 행동목표가 의존성을 감소시키고 클라이언트 생활에서 행동을 활성화시키기 위해 사용된다.

(7) 정치적인 것과 개인적인 것 구분하게 하기

클라이언트가 정치적인 것과 개인적인 것을 구분하도록 치료자가 도와줌으로써 여성은 자신의 요구와 사회적 요구 간의 차이를 구분할 수 있으며, 자신의 경계를 더욱 명확하게 규정할 수 있다. 이해와 통찰력은 여성에게 힘을 부여하고 행동으로 옮기도록 도와주며, 클라이언트가 변화의 책임이 있다는 인식을 갖도록 도와준다. 치료자가 자신을 노출시키는 것은 치료자와 클라이언트 간에 여성으로서 겪게 되는 경험의 공통성을 강조하여 주는 것이고, 전문가의 성격을 덜 강조하는 것이다. 과제는 치료에서 다루어진 것 이상의 것이 제공될 수 있으며, 클라이언트에게 문제해결을 위한 도구가 제공된다.

(8) 여성 클라이언트 상호간 신뢰감 배우게 하기

치료자의 권력을 약화시키고 여성이 서로 간에 신뢰하도록 배우고 여성문제의 공동성을 인식하는 것을 돕기 위해 집단이 활용된다.

6. 이야기치료 모델

이야기치료 모델은 포스트모더니즘의 완벽한 표현이라고 할 수 있다. 지식은 발견되는 것이 아니라 구성되는 것이라고 말할 때, 가족치료의 주도적 접근법에서 사람들이 행동하는 방식이 아니라 사람들이 의미를 구성하는 방식에 관심을 가지는 것은 매우 당연하다고 하겠다. 삶은 복잡하기 때문에 우리는 이를 설명하는 방식을 발견한다. 이들 설명, 즉 우리가 우리에게 하는 이야기가 우리의 경험을 조직하고 우리의 행동을 형성한다는 것이다.

이야기 운동의 창시자는 마이클 화이트(Michael White)다. 그는 부인 세릴 화이트(Cheryl White)와 함께 호주 아델레이드(Adelaide) 소재 덜위치(Dulwich) 센터에서 일하면서 훈련, 임상, 집필을 하고 있다. White는 원래 공학자였는데 기계보다는 사람들과 함께 일하는 것이 더욱 흥미가 있음을 발견하고 사회사업으로 전공을 바꾸었다. 이 같은 배경을 감안하면, 그가 철두철미한 반기계론자이고 기계적 성격을 지닌 체계론적 사고와 사이버네틱스를 거부하였다는 것이 전혀 놀랍지 않다. 그는 사람이 어떻게 세계를 지도화(地圖化)하는가에 관심을 가졌다. 나아가서 그는 제도의 비인간화 양상을 비판하는 미셀 푸코(Michel Foucault)의 영향을 받아서, 어떻게 문제가 사람에게 영향을 주는가에 대한 이론을 발달시켰다.

이야기치료는 존경심을 가지고 비난하지 않는 접근을 중요시하며, 사람들을 그들의 삶의 전문가로 간주한다. 이 치료는 문제와 사람을 분리해서 보며 사람들은 문제와의 관계를 변화시키는 데 도움이 되는 여러 기술(능력, 신념, 가치, 헌신)을 가지고 있다고 전제한다. 이야기치료는 때로 '다시 쓰는' 혹은

'다시 이야기 하는' 대화를 포함하는 것으로 알려져 있다. 이 같이 이야기는 이야기치료에서 매우 핵심적인 위치를 차지하고 있다. 이야기 치료자는 이야기를 '지배적 이야기'와 '대안적 이야기'의 측면에서 본다. 예를 들어, 나는 스스로에게 '훌륭한 운전사'라는 이야기를 쓸 수 있다. 내가 운전을 잘했던 경우가 많고 잘 못했던 경우도 있겠지만, 나의 이야기에서는 잘했던 경우만 선별되고 이들이 우세해지는 것이다. 일단 우세해지면 이들 사건은 서로 연계되고 시간이 지남에 따라 훌륭한 운전사라는 이야기를 형성하게 된다. 이 같은 지배적 이야기는 현재 나에게 영향을 줄 뿐 아니라 앞으로 행동이 가지는 의미에 영향을 미친다. 흔히 클라이언트의 지배적 이야기는 문제로 가득 찬 이야기다. 이에 따라 이야기 치료자는 대안적 이야기를 추구하는 데 목표를 둔다. 이 대안적 이야기는 문제의 영향력을 감소시키고 새로운 삶의 가능성을 추구하게 만든다(Nichols & Schwartz, 2005, 이원숙, 2012 재인용).

1) 이야기치료의 주요한 치료기법

이야기치료의 주요한 치료기법은 외재화(externalization)다. 외재화는 새로운 말하는 방식이라고 할 수 있다. 이야기치료에서는 외재화를 기법이나 기술이 아니라 대화에서의 태도이며 지향점이라고 주장할 정도다. 예를 들어, "나는 우울증을 가진 사람이다." 대신 치료자는 "우울증이 당신을 밖에 외출하기 어렵게 하고 있다."와 같은 방식으로 이야기함으로써 우울증이라는 문제를 외재화하는 것이다. 외재화 질문의 예는 다음과 같다.

- "무엇이 이 문제를 확대시킵니까?"
- "무엇이 이것을 축소시킵니까?"
- "누가 이것으로부터 이득을 얻습니까?"
- "누가 이 문제를 정당화하거나 방어할까요?"
- "누가 이 문제와 이 문제의 의도를 반대할까요?"

2) 이야기치료의 장단점

이야기 접근법의 강점이자 단점은 바로 인지에 대한 초점이다. 이야기치료의 장점은 가족이 역기능적 순환고리에 고착되어 있다는 사이버네틱 모델을 거부함으로써 문제가 있는 가족에게 무엇인가 잘못되었다는 생각을 거부하였다. 또 이야기치료는 가족을 넘어서 가족이 자리한 문화적 가설에까지 관심을 넓혔다. 반면, 단점은 가족치료의 세 가지 주요 개념, 즉 심리적 증상은 흔히 가족갈등에 관련된다는 것, 인간 문제를 상호 사고하는 것, 그리고 가족을 하나의 단위로 보는 것까지 무시해 버렸다.

3) 이야기치료의 단계

이야기치료의 단계는 ① 외재화: 사람이 문제가 아니다, ② 사람과 문제 중 누가 책임이 있는가, ③ 문제 이야기의 행간 읽기, ④ 전체 이야기 다시 쓰기, ⑤ 새로운 이야기 강화하기, 그리고 ⑥ 파괴적·문화적 가설 해체하기의 순으로 진행된다.

PART 04

가족복지 실천의 이슈

CHAPTER 10

빈곤: 어떻게 극복할 것인가?

학습 목표

- 빈곤의 개념을 설명할 수 있다.
- 빈곤의 발생요인을 설명할 수 있다.
- 빈곤가족의 실태와 빈곤율 전망을 설명할 수 있다.
- 빈곤가족의 문제를 설명할 수 있다.
- 빈곤가족을 위한 대책을 제시할 수 있다.

1. 빈곤의 개념

빈곤의 개념은 특정 시대, 사회, 국가, 그리고 학자에 따라 매우 다양하게 정의한다. 또한, 같은 사회나 국가 내에서도 사람에 따라 다양하게 정의할 수 있다. 그 이유는 빈곤의 기준점을 각각 다르게 두기 때문이다. 따라서 어떤 사회나 국가에서 빈곤층에 해당하는 사람이 다른 사회나 국가에서는 빈곤층에 해당하지 않을 수 있다. 이처럼 개별적 기준은 다르지만, 일반적인 개념으로 빈곤을 크게 절대적 빈곤과 상대적 빈곤으로 구분한다.

첫째, 유엔(UN, 국제연합)에서 규정하는 절대적 빈곤이란 '기본적인 인간의 욕구, 예를 들면 식품, 안전한 식수, 하수설비, 건강, 주거, 교육, 정보 등이 심각한 박탈에 처한 상태'를 의미한다(Gordon & Spicker, 1999). 이 기준은 인간이 살아가는 데 절대적으로 필요한 최소한의 자원을 수치나 지수 등을 계량화한 것이다. 따라서 절대적 빈곤은 사회 변화에 따라 융통성 있게 적용할 수 없다는 한계가 있다.

둘째, 유엔에서 규정하는 상대적 빈곤이란 '사회에 통용되는 기준과 연관시켜 규정하는 것으로 주로 불평등이나 박탈'을 의미한다. 이 기준은 다른 사람들(공동체의 사회구성원 혹은 개인들 간의 비교 등)과 비교하여 빈곤을 규정한다는 점에서 빈곤이 사회적으로 규정되는 것이다(Gordon & Spicker, 1999). 그래서 상대적 빈곤은 소득, 권력, 기회 등 포괄적인 가치에서의 불평등도 포괄하는 것이다. 즉, 물질적인 개념으로 제한되지 않고, 적절한 삶의 질의 결여, 문화적 재화에 대한 접근 부재 등도 포함한다(이소희 외, 1998).

빈곤 규정의 국제적인 추세는 대체로 상대적 개념으로 유엔(국제연합)에서는 회원국별로 '전체 가구의 평균소득의 50% 미만'을 빈곤으로 규정하고 있다. 그러나 우리나라는 가구소득이 최저생계비 이하 또는 최저생계비 100% 초과 120%에 속하는 차상위계층을 더한 정도를 빈곤이라고 부르는 실정이다. 즉, 절대빈곤의 개념으로 빈곤이 정의되고 있다. 여기서 최저생계비는 국민기초생활보장법(법률 제11933호 일부개정 2014. 12. 30.) 제2조를 따르면, "'최저생계비'란 국민이 건강하고 문화적인 생활을 유지하기 위하여 필요한 최소한의 비용으로서 제20조의 2 제4항[13]에 따라 보건복지부장관이 계측하는 금액을 말한다." 이 규정에 따른 연도별 최저생계비는 〈표 10-1〉과 같다.

〈표 10-1〉 **최저생계비(2005~2016년)**

(단위: 원/월)

연도\가구	1인	2인	3인	4인	5인	6인
2005	401,466	668,504	907,929	1,136,332	1,302,918	1,477,800
2010	504,344	858,747	1,110,919	1,363,091	1,615,263	1,867,435
2011	532,583	906,830	1,173,121	1,439,413	1,705,704	1,971,995
2015	617,281	1,051,048	1,359,688	1,668,329	1,976,970	2,285,610
2016	649,932	1,106,642	1,431,608	1,756,574	2,081,540	2,406,506

출처: 보건복지부 각 연도 고시를 활용하여 구성.

13) ④ 보건복지부장관은 수급권자, 수급자 및 차상위계층 등의 규모·생활실태 파악, 최저생계비 계측 등을 위하여 3년마다 실태조사를 실시·공표하여야 한다.

〈표 10-2〉 2012년 표준가구 최저생계비 비목별 구성(4인 가구 기준)

비목	금액(원)	비율(%)
식료품비	564,330	37.7
주거비	236,908	15.9
광열수도	110,389	7.4
가구집기	43,392	2.9
피복신발	61,694	4.1
보건의료	66,560	4.5
교육	70,556	4.7
교양오락	29,020	1.9
교통통신	152,606	10.2
기타소비	88,080	5.9
비소비	72,015	4.8
합계	1,495,550	100.0

출처: 보건복지부 홈페이지(2012. 6. 1).

2. 빈곤의 발생요인

일반적으로 빈곤은 여러 요인이 결합하여 복합적으로 만들어지는 경우가 많아서 그 원인을 하나의 요인에서 찾기는 어렵다. 빈곤의 요인은 크게 미시적 요인과 거시적 요인으로 나눌 수 있다. 그리고 미시적 요인은 다시 개인적 요인과 자연환경적 요인으로 나눌 수 있다.

1) 미시적 요인

(1) 개인적 요인

개인적 요인은 개인의 동기부족, 즉 낮은 성취동기와 열망수준, 게으름, 의타심, 과다한 출산, 음주, 도박, 부적응 등과 같은 개인의 부적절한 생활태도나 도덕성 부족 등을 들 수 있다(임희섭, 1983). 또 부양의무자의 사망, 질병,

장애, 노령, 이혼, 별거, 가출, 구속, 실직 등과 같이 가족구성원으로 하여금 주어진 기능이나 책임의 전부 또는 일부를 수행할 수 없도록 하는 가족구성원의 기능 손상 요인을 들 수 있다(김태성·손병돈, 2002). 이와 같은 개인적 요인 중 일부는 다음에서 설명될 거시적 요인, 즉 사회구조적 요인과 밀접하게 연관되어 있다. 빈곤발생에 대한 인적자본이론은 '교육이나 직업훈련 등과 같은 인적자본에 대한 개인적 투자가 없거나 적으면 지식과 기술의 부족으로 말미암아 낮은 생산성이 초래되고 결국 저임금과 저소득에 이르게 되어 빈곤해진다.'라고 본다.

(2) 자연환경적 요인

자연환경적 요인은 해일, 지진, 화산폭발, 산불 등과 같은 천재지변은 해당 지역 주민에게 인적, 물적 손실을 가져와 그 지역을 빈곤하게 만든다. 또 전쟁은 한 국가 또는 일정 지역을 황폐화시키고 주민들을 빈곤하게 만든다. 한편, 화재와 같은 사고도 가족이나 가족구성원의 전 재산 또는 일부를 손실시켜 이들을 빈곤하게 만든다.

2) 거시적 요인

빈곤을 가족이나 가족구성원의 행동 또는 심리적·구조적 변화 자체만으로 발생한다고 보게 되면 사회구조적 상황이라는 거시적 요인을 간과할 수 있다. 예를 들면 경제구조, 노동시장의 특성, 국가복지제도의 전반적 성격 등이 빈곤발생의 요인이 될 수 있다는 것이다. 그러므로 빈곤이 발생하는 요인을 고찰할 때 개인적 원인만으로 접근하기보다는, 사회적 맥락에서 개인적 행위가 왜, 어떻게 등장하는지를 동시에 살펴볼 필요가 있다.

빈곤의 거시적 발생 요인을 살펴보는 데 있어 무엇보다 자본주의 사회에서 빈곤이 발생하는 본질을 인지할 필요가 있다. 자본주의 사회는 노동력이 상품으로 등장하며 노동자는 생산수단을 소유하지 못하기 때문에 자신의 노동력을 상품으로 판매해야 하는 구조이다. 노동력을 팔지 못하면 생존을 위한 수입은 얻을 수 없어서 빈곤해질 수밖에 없다. 다른 한편으로는 자본주의는 자본의 끊임없는 확대 재생산 과정을 통해 유지·존속하며 이 과정에서 값싼 노동력을 더욱더 필요로 하게 된다. 또한, 신자유주의적 경제 질서 속에서 고도로 유연화된 노동시장에서는 노동하지만, 빈곤에서 탈출하지 못하는 소위 '노동빈민'을 대거 양산하기도 한다. 결국, 상품으로 자신의 노동력을 파는 사람은 누구나 빈곤에서 벗어날 수 없으며, 자본주의는 빈곤이 필요할 뿐만 아니라 결과적으로 빈곤을 발생시키는 구조일 수밖에 없다. 한편, 빈곤의 발생 요인을 자본주의 생산방식이라는 사회구조적 요인으로만 설명할 때 빈곤이 발생하는 어느 한 나라의 특수성을 간과할 수 있다. 예를 들면 특정 나라의 정치·사회·문화적 배경과 가족구성원의 행태적 요인 등이 설명되지 못한다는 것이다. 우리나라에서 빈곤이 발생하는 사회구조적 요인은 영세농 출신 도시 이입자의 취업기회의 제한과 불안정한 취업, 농촌지역 경작규모의 영세성, 저소득층 자녀의 교육기회 제한 등으로 말미암은 빈곤의 세습화, 공공부조나 사회보장 등 소득보장 정책의 미흡, 최저임금제의 미정착과 심한 임금격차 현상, 사회복지서비스의 미흡 등이 지적되고 있다(최일섭·최성재, 1995).

경제위기를 경험한 이후 우리나라 빈곤의 주요한 원인은 실직과 비정규 노동으로의 취업이라 할 수 있다. 외환위기 직후 실업률이 8%까지 치솟았다가 미국의 서브프라임(serve prime) 사태 전까지 3%대를 유지함으로써 실업에 따른 빈곤의 문제는 해소된 것으로 보이나 사실 더 큰 문제는 대규모의 실직자(장·단기 실직자)들이 영세 자영업자로 전환되거나 비정규직으로 노동시장에 진입하는 것이다. 특히 비정규노동으로의 고용형태가 정규직으로 이동해가는 과도기적 일자리가 아니라 '덫'으로 굳어짐으로써 비정규 노동자들은 만성적인 고용불안과 저임금에 처하게 되어 빈곤상태에 머물게 된다.

3. 빈곤가족의 실태와 빈곤율 전망

1997년 국제통화기금(IMF) 경제위기 이후 두드러지는 빈곤문제는 여성 가장(가구주)의 빈곤율과 1인 가구의 빈곤율이 증가하고 있으며 경기가 회복되어도 이들의 규모가 줄어들지 않고 있다는 것이다. 즉, 빈곤이 특정 성(性)이나 인구집단과 연결되어 굳어지는 것이다. 여성가장 가구주의 빈곤화는 전세계적으로 구조화되는 매우 심각한 문제인데, 한국사회에서 이러한 현상이 발생하는 이유는 특히 유교적 전통에 기반을 둔 가부장제 관행이 사회에 뿌리깊이 남아 있기 때문이다. 실제로 많은 기혼여성이 노동시장 진입단계뿐만 아니라 노동과정에서도 사회적 배제와 차별을 받고 있으며 그 결과는 여성가장 가구주의 경제적 어려움으로 연결될 가능성이 대단히 높다(김동춘 외, 2000). 빈곤문제가 특히 심각하게 대두하는 가족유형을 보면 여성이 가족의 경제적 책임을 지는 가족 외에도, 소년소녀가장가족과 같이 저 연령층으로 구성되거나 혹은 경제적 능력이 없는 아동과 고 연령층으로 구성되는 조부모-손자녀가족, 65세 이상 노인 단독가구로 구성되는 형태를 들 수 있다.

〈표 10-3〉에서와 같이 전 가구의 경상소득에서 본 최저생계비 기준 빈곤율(1인 가구와 농어가가구 제외)은 2003년부터 2007년까지 최저 9.6%에서 최대 10.5% 사이로 전혀 나아지지 않고 있다. 또한, 〈표 10-4〉에서와 같이 도시근로자의 경상소득에서 본 최저생계비 기준 빈곤율(1인 가구와 농어가가구 제외)도 2001년부터 2007년까지 최저 4.2%에서 최대 5.7% 사이로 전혀 나아지지 않고 있다.

〈표 10-3〉 정부발표 최저생계비 기준 빈곤율(전 가구 기준, 연간)

(단위: %)

구분	소득			지출	
	시장소득	경상소득	가처분소득	소비지출	가계지출
2003	11.7	10.0	11.1	11.7	8.4
2004	11.6	9.6	10.8	10.5	7.5

구분	소득			지출	
	시장소득	경상소득	가처분소득	소비지출	가계지출
2005	12.7	10.5	11.7	12.6	9.0
2006	12.7	10.0	11.2	12.5	8.8
2007	12.5	9.7	10.9	12.2	8.7
2006[1)]	14.0	11.1	12.3	13.4	9.7
2007[2)]	13.9	10.8	12.0	13.1	9.7

주: 1) 1인 가구 포함·농어가가구 제외, 2) 1인 가구 포함·농어가가구 제외
출처: 김태완 외(2008), 2008년 빈곤통계연보, p. 35.

〈표 10-4〉 정부발표 최저생계비 기준 빈곤율(도시근로자 기준, 연간)

(단위: %)

구분	소득			지출	
	시장소득	경상소득	가처분소득	소비지출	가계지출
1999	8.6	8.2	9.3	18.5	13.0
2000	6.9	6.4	7.6	14.3	10.1
2001	5.8	5.2	6.5	11.4	7.3
2002	4.7	4.2	5.2	10.3	6.6
2003	5.9	5.3	6.1	8.7	5.8
2004	5.9	5.1	6.1	7.7	5.1
2005	6.8	5.7	6.5	9.6	6.3
2006	6.2	4.9	5.7	9.2	5.7
2007	5.6	4.4	5.1	8.6	5.3
2006[1)]	6.3	5.0	5.9	9.4	5.9
2007[2)]	5.7	4.5	5.2	8.6	5.4

주: 1) 1인 가구 포함·농어가가구 제외, 2) 1인 가구 포함·농어가가구 제외
출처: 김태완 외(2008), 2008년 빈곤통계연보, p. 35.

한편, 성명재(2005)의 연구에서는 빈곤율 변화추이에 대한 추세분석을 통해 2050년까지의 기간에 대해 빈곤율을 전망하였다. 그는 분석자료에 따라 빈곤율 추정치가 다른 만큼 미래 시점에서의 빈곤율을 예측함에는 기준시점

(2004)에서의 기준 빈곤율의 수준 차이가 영향을 미치므로 '가계조사자료'와 '가구소비실태조사자료'를 기준으로 하는 두 가지 경우에 대해 앞으로의 빈곤율을 전망하였다(최덕경·박주현, 2012).

〈표 10-5〉에서와 같이 가계조사자료를 기준으로 하였을 때 약 20년 후인 2030년의 절대빈곤율은 17.5%, 상대빈곤율은 11.0%로 예측하였다. 또 그로부터 20년 후인 2050년에는 각각 22.1%, 15.1%로 예측하였다. 그리고 가구실태조사자료를 기준으로 하였을 때 2030년의 절대빈곤율은 17.3%, 상대빈곤율은 16.0%로 예측하였다. 또 그로부터 20년 후인 2050년에는 각각 18.6%, 19.0%로 예측하였다. 그러나 이러한 예측은 자료의 포괄범위가 다르고 연구자에 따라 분석방법도 달라서 어떤 방법으로 추정한 것이 정확한지는 판단하기 어렵다. 예측치의 절대수준에 대해서는 확신할 수 없지만, 다만 최근의 소득분배구조와 빈곤율의 변화추이를 고려할 때 앞으로 빈곤율이 상당히 높은 수준까지 상승할 것임은 분명한 것으로 추정된다. 따라서 빈곤층, 나아가서는 저소득층 전반에 대해 어떤 지원정책을 마련하느냐가 앞으로의 조세·재정정책에 중요한 이슈(issue)로 크게 드러날 것이다.

〈표 10-5〉 빈곤율 전망

(단위: %)

연도	가계조사자료 기준		가구소비실태조사자료 기준	
	절대빈곤율	상대빈곤율	절대빈곤율	상대빈곤율
2004	3.09	6.70	3.60	9.82
2009	4.87	7.20	5.66	11.28
2010	5.71	8.05	6.11	11.43
2014	7.66	9.18	8.50	12.78
2015	7.98	8.38	8.99	12.79
2019	11.29	10.48	11.60	14.08
2020	11.84	10.36	12.05	14.09
2024	13.30	9.42	13.75	14.75

연도	가계조사자료 기준		가구소비실태조사자료 기준	
	절대빈곤율	상대빈곤율	절대빈곤율	상대빈곤율
2025	14.45	10.97	14.80	15.12
2029	17.11	11.09	16.65	16.15
2030	17.46	10.99	17.32	15.93
2034	20.08	12.87	17.99	16.49
2035	21.17	12.52	19.62	17.54
2039	22.51	15.43	19.77	18.07
2040	21.16	14.77	19.39	18.21
2044	23.44	15.18	19.25	18.31
2045	20.73	13.31	18.89	17.86
2049	20.23	14.11	18.69	18.99
2050	22.07	15.09	18.55	19.04

출처: 성명재(2005); 강신욱 외(2008), 저소득층 생계비 지원정책의 개선방향 연구, p. 57의 표와 p. 59의 표를 합쳐서 재구성.

4. 빈곤가족의 문제

빈곤가족은 전체 가족이나 가족구성원이 인간으로 생활해 나가는 데 있어서 기본적으로 필요하다고 인정되는 자원이나 능력을 갖추지 못하고 있다. 이로 말미암아 경제적으로뿐만 아니라 심리적·정신적으로도 깊은 갈등과 긴장과 억압상태가 지속하는 경향이 많다. 그래서 일반적으로 대다수 빈곤가족은 복합적인 문제를 가지고 있다. 가족역동성 측면에서 접근하면 빈곤가족은 크게 사회·제도적인 면, 가족행동의 집단·상호작용적인 면, 그리고 개인·심리적인 면 등의 상호작용을 통하여 복합적으로 문제가 발생한다. 불충분한 소득으로 말미암아 가족들은 늘 생활고에 시달린다. 특히 맞벌이가족은 취업과 가사, 자녀양육 등의 역할 과중으로 육체적·정신적 피로가 누적되어 가족갈등이 심화할 뿐만 아니라 이것이 가족해체의 원인이 되기도 한다. 또한, 가구주는 불안정한 취업 속에서 생계유지자라는 부담으로 현실적인 문제를 벗어나려고 알코올에 의존하거나 가정폭력의 가해자가 되기도 한다. 빈곤은 미비한 양육과 교육적 여건으로 자녀의 교육성취에 부정적인 영향을 미칠 뿐만 아니라 사회적 상향이동의 기회를 차단한다. 이처럼 빈곤가족은 빈곤의 악순환에 빠지기 쉬우며 생활에 대한 불만, 낮은 자아정체감 등을 보이기 쉽다.

그리고 가구주의 교육수준은 일반 가정의 가구주보다 낮은 편이다. 도시가계연보를 활용한 한 연구에 따르면 1996년 이후 무직 가구의 학력은 중졸과 고졸이 70~80% 정도로 나타나고 있으며, 연령별로 보면 60대 이상이 가장 많고, 가구규모별로 보면 2인 가구가 가장 많은 것으로 나타났다. 또한, 낮은 교육수준은 직종이나 소득과 밀접한 관련을 맺고 있다. 한국노동연구원(1999)이 도시 저소득층 가구의 생활실태를 조사한 결과로는 도시 저소득층의 취업형태가 임시·일용직으로 불안정한 고용구조를 보이고 있으며, 실업과 취업을 반복하기 때문에 반실업 상태에 처해 있다는 것이다. 이러한 불안정한 고용구조로 말미암아 빈곤가족은 사회보장 혜택도 적절하게 받지 못하는 실정이다(김수현, 2001; 구인회, 2003; 최경석 외, 2006).

1) 가족하위체계 간의 불안정한 경계

빈곤가족에서는 부부, 부모, 부모-자녀, 자녀 간, 고부 간 등 가족 내 하위체계 간의 경계가 너무 밀착되거나 아주 멀어지는 경우가 많이 발생한다. 이로 말미암아 과잉의존, 소외, 갈등 등의 문제가 많이 발생하게 된다. 특히 부부간의 관계가 밀접하지 못함에 따라 이차적인 가족갈등을 유발할 수 있으며, 가족경계가 불안정해지면서 부모-자녀 간에 삼각관계가 형성되기도 한다. 또한, 명확하고 일관된 행위 규칙이 부족함에 따라 의사소통이 불분명하며 불만족스러운 관계가 지속하기도 한다. 그러나 빈곤가족이라고 해서 모든 가족이 문제가 있는 것은 아니다. 부부관계, 아동교육과 외부관계에서 업무수행을 만족스럽고 성공적으로 수행하는 가족도 많다. 이러한 가족이 있다는 것을 인식하고 이들의 생활과 성공을 설명하는 요인을 아는 것도 매우 중요하다.

2) 열악한 주거 공간

국가가 발표하는 주택보급률의 허(虛)와 실(實)은 무엇일까? 지금까지의 주택보급률 산정방식에 의한 2010년 우리나라 전국의 주택보급률은 112.9%이며, 주택 수는 1,466만 7,000호, 가구 수는 1,299만 5,000가구로 나타났다. 주택보급률은 1995년 86.0%, 2000년 96.2%, 2001년 98.3%이었으나 2002년 100.0%를 초과한 100.6%로 지금까지 100.0% 이상을 유지하고 있다(〈표 10-6〉 참조). 그러나 지금까지의 주택보급률 계산은 다가구 주택에 2가구가 살든 3가구가 살든 주택 수는 하나로 쳤다. 또 최근 들어 혼자 사는 1인 가구가 급격히 늘고 있지만, 1인 가구는 가구 수를 계산할 때는 빠졌다. 상황이 이렇다 보니 기존의 주택보급률은 우리나라의 주거현실과 사회변화를 제대로 반영하지 못한다는 비판을 받아왔다.

따라서 2008년 12월 31일 국토해양부가 발표한 새로운 주택보급률 계산에는 다가구주택을 실제 거주하는 가구 수만큼 복수로 처리하고, 1인 가구도 가구 수에 넣는다. 이런 방식으로 다시 계산해 보면 2010년 기준으로 전국의 주택 수는 300만 5,000채가 늘어나고 가구 수는 434만 4,000가구가 증가한다. 전국의 주택보급률이 112.9%에서 101.9%로 11.0%포인트가 떨어진다.

〈표 10-6〉 우리나라 주택보급률

(단위: %, 만 호, 만 가구)

구분\연도		1995	2000	2005	2007	2008	2009	2010	2014
전국	보급률	86.0	96.2	105.9	108.1	109.9	111.0	112.9 (101.9)	103.5
	주택 수	957.0	1,147.2	1,322.3	1,379.3	1,416.9	1,445.6	1,466.7 (1,767.2)	1,942.9
	가구 수	1,113.3	1,192.8	1,249.1	1,276.0	1,289.1	1,302.5	1,299.5 (1,733.9)	1,877.3
수도권	보급률	76.7	86.1	96.8	96.9	98.3	99.0	103.6 (99.0)	98.2
	주택 수	385.9	473.1	578.2	601.5	620.9	637.0	656.5 (817.3)	888.7

구분\연도		1995	2000	2005	2007	2008	2009	2010	2014
수도권	가구 수	503.2	549.4	597.6	620.7	631.9	643.5	633.9 (825.4)	904.9
서울	보급률	68.0	77.4	89.7	91.8	93.8	94.6	96.7 (97.0)	97.9
	주택 수	172.8	193.3	232.2	239.1	245.1	247.9	252.5 (340.0)	360.4
	가구 수	254.1	254.8	258.8	260.5	261.3	262.1	261.0 (350.4)	368.2

주: 2010년도 괄호 안은 신(新)주택보급률 산정방식을 적용한 수치임.
출처: 통계청 홈페이지(www.nso.go.kr); 국가통계포털(www.kosis.kr)에서 발췌 구성.

통계청의 인구주택 총 조사를 기초로 작성된 한 연구에 따르면, 주거 빈곤 가구 중 3인 이상이 단칸방에 거주하는 가구는 1980년 전체가구의 22.4%인 178만 5,000가구였으나, 2000년에는 0.7%인 10만 가구로 감소하였다. 월세 거주율은 계속 상승하여 2000년 현재는 45.6%가 월세로 거주한다. 3인 이상이 단칸방에 거주하는 경우 자가거주율은 5.6%에 불과하며, 월세 거주가구의 비율은 62.4%에 달하고 있다. 또한, 주거빈곤가구 중 아파트나 연립 등의 공동주택에 거주하는 비율은 5.0%도 되지 않으며, 70%가 단독주택에 거주하고, 나머지는 대부분 주택이 아닌 비거주용 시설 또는 숙박시설 등에 거주하는 것으로 나타났다(박신영, 2002).

주거빈곤 가구와 빈곤가족이 반드시 일치하지는 않으나 빈곤층을 근로자 가구 소득수준의 50% 이하의 대상으로 이해한다면 빈곤가족의 주거실태와 아주 동떨어진 현상은 아니다. 실제로 영구임대아파트를 비롯한 공공임대주택에 거주하는 빈곤가족은 그나마 임대료를 정기적으로 낼 수 있는 가족이다. 많은 빈곤층이 주로 전세, 월세, 무료임대, 자가소유, 비거주용 형태의 주거에 살고 있다. 자가 소유자도 대부분은 매우 낮은 시세의 허름한 주택인 경우가 대부분이다. 경제위기 이후에는 쪽방 거주자도 상당히 증가하고 있다. 이들의 주거환경은 화장실과 상수도 보급률이 낮은 상태이며 불충분한 난방시설, 쓰레기 수거문제 등으로 말미암은 위생상의 문제도 심각하다(최경석 외, 2006).

3) 만성적인 건강질환

빈곤가족은 일반 가족보다 만성적 질병률과 장애율이 높다. 왜냐하면, 빈곤은 건강과 직접적인 관련이 있는 여러 가지 물질적 조건의 악화를 가져오기 때문이다. 한 편에서는 만성질병이나 장애는 현실적으로 높은 의료비 부담을 가져와 결국 가족을 더욱 빈곤하게 만든다. 한편, 다른 한 편에서는 빈곤으로 말미암아 부적절한 주택, 비위생적 식사관리나 영양부족, 비위생적인 식수관리 등이 건강악화를 가져온다. 빈곤가족은 특히 정신질환이나 약물남용의 의존성이 두드러진다. 여러 나라에서 정신질환자나 약물남용, 약물중독자가 빈곤층으로 전락한다는 것은 잘 알려졌다. 캐나다의 한 연구에 의하면 노숙인 중의 약 21%가 약물남용이나 정신질환의 원인이 된 것으로 밝혀진 바 있다(김창엽, 2000). 이처럼 빈곤으로 말미암아 가족구성원에게 건강상의 문제가 발생하면, 적절한 치료와 서비스를 받아야 하지만 빈곤가족은 의료에 대한 접근성이 떨어지기 때문에 건강 악화가 가속화된다. 특히 노령으로 말미암은 만성질환과 장애도 빈곤가족과 관련성이 높다.

4) 자녀의 발달부진과 부적응

가족이 빈곤 상태로 들어가면 가장 심각한 영향을 받는 가족구성원 중 하나는 아동이다. 빈곤이 아동에게 미치는 영향은 발육부진 등과 같은 신체발달의 문제에서부터 저지능, 발달지체 등과 같은 인지발달의 문제, 우울과 불안 등과 같은 내면화된 문제, 공격성, 주의력결핍, 과잉행동장애, 반사회적 행동 등과 같은 외현화된 문제에 이르기까지 광범위하다(허남순 외, 2005). 빈곤은 흔히 가족 내에서 아동을 위한 공부방 등 학습공간의 부족 및 학업에 필요한 물품이나 교육자료 등의 결핍을 가져와 학업성취를 저해한다(이승양,

1982). 또한, 빈곤이나 부모의 낮은 교육수준은 자녀에 대한 양육방식의 질을 저하하고, 자녀교육태도에 부정적 영향을 주어 간접적으로 아동의 학업성취에 영향을 주기도 한다(이주리, 1994).

대부분 빈곤가족의 부모들은 밤늦은 근로로 말미암아 심신이 피곤하여 자녀와 보낼 시간이 없거나 생활에 여유가 없어 자녀와 접촉할 기회가 적다. 따라서 아동에 대한 관리감독에 어려움을 겪는 경우가 많아 자녀의 학업성취도 저하 및 학교 부적응의 원인이 되고 있다. 부모의 양육행동에 관한 연구들은 "빈곤부모의 훈육이 비일관적이거나 위협적·강압적이며, 부모-자녀 간 애착이 약하고 자녀에 대한 지도감독의 수준이 낮다. 또한, 신체적 체벌을 더 자주 사용하고 자녀에게 낮은 수준의 정서적 지지를 제공한다."라고 보고하고 있다(Conger et al., 1997; Hanson et al., 1997; McLoyd, 1998; 허남순 외, 2005 재인용). 이러한 빈곤부모의 특성은 빈곤아동의 비행을 유발하는 요인이 된다(한국여성복지연구회, 2005).

참고자료 10-1

직장인 절반, 月 200만 원도 못 번다

임금 근로자의 월급 분포 단위:%

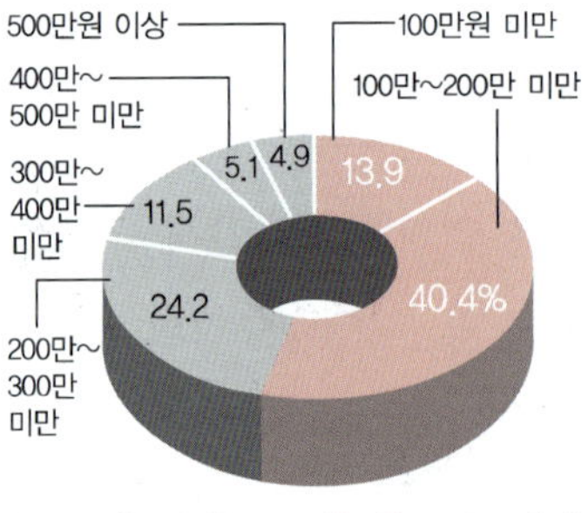

※ 2011년 4분기(10~12월) 월급 평균 수치
자료: 통계청

우리나라 월급쟁이의 절반 이상이 한 달에 200만 원도 못 벌고 있는 것으로 나타났다. 통계청이 운영하는 '국가통계포털' 사이트에 올라온 지역별 고용조사의 임금 통계를 분석한 결과, 2011년 4분기를 기준으로 전체 1,731만 명의 임금근로자 가운데 13.9%인 241만 명의 월급이 100만 원을 밑도는 것으로 조사됐다. 또 월급이 100만~200만 원인 사람은 699만 명으로 전체 40.4%였다. 두 계층을 합하면 54.3%여서 임금 근로자 두 명 중 한 사람이 월 200만 원도 못 받는 일자리를 갖고 있는 셈이다.

우리나라 4인 가족 최저생계비가 149만 5,000원임을 감안하면 200만 원 미만의 월급을 받아 세금과 사회보험 등을 떼고 나면 겨우 기본생활만 할 수 있다는 얘기다. 외벌이로는 생활이 힘들기 때문에 맞벌이 전선으로 내몰릴 수밖에 없다. 특히 대부분 비정규직인 임시·일용직 524만 명 가운데 무려 87.7%가 월 200만 원 미만을 받고 있는 것으로 나타났다. 대부분 정규직인 상용직은 이 비율이 42.2%로 훨씬 낮았다. 우리 사회의 빈곤 및 양극화 문제 해소를 위해 비정규직 문제 해결이 급선무라는 것이 다시 확인됐다. 이번 분석 결과, 대졸자들이 질 낮은 일자리로 밀려나는 현상도 드러났다. 대졸 이상 학력자의 27%가 월 200만 원 미만을 받았다.

출처: 조선일보(2012. 6. 5).

5. 빈곤가족을 위한 대책

빈곤가족을 위한 복지대책은 크게 두 가지 방향에서 검토될 수 있다. 하나는 노동시장 정책 차원에서 접근하는 것으로 시장임금을 확대하는 방안이 있으며, 다른 하나는 재분배 차원에서 빈곤가족에게 사후적으로 생활을 지원하는 사회복지정책 방안이 있다. 전자에 해당하는 대표적인 제도가 최저임금제이다. 이 제도는 노동시장에 참여하는 저임금 노동자의 최저임금을 국가가 법으로 규정함으로써 저임금 노동자의 시장소득을 보호하는 제도이다. 우리나라에서는 빈곤가족을 위한 가족복지대책으로 후자의 방식이 주로 검토됐으며 이것이 현재 많은 비판에 직면해 있다. 현재 빈곤선 이하의 가족을 위한 공적 지원제도로는 국민기초생활보장제도가 있다. 그러나 앞서 설명되었듯이 빈곤가족에게는 경제적 안정뿐만 아니라 가족구성원 간의 관계에서 발생하는 갈등에 대한 적절한 대처와 경제적 불안으로 말미암아 파생되는 많은 문제에 대해서도 충분한 보호가 필요하다. 그러나 국민기초생활보장제도에서는 이러한 서비스를 제공하지는 못하고 있다(최경석 외, 2006).

1) 국민기초생활보장 지원서비스

2000년 10월 1일부터 시행된 국민기초생활보장제도는 생활보호사업이 새롭게 개선된 것으로 국민의 최저생활을 보장하기 위한 목적을 갖고 있다. 국민기초생활보장급여의 기본원칙은 다음과 같다.

① 최저생활보장의 원칙: 생활이 어려운 자에게 생계·주거·의료·교육·자활 등 필요한 급여를 행하여 이들의 최저생활을 보장한다.

② 보충급여의 원칙: 급여수준을 생계·주거·의료·교육급여액과 수급자의 소득인정액을 포함한 총금액이 최저생계비 이상이 되도록 지원한다. 즉, 가구별 최저생계비와 소득인 정액의 차액을 지급한다. 여기서 '수급자'란 국민기초생활보장법에 의한 급여를 받는자를 말한다(동법 제2조 제2호). 또한, '소득인정액'이란 개별가구의 소득평가액과 재산의 소득환산액을 합산한 금액을 말한다(동조 제8호). '개벌가구의 소득평가액'이란 개별가구의 실제소득에 불구하고 보장기관이 급여의 결정 및 실시 등에 사용하기 위하여 산출한 금액을 말한다(동조 제9호). '재산의 소득환산액'이란 보장기관이 급여의 결정 및 실시 등에 사용하기 위하여 개별가구의 재산가액에 소득환산율을 곱하여 산출한 금액을 말한다(동조 제10호).

③ 자립지원의 원칙: 보장기관은 근로능력이 있는 수급자에게 자활사업에 참여할 것을 조건으로 급여를 지급한다. 여기서 '보장기관'이란 동법에 의한 급여를 행하는 국가 또는 지방자치단체를 말한다.

④ 개별성의 원칙: 급여수준을 정함에 있어서 수급권자의 개별적 특수 상황을 최대한 반영한다. 여기서 '수급권자'란 동법에 의한 급여를 받을 수 있는 자격을 가진 자를 말한다(동법 동조 제1호).

⑤ 가족부양 우선의 원칙: 급여신청자가 부양의무자에 의하여 부양될 수 있는 경우에는 국민기초생활보장급여에 우선하여 부양의무자에 의한 보호가 먼저 행해져야 한다. 여기서 '부양의무자'란 수급권자를 부양할 책임이 있는 자로서 수급권자의 1촌의 직계혈족 및 그 배우자를 말한다(동법 동조 제5호).

⑥ 타급여 우선의 원칙: 급여신청자가 다른 법령에 의하여 보호를 받을 수 있는 경우에는 국민기초생활보장급여에 우선하여 다른 법령에 의한 보호가 먼저 행해져야 한다(TV시청료, 주민세, 건강보험료 등).

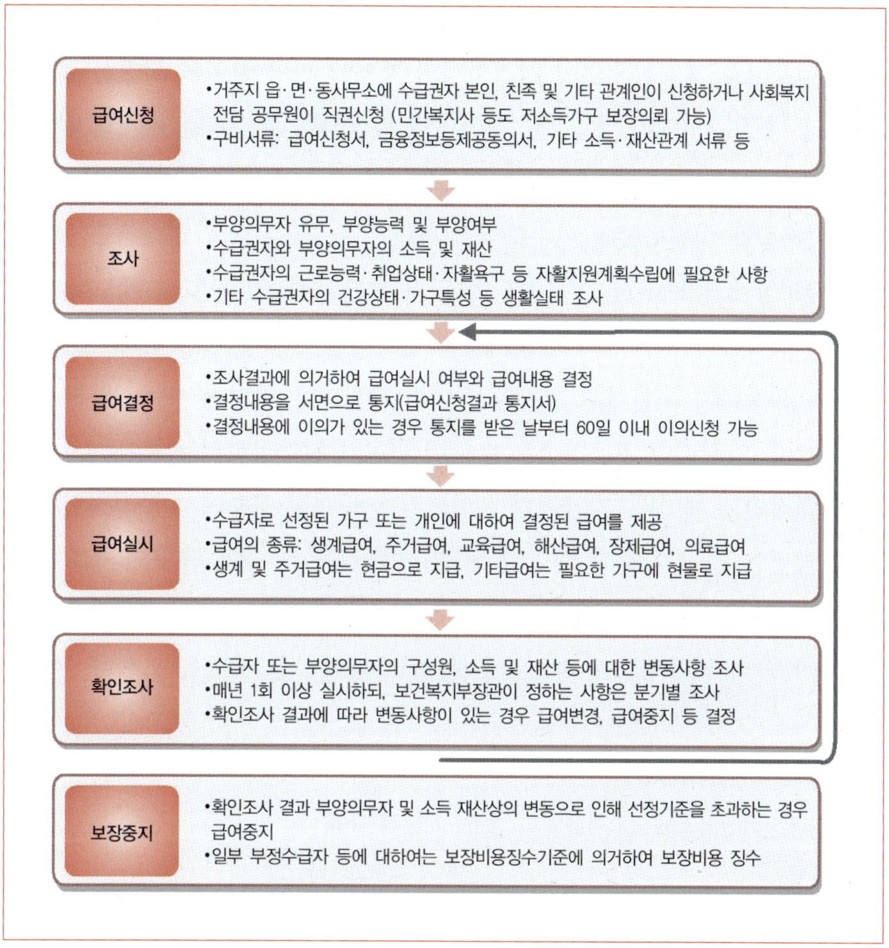

출처: 보건복지부 홈페이지(www.mw.go.kr, 2012. 6. 1).

[그림 10-1] 기초생활보장 절차

국민기초생활보장제도에서 제공하는 급여의 종류, 개념과 내용은 〈표 10-7〉과 같다. 자활급여가 강화되고, 의료급여와 교육급여의 특례적용에 따른 부분급여가 시행됨으로써 더 많은 차상위계층이 보호를 받게 되었다. 그러나 국민기초생활보장제도는 부양의무자 기준이나 소득 인정액 기준 등이 매우 까다롭게 규정되어, 많은 수급권자가 탈락하여 실제로 급여를 받을 수 있는 수급자의 규모는 과거 생활보호사업의 요보호자 비율과 비교할 때 큰 차이를 보이지 않는다. 또한, 2003년부터 재산의 소득환산액 기준을 정하여 소득인정액 기준으로 채택함으로써 선정과정의 자의적 판단에 따른 복잡한 문제를 일부 없애기도 하였다. 하지만, 재산의 소득환산액 결정기준 자체의 문제점은 아직도 제기되고 있다(홍경준 외, 2004).

빈곤가족을 지원하는 급여수준이 점진적으로 증대된다고 하더라도 국민기초생활보장제도가 여전히 '보충성의 원리'에 입각해 있다면 이 제도를 통한 빈곤탈출은 불가능하다. 즉 빈곤가족이 일자리를 얻고 노동을 통해 안정적인 소득을 획득하지 못한다면 빈곤에서 벗어나는 것은 거의 불가능하다는 것이다. 그러나 안정적인 고용창출은 단순히 빈곤가족에 국한되는 문제가 아니라 전 사회적인 문제이다. 지금처럼 유연화된 노동시장 구조에서 안정적인 임금을 보장받는 것이 가능한 대안이 될 수 있을지는 더 많은 연구가 필요하다. 이런 점에서 빈곤가족을 위한 대책은 노동시장과 연관된 고용대책뿐만 아니라 국가가 더 적극적으로 재정을 지원하고 다각적인 방법을 모색하여야 할 것이다.

〈표 10-7〉 **국민기초생활보장급여의 종류, 개념과 내용**

급여 종류	급여의 개념과 내용
생계급여	•수급자에게 의복·음식물 및 연료비와 기타 일상생활에 기본적으로 필요한 금품을 지급하여 그 생계를 유지하게 하는 것이다. •2012년 현금급여 기준(단위: 원/월) 가구: 1인 / 2인 / 3인 / 4인 / 5인 / 6인 금액: 453,049 / 771,408 / 997,932 / 1,224,457 / 1,450,982 / 1,677,506 주: 7인 이상 가구는 1인 추가 마다 226,525원씩 추가, 현금급여기준은 최저생계비에서 현물로 지급되는 의료비·교육비 및 타법지원액(주민세, TV수신료 등)을 차감한 금액으로, 소득이 없는 수급자가 받을 수 있는 최고액의 현금급여수준
주거급여	•수급자에게 주거안정에 필요한 임차료, 유지수선비 기타 대통령령이 정하는 수급품을 지급하는 것이다. •2012년 주거현금급여(단위: 원/월) 가구: 1인 / 2인 / 3인 / 4인 / 5인 / 6인 / 7인 금액: 26,000 / 45,000 / 58,000 / 71,000 / 84,000 / 97,000 / 110,000 주: 8인 이상 가구는 1인 추가 마다 13,000원씩 추가

급여 종류	급여의 개념과 내용
교육급여	•수급자에게 입학금·수업료·학용품비 기타 수급품을 지원하는 것이다. •고등학생: 입학금·수업료·교과서대(11만 9,200원/인), 학용품비(4만 9,500원/인) •중학생: 부교재비(3만 6,000원/인), 학용품비(4만 9,500원/인)
해산급여	•수급자에게 조산(조산), 분만 전과 분만 후의 필요한 조치와 보호를 행하는 것이다. •출산 시 50만 원 지급
장제급여	•수급자가 사망한 경우 사체의 검안·운반·화장 또는 매장 기타 장제조치를 행하는 것이다. •사망자 1인당 50만 원
자활급여	•수급자의 자활을 조성하기 위하여 ① 자활에 필요한 금품의 지급 또는 대여, ② 자활에 필요한 근로능력의 향상 및 기능습득의 지원, ③ 취업알선 등 정보의 제공, ④ 자활을 위한 근로기회의 제공, ⑤ 자활에 필요한 시설 및 장비의 대여, ⑥ 창업교육, 기능훈련 및 기술·경영지도 등 창업지원, ⑦ 자활에 필요한 자산형성지원, ⑧ 기타 대통령령이 정하는 자활조성을 위한 각종 지원 등의 급여를 행하는 것이다.
의료급여	•의료급여법이 정하는 바에 따라 서비스를 제공한다.

주: 국민기초생활보장법(법률 제11248호, 2012. 2. 1, 일부개정)과 보건복지부 홈페이지(www.mw.go.kr, 2012. 6. 1)를 참조하여 구성.

(1) 자립·자활지원 서비스

자활지원사업은 근로능력자의 자활의지를 고취하고 생계보호 서비스에 안주하는 것을 방지하며 자활의지가 있는 수급자에게 적극적인 지원을 통해 빈곤에서 벗어나도록 하는 것을 목표로 하고 있다(김수현, 2001). 이런 점에서 직업훈련과 일자리 제공 서비스는 중요한 빈곤대책이다. 현재 기초생활보장 수급자들은 노동능력이 있다고 판정되면 반드시 노동을 조건으로 생계급여를 수급할 수 있는데 이를 강제하는 사업이 자활사업이다. 조건부 수급자가 미취업 대상자일 경우 근로유지형·사회적 일자리형·시장진입형 자활 근로사업으로 구분하여 자활후견기관 등을 통해 자활사업에 참여하도록 한다. 보건복지가족부에서 관장하는 자활사업 프로그램은 자활공동체와 개인 창업, 자활 근로, 지역봉사, 공동작업장 프로그램 등이 있다. 반면, 노동부에서 지원하는 프로그램은 취업알선, 직업훈련 등이 있다. 의무참여자 외에도 자활사업에는 차상위계층, 자활특례자, 일반수급자와 같은 희망참여자도 포함되어 있다.

① 미취업대상자 빈곤가족을 위한 고용지원 서비스

자활공동체는 개인 혹은 공동체 창업을 통해 자활할 수 있다고 판단되는 장년층을 대상으로 하는 사업으로 복지서비스 용역사업, 청소·시설관리 등 용역사업, 재활용·봉제 등 공동작업장을 지원하는 사업이다. 자활 근로는 노동시장에서 취업이 곤란한 장년층을 대상으로 공동창업을 위한 기초능력을 배양하는 것을 목적으로 한다. 집수리나 간병도우미 사업 등이 있다. 지역봉사와 재활사업은 근로의욕 고취·유지를 목적으로 하는 사업으로 지속적인 근로 활동이 어려운 장년층이나 근로의욕이 현저히 낮은 계층을 대상으로 한다.

② 취업대상자 빈곤가족을 위한 고용지원 서비스

취업대상자 빈곤가족을 위한 고용지원 서비스는 자활직업훈련 프로그램과 취업알선 및 구직활동지원 프로그램 등이 운영되고 있다. 빈곤가족의 고용을 촉진하려면 실업자 재취직훈련이나 창업훈련과 같은 자활직업훈련 프로그램이 노동시장의 요구에 부응할 수 있는 것으로 구성되어야 하며 체계적으로 할 필요가 있을 것이다. 그뿐만 아니라 구인자와 구직자 연결서비스 및 빈곤계층을 위한 전문적인 직업상담을 수행하는 직업안정기관의 기능을 더욱 확대 강화하는 것도 필요하다. 자활사업이 여러 형태로 시행되고 있으면서도 그 효과 면에서는 여전히 낮다는 평가가 지배적이다. 직업훈련 기간이나 종목, 연계방식 등이 대상자 욕구를 반영하지 못하고 있으며, 지역봉사나 근로연계형 자활 근로가 형식적으로 운영되고, 자활공동체도 체계적으로 정착되지 못했다는 비판이 많았다(김수현, 2001; 홍경준, 2002). 따라서 앞으로 자활사업은 내실을 강화하면서 자활을 통한 빈곤탈출이 가능할 수 있도록 자활급여 수준의 조정, 근로소득공제 대상과 수준 재검토, 자활사업의 사회적 일자리 성격의 강화 등이 요구된다.

(2) 건강지원 서비스

빈곤가족을 위한 건강지원 서비스의 궁극적 목적은 의료서비스의 접근성을 높이도록 하는 데 있다. 따라서 현재 국민기초생활보장수급자에게 주어지는 의료급여 1, 2종의 표시를 없애어서 그들이 의료기관에서 차별을 받지 않도록 하기 위한 노력이 요구된다. 또한, 사후적인 치료 못지않게 중요한 것이 사전 예방 서비스이다. 빈곤가족의 질병이 만성화되지 않도록 건강진단 서비스와 예방접종 등이 적절하게 제공된다면, 사후적으로 많은 진료비를 부담하지 않아도 될 것이다. 이렇게 하려면 보건소와 같은 공공 의료체계를 더욱 강화할 필요가 있다. 특히 여성과 아동은 영양공급, 예방접종, 성장발육 관리, 출산전·후 관리 등이 더욱 요구되기 때문에 국가가 안정적으로 사전 건강보호 서비스를 제공하도록 해야 한다(김창엽, 2000).

(3) 주거지원 서비스

빈곤가족의 주택문제를 해결하려면 주택이 사회적으로 충분히 공급될 수 있는 구조를 갖추어야 한다. 우리나라는 주택정책에서 사회주택의 성격을 갖는 공공임대주택이 1989년 처음 도입되었다. 주거가 인간의 기본생활 중 하나인 만큼 주거문제는 가족구성원의 건강문제, 불안정한 가족관계 형성, 경제활동 제약 등에 직·간접적으로 영향을 준다. 따라서 빈곤가족에게 적절한 주거공간을 마련해 주어 최소한의 생활권은 보장받을 수 있도록 할 필요가 있다. 이를 위해서는 국민기초생활보장제도의 주거급여를 더욱 강화·확대하여 기초생활보장수급자라면 누구나 그 혜택을 충분히 받을 수 있어야 할 것이다. 문제는 이들에게 적절한 주택을 보급해 주어야 하는데 주택보급률이 약 100%인 상황에서 주택을 새로 지어야 하는지는 신중할 필요가 있다. 그뿐만 아니라 저소득층을 위한 주택자금 융자제도 역시 그 실효성이 높지 않은 것으로 평가되고 있다. 오히려 최근 거론되고 있듯이 정부가 여러 유형의 주택을 적극적으로 사들여 이것을 영구임대주택으로 활용하는 방안을 검토해 보는 것이 유의한 정책이 될 수 있을 것이다.

최근 추진되고 있는 빈곤아동 주거환경 개선 및 일자리 창출은 사회 양극화 해소에 이바지하고자 보건복지부, 한국토지주택공사, 한국자활후견기관

협회 등이 함께 착수하였다. 이는 현재 근로능력이 있는 저소득층을 대상으로 실시 중인 자활지원사업의 참여자들에게 집수리사업 일거리를 제공해 주는 한편, 빈곤아동들이 거주하는 낡아 못 쓰게 된 주택을 개·보수하여 쾌적하고 건강한 주거환경을 제공하는 것이다(손병덕 외, 2008).

2) 가족관계 향상 서비스

빈곤한 사람들은 누구나 개인문제 및 가족문제와 더불어 만성적인 사회문제와 경제문제에 의해 약화된 개인적, 가족적, 지역사회 공동체적 구조의 복합적인 문제를 가지고 있다. 특히 이들은 상대적 박탈감과 생활만족도가 낮아 긴장과 갈등이 내재해 있는 경우가 많아서 이러한 욕구를 해결할 수 있는 대인 서비스를 제공하는 것이 필요하다. 무엇보다 가족구성원이 스스로 문제를 해결해 나갈 수 있도록 권한강화(empowerment) 기술과 의지를 지역사회 단위에서 지원하는 것이 요구된다. 부부간의 역할 관계에서 갈등이 빚어지는 경우 부부관계 향상을 위한 부부상담, 가족치료 등을 지역사회 차원에서 제공하는 것이 요구된다. 그렇지만, 가족단위 내의 관계를 재구성할 필요성이 있다. 이를 통해 가족구성원 모두가 참여하여 문제를 해결할 수 있도록 지원하는 가족치료가 바람직하다. 이때 사회복지사는 법적 문제, 임대료 미납, 주택문제와 같이 전형적인 빈곤문제를 가족의 정서적, 의사소통적, 구조적인 측면에서 개입하면서 가족과 다른 체계 사이의 공유 영역에서 업무를 수행해야 한다. 가족을 지나치게 치료의 대상으로 보지 않아야 하며, 가정을 방문하는 서비스(out-reach service)를 통하여 지속적인 대화로 가족의 자존심을 존중할 수 있는 것들을 찾을 필요가 있다. 가족의 폐쇄적이고 경직된 경계를 회복하고 가족규칙을 변화시키기 위해 사회복지사는 부모와 가족구성원과의 역할 규칙에 대해 논의를 함으로써 가족구성원 간의 견해를 재해석하고 재규정하며 잘못된 규칙구조를 자각하여 개선할 수 있도록 지원해야 한다(최경석 외, 2006; 손병덕 외, 2008).

CHAPTER 11

이혼과 재혼: 끝인가, 시작인가?

학습 목표

- 이혼의 원인과 사유를 설명할 수 있다.
- 이혼가족의 문제를 설명할 수 있다.
- 이혼가족의 회복력을 이해한다.
- 재혼가족의 환상과 이로 말미암은 문제점을 설명할 수 있다.
- 이혼을 줄일 수 있는 대안을 제시할 수 있다.

1. 이혼의 원인과 사유

1) 이혼의 원인

1990년대에는 부부불화(배우자 부정, 정신적·육체적 학대, 가족 간 불화 및 성격 차이가 포함됨)가 80% 이상을 차지하면서 가장 높은 비율을 나타내고 있었다. 이후 1990년대 후반부터 2002년까지는 경제불황의 여파로 경제문제로 말미암은 이혼이 증가하는 추세(2003년: 부부불화 70.0%, 건강상 0.6%, 경제문제 16.4%, 기타 13.1%)를 보였고, 2005년에는 부부불화가 70.7%, 건강문제가 0.6%, 경제문제가 14.9%, 기타 13.8%로 나타났다. 이 중 부부불화는 성격 차이가 49.2%로 가장 높았고 그다음으로 가족 간 불화가 9.5%, 배우자 부정이 7.6%, 정신·육체적 학대가 4.4%의 순으로 나타났다(통계청, 2006). 이혼재판 청구절차에서 드러난 '공식적인' 이혼사유는 배우자의 부정행위(남녀 모두 45~50%)가 압도적으로 높게 나타나고, 그다음으로 배우자의 학대(주로 부인 측 주장), 배우자의 유기(주로 남편 측 주장) 등이 지적된다. 그러나 이와는 달리 이혼 관련 상담기관의 분석에 의하면 이런 표면상의 이유는 성격 차이나 대화 단절, 애정 상실과 같이 배우자의 유책행위에 대한 입증이 어려운 경우에 배우자의 부정이나 폭력과 같은 입증이 가능하고 가시적인 사유를 원인으로 해서(김혜경, 2005; 이원숙, 2007 재인용) 재판을 청구하는 경향 때문이라고 해석하고 있다.

한편, 이재경(2003)은 이혼사유가 성별에 따라 차이가 있다고 지적한다. 재판이혼 전 단계의 '가사조정' 사례에 나타난 이혼사유에 의하면, 여성은 폭언·폭행 등 부당한 대우(30.1%)를 결혼을 지속할 수 없는 사유로 생각하는 경향이 높아지고 있으며, 이에 비해 남성은 부인의 음주나 늦은 귀가·단정치 못한 행동(17.9%), (식사 준비 등의) 성역할 소홀(15.7%) 등 소위 '아내 본연'의 역할에 충실하지 못한 것을 문제시하는 등 전통적 성역할 모델을 크게 벗어나지 못하고 있다(김혜경, 2005; 이원숙, 2007 재인용).

몇 가지 흥미로운 사실은 첫째로 오늘날 배우자를 선택하고 결정하는 과정에서 친밀함과 사랑을 중요시하고 부모의 개입이 약해졌지만, 결혼생활뿐 아니라 이혼과정에서는 확대가족의 역할이 상당히 큰 것으로 나타나고 있다. 심지어는 부모가 이혼을 부추기는 역할을 하기도 한다(송유진, 2005). 둘째로 오랫동안 우리 사회를 지배해 왔던 남성중심적 가부장적 틀이 급격한 사회변화 속에서 와해하여, 여성은 남성의 전통적 가부장적 태도와 기대를 더는 수용하지 않는다는 사실이다(이동원, 2005). 헤더링턴(Hetherington)과 켈리(Kelly, 2002)에 의하면, 이혼은 여러 문제가 축적된 결과라고 할 수 있으며, 남성과 여성이 헤어지는 이유에는 차이가 있다. 가장 보편적인 이유를 정리하면 다음과 같다(이원숙, 2007).

① 관계 문제: 남성과 여성은 부부문제를 서로 다른 관점에서 보는 경향이 있다. 예를 들어, 많은 여성이 커뮤니케이션(communication)과 애정의 부재를 커다란 문제로 지적하며, 알코올중독, 신체적 폭력 혹은 혼외관계가 이혼에 이바지하였다고 보고한다. 한편, 남성은 배우자가 잘못을 꼬집고

바가지를 긁고 푸념을 해서 혼인에 대한 환상이 깨졌다고 지적한다. 또한, 많은 남성은 아내의 미성숙이나 무책임성, 그리고 일부는 알코올중독이나 부정을 원인으로 지적한다.

② 소득: 경제적 문제는 흔히 부부해체의 주요 원인이 되지만, 남녀의 시각차이가 있다. 특히 많은 여성은 남성이 가족의 경제적 상황을 증진시키는 데 실패하였을 때, 직장을 구하거나 유지할 수 있는 능력이 없을 때, 실직하고 집에서 어슬렁거릴 때를 이혼 결정의 요인으로 지적하였고, 실직이 아동에게 미치는 경제적 영향을 우려하였다. 반면, 실직 중이거나 저소득 남성은 배우자의 바가지와 동정심 결핍이 그들을 더 무능력하게 느끼게 하였다고 불평하였다. 특히 실업은 여성이 직장을 가지고 있을 때 더욱 부정적 효과를 미쳤다.

③ 성적 문제: 성적인 어려움 또한 이혼에 이바지하였다. 남성에서 성적 만족과 부부 만족은 긍정적인 상관관계가 있었다. 반면, 여성에서 특히 자녀 출생 이후 섹스와 결혼 만족도와의 상관관계는 남성보다 낮았다.

④ 폭력: 신체적 폭력(여성 혹은 자녀에게 가해진)은 여성의 이혼 결정에 이바지하였다. 폭력은 남성에게 국한된 것이 아니고 여성도 물건을 집어던지는 등 폭력을 사용할 수 있지만, 남성과 여성의 폭력의 파괴력은 다를 수밖에 없다.

2) 이혼의 사유

(1) 협의이혼의 사유

협의이혼은 당사자 간에 이혼할 것을 합의하여 부부가 함께 가정법원에 가서 판사로부터 이혼의사 확인을 받아 신고하는 방법으로 가족관계의 등록 등에 관한 법률(법률 제9832호, 2009. 12. 29, 일부개정) 제75조에 따라 이혼 확인서를 제출함으로써 그 효력을 발생하는 이혼형태이다(민법[법률 제11300호, 2012. 2. 10, 일부개정] 제836조, 제837조). 여기에는 위자료, 재산분할청구, 친권과 양육권 등에 대한 합의도 포함되는데 이러한 합의된 사항을 넘겨받고 나서 이혼절차를 거치도록 해야 한다. 협의이혼의 이혼 사유는 전혀 문제가 되지 않고 말 그대로 부부가 이혼하는 것에 합의하여 법원에서 이혼 의사 확인을 받아 신고하면 된다. 따라서 성격 불일치, 불화, 애정상실, 권태,

성격불만, 금전 문제, 건강 문제 등 어떤 명목으로든지 부부간에 이혼의사가 합치되기만 하면 이혼이 가능하며 협의상 이혼 사유가 무엇이든 간에 관계하지 않는다.

(2) **재판이혼의 사유**

법이 정해 놓은 이혼 사유가 생겨 부부 중 일방이 이혼하려고 하는데 다른 일방이 이혼에 순순히 합의하지 않을 때에 가정법원의 조정을 거쳐 이혼소송을 청구하여 그 재판의 선고로써 이혼이 되는 것을 재판이혼이라고 한다. 협의이혼은 부부가 자발적으로 이혼에 합의하기만 하면 그 사유를 묻지 않고 법원의 확인을 받아 이혼신고를 할 수 있지만, 재판이혼은 일정한 민법상의 이혼 사유가 있을 때에 한하여 법원으로부터 이혼이 허락된다.

민법 제840조에서 규정하는 이혼 사유로는 ① 배우자의 부정한 행위, ② 배우자가 악의로 다른 일방을 유기한 때, ③ 배우자 또는 그 직계존속으로부터 심히 부당한 대우를 받았을 때, ④ 자기의 직계존속이 배우자로부터 심히 부당한 대우를 받았을 때, ⑤ 배우자의 생사가 3년 이상 분명하지 않을 때, ⑥ 기타 혼인을 계속하기 어려운 중대한 사유가 있을 때 등이다. 그리고 원칙적으로 유책배우자(가정 파탄의 책임이 있는 자)의 이혼 청구는 허용되지 않으나, 위 이혼 사유 중 '기타 혼인을 계속하기 어려운 중대한 사유'에 의해 〈참고자료 11-1〉과 같이 유책배우자의 이혼 청구도 늘어나고 있다.

참고자료 11-1

▌'파탄책임자'도 이혼청구 늘어

2001년 전국 법원에 접수된 이혼소송은 무려 4만 9,380건. 하루 평균 135쌍의 부부가 이혼소송을 낸 셈인데, 2000년보다 무려 13.3%나 늘어난 것이다. 법조계에서는 이런 추세를 빗대 "6호 이혼시대가 열렸다."라고 한다. 민법 제840조는 재판상 이혼할 수 있는 사유로 "배우자의 부정행위" 등 전통적인 5가지 사유 외에 "혼인을 계속하기 어려운 중대한 사유가 있을 때"라는 6호 규정을 두고 있는데, 최근 이 규정을 이유로 하는 이혼이 많아졌다는 것이다. 인터넷 채팅에 중독돼 가정생활을 소홀히 한 경우, 신용카드 과다사용으로 말미암은 재산탕진, 이유 없는 성행위 거부, 부당한 피임, 변태 성욕, 지나친 사치, 신앙차이로 말미암은 반목 등 다양하고 구체적인 판례도 나오고 있다.

법원은 그동안 '가정 파탄의 책임이 있는 자의 이혼청구는 허용되지 않는다.'는 '유책주의'를 대원칙으로 삼아왔다. 즉 외도를 한 남편이 부인을 상대로 이혼소송을 제기해도 이길 수 없다는 것이다. 그러나 대법원은 1998년 '파탄 이후 상대가 혼인을 계속할 의사가 없음이 명백한데도 오기나 보복적 감정에서 이혼에 응하지 않을 때는 예외적으로(파탄에 책임이 있는 사람도) 이혼을 청구할 수 있다.'라고 판결하였다. 보수적인 법원이 이른바 '파탄주의'를 조금씩 수용하기 시작한 것이다.

출처: 한국일보(2001. 3. 13).

2. 이혼가족의 문제

1) 이혼자의 경제적·심리사회적 문제

이혼자의 경제적·심리사회적 문제는 정서적 변화, 경제적 어려움, 자녀와의 관계, 가사 혼란, 사회적 관계, 그리고 성적 관계 등에서 찾아볼 수 있다(이원숙, 2007).

(1) 정서적 변화

이혼 후 1~2년 동안 대체로 정서적인 어려움이 따른다. 이혼자는 우울하고, 불안하며 분노하고 흔히 정서적으로 불안정하다. 이혼 초기에 이혼여성의 지배적인 감정은 분노와 상실감이다. 분노는 결혼생활을 유지하기 위해 참고 지냈다는 사실과 자신에 대한 분노, 그리고 이혼으로 말미암아 상실된 현실적 조건에 대한 것이다. 상실감은 자신을 보호하고 위안해 줄 대상이 사라졌다는 것, 사랑하는 사람이 없어졌다는 것, 일상의 기쁨과 슬픔을 공유할 대상을 잃었다는 것 등으로부터 연유하는 감정이다. 그리고 전 배우자에 대한 애착을 떨쳐 버리지 못한 여성도 있다. 특히 이혼하고 나서 자녀와 떨어져 사는 여성은 자녀에 대한 죄의식을 경험하는 것으로 나타났다. 또한, 이혼하고 나서 시간이 지나면서 이혼여성은 외로움을 경험한다(성정현, 1998).

같은 맥락에서 헤더링턴과 켈리는 이혼 첫해에는 외로움, 우울증, 분노가 가장 보편적인 정서라고 지적한다. 많은 이혼자는 새로 획득한 자유와 기회에 대한 희열감과 새로운 삶의 구축에 따른 어려움에 대한 우울감을 반복적으로 경험한다. 그리고 '왜 결혼생활에 실패하였는지', 그리고 '결혼 실패가 의미하는 바가 무엇인지' 등 심한 실패감을 경험한다(Hetherington & Kelly, 2002).

(2) 경제적 어려움

이혼여성은 주거와 생계의 어려움 등 심각한 경제적 문제에 봉착하며(변화순, 1996), 남편으로부터 자녀양육비를 받지 못하는 경우가 많은 것으로 나타났다. 박옥희와 공선영(2005)은 사례연구를 통해서 경제적으로 부유하지 않은 중년여성의 경우, 이혼 후 생계유지가 심각한 현실이 될 수 있음을 보여주고 있다. 그러나 경제적 어려움은 이혼여성 사이에서도 여건에 따라 차이가 나타난다. 즉, 전문직에 종사하는 이혼여성은 경제적인 위협을 느끼지 않으나 학령기 자녀와 함께 생활하는 비전문직 여성의 경제적인 문제는 생존의 문제로 연결된다(성정현, 1998). 결혼기간 동안 경제활동을 하지 않았던 여성들에서 이혼 후 경제적 어려움을 해결하는 가장 근본적인 방법은 취업이다. 그러나 이혼여성은 ① 자녀 육아로 말미암아 취업의 어려움, ② 이혼녀를 대하는 일터에서의 차별로 말미암아 구직의 어려움, ③ 인적 자원의 부족으로 말미암은 취업의 어려움, ④ 건강문제 등의 이유에서 취업의 어려움에 봉착하게 된다(이여봉, 2003). 한편, 이혼남성은 사업상의 어려움, 이혼 시 재산분할로 말미암은 재산의 감소, 불규칙한 생활에 따른 지출의 과다로 말미암은 경제적 어려움을 경험하지만, 이는 절대적인 경제적 빈곤이라기보다는 경제수준이 과거보다 떨어진다는 상대적 빈곤의 성격이 강하다(변화순, 1996).

(3) 자녀와의 관계

이혼여성은 자녀관계와 관련하여 몇 가지 측면에서 어려움을 경험한다. 첫째로 이혼여성은 자식이 부모의 이혼으로 정서적인 고통을 받는다고 인식할 때 심리적인 어려움을 경험한다. 즉 자식이 끊임없이 애정을 확인하려 할 때, 출근할 때 안 보일 때까지 창가에서 손을 흔드는 모습을 볼 때 등에 어려움을 경험한다(성정현, 1998). 둘째로 비양육모는 자녀에 대한 그리움으로 고통을 받지만, 자녀와 규칙적으로 만나는 것을 피하는 경향이 있다고 지적되고 있다. 이들은 자식이 너무 어렸을 때 집을 나와서 그간의 공백에 대한 두려움, 전 배우자와 원치 않는 재회 가능성, 만났다가 헤어질 때의 고통이 너무 크기 때문 등의 이유에서 자식과의 만남을 피하지만 이로 말미암은 죄의식을 가지는 경우가 많다(변화순, 1996; 성정현, 1998). 셋째로 자녀와의 갈등으로 말미암은 어려움이 있다. 한편, 비양육부는 자녀에 대한 애정보다는 양육비와 부모로서의 의무감 등에 보다 관심을 둔다(변화순, 1996).

(4) 가사 혼란

이혼여성은 가사역할에 의한 스트레스는 그다지 받지 않는다. 단지 직장과 자녀양육을 양립하는 데 따른 어려움, 특히 자녀가 어릴 때는 보육시설의 부족, 학령기에는 학교 교육을 돌봐 줄 시간의 부족이 지적되고 있다(변화순, 1996). 반면 이혼남성은 이혼 후 일상생활을 자신이 다 처리해야 하는 어려움과 식사를 해결해야 하는 어려움을 경험하는 것으로 나타났다. 양육모와 마찬가지로 양육부도 직장과 양육의 병행에 따른 어려움을 느끼지만, 그 양상은 차이가 있다. 이들은 도시락을 싸는 일, 학부모회의 참가에 따른 어색함, 어머니처럼 자녀교육을 섬세하게 돌봐 주기 어려운 점 등 가사 및 자녀양육을 애로점으로 지적하고 있다(변화순, 1996). 그러나 양육부는 양육모에는 이용 가능하지 않은 완충(가사도우미를 고용할 수 있는 경제적 여유, 그리고 아마도 더욱 중요한 것은 부모역할에 대한 주변의 관용적 태도)이 있다. 또한, 이들에게는 가사 혼란에 대처하는 두 가지 장점이 있는데, 하나는 가사 혹은 아동보호에 대한 도움을 기꺼이 제공하고자 하는 여자친구이며, 다른 하나는 문가에 따끈한 음식을 들고 나타나는 '카세롤 부인(casserole ladies)'이라고 불리는 이웃, 친구 혹은 친척 여성들이다(Hetherington & Kelly, 2002).

(5) 사회적 관계

사회적 망은 이혼 후 급격하게 변화된다. 결혼한 친구들은 갈라선 부부 양쪽과 각기 친분을 유지하는 데 어려움을 느낀다. 그리고 이혼한 사람은 더는 결혼한 부부들과 관심사를 공유하기 어렵다. 전업주부들은 이혼 후 심한 외로움을 경험하고 '교도소에 갇힌', 그리고 '벽에 갇힌' 것 같다고 불평을 한다. 취업 여성들은 직장과 가사를 병행하면서 아동보호를 해야 하는 어려움은 있지만, 전업주부와는 달리 주변에 상대할 수 있는 성인이 있다는 점, 그리고 자아존중감을 느끼고 있다는 점에서 심리적으로 더욱 나은 여건에 있다. 이에 따라 취업 여성들은 상대적으로 전업주부보다 덜 우울하고 고립되었다고 느낀다. 남성들은 '갇힌 것' 같다는 불평은 거의 하지 않지만, 반대로 '뿌리가 없는 것 같은' '닫힌 것 같은', '느슨해 진 것 같은' 느낌을 흔히 받는다(Hetherrington & Kelly, 2002).

변화순(1996)에 의하면, 이혼여성은 친구, 이웃으로부터 심리적으로 위안을 받으며, 친정 형제들은 고민을 함께 나누거나 생활비 혹은 자녀양육에 커다란 도움을 주고 있다. 반면 남성들은 친구들의 도움은 위로에 지나지 않는다는 판단으로 쉽사리 고민을 이야기하려 들지 않고 자신과의 싸움에서 이겨내야 한다고 믿는 경향이 있다. 한편, 성정현(1998)은 이혼여성들은 어떤 형태로든지 대인관계의 변화를 경험한다고 지적한다. 남편과 시집으로 말미암아 확대되었던 가족관계는 축소하고, 부모와 자식 혹은 혼자 있는 시간이 많아서 관계가 단선적인 형태로 변화된다. 하지만 이혼과정 혹은 이혼 후 직업을 갖게 되는 경우는 관계가 확대되고 새롭게 형성되는 경향이 있다. 그러나 이혼여성들은 이혼으로 말미암아 주류에서 비주류에 속하게 되었다고 인식하고 이런 인식은 대인관계를 위축시키거나 이혼사실을 선별적으로 알림으로써 상황에 적응하고자 하는 양상을 보인다.

(6) 성적 관계

이혼한 남성에서 생리적인 어려움은 극복하기 어려운 과제이다. 우리 사회에서는 남성들의 성적 욕구를 채워 줄 기회는 많으나, 매춘 등의 불안정한 성관계는 만족을 주지 못할뿐더러 자괴감만 더해 줄 수 있어서 남성들의 성적 욕구의 문제도 심각하다(변화순, 1996). 이혼여성들도 외로움과 허전함이 자리 잡으면서 이성에 대한 필요성을 인식하는 것으로 보인다. 그러나 이와 같은 이성에 대한 욕구를 부자연스럽게 인식하는 경우가 많다. 이는 우리 사회에서 여성의 성적인 욕구를 없앨 수 있는 출구가 없으며, 또 이혼을 했지만 다른 남자를 만난다는 것에 대해 자식에게 죄를 짓는 것 같다는 의식 때문으로 풀이된다. 이들은 유부남이 아니고 이혼보다는 사별한 사람을 선호하지만 실제로 그런 대상을 찾기 어렵다고 호소한다. 한편, 일부 이혼여성은 전 배우자와 관계를 유지한다. 이는 이혼 후에도 전 배우자가 지속적으로 성관계를 요구하는 경우나 자식과의 만남을 위해 전 배우자가 집에 찾아오면 발생한다(성정현, 1998). 이혼 후 캐주얼 섹스(casual sex)는 오히려 외로움을 조장한다는 점에서 부정적 효과를 지닌다. 남성과 여성 모두에게 있어서, 새로운 친밀한 관계는 이혼 2년 후 행복과 안녕을 가장 잘 예측하게 하는 요인이었다(Hetherrington & Kelly, 2002).

2) 이혼이 아동에게 미치는 영향

이혼이 성인에게는 한 세계(a world)의 종식을 의미하지만, 어린 아동은 삶의 초점이 가족이기 때문에 유일한 세계(the world)가 종식되는 것과 같은 영향을 받을 수 있다. 1990년대 미국에서 이혼한 대다수 부부가 이혼 당시 6세 미만의 아동을 가졌으며, 이에 따라 이들 아동은 성인이 될 때까지 오랜 시간을 이혼가정에서 성장하게 된다. 이혼가정의 자녀가 교사에 의해 심리적 지원을 받도록 의뢰되는 비율은 일반가정의 자녀에 비해 세 배나 높다. 또 약물이나 알코올중독, 그리고 성적 활동(sexual activity)도 일반가정의 청소년보다 유의하게 일찍 시작한다. 성인이 되어서도 일반가정의 자녀보다 혼인율은 낮고 이혼율은 높다. 또한, 성인기의 심리적 어려움도 훨씬 많이 보고되고 있다(Zil & Schoenborn, 1988; Amato & Keith, 1991; Wallerstein, 2005; 이원숙, 2007 재인용).

월러스테인(Wallerstein, 2005)은 이혼이 자녀에게 미치는 영향 일곱 가지를 다음과 같이 제시하였다(이원숙, 2007).

첫째, 이혼은 가족에게 구조적인 변화를 가져올 뿐 아니라 부모와 자녀가 서로 가지는 의식적 및 무의식적 심리적 욕구, 소망, 그리고 기대를 변화시킨다. 이혼한 부모가 자신의 사회적, 성적 및 경제적 삶을 재구축하고자 하는 노력은 시간, 끊임없는 관심과 희생을 요구하는 지지적 부모에 대한 어린 아동의 욕구와는 일치하지 않는다는 것을 이해하는 것이 중요하다. 심지어는 이혼으로 배우자를 상실한 부모는 역할이 전환되어 아동에게 의존하기도 한다. 그리하여 흔히 이혼한 부모는 아동에게서 배우자의 상실로 말미암은 빈자리를 채우고 우울증을 쫓아내며 삶의 목적을 찾고 삶을 지속할 용기를 찾고자 한다.

둘째, 부모-자녀 관계는 이혼 시점에 변화할 뿐 아니라 그 후에도 계속 변화할 수 있다. 다시 말해서, 아동과의 관계는 부모가 이성과 교제를 시작하거나 재혼을 하는 등 상황에 따라 변화하게 된다.

셋째, 이처럼 이혼가족이 가지는 만성적인 불확실성은 아동에게 지속적인 불안감을 유발한다. 전형적으로 이혼가정의 아동은 불안정하게 느끼고, 또 다른 상실 혹은 가족 내에서의 급격한 변화를 우려한다.

넷째, 이혼가족의 아동은 훨씬 더 빨리 성장해 버린다. 이혼의 여파로 말미암아 흔히 이혼가정의 아동은 일반가정의 아동보다 더 독립적이다. 이들은 자기 자신을 돌보아야 할 뿐 아니라 형제·자매를 돌보아야 하는 일도 있다. 더욱이 가사역할의 분담이 증대되면서 아동의 역할과 부모역할 간의 거리가 줄어든다.

다섯째, 전형적으로 아동은 부모의 헤어짐에 대해 부모가 주는 설명을 거부하고 나름대로 견해를 가지고 있다. 때로 부모 중 한쪽과 편이 되어서 나머지 한쪽에 대항하기도 하지만 이런 동맹은 수명이 짧으며 청소년기 동안 계속되지 않는다.

여섯째, 이혼 후 부모의 형편에 차이가 많이 날 때, 아동은 성장기 동안 이를 고통스럽게 인식한다. 그리하여 이들은 더욱 어려운 처지에 있는 부모에 대한 사랑과 연민을 가진다.

일곱째, 전반적으로 이혼가정의 자녀는 일반가정의 자녀보다 놀이 시간이 유의하게 적었으며 스포츠와 음악, 그리고 기타 성장 프로그램 등 과외활동에 훨씬 덜 참여하였다.

한편, 김현주(2005)는 이혼이 아동에게 미치는 영향에 대해 사례연구를 하였다. 이 연구에서 그는 사회적 편견의 영향이나 확대가족의 지지 축소 등이 서구 사회와 우리 사회의 문화적 차이를 반영하고 있다고 주장하였다(이원숙, 2007). 구체적으로 살펴보면, 첫째로 이혼가정의 아동은 일찍부터 동생을 돌보거나 집안일을 하는 등 가사역할을 일찍부터 담당하게 된다. 이런 가사역할의 분담으로 말미암아 아동은 성장과정에서 상대적으로 놀이를 박탈당하게 된다. 둘째로 비동거부모의 확대가족과의 연계가 이혼과 함께 단절되는 등 확대가족이 축소되고 지지자가 감소하게 된다. 셋째로 이혼가정의 자녀는 동생을 돌보거나 이혼한 부모에게 친구이자 상담 상대가 되는 등 비교적 일찍부터 상대적으로 많은 자율성을 허용받고 성인기로의 진입도 또래보다 빠르다. 그러나 사춘기나 청소년기에 겪을 부모와의 갈등을 뒤늦게 성인기에 겪기도 한다. 넷째로 부모가 갈등에 직면하였을 때 헤어지는 방식으로 해결하였기 때문에 이혼가정의 자녀는 문제나 갈등을 해결하고자 노력하기보다는 회피하거나 극단적인 방법을 취한다. 다섯째로 이혼가정의 자녀는 배우자 선택이나 결혼의 실패에 대한 두려움이 크다. 남녀관계에 대해 시도도 해 보기 전에 미리 경계를 긋는다거나, 결혼을 하지 않을 것이라고 단정 짓기도

하는 등 이성과의 관계에서 어려움을 겪게 된다. 여섯째로 '이혼 한 집 아이'로 바라보는 주위의 부정적 시선을 피하려고 부모의 이혼사실을 숨기는 등 사회적 편견의 경험을 가진다.

3) 아동의 적응에 영향을 미치는 요인

이혼은 아동의 유일한 세계가 종식되는 것과 같은 커다란 영향을 미치지만, 학자들은 대체로 이혼 2년 후에는 아동의 적응이 상당히 개선된다고 지적한다. 아동이 부모의 이혼에 적응하는 데는 여러 요인이 영향을 미칠 수 있다. 그러나 여기에서는 에머리(Emery, 1999), 그리고 헤더링턴과 켈리(2002) 등이 제시한 시간적 영향, 부모 간 갈등, 양육부모와의 관계, 그리고 비양육부모와의 관계 등을 중심으로 살펴본다(이원숙, 2007).

(1) 시간적 영향

이혼하는 보모는 아동이 특정 연령에 이를 때까지는 이혼하지 말고 기다려야 하는지 궁금해하는 경우가 많다. 이론에 따라 차이는 있지만 대체로 아동이 5세나 6세 미만일 때의 이혼이 가장 해롭다는 것이 정설이다. 정신분석학에서는 잠복기 이전의 이별은 동성 부모와의 동일시를 저해하며, '심리학적 부모'와의 관계 지속성에 대한 아동의 욕구를 손상한다고 제시한다. 그리고 애착이론에 의하면, 학령 전 안정된 애착의 형성은 대인관계의 모델이 된다. 이혼은 애착부모와 헤어지는 결과를 가져오므로 신생아, 유아기, 학령전기 아동에게 더욱 치명적일 것으로 예측된다.

인지관점에 의하면, 학령전기 아동은 파경을 이해하는 능력이 제한되기 때문에 이혼은 어린 아동에게 더욱 많은 어려움을 가져올 것이다. 월러스테인과 켈리(1980)는 3세에서 5세의 아동은 제한된 인지능력으로 말미암아 이혼의 의미를 충분히 이해할 수 없으며, 이에 따라 환상, 유기에 대한 두려움, 정서적 미충족 상태, 공격적 행동화 등의 결과를 가져올 수 있다고 했다. 특히 이 연령대 아동은 자아중심성(egocentricity)으로 말미암아 이혼에 대한 책임이 자기에게 있다고 자신을 비난하며 화해에 대한 책임감을 느낀다. 6~8세의 아동은 이혼에 대한 책임감 때문에 자신을 비난하는 일은 드물지만, 헤어진 부모에 대한 갈망과 화해의 환상은 오히려 더 뚜렷하게 나타난다. 그리고 9~12세의 아동은 부모의 이혼을 분명하게 이해하지만 때로 그만큼 확실하게 반대의사를 표명하기도 한다. 이들은 이혼하는 부모에게 분노하며, 부모의 이혼에 대한 당혹스러움을 감추고자 할 정도로 사회적 인식이 발달하여 있다. 마지막으로 청소년은 부모의 이혼사유를 가장 완전하고 추상적으로 개념화할 능력이 있으며, 이에 따라 적응도 촉진된다. 청소년에게 가장 어려운 인지과업은 이제 형성되는 정체성(특히 이성 관계에서)과 부모의 이혼을 통합하는 것이다. 이론의 적용에서 한 가지 주의해야 할 점은 부모의 이혼에 대한 생각은 고정된 것이 아니라, 아동의 성장에 따른 인지능력의 변화와 부모와의 관계에서 어떤 경험을 해 나가는가에 따라 변화하게 된다는 사실이다.

(2) 부모 간 갈등

혼인 기간이나 이혼 후 부모가 갈등관계에 있을 때 아동에게 더욱 많은 심리적 문제가 있다는 연구결과가 보고되고 있다. 사실상 부모 간 갈등이 아동에게 미치는 치명적인 심리적 효과는 이혼에 정당성을 부여해 주기도 한다. 대다수 전문가는 아동이 행복한 양부모가족에게 가장 행복하지만, 갈등이 심한 혼인가족보다 행복한 이혼가족에서 아동이 더 잘 적응한다는 데 뜻을 같이하고 있다. 그러나 부부간 갈등이 아동에게는 감춰져 있을 수 있다. 또한, 이혼이 반드시 갈등을 해결하는 것은 아니며, 이혼에 의해 초래된 다른 스트레스(예: 경제적 어려움)가 부부간 갈등보다 아동의 안녕에 더 큰 영향을 미칠 수도 있다는 점에서 단정적으로 결론 내리기는 어렵다(Emery, 1999).

(3) 양육부모와의 관계

이혼 후 스트레스에 대해서 가장 효과적인 완충은 능력 있고 관심이 깊은 양육부모이지만, 부모 자신도 이혼에 따른 스트레스로 말미암아 이혼 첫해에는 부모 기술이 약화하고 그 후 회복되기 시작한다.

① 양육모와 아동

가장 흔한 패턴은 부모의 애정, 긍정적 관여, 그리고 아동과 보내는 시간이 감소하는 반면, 화를 내고 처벌적이며 예측하기 어렵고 변덕스러운 양육방식이 증가한다. 아동이 잘못을 저지를 때 타이르는 대신 야단을 치거나 소리를 지르게 되며, 아동이 이를 무시하면 잔소리를 하거나 폭발을 하게 된다.

이혼으로 말미암아 어린 아동은 의존적이며 징징거리고 공격적이며 도전적으로 변하기 때문에 일반적으로 훈육하기가 어려워진다. 특히 어머니·아들 관계에서 비일관적인 지시와 위협이 흔히 발생하는데, 이는 적대적 상호작용을 증가시킬 뿐이다. 예를 들어, 어머니가 지시하는데 아들이 이를 무시하고 계속 잘못된 행동을 하고 이에 화가 난 엄마는 아들에게 위협하고 소리를 지르거나 체벌을 하게 되고, 결국은 부모로서의 능력에 대한 회의가 생기고 우울증과 무력감을 느끼게 되는 강제적 사이클이 형성된다. 이 경우 일관된 보상과 처벌, 설명 지향적 훈육, 타임아웃 등과 같은 테크닉을 통해 아동을 통제하는 행동수정 프로그램이 효과적이다. 반면, 여자아동도 이혼 첫해에 남자아동과 같은 문제를 가지지만, 부모는 여자아동에게 더욱 지지적이며 어머니와 딸은 비교적 쉽게 적응한다. 청소년기가 되면 다소 다루기 어려워지지만, 이혼 후 2년 정도가 지난 무렵에는 모녀관계가 이혼하지 않은 가족과 대등한 수준에 있게 된다.

② 양육부와 아동

양육부는 스트레스가 심한 아동을 다루는 데 있어 양육모와 유사한 도전을 받으나, 자녀통제에 따른 문제는 적다. 아동은 어머니보다 아버지에게 복종적일 가능성이 크며, 아버지와 아동은 상대적으로 강제적 사이클에 빠지게 될 가능성이 작다. 그러나 양육부는 아동에게 자신의 감정과 문제를 이야기하도록 격려하고 청소년기의 행동을 모니터하는 데 취약하다. 양육모와 양육부가 모두 애정 있고 자녀에게 관여하며 능력 있는 부모일 수 있지만, 이혼

전후 부모역할의 지속성은 어머니가 더 높은 편이다. 아버지의 부모역할은 덜 예측 가능한데, 이는 아마도 그들의 상황이 더 극적으로 변화했기 때문일 것이다. 즉 아버지가 양육권을 가지게 되면 일차적인 보호 제공자가 되는데, 이전에 한 번도 이 구실을 해 본 적이 없기 때문이다. 이혼 전에는 자녀양육에 별로 관여하지 않았으나 양육권을 얻게 되면서 아동을 돌보는 것을 배우는 아버지들이 있다. 여기에서 중요한 것은 아버지 자신이 아동양육을 희망했는가, 아니면 마지못해 수락하였는가이다. 후자일 때는 흔히 분개하고 애정이 없으며, 좋은 부모가 되는 데 본질적인 요소라 할 수 있는 시간과 노력을 할애하지 않을 것이다(Hetherington & Kelly, 2002).

(4) 비양육부모와의 관계

우리 사회에서는 아직은 비양육부모와의 지속적인 접촉이 비교적 적으나, 서구 사회에서는 상당히 일반화되어 있다. 앞으로 면접교섭권이 더 활발히 적용되면 우리 사회에서도 비양육부모와의 정규적인 관계가 증가할 것으로 예측된다. 이러한 비양육부모와의 지속적인 관계는 아동의 적응에 매우 중요한 요인이라는 점에서 바람직하다고 하겠다. 사회적으로 성공한 아버지라도 비양육부모 역할과 관련하여 좌절감을 느끼고 혼란스럽고 불확실하며 고통을 느끼는 것은 매우 흔한 일이다. 이혼 첫해 아버지는 흔히 '매일 매일이 크리스마스'라는 태도를 취한다. 아동과 보내는 짧은 시간이 즐겁고 유쾌하기를 바라기 때문에 방문할 때마다 선물을 주고 놀러갈 계획을 세우며, 설사 아동이 잘못했더라도 이를 지적하지 않는다. 이러한 태도는 시간이 지나면서 완화되지만, 비양육부는 모든 부모 중에서 가장 허용적인 편이다. 한편, 서구 사회에서 비양육모는 비양육부에 비해 아동의 삶에 더욱 적극적으로 관여할 가능성이 크다. 이들은 아동에게 조언을 하고 규칙을 세워 주며 성숙하고 자기 통제된 행동을 격려하고 아동을 훈육하는 편이다. 아동은 비양육부보다 비양육모에게 더 친밀감을 느낀다고 보고되고 있다. 그러나 이혼하지 않은 가족의 어머니와 자녀 관계보다는 덜 친밀하다.

참고자료 11-2

'母子면접권 방해' 아버지 양육권 박탈

2000년 결혼한 A씨는 B씨의 폭행과 늦은 귀가, 잦은 음주 등으로 별거하는 등 갈등을 겪었다. A씨의 어머니가 건강이 악화하자 부부는 A씨 어머니 집에서 함께 지내기도 했지만, 관계가 회복되지 않았고 결국 별거하게 됐다. 이들이 맞벌이 부부라서 아들(8)은 결혼 초기부터 시댁에서 B씨의 어머니가 돌봤고 주말이나 휴일에 부부가 그곳을 방문해 돌보거나 만나 왔으며 2006년 초 유치원에 입학하면서 부모와 함께 생활했다. 2006년 5월에 B씨 어머니 측은 손자와 주말을 보내게 해달라고 요청해서 데려가고 나서 돌려보내지 않았고 A씨와 만나지도 못하게 했다. 관계가 계속 악화하자 A씨는 이혼 소송을 내고 자녀를 만날 수 있게 해달라고 사전 처분 신청을 제기했다. 법원은 매주 토요일 2시간가량 A씨와 자녀의 면접권을 보장하라고 결정했지만, B씨는 미국 연수를 떠나고 나서 아들을 데려가는 등 이에 협조하지 않았다.

결국, 법원은 아들이 어머니와 접촉할 정당한 권리를 방해하고 극단적인 수단까지 사용하는 점 등이 아들에게 악영향을 끼친다고 판단해 남편 B씨의 양육권을 박탈했다. 재판부는 "B씨가 자녀를 소유물 취급하면서 정서적 해악을 무시한 채 일방적으로 모자 관계를 단절하고 A씨에 대한 부정적 생각을 여과 없이 드러내는 점 등으로 볼 때 A씨에게 양육권을 부여하는 것이 자녀 복리에 더 적합한 것으로 판단된다."고 밝혔다. 이어 "비록 B씨 측이 경제적으로 윤택한 양육·교육 환경을 제공하는 것으로 보이지만 공동 양육이나 A씨와의 면접 교섭에 대한 협조를 기대하기 어렵다는 점을 함께 고려했다."고 덧붙였다.

출처: 연합뉴스(2009. 4. 15).

3. 이혼가족의 회복력

1) 이혼 당사자의 보호요인

이혼에 따른 도전과 스트레스가 어떻게 일부 이혼 당사자에게는 놀라운 발전을 가져오고, 다른 이혼 당사자에게는 불행과 실패를 가져오는가? 이에 대한 답변은 보호요인과 위험요인, 그리고 이들이 어떻게 작용하는가에 달렸다. 위험요인과 보호요인이 접목되면서 회복력이 형성된다. 이는 보호요인으로부터 위험요인을 삭감하는 단순 방식이라기보다는, 보호요인이 지배적으로 작용하면 이혼의 어려움을 딛고 일어날 수 있으며, 반대로 위험요인이 지배적일 때 파국에 이를 가능성이 커진다. 사실상 위험요인과 보호요인은 항시 존재했지만, 이혼 위기에 직면할 때까지 그들 자신도 정서적·지적 잠재력 혹은 자질과 기술에 대해서 깨닫지 못했을 수 있다(Hetherignton & Kelly, 2002; 이원숙, 2008 재인용).

(1) **사회적 성숙**

사회적 성숙은 이혼하고 나서 커다란 자산이 된다. 성숙은 미래에 대한 계획성, 자기통제력, 문제 대처에서의 융통성과 적응력, 그리고 사회적 책임성으로 구성된다. 계획성은 이혼 당사자가 더욱 나은 삶을 위한 구체적 단계를 밟는 것을 의미한다. 이혼 첫해에 스트레스와 불안, 우울, 그리고 분노가 보편적이지만, 일부 이혼 당사자는 이를 통제하는 방법을 발견한다. 이런 자기통제는 판단을 흐리지 않게, 부모역할에 영향을 주지 않게, 그리고 충동적이거나 자기패배적 방식으로 행동하지 않도록 돕는다. 그리고 경직성은 혼인생활을 파괴하는 만큼 이혼하고 나서 적응에도 부정적 영향을 미친다. 성숙한 개인은 적응성과 융통성을 가지며, 이들은 해결 가능한 문제(예: 협조적인 부모-자녀 관계의 수립)를 해결 불가능한 문제로 만드는 실수를 하지 않는다. 일견 사회적 책임성은 이혼과는 관련이 없는 것처럼 보인다. 그러나 다른 사람들의 욕구에 민감하고 반응적이며 다른 사람을 도울 수 있는 능력은 다음과 같은 측면에서 혼인의 실패를 극복하는 데 이바지한다. 첫째는 사회적 책임감의 본질이라고 할 수 있는 친구, 동료에게 많은 것을 베푸는 사람들은 그들 자신이 도움이 필요로 할 때 많은 것을 돌려받을 수 있다. 둘째는 이혼하고 나서 감정에 어려움을 겪는 사람들은 동료나 친구의 문제를 돕는 과정에서 그들 자신에 대해 긍정적으로 느끼기 시작한다.

(2) 자율성

이혼하고 나서 스트레스로부터 그 어느 것도 완전한 보호를 제공해 줄 수 없지만, 자율적인 사람, 즉 혼자 있는 것과 혼자 결정 내리는 것에 익숙한 사람은 이혼하고 나서 '홀로 됨(singleness)'에 적응하기 쉽다(Hetherington & Kelly, 2002).

(3) 종교성

종교 자체가 사람을 보호하지는 않으나 종교적인 생활양식이 지지망에 대한 접근을 가능케 한다는 점에서 종교성은 사회적 고립감, 외로움, 지지의 결핍 등에 대한 완충역할을 한다.

(4) 내적 통세성

내적 통제성 혹은 자기 효율성을 가진 사람은 자신의 노력으로 문제를 해결할 수 있다는 신념을 지니고 있으며, 이는 흔히 이혼하고 나서 행동 지향적이 되도록 돕는다. 이들은 공부를 다시 시작하거나, 사업을 새로 시작하거나, 아동보호기관을 찾거나, 사회적 망을 구축하는 등 문제해결을 시도한다. 반면, 외적 통제성을 가진 사람은 무력감을 느끼고 어려움을 감수하는 경향이 있다. 즉, 이들은 문제가 사라질 때까지 버티거나, 그것이 여의치 않으면 문제를 가진 채로 살아나가는 것을 배우려고 한다(Hetherington & Kelly, 2002).

(5) 직장

많은 이혼남성은 가족을 상실하고 나서 직장의 친숙함과 일상성에서 지속성과 안정성을 되찾는다. 일을 효과적으로 할 수 없다고 불평하는 남성도 있지만, 대개는 일에 몰두하여 외로움과 스트레스로부터 탈출한다. 오늘날 여성의 취업이 증가하고는 있지만, 이혼 시점에서 안정되고 전문적인 직업을 가진 여성은 많지 않다. 이에 따라 여성에게 있어 근로의 보호 효과는 숨겨진 자질을 발견하고 새로운 사업을 시작하는 등 자기발견 영역에서 주로 드러나고 있다. 전문적인 일이 아닌 단순 고용직일지라도 보호적 기능을 수행할 수 있다. 생계유지자로서의 역할은 여성의 자아존중감을 회복시키며 가정에서 벗어나도록 한다.

(6) 사회적 지지

이혼 결정시기와 이혼 초기단계에서 전형적인 사회적 지지의 출처는 부모, 자매 혹은 친구들이다. 이들은 부분적으로 상담과 위로의 역할을 하면서 이혼을 결정할 동안, 그리고 이혼하고 나서 생활에 대한 지지와 조언을 제공한다(Hetherington & Kelly, 2002).

(7) 새로운 친밀한 관계

이혼하고 나서 스트레스에 대한 가장 강력한 완충은 새로운 친밀한 관계의 형성이다. 이는 우울증을 감소시키고 건강문제를 향상시키며 자존감을 증대시킨다. 누군가가 자신을 사랑하고 가치를 인정한다고 느끼면 자신을 가치 있는 사람으로 생각하게 된다.

2) 아동의 보호요인과 위험요인

(1) 부모와의 관계에 있어서의 보호요인

부모역할은 아동의 삶에서 가장 중요할 뿐 아니라 흔히 유일한 사회적 보호요인이다. 특히 매일의 일상에서 아동을 완충해 줄 다른 부모가 없다는 점에서, 이혼가족에서 양육부모의 부모역할과 행동은 매우 중요하다. 다시 말해서 양육부모의 거부, 분노 혹은 방임은 이를 완충시켜 줄 다른 부모가 없는 상황에서 직접적으로 아동에게 영향을 미친다. 따뜻하고 일관되며 지지적이고 권위적인 부모는 커뮤니케이션 기술을 가지고 있으며 확고하면서도 반응적인 훈육자이다. 여기서 말하는 '권위적인 부모'는 이혼하고 나서 가족생활에서 나타나는 혼란을 가혹하고 처벌적이며 경직된 훈육방식으로 통제하는 권위주의적 부모와는 다른 개념을 의미한다. 이들은 언어적 통제, 타임아웃,

특권제한, 설명과 논리적 설득 등의 훈육기술을 사용한다. 이는 잘못된 행동을 즉각적으로 없애줄 뿐 아니라 아동에게 자기통제를 가르치는 효과가 있다. 또한, 권위적 부모는 자녀를 존중해 준다.

권위적 부모의 보호적 효과는 세 가지 측면에서 비롯된다. 첫째는 이혼으로 말미암아 아동의 삶이 혼란스럽고 스트레스가 심한 시점에서, 부모의 일관성은 아동에게 가정환경의 예측 가능성을 높여 준다. 둘째는 권위적 부모는 상호 신뢰와 존중을 활성화하며 이는 아동을 통제하기 쉽게 만든다. 셋째는 권위적 부모는 아동의 감정, 욕구, 능력 등에 민감성을 보여 준다. 그리하여 이혼하고 나서 아동은 권위적 부모 밑에서 책임감이 있고 문제가 적으며 높은 성취감을 느끼면서 성장한다(Hetherington & Kelly, 2002).

(2) 위험요인

① 부모를 돌보는 아이

이혼부모가 자녀에게 상담과 지지를 구하는 사례가 늘어나고 있다는 사실은 이혼가족의 아동이 빨리 성장하는 것과 관련된다. 그러나 이런 빠른 성장에는 대가가 따른다. 예를 들어 이혼여성이 열 살짜리 딸을 친한 친구 혹은 자매 같다고 묘사하고, 딸에게 어떤 개인적 문제라도 의논할 수 있다고 느낀다. 그러나 열 살짜리 소녀에게는 친구가 아니라 돌봐 줄 부모가 필요하다.

부모화의 또 다른 위험은 아동이 자신이 해결할 수 없는 문제에 대한 책임감을 느끼고 무력감을 발달하게 된다는 점이다. 예를 들어 아홉 살짜리 아동은 '나는 왜 이럴까? 왜 나는 엄마가 덜 외롭게 느끼도록 도울 수 없을까?'라는 생각을 하고 무력감을 느낄 수 있다. 이런 무력감은 아동이 성장하면서 우울증과 낮은 자아존중감으로 발전할 수 있다. 그렇다고 해서 부모의 자기노출이 모두 해로운 것은 아니다. 자기노출이 절제되고 연령에 적합하면, 아동에게 마음을 털어놓는 것은 적합할 뿐 아니라 발달을 촉진한다. 아동은 부모가 자신을 신뢰하고 의지하면 이를 자랑스럽게 생각하며, 이는 건강한 상호 돌봄의 관계를 구축시킬 것이다(Hetherington & Kelly, 2002).

② 갈등적 부모역할

일부 이혼가족에서는 심한 갈등이 지속하는 경우가 있다. 전 배우자들은 서로 폄하하는 발언을 하고, 아동과의 관계를 잠식시키고자 하며, 아동 앞에서 공개적으로 싸움을 한다. 이처럼 이혼하고 나서 부모의 갈등은 아동에게 스트레스를 주고 안녕을 잠식하며 이로 말미암아 부모도 불행해진다. 부모는 아동 앞에서 싸운 것에 대해 죄의식을 느끼지만, 아직도 남아 있는 분노와 원한에 대한 집착 때문에 새롭고 보다 충족적인 삶, 그리고 아동이 겪어야 하는 고통에 관심을 갖지 못한다(Hetherington & Kelly, 2002).

4. 재혼가족의 환상

재혼가족에서 때로 초혼에서의 실패를 만회하고자 하는 욕망은 비현실적인 기대 혹은 환상을 가지도록 한다. 한쪽 또는 양쪽 배우자는 초혼의 경험을 바탕으로 결혼이 불완전한 인간에 의한 불완전한 제도라는 사실을 깨달아야 한다. 다음은 재혼가족에서 흔히 나타나는 위험한 환상이다(Hetherington & Kelly, 2002; 이원숙, 2012 재인용).

1) 보상신화

보상신화는 불만족한 첫 번째 배우자를 가졌던 사람과 두 번째 배우자를 일종의 보상으로 간주하는 사람들에게서 나타난다. 새 배우자는 문제가 많았던 전 배우자가 갖추지 못했던 모든 것을 갖출 것으로 기대한다.

2) 핵가족신화

핵가족신화는 계부모가족이 핵가족처럼 기능할 것이라는 기대다. 이를 믿는 사람들은 가족구성원이 서로 사랑하고 친밀하게 느끼며, 아동들이 부모를 존경하고 비양육부모와 같은 불편한 부분은 사라질 것이라고 기대한다. 그러나 현실적으로 재혼가족에서 친밀한 가족관계를 유지하는 것은 쉬운 일이 아니다.

3) 인스턴트 사랑에 대한 기대

인스턴트(instant) 사랑에 대한 기대는 핵가족신화만큼이나 흔하며, 그만큼 위험하다. 결혼이 부모로서의 자격을 준다는 믿음에 따라 계부모는 친밀감과 권위가 즉각적으로 형성될 것이라고 기대한다.

4) 신데렐라

신데렐라에 대한 환상은 계부모가족에서의 권력 문제가 확대된 형태다. 부모를 '좋은' 부모와 '나쁜' 부모로 이분화하는 것은 아동의 환상과 동화에서 보편적으로 나타나는 현상인데, 이는 지역사회 가치체계에까지 영향을 미칠 수 있다. 이에 따라 계모와 사는 아동에 대한 동정심이 유발되고, 계모는 어찌할 수 없는 위치에 처하게 된다.

5. 이혼에 대한 대책

1) 이혼 예방 대책

이혼 예방을 위해서 일차적으로 결혼의 의미를 진지하게 생각해 보고 부부관계를 향상시킬 수 있는 결혼준비교육과 같은 가족생활교육 프로그램이 필요하다. 부부관계를 원만하게 유지하는 부부를 대상으로 결혼 불만 요인을 약화시키고 나아가 부부관계를 더욱 강화시킬 수 있는 부부간의 효율적인 의사소통 방안, 건설적인 갈등해결 방안 등 다양한 내용을 포함한 교육 프로그램이 시행되어야 한다. 또한, 위기상태의 부부를 대상으로는 위기의 원인이나 상태에 따라 이혼예방을 위한 부부 상담과 치료 프로그램이 시행되어야 한다(최경석 외, 2006). 성공적인 혼인생활을 위해 다음과 같은 대책이 필요하다(유영주 외, 1995).

첫째, 결혼 이전에 가정생활에 관한 교육을 가정과 학교에서 시행하여야 한다. 최근 많은 대학에서 '결혼과 가족'이라는 강좌를 열고 있는데, 이러한 교육으로 젊은이들이 좀 더 신중하게 결혼을 결정하고 배우자를 선택하게 될 것이다. 또한, 인격적인 측면에서 남녀 서로 평등한 결혼이란 어떤 것인가에 대한 진지한 사고와 교육이 필요하다.

둘째, 결혼생활을 하는 동안 발생하는 어려움에 대해 전문기관을 적극적으로 활용하도록 한다. 부부간의 문제가 곪아 터져 해결될 수 없는 지경에서는 상담가의 도움도 크게 효과가 없다. 자신의 결혼생활을 점검하고 평소에 의사소통이나 문제해결방법 등을 증진시키는 프로그램을 수강하는 것도 바람직하다. 최근 건강가정기본법 제정에 따른 건강가정지원센터가 운영되고 있는데, 가족기능강화를 위한 교육 프로그램을 통해 가족 내 문제해결 대안을 개발하고 실천할 수 있도록 해야 한다.

2) 이혼과정상의 대책

이혼을 결심한 부부에게는 부부관계를 회복하기 위해 조정을 시도하고 여의치 않을 때는 부부 당사자의 판단을 돕기 위한 이혼 관련 법률 상담의 기회를 제공해야 한다. 그리고 재판과정에서는 재산분할, 위자료, 자녀에 대한 양육권과 양육비, 면접교섭권 등에 대해서도 남녀가 공평하게 이루어지도록 하고 이혼 후 불리해지는 배우자를 고려해야 한다.

(1) 조정과 중재

이혼을 고려하고 있거나 결심한 부부를 대상으로 부부관계 회복을 위한 화해, 만족스러운 이혼을 위한 조정과 중재, 부부당사자의 판단을 돕기 위한 이혼 관련 법률 상담의 기회를 제공한다. 일단 형성된 가족은 지속하여야 할 필요가 있으므로 이혼을 결심한 부부라 할지라도 신중을 기하여 재고하여야 하며, 그래도 이혼을 해야 할 때는 이혼하는 당사자와 자녀 모두가 상처를 덜 받고 상호 협조적인 이혼협상이 이루어져야 하며, 이 과정에서 이혼과 관련된 법률적 상담이 있어야 한다.

우리나라에서도 가정법원에 가사조정제도가 있어 부부가 이혼에 이르는 것을 방지하거나 분쟁이 있을 때 평화적이고 원만한 해결을 하도록 지원하는 절차가 있다. 그러나 실제로는 부부 대부분이 상당한 파탄에 이른 다음에야 조정 신청을 하기 때문에 조정이 원만하게 성립되지 않는 경우가 많으므로, 가정법원의 조정제도를 보다 활성화하고 홍보하여 조정위원회로 하여금 화해, 조정, 중재의 기능을 적극적으로 수행하도록 해야 한다. 국가는 이혼 급증의 제도적 원인 중 하나인 간소한 현행 이혼 절차에 있다고 분석하고, 2008년 6월 22일 자로 이혼숙려제도를 시행하였다. 이 제도의 목적은 숙려기간에 서로 자녀양육, 재산 등 여러 내용을 재검토하여 이혼을 예방하도록 하고 이혼을 하더라도 후회 없는 이혼이 되도록 하려는 것이다. 그러나 이 제도는 이혼 전에 원하는 사람에 한해 협의이혼전문상담위원에게 상담을 받게 하고 있다. 이혼숙려제도가 더 활성화되려면 현 제도를 보완하여 이혼 전에 의무적으로 상담을 받도록 해야 할 것이다. 한편, 이혼숙려제도가 시행되기 이전에 한국가정법률상담소(2005)에서 이혼숙려제도에 대한 의견을 조사한 결과, 이혼숙려제도 도입 찬성이 74.1%로 나타났으며, 이혼숙려기간의 정도는 3~4개월이 가장 많았고, 5~6개월이 그다음을 차지하여 3~6개월이 적절하다는 의견이 있었다(한국가정법률상담소 홈페이지).

(2) 법률적 재판

화해, 조정, 중재가 성립되지 않을 때는 법률적 재판을 하도록 한다. 재판에서는 재산분할, 위자료, 자녀에 대한 양육권과 양육비, 면접교섭권 등이 남녀 공평하게 이루어져야 하며 이혼 후 불리해지는 배우자를 고려하여야 한다. 이혼 후 소득이 없는 배우자를 위한 부양적 재산분할도 보장되어야 한다. 그리고 자녀양육자 지정, 양육비 지급, 면접교섭권 등은 부부의 감정적 차원을 떠나서 자녀의 심리적 안정을 도모하고 성장발달을 위하는 차원에서 이루어져야 하며 자녀의 의견도 충분히 고려해야 한다.

(3) 자녀에 대한 배려

부모가 이혼한 자녀들에게는 특별히 지지적인 서비스가 필요하므로 자녀를 위해서 부모의 세심한 배려가 있어야 한다. 자녀에게는 부모의 이혼, 그 자체만으로 충격이 된다. 마음의 준비 없이 갑작스럽게 이혼을 받아들여야 할 때 충격은 더 크다. 따라서 자녀가 이해할 수 있고 마음의 준비를 하여 자녀 나름대로 대처할 기회를 주어야 한다. 그리고 부모 자신이 평정상태가 아니라 할지라도 희생당하는 자녀에게 세심한 주의를 기울여 자녀에게 이상적인 대안을 제시해 주어야 한다. 또한, 동거하는 부나 모는 자녀와 개방적인 대화를 하는 등 양육의 결손을 최소화하도록 최대한 노력하여야 한다.

CHAPTER 12

폭력과 학대: 보고만 있을 것인가?

학습 목표

- 가정폭력과 학대의 개념을 이해한다.
- 가정폭력가족의 개념을 이해한다.
- 가정폭력가족의 특성을 설명할 수 있다.
- 가정폭력가족의 문제점을 지적할 수 있다.
- 가정폭력가족을 위한 대책을 제시할 수 있다.

1. 가정폭력가족의 개념과 특성

1) 가정폭력가족의 개념

가정폭력범죄의 처벌 등에 관한 특례법(법률 제8580호, 2007. 8. 3, 일부개정) 제2조 제1호를 따르면, '가정폭력'이란 "가정구성원 사이의 신체적, 정신적 또는 재산상 피해를 수반하는 행위를 말한다."라고 규정한다. 여기서 '가정구성원'이란 "배우자(사실상 혼인관계에 있는 자를 포함) 또는 배우자관계에 있었던 자, 자기 또는 배우자와 직계존비속 관계(사실상의 양친자관계를 포함)에 있거나 있었던 자, 계부모와 자의 관계 또는 적모와 서자의 관계에 있거나 있었던 자, 그리고 동거하는 친족관계에 있는 자 등을 말한다(동조 제2호)."

가정폭력은 사회의 기본단위인 가정에서 일어나는 폭력이라는 점에서 사회에 미치는 영향이 매우 크다고 할 수 있다. 1997년 11월 18일 '가정폭력범죄의 처벌 등에 관한 특례법'과 '가정폭력방지 및 피해자보호 등에 관한 법'이 제정되고 나서 가족 내의 사적인 문제로 인식되었던 가정폭력에 대한 사회적 관심이 증가하고 있다. 가정에서의 폭력은 폭력 피해자에게 신체적·정신적 손상을 주어 심각한 후유증을 남기고, 그 자녀가 폭력에 노출됨으로써 폭력 학습의 기회가 되어 또 다른 폭력을 낳는 악순환과 재생산이 이루어진다. 특히 이러한 재생산은 단순 재생산이 아니라 확대 재생산이 될 가능성이 크다는 점에서 더욱 중요한 사회문제가 된다. 따라서 행복하고 건강한 삶이 영위되어야 할 가정에서 인간의 존엄성이 파괴되고 인격적인 인간관계가 깨지며 개인적인 생존을 위협하는 일이 일어난다. 결국에는 결혼관계와 가족관계의 붕괴 또는 가족해체로 이어지기도 하여 건강하고 안정된 사회의 발전을 저해하는 요인으로 작용하게 된다(박주현·임상록, 2009).

2) 가정폭력가족의 특성

카샤니(Kashani, 2005)는 가정폭력의 일반적 특성을 다음과 같이 제시하였다. ① 가정폭력은 장기적이고 반복적이다. ② 시간이 갈수록 폭력의 유형이 다양해지고 그 정도가 심화한다. ③ 아내에 대한 폭력은 자녀 혹은 처가식구에 대한 폭력으로 이어진다. ④ 지속적인 가정폭력으로 신체적 손상뿐 아니라 '외상 후 스트레스 장애(PTSD)' 등 정신질환에 시달리게 된다. ⑤ 폭력에 대한 공포와 학습된 무력감에 젖어 가정폭력으로부터 탈출하는 것이 불가능하다고 믿게 된다. ⑥ 자신의 존엄성이 약해지기 때문에 독립할 정신적 능력이 모자라고 폭력적인 가정에 안주하게 된다. ⑦ 가정폭력의 피해자는 폭력으로 받은 정신적 스트레스를 없애지 못하여 다른 범죄로 문제를 해결하려는 경향을 보인다.

2. 가정폭력가족의 실태와 문제

가정폭력은 가해자와 피해자에 따라 남편이 부인을, 부인이 남편을, 부모가 자녀를, 자식이 노부모를, 형제가 형제를, 그리고 친척 간의 폭력 등 가해자와 피해자 간에 따라 다양한 유형이 있다. 그러나 여기에서는 부부폭력, 아동학대, 노인학대 등에 대해서 살펴본다(최경석 외, 2006).

1) 부부폭력

부부간의 폭력을 지칭하는 용어로는 아내학대, 아내구타, 배우자학대, 부부폭력 등 여러 가지가 사용되고 있다. 부부폭력은 그 주체에 따라 남편에 의한 아내구타, 아내에 의한 남편구타, 그리고 남편과 아내 모두 폭력을 행사하는 상호폭력으로 나누어진다. 우리나라 가정에서 남편이 이루어낸 아내에 대한 폭력의 비율이 아내에 의한 남편의 폭력 비율과 비교할 때 5배 정도 높다. 그래서 아내에 대한 것을 지칭하는 용어가 남편에 대한 것보다 일반인에게 더 많이 알려졌다.

(1) 부부폭력의 요인

부부폭력이 발생하는 요인은 개인적 측면과 사회적 측면에서 찾을 수 있다.

① 개인적 요인

개인적 요인은 가해자의 성격적 결함, 알코올중독, 정신질환 등을 포함할 수 있다. 가해자는 정신병자이거나 알코올중독자이기 때문에 구타했을 것으로 추측할 수 있다. 그러나 가해자 가운데 정신질환자는 대략 20%에 해당할 뿐이며 의처증이 원인인 경우도 16%에 불과하여 가정폭력이 극소수 비정상인에 의해서만 이루어진다고 볼 수는 없다. 결국, 폭력을 행사하는 가해자는 공통적인 성격적 특성을 드러낸다(김광일, 1985; 김양희, 1998; 최경석 외, 2006).

② 사회적 요인

사회적 요인은 사회 전반에서 폭력을 허용하는 사회구조적인 문제와 폭력에 대한 모방 등이 해당한다. 폭력에 대한 모방은 개인이 타인의 공격행위를 관찰하여 모방함으로써 새로운 공격행위의 기술을 습득하고, '저 사람이 한 행동을 난 따라 했을 뿐'이라는 사고방식으로 말미암아 공격행위에 대해 양심의 가책이나 죄의식 없이 폭력을 사용하게 되는 것이다. 사회 전반에서 부부폭력을 허용하는 통념이 하나의 원인이 된다.

(2) 부부폭력의 특성

① 매 맞는 아내의 특성

매 맞는 아내는 지극히 자존심이 상해 정신적으로 큰 상처를 입는다. 구타를 당했다는 수치심, 남편에 대한 분노, 구타에 대한 공포와 이 상태를 벗어날 수 없다는 절망감, 무기력 등으로 말미암아 정신적 혼란과 다양한 정신적·신체적 증상이 나타난다. 즉, 반복적인 구타로 불안, 초조, 공포, 분노, 체념의 정서반응과 적절한 감정표현을 못 하여 불면증, 두통, 소화불량, 가슴답답증, 속 열이 얼굴로 치솟는 느낌 등 정신적·신체적 병리 증상이 나타난다. 구타가 오랫동안 반복되면 자존심의 상처가 깊어져 주체성의 상실, 자아의 파괴에 이르러 정신병까지 걸린다. 그중에서도 자신은 '맞을 만하니까 맞는다.'라고 막연히 믿는다. 이러한 결과로 자신이 매 맞을 짓을 한 것이 무엇인지를 찾으며, 남편에 대해 죄책감마저 느끼는 죄업망상(罪業妄想, delusion of culpability)에 빠지게 된다.

② 가해자인 남편의 특성

가해자인 남편은 다양한 특성을 보이지만 반사회적 성격을 지니고, 정서적으로 충동적이다. 또한, 자기중심적이며 자신의 이기적인 관심과 기대로 모든 결정을 내린다는 도덕적 규칙을 갖고 있다는 점은 대체로 공통적인 특성이다(Gondolf, 1993). 가해자인 남편은 아내의 표정, 말투, 행동 하나하나가 구타의 구실이 된다. 사실상 구타의 명분을 찾으려고 아내의 행동 하나하나를 집요하게 지켜보고 물고 늘어진다. 가해자인 남편의 구타 사유는 대부분 아무것이든 닥치는 대로 트집을 잡아 구타하거나 부인의 품행을 탓하는 의처증 증세, 자신의 '혼외관계(외도)를 부인이 이해해 주지 않는다.'라는 등을 핑계로 삼아 때리게 된다.

(3) 부부폭력의 현황

우리나라 부부폭력의 정도는 전국가정폭력 실태조사와 가정폭력 관련 시설의 상담내용을 통해서 알 수 있다. 전체 가정의 31.4%가 적어도 1년에 한 번은 부부간의 폭력을 경험하는 것으로 나타났다. 부부 10쌍 중 3쌍 이상이 부부폭력을 경험하는 것으로 나타나(김재엽, 1997) 부부폭력이 매우 광범위하게 발생하고 있음을 알 수 있다. 최근 여성긴급전화 1366에 신고된 상담내용 중 가정폭력이 차지하는 비율은 2002년 2만 5,836건(전체의 4.4%)에서 2004년 4만 1,208건(전체의 26.6%)으로 급속하게 증가하였다. 가정폭력상담소에 접수된 상담내용 중 가정폭력 상담이 지난 3년간(2002~2004년) 평균 전체 상담의 50.0% 이상을 차지한다고 보고하였다. 이 중에서 배우자에 의해 학대당하는 비율이 전체 학대자의 80.0% 이상을 차지하는 것으로 나타나 부부폭력이 심각함을 알 수 있다.

구타 빈도를 살펴보면 연 1회 이상 12회 미만의 경우가 32.4%로 많았으며, 월 1회 이상 4회 미만인 경우가 16.2%, 주 1회 이상 6회 미만이 10.8%로 가정폭력이 지속적으로 되풀이되고 있음을 알 수 있다. 이러한 구타 빈도를 통해 알 수 있는 것은 폭력의 계속성과 반복성으로 말미암아 폭력이 교정될 수 있거나 중단되지 못한다는 것이다. 구타 이유로는 가해자인 남편이 술을 마셨거나 남편의 기분에 따라 아무런 이유 없이 때리는 것이 대부분이다. 한국보건사회연구원(1999)의 연구를 따르면, 남편의 폭행원인은 남편의 술버릇이 29%로 가장 높았고, 경제적 문제(16.5%), 남편의 자격지심 및 열등감(12%), 성격차이(10.8%) 등이 비교적 큰 비중을 차지하였다. 특히 경제적으로 열등한 남편은 이를 만회하기 위해 부인을 폭행하는 것으로 나타났다(최경석 외, 2006).

2) 아동학대

(1) 아동학대의 유형

아동학대의 유형은 신체적 학대, 정서적 학대, 성적 학대와 방임으로 나눌 수 있다. 여기에 발육부진과 아동 유기, 미성년자 노동 등이 포함될 수 있으나, 발육부진은 방임의 특별한 형태로 보며 미성년자 노동과 아동 유기는 일반적인 범주(category)에 분류하기 어렵게 구체적으로 되어 있다. 아동학대의 일반적인 분류인 위 네 가지도 그 기준이 애매모호하다. 특히 정서적 학대와 방임을 구분 지을 때 그렇다. 또 실제 아동학대는 대부분 발생할 때 한 부류의 학대 형태가 아닌 성적 학대와 방임, 아니면 신체적 학대와 정서적 학대 등 혼합적인 형태로 발생한다.

① 신체적 학대

일반인들이 아동학대라고 할 때 대부분 신체적 학대를 일컫는 경우가 많은데, 이는 신체적 학대가 가장 눈에 두드러지는 손상을 가져오며 발견하기도 쉽기 때문이다. 보통 신문이나 TV에서 많이 다뤄지는 보호자나 양육자가 체벌이란 이름으로 가해자는 신체적 손상 행위를 통틀어 신체적 학대라고 하는데, 심한 구타나 발길질뿐만이 아니라 불로 지지거나, 가위 따위의 흉기로 찌르거나, 높은 곳에서 밀어서 떨어뜨리는 행위도 포함된다. 보호자나 양육자는 아이를 다치게 할 목적은 아니었을지 모르나 전혀 우발적인 것은 아니다. 아이가 감당하기 어려운 과도한 징계나 체벌의 결과로 일어난다.

② 정서적 학대

정서적 학대란 보호자나 양육자가 아동을 대할 때 부정적인 태도로 임하며, 아동의 정서 발달이나 사회성 발달에 심각한, 경우에 따라서는 치명적인 손상을 가져올 수 있을 정도로 언어적으로 혹은 정서적으로 공격하는 것을 의미한다. 아동이 공포를 느낄 정도로 고립시켜 두거나 감당할 수 없는 모욕을 주는 것 등이 포함되는데, 이는 눈에 보이는 것도 아니고 당장 그 결과가 나타나지도 않기 때문에 일반 사람들이 그 심각성을 잘 모르는 채 지나칠 수도 있다는 점에서 그 문제가 더욱 심각하다. 정서적 학대는 아동이 적절한 보호를 받지 못하거나, 위험한 환경에 처하거나, 충분한 영양을 공급받지 못하며 일반적으로 홀로 방치되는 경우이다. 이러한 결과로 나타나는 현상이 발육부진인데, 이러한 아동들은 발육이 늦어질 만한 명백한 질병을 앓고 있지 않더라도 동일 연령 중의 가장 작은 아동 1/3을 차지하고 있으며, 건전한 정신과 감정 표현을 발달시키는 데 실패하는 경향이 있다.

③ 성적 학대

성적 학대란 미성년의 미숙한 아동과 청소년을 그들이 동의할 수 없는, 가족 간의 사회적 금기를 어기는, 그리고 이해하지 못하는 성적 활동에 개입시키는 것을 의미한다. 일반적으로 매스컴에서 많이 접할 수 있는 근친 강간을 떠올리면 된다. 여기에 가족구성원 이외의 양육자나 교사에 의해 행해지는 가정 밖 성폭력도 이에 속한다. 성적 학대의 문제점은 겉으로 잘 드러나지 않을 뿐만 아니라 성에 대한 언급을 금기시하는 사회 분위기이다. 또한, 피해 아동과 가족이 이를 숨기려는 경향 때문에 대부분 은폐되어 은근슬쩍 넘어간다. 그래서 조기에 발견이 되지 않거나 해결이 되지 않는 경우가 잦다. 성적 학대의 유형은 아이의 음부(陰部)를 애무하거나 성교를 하는 짓, 근친상간, 남색(男色), 아이 앞에서의 노출, 그리고 성적 착취 등이 포함된다.

④ 방임

방임이란 음식, 위생, 난방, 의복, 감독, 자극, 안전주의, 의료보호 등 아동의 건강과 안전과 행복을 위해 필요한 것들을 제공하지 않는 것을 의미한다. 여기에는 신체적 방임, 의료적 방임, 정서적 방임, 교육적 방임, 성적 방임 등이 포함된다. 신체적 방임은 음식을 제대로 먹지 못하거나 위험하고 불결한 주거환경에 아동이 그대로 방치된 것을 말한다. 의료적 방임은 정기적인 검사는커녕 아동이 아픔을 호소해도 적절한 조치를 받지 못하는 것을 말한다. 정서적 방임은 아동에게 말을 걸지 않거나 쓰다듬고 안아주지 않아 정서적

·신체적 접촉이 결핍된 것을 말한다. 교육적 방임은 아동의 교육에 필요한 교육적·물질적 자원이 제대로 제공되지 못하는 것을 말한다. 그리고 성적 방임은 아동이 성적인 교육을 거의 받지 못하거나 불건전한 성관계를 다룬 매체의 자극에 그대로 노출된 것을 말한다.

참고자료 12-1

▌아동학대 누구나 신고 가능 '착한신고제' 도입

정부는 우선 제2의 인천 아동학대 사건을 방지하기 위해 올해를 '아동학대 근절의 해'로 삼고 학대를 알게 된 사람은 누구나 신고할 수 있도록 한 착한신고제를 강화하기로 했다.

아동학대 신고는 112(전화)나 '아동학대 예방을 위한 착한신고' 모바일 앱을 통해 할 수 있다. 이날 당정협의에 참여한 황우여 부총리 겸 교육부 장관은 "이번 사건은 우리 사회 아동 보호 시스템의 허점을 드러낸 것으로 정부는 깊은 책임감을 느낀다."고 말했다.

또한, 아동학대를 조기에 발견할 수 있도록 학교 기능을 강화하고, 학생정신건강지원센터와 교육청 산하 We센터를 연결한 '국가 아동 트라우마 네트워크'를 구성해 학대 의심 사례를 교사가 문의하면 즉각 기관이 평가하고 개입할 수 있는 시스템을 마련하기로 했다.

출처: 웰빙코리아뉴스(2016. 1. 15).

(2) 아동학대의 발생 요인

아동학대의 발생 요인은 보는 시각에 따라서, 학자에 따라서 차이가 있으나 여기에서는 개인적 요인, 가족적 요인, 사회·심리적 요인, 문화적 요인, 그리고 아동 자신의 요인 등으로 나누어 살펴본다.

① 개인적 요인

개인적 요인은 학대자의 심리적 특성과 성격구조의 결함에서 그 원인을 찾을 수 있는데, 부모의 주요 특징으로 어린 시절의 성장과 경험, 즉 적대, 비난, 처벌, 거부, 무시, 복종, 과잉기대 등이 비정상적인 정서적·성격적 특징을 형성하게 되는 것이다. 낮은 자존감, 의존성, 좌절, 정서적 박탈, 충동성, 고독감, 고립, 엄격성, 아동에 대한 비현실적 기대, 부모의 아동기 때의 학대경험,

부적절한 양육기술, 아동에 대한 비합리적인 기대, 알코올중독, 그리고 병리적인 문제로 말미암아 아동학대가 일어날 수 있다.

② 가족적 요인

가족적 요인은 가족의 역동성이 아동학대를 유발하는 요인이 된다는 것이다. 한부모가족에서 부 또는 모가 부모의 기능을 수행해야 하는데, 부모의 책임을 다할 수 없을 때 스트레스를 받아 아동학대 요인이 된다. 미성년 부모는 책임감이 약하고 충동성이 강하기 때문에 학대의 위험성이 크고 자신이 달성하지 못했던 성취감을 아동에게 기대하게 된다. 이러한 동기로 말미암아 아동의 욕구에 관심이 있는 것이 아니라 단지 자신의 욕구에 관심을 두며 자신의 욕구가 충족되지 않을 때 학대가 일어난다. 가정의 문화적 환경으로 부모의 자녀관, 교육관, 양육태도, 부부관계, 부모-자녀관계, 가족관계, 가정의 분위기 등이 있는데 부모의 결탁, 희생자, 양부모, 재구성된 가족, 한부모, 청소년 부모, 확대가족 등의 가족요인에 의해 아동학대 경향이 많이 나타난다. 한편, 만성적 스트레스, 상황적 스트레스, 긴급한 스트레스 등의 환경요인에 의해서도 아동을 학대하게 된다.

③ 사회·심리적 요인

사회·심리적 요인에는 사회계층, 인종, 성별, 고용, 나이, 가정, 그리고 이를 둘러싼 사회의 구조와 문화적인 여러 측면이 관련된다. 가정의 사회경제적 수준, 부모의 교육수준, 부모가 받았던 양육방식, 체벌에 대한 문화적 태도 등이 원인이 되어 아동을 구타하게 된다. 높은 정도의 스트레스는 개인의 사회경제적 지위와 관련이 있고, 특히 낮은 계층의 사회경제적 집단이 더 큰 환경적 스트레스를 경험한다. 한편, 아동학대 가해자의 가족과 환경적 특성으로 혼인갈등, 많은 자녀, 실업, 사회적 고립, 원치 않는 아이의 출생, 문제아이 등이 제시되고 있다.

④ 문화적 요인

문화적 요인은 폭력, 체벌에 대한 사회의 태도이다. 폭력을 허용하는 사회에서 아동학대를 예견할 수 있는데, 대다수 아동학대 사건은 아이의 잘못에 대한 징계조치에서 기인한다. 아동을 다루는 훈육방법으로 체벌이 심한 나라에서 특히 주요한 점은 부모가 아동을 자신의 소유물로 다루려고 하며, 아동에 대한 사회적·일반적 태도가 아동을 부모의 소유물이라고 인식한다는 것이다. 문화적 요인은 아동학대의 생태체계적인 관점에서 찾아볼 수 있는 요인이다. 즉 아동학대가 발생하는 즉각적 상황, 그 가정의 취업상태, 이웃, 사회적 관계망, 그리고 폭력을 발생시키는 문화적 가치관 등이 서로 영향을 주어 학대가 발생하게 된다고 보는 것이다.

⑤ 아동 자신의 요인

아동 자신의 요인은 아동이 가진 신체적인 특성으로 미숙아, 만성질환, 영구적 신체장애 등이다. 이는 양육자에게 끊임없는 양육의 어려움과 부담을 주기 때문에 더 쉽게 학대를 받을 수 있다. 이러면 양육하면서 학대를 하기도 하지만 때로는 출생하자마자 버리는 경우도 많다. 또한, 부모가 이해할 수 없는 부적절한 기질의 아동이나 과잉행동의 아동도 가정 내의 스트레스를 유발하는 요인이 된다.

(3) 아동학대의 현황

중앙아동학대예방센터에 신고된 사례를 따르면, 아동학대 현황은 2001년에 2,606건이던 신고건수가 2003년에 4,983건으로 늘었으며, 현장조사결과 2,921(82.6%)건이 아동학대 사례로 판정되었다(보건복지부·중앙아동학대예방센터, 2004). 아동학대 사례유형을 살펴보면, 네 가지 학대유형 중 두 가지 이상의 학대유형이 동시에 일어나는 중복학대가 39.5%로 가장 높게 나타났다. 특히 신체·정서학대를 동시에 경험하는 경우가 많았다. 다음으로, 방임이 33.0%, 신체학대 11.9%, 정서학대 7.1%, 성적 학대 4.6%, 유기 3.9% 등으로 나타났다(한국여성복지연구회, 2005). 한편, 한국아동학대예방협회와 서울대의대에서 일반가정, 시설아동, 아동학대신고 가정을 대상으로 조사하였다. 이 결과 아동학대 발생비율이 43.7%이며 학대의 유형별로는 폭행, 구타, 상해 등의 신체적 학대 23.5%, 폭언·악담 등의 정서적 학대 19.0%, 집에 가둬놓거나 음식을 주지 않는 방임 행위 20.2%, 성적 학대 1.1% 등으로 나타났다(최경석 외, 2006).

(4) 피학대아동의 문제

성장기의 자녀가 부모에게 폭력을 당하게 되면 신체적, 심리·정서적, 행동적 차원 등 다양한 차원에서 장·단기에 걸쳐 부정적인 영향을 받게 된다. 학대받으면서 성장한 아동은 신체장애, 정서장애가 나타나며, 행동장애가 심해지면 절도, 공격적 행동 등 반사회적 행동을 하게 된다. 또한, 신체적 학대와 언어적 학대를 자주 경험한 아동일수록 공격성과 과잉활동 등이 증가하였고 신체적 체벌을 많이 당할수록 비행 경험이 더 많다. 그리고 가정에서 많은 폭력을 경험하는 아동이 그렇지 않은 아동에 비해 더 공격적이다. 이것은 자신의 분노를 적절히 표출하는 모델이 없고, 그들이 보아온 것은 폭력적인 행위를 통해 분노를 표출하는 모델이었기에 학습효과 혹은 모방효과의 결과이다. 즉 그런 행동을 학습하거나 따라 하게 된다는 것이다. 따라서 이 관점에서 아동이 '부모님을 이해하게 된다.'라는 응답은 폭력의 필요성을 수용하게 된다는 의미로 이해할 수 있다.

3) 노인학대

인구고령화는 노인부양의 부담과 스트레스를 일으키는 원인이 되고 있으므로 인구고령화로 말미암은 의존성의 증가는 노인에 대한 학대 가능성을 증가시킨다. 노인학대는 ① 노인 자신의 가정이나 부양자의 가정에서 배우자나 형제·자매, 자녀 등 노인과 특별한 관계에 있는 누군가에 의해서 홀대가 이루어지는 가정 내 노인학대, ② 요양원이나 그룹홈(group home, 공동생활가정) 등의 주거시설에서 노인에게 보호를 제공해야 할 의무를 지닌 유급 부양자나 전문가들에 의해서 행해지는 시설에서의 노인학대, ③ 신체적·정신적 손상으로 말미암아 자신을 돌보는 데 필요한 일을 수행하지 못하는 자기방임 또는 자기학대 등의 세 가지 기본적인 범주로 나누어 볼 수 있다(Johnson, 1991).

노인학대의 개념에는 신체적 학대와 심리적이거나 정서적·언어적 학대를 포함한다. 그리고 일부 학자는 불충분한 주거환경, 물질적 학대, 의료적 학대, 경제적 착취, 그리고 성적 학대를 노인학대의 개념에 포함하고 있다. 또한, 노인이 자신의 집에서 내쫓기거나 자신의 의지와는 상관없이 어떤 다른 환경에 있도록 강요되는 것과 같은 노인 개인의 인권 침해도 노인학대의 한 영역에 포함하고 있다(Quinn & Tomita, 1986). 노인학대 문제는 다른 가정폭력의 속성과 마찬가지로 가족 내의 사적인 영역으로 여겨지기 때문에 그 심각성이 사회적으로 노출되기보다는 은폐될 가능성이 더 크다. 특히 가족의 부끄러움이나 갈등이 노출되는 것을 매우 꺼리는 우리의 문화적 배경은 우리 사회에서 노인학대가 더욱 외부로 드러나지 않게 하고 있다. 이는 우리 사회에서 노인학대가 가정 내 폭력의 은폐적 속성에 더하여 문화적 배경의 특성으로 말미암아 보다 장기화·잠재화될 가능성이 있다. 따라서 결국에는 심각한 질병, 위기, 그리고 사망으로 나타날 수 있다.

(1) 노인학대 발생 요인

① 스트레스

가족의 스트레스는 노인을 학대 또는 방임하는 중요한 원인이 된다. 노인 이외에 부양해야 할 가족이 많은 부양자의 과중한 역할, 부양자의 배우자 상실 또는 빈곤, 육체적 장애, 알코올 남용, 감정적 문제 등 부양자가 가진 문제가 스트레스로 작용하여 노인을 학대하는 원인이 된다(Steinmetz, 1986; 한동희, 1996; 전길량·송현애, 1997). 예를 들어, 자기 가족의 욕구를 충족시켜 주어야 하는 중년기의 자녀는 부모도 보살펴 주어야 하는 부담을 가진다. 그래서 흔히 중년 세대를 '샌드위치 세대'라고 부르는데, 그들은 부모를 보살피는 일과 자신의 일상적인 일 사이에서 어떤 일에 더 치중해야 하는지를 고민해야 한다. 또한, 노인을 보살펴야 하는 가족은 경제적 문제로 어려움을 겪을 수도 있다.

② 고립

고립은 지역적 고립과 사회적 고립으로 나눌 수 있는데, 사회적 고립이 더 중요하다. 지역적 고립은 노인이 인적 자원이나 물적 자원에 얼마나 접근할 수 있느냐로 알 수 있다. 사회적 고립은 사람들이 지역적으로 서로 얼마만큼 떨어져 있느냐 혹은 동거하는 사람의 숫자로 측정하는 것이 아니라, 그들 사이에 공통 견해가 있는지의 정도로 측정한다. 노인이 혼자 살아도 생활하는 데 필요한 자원을 쉽게 구할 수 있어서 살아가는 데 문제가 없다면, 지역적으로 고립되어도 학대 혹은 소홀히 대하는 것과는 상관이 없다. 하지만, 사회적 고립은 노인의 욕구가 적절히 충족되지 못할 가능성이 있어 학대를 당하는 상황을 벗어나지 못하도록 할 수 있다(Johnson, 1991).

③ 의존성

노인의 의존성과 학대는 비례한다. 즉 노인의 의존성이 클수록 학대 가능성이 크다. 스타인메츠(Steinmetz, 1986)는 노인이 학대를 당하는 것과 노인의 의존성은 깊게 관련되어 있다고 하였다. 특히 그것은 노인의 손상 수준과 관계가 있다고 밝힘으로써 의존성이 피해자에게 있을 때 노인학대가 일어난다고 주장한다. 이러한 주장은 그 후에도 통제집단과의 비교를 통해 노인이 보호자에게 의존하는 경향이 크면, 그것이 보호자가 노인을 학대하게 하는 중요 요인이 될 수 있음을 밝혀 폭넓은 지지를 받았다.

④ 개인 내적 요인

정신병이나 알코올중독 등 개인의 병적 문제가 학대를 일으키는 요인이 된다. 이러한 개인적인 결함은 공격성을 자제하지 못하게 만든다. 따라서 가까이 있는 노인을 학대하게 된다. 실제로 노인을 학대하는 사람의 이력을 살펴보면 정신적 혹은 정서적 문제를 가진 비율이 높았다. 또한, 정신병으로 입원한 경력도 높았다. 그리고 알코올중독의 비율도 정신적 문제와 마찬가지로 학대하는 집단에서 높은 비율로 나타난다(Steinmetz, 1986).

⑤ 세대 간 전수

폭력의 세대 간 전달, 즉 폭력이 있는 가정에서 성장한 사람이 가정폭력을 할 가능성이 크다. 노인학대도 다른 유형의 가정폭력과 마찬가지로 이 설명이 그대로 적용된다. 이러한 설명은 자녀에 의한 부모 노인학대보다는 배우자에 의한 노인학대에 더 잘 인용된다. 초기에는 이 요인의 관련성을 부각시킨 연구가 있었지만, 최근에는 이러한 요인이 노인학대를 설명하지 못한다는 결과가 더 우세하다(Hampton et al., 1993).

(2) 노인학대의 현황

대중매체에서 나타난 노인의 유기나 방치에 관한 사례는 우리 사회에서 노인학대나 방임이 유형의 차이는 있을지 모르지만 적지 않게 일어나고 있음을 보여준다고 할 수 있다(한동희, 1996). 한국보건사회연구원(2000)이 우리나라 전국 6대 도시 노인복지회관 이용자를 대상으로 조사한 결과, 노부모 중 8.2%가 자녀 등 가족으로부터 학대를 받은 경험이 있다고 응답하였다. 학대 경험 노인의 42.7%가 거의 매일 학대를 받는다고 응답했고 학대의 빈도는 주 1회 이하가 7.9%, 월 1~2회가 11.2%, 2~3개월에 1회가 24.7%로 나타났다. 노인학대의 유형은 재정적 학대, 유기, 신체적 학대와 같은 심각한 학대보다는 정서적, 심리적 학대 경험이 대부분이다. 즉, 노인이 자신을 무시하거나, 관심이 없거나, 배려하지 않거나, 귀찮게 여기고 대화하지 않는 것을 학대로 여기고 있다.

한편, 국가인권위원회(2002)에서 노인 1,349명을 대상으로 조사한 결과, 조사대상자 중 37.8%가 1회 이상 학대를 경험했다고 응답하여 노인에 대한 학대가 심각함을 알 수 있다(동아일보, 2003. 2. 6). 이처럼 무관심, 냉담, 의견무시 등의 정서적 학대가 언어학대, 방임, 신체적 학대보다 높은 것으로 나타났다. 노인은 학대의 원인을 노인 자신의 탓, 노인에 대한 이해와 공경심 부족, 부양자녀의 여건 부족 등으로 보고 있다. 노인은 자신이 학대당하는 이유를 자신의 문제로 돌리는 경향이 높았다. 즉, '경제력이 없거나 나이가 많고 건강이 나빠서', '생활능력이 없어서' 등 노인 자신의 무능력에서 학대가 일어난다고 보는 경우가 가장 많았다. 그 이외 노인에 대한 인식이나 배려 부족, 존경심 부족, 자녀의 경제적 문제, 부모-자녀 간의 이해 부족과 세대 간 또는 고부간의 관계의 질이 낮아서, 그리고 세대 차나 의견 및 성격 차이, 대화부족 등이 원인이 되어 학대가 발생한다고 보고 있다. 노인학대는 최근에 조금씩 관심이 높아지는 영역이나 아직 경험적 연구가 부족하며, 이러한 현상은 노인과 가족의 복지향상을 위한 실질적인 사회적, 법적 중재나 대책 마련에 제약을 가져올 수 있다(최경석 외, 2006).

3. 가정폭력가족을 위한 대책

1) 가정폭력 피해여성에 대한 대책

가정폭력 피해여성은 긴급한 구호가 요청되고 지속적인 지원이 필요하다. 대책 마련의 기본원리는 첫째로 가정폭력은 사회문제라는 점을 인식해야 한다. 그것도 성차별적인 사회문제의 하나라는 것이다. 따라서 가족과 사회가 이에 대처해야 하며, 사회에 만연한 선택적인 무관심을 바로잡아 나가야 할 것이다. 둘째로 피해자 중심이 아닌, 피해자와 가해자를 위한 근본적인 대책을 마련해야 한다. 따라서 가해자를 가족으로부터 차단하는 방안을 적극적으로 고려해야 할 것이다. 셋째로 피해여성은 어머니나 아내로서의 역할보다는 개별적인 인격체로서 다루어야 한다. 넷째로 가정폭력 대책의 궁극적인 목표는 제도를 보완하는 것이 아닌, 사회를 고치는 방향으로 나아가야 한다. 폭력과 학대가족을 위한 대표적인 서비스 프로그램은 가정폭력상담소, 가정폭력피해자보호시설, 가정폭력피해자치료보호 등을 들 수 있다. 이외에도 여성과 사회단체를 통한 계몽과 지역사회복지관을 통한 치료 프로그램 등을 생각해 볼 수 있다(손병덕 외, 2008).

(1) 여성학대 예방적 차원의 대책

학대가 발생하지 않도록 예방하려면 대중을 상대로 한 교육과 홍보 중심의 일차적 예방 접근이 필요하다. 또한, 학대발생 고위험 가정에 대한 조기발견과 이에 따른 조기대책의 이차적 예방 접근이 필요하다. 일차적 예방은 가정교육, 학교교육, 사회교육, 각종 전달매체를 이용한 대중계몽과 교육, 그리고 관련 전문직의 태도와 인식 개선을 위한 교육 등도 포함된다. 이차적 예방은 피해자의 조기발견이다. 폭력은 시간이 지나면서 습관화되기 쉽고, 그로 말미암아 피해자는 심각한 상황에 부닥치게 되므로 조기발견이 매우 중요하다.

(2) 학대받는 여성에 대한 쉼터 서비스

학대받는 여성을 위한 서비스는 쉼터(일시보호소)를 중심으로 이루어지고 있다고 해도 과언이 아니다. 쉼터는 남편에게서 구타당하고 학대받는 아내들이 위기를 탈출하여 임시로 안전하게 기거하는 곳을 말한다. 쉼터에서는 구타당한 여성을 안전한 곳으로 옮겨 위험으로부터 보호를 받게 한다. 또한, 구타로 말미암아 무기력해진 여성의 신체적·정신적 안정과 치료를 도울 뿐 아니라 여성이 폭력남편으로부터 완전히 벗어나 독립할 수 있도록 법적·경제적으로 지원하고 있다. 그리고 일시적인 보호와 거주장소를 제공하고 있으며, 아내의 신체적 안전과 심리적 안정을 위한 개별상담과 집단상담, 독립적인 삶을 위한 취업알선 등의 프로그램을 운영하고 있다. 쉼터는 정부로부터 재정지원이 거의 없는 상태에서 민간기관이 운영함에 따라 재정문제를 호소하고 있다.

(3) 학대받는 여성에 대한 경제적 자립을 위한 서비스

피해여성이 남편과의 폭력관계를 종결하지 못하는 가장 큰 이유 중 하나가 바로 경제적인 자립 문제이다. 쉼터에 거주하는 동안이나 쉼터를 나오고 나서도 경제적 문제는 아내들의 큰 관심사이며 한 인간으로 독립하기 위해 가장 먼저 해결해야 할 중요한 문제이다. 피해여성들이 직업훈련과 직업알선을 받을 수 있는 곳은 전국 각 지역에 분포된 지역사회복지관이다. 그러나 시설의 직업훈련 일부 과목은 경제적 도움이 되지 않는 경우가 많으며, 대부분 저소득층에 속한 피해여성들에게 유용할 뿐 중산층 여성에게는 접근성이 떨어진다. 피해여성들의 경제적 자립을 위한 복지제도는 거의 없다고 해도 과언이 아닐 정도로 미비한 실정이다. 이렇게 사회적 지원체계가 부족하기 때문에 용기를 내어 쉼터에 들어와도 경제적으로 독립할 수 없어 다시 가정에 복귀하는 경우가 많은 것이다.

(4) 가해자 프로그램

가해자 프로그램은 우발적 가해자를 대상으로 여성의 가치와 권리에 대한 의식을 전환하도록 한다. 또한, 배우자와 자녀를 지배하고자 하는 욕구를 자제하도록 하며 분노조절 등을 훈련한다. 프로그램의 주요 구성요소는 상담과 교육, 지지와 조정의 네 가지로 이루어져 있다. 한편, 가해자에 대한 사회봉사, 수강명령, 보호관찰, 치료, 상담위탁 등 보호처분 내용이 내실을 기하려면 가해자에 대한 교화 프로그램의 연구가 필요하다. 이 연구는 국가와 민간단체의 협력 아래 구체적이고 다양하게 추진되어야 할 것이다.

2) 가정폭력 피해아동에 대한 대책

우리나라는 유교문화의 영향으로 부모에 대한 순종과 교사에 대한 존경이 강조되었고, 이러한 관습을 통해 학대와 훈육이 혼동되어 수용되었다. 따라서 가정 내에서 일어나는 폭력이나 학대에 대해 무지했던 사회를 일깨우기 위한 대중교육이 절실히 필요하다. 특히 아동학대는 심한 학대를 받은 아동이 일차적으로 찾아가는 곳이 병원임을 고려하여 아동을 직접 접하는 의사에 대한 교육도 필요하다. 아울러 의무신고제의 활성화도 추진되어야 할 것이다(손병덕 외, 2008).

(1) 대중사회교육의 확대

예방적 차원에서는 이미 부모가 된 사람들과 위험성이 높은 부모들뿐 아니라 혼인 전 남녀, 자녀 낳기 전의 부모들에게 시행하는 것이 필요하다. 아울러 학부모 모임이나 대중매체를 이용한 사회교육도 효과적이다. 우선은 가정폭력이나 학대가 어떤 것인지, 어떤 유형이 있으며 아동에게 미치는 심각성에 대한 홍보가 있어야 할 것이다. 더 나아가서는 왜 이렇게 가정폭력과 학대가 늘어가고 있는지에 대한 소개도 유용하다.

(2) 의무신고제도의 활성화

우리나라도 선진국처럼 이웃의 자녀라 하더라도 가정에서 학대받거나 폭행을 당하는 아동을 발견하였을 때는 보호자 여부와 관계없이 신고하는 것을 생활화하는 태도가 필요하다. 이를 위해서는 홍보도 중요하고 신고를 의무화하거나 포상을 주어 적극적인 신고를 유도해야 한다.

(3) 가정폭력의 치료

이미 알려졌듯이 가정폭력을 치료하기는 쉬운 일이 아니다. 대부분 가정폭력은 원 가족(결혼 전의 자기 가족)으로부터 답습된 이미 오랫동안 몸에 굳어진 경우거나, 때로는 순간적으로 순발력을 발휘하듯 폭행과 폭언이 튀어나오는 경우다. 그러므로 가정폭력과 학대를 치료하는 데는 그만큼의 시간과 노력이 필요하다. 그래도 노력을 소홀히 해서는 안 될 것이다. 개인상담이나 집단토의를 통해서 가정폭력과 학대의 원인을 찾아내고 그러한 원인이 어떻게 작동하는지, 언제 작동하는지 등을 파악하여 가정폭력이나 학대가 반복되는 것을 막을 수 있도록 도와야 한다.

(4) 교육과 보호시설

가정폭력과 학대의 피해아동을 보호하며 올바른 교육을 감당할 수 있는 보호시설이 필요하다. 가정폭력과 학대가 만연한 가정에서 아동을 위한 바람직한 양육을 기대하기는 어려우므로 아동이 마음을 놓고 공부하며 뛰어놀 수 있는 보호시설로 인도하는 것이 중요하다. 이때 한 가지 유의해야 할 점은 가능하면 그 아동이 평소에 익숙한 지역에 있는 보호시설로 가도록 하는 것이 적응을 쉽게 하는 데 도움이 된다.

(5) 지역사회의 지원서비스

가정폭력이나 학대로 말미암아 방치된 아동을 위한 방과 후 프로그램을 제공하거나 자원봉사자를 연계한 일대일 멘토(Mentor, 가정방문 교사) 프로그램을 피해아동에게 제공하는 것이다. 이러한 프로그램을 통해서 폭력이나 학대가정 내에서 소홀할 수 있는 부분을 보충하고 충전할 수 있는 서비스가 필요하다. 가정폭력이나 학대는 멀리 있는 친척이 알 수 있는 부분이 아니고 항상 가까이 있으면서 매일의 삶을 함께 살아가는 이웃이 더 잘 알 수 있으므로 지역사회의 관심과 배려가 절실하다.

CHAPTER 13

입양: 국외 입양! 대안은 없는가?

학습 목표

- 입양의 개념을 이해한다.
- 입양가족의 개념을 이해한다.
- 입양가족의 특성을 설명할 수 있다.
- 입양가족의 실태와 문제를 설명할 수 있다.
- 입양가족을 위한 대책을 제시할 수 있다.

1. 입양가족의 개념과 특성

1) 체계이론의 관점에서 본 입양

체계이론(systems theory)에 따르면, 개인은 큰 생태계(ecosystem)의 한 부분으로서 존재한다는 것이다. 여기서 생태계란 특정한 단위 공간 내에 있는 모든 생물체와 그들의 물리적 환경, 그리고 그들 간의 모든 상호관계를 포함하는 총체적인 개념을 의미한다. 즉, 개인은 태어날 때 이미 존재하는 생태계의 부분으로서 태어난다는 것이다(Hartman & Laird, 1980). 다시 말하면, 태어날 때 이미 한 체계의 일부분으로서 태어났다는 것을 뜻한다. 즉, 개인은 이미 그의 타고난 유전적, 핵가족, 그리고 대가족체계로 둘러싸여 져 있는 것이다. 그러므로 아동이 입양된다는 것은 그가 태어난 가정(친부모 가족체계)을 떠나서 새로운 가정(입양부모 가족체계)으로 들어가는 것이라 할 수 있다.

이 과정에서 입양아동은 그의 타고난 친부모 생태체계를 새로 속하려고 하는 입양부모 생태체계로 가져오게 되는 것이다. 다시 말하면, 입양아동은 그의 타고난 친부모 생태체계를 그대로 지닌 채 새로운 생태체계인 입양부모 가족체계로 옮겨 가는 것이지, 자신의 타고난 유전적 체계와 핵가족, 그리고 대가족체계를 아주 없애고 새로운 입양부모 가족체계로 들어가는 것이 아니다. 따라서 입양아동의 타고난 생태체계는 부인될 수 있는 성질의 것이 아니다(Bradbury & Marsh, 1988; 배태순, 1998).

2) 입양가족의 개념

카두신(Kadushin, 1980)은 입양(adaption)이란 '생물학적 과정을 통해서가 아니라 법적·사회적 관계에 의해서 친자관계를 맺는 것'이라고 하였다. 이소희(2005)는 입양이란 '법적·행정적 권한에 의해 아동의 현재와 미래에 대한 모든 권리와 의무가 친부모로부터 혈연관계가 없는 다른 사람에게 이양되는 것'이라고 하였다. 한편, 입양아동은 성장하면서 다양한 어려움을 겪기도 하지만, 입양아동 대부분은 양쪽 부모가 다 있는 가족체계에 놓이게 되어 건강한 양육과 교육 기회를 얻을 수 있다. 또한, 경제적으로도 안정된 가정에서 양육될 수 있다는 긍정적인 측면이 있다. 그리고 입양은 다음과 같은 특징이 있다(장인협·오정수, 1999).

- 아동을 위한 탈(脫)시설보호의 방법이다.
- 새로운 가족관계를 창출하며, 아동을 위해 항구적인 가정을 제공한다.
- 양부모와 양자가 공동으로 인간적인 욕구를 충족시키려는 노력이다.
- 양부모는 양자의 양육에 관하여 무제한의 책임을 지게 된다.
- 아동에게 더 큰 안전과 좋은 보호를 제공하기 위하여 일정한 법적 절차에 따라 이루어진다.

따라서 입양가족이란 출생에 의하지 않고 법적·사회적 과정을 통해 친부모-친자와 동등한 관계를 형성하게 된 가족을 뜻한다. 여기서 '법적 과정'이란 합법적 가족으로 구성되기 위해 입양과 관련된 법률에 따라 정해진 절차를 마치는 것을 의미한다. 그리고 '사회적 과정'이란 다른 가족구성원들로부터 가족으로 인정받는 과정으로, 가족으로서 정서적 유대와 친밀감을 공유하게 되고 사회적으로 인정받는 것을 의미한다.

3) 입양가족의 특성

입양부모는 출산의 과정을 거치지 않고 자녀를 가지는 것으로, 본질적으로 출산과 다르다. 따라서 입양부모는 친부모가 가질 수 있는 지지나 규제력을 갖지 못할 수도 있다. 그리고 입양아동은 새로운 양육 환경에 노출됨으로써 어떤 스트레스에 직면할 수도 있다. 따라서 입양가족 자체는 변화로 말미암은 새로운 역동성에 직면하게 되는 특성이 있다. 그러므로 가족주기에 따른 특수한 과업을 이해하고 잘 수행할 수 있어야 입양가족의 적응은 성공적으로 이루어질 수 있다. 입양가족이 생애주기마다 직면할 수 있는 과업을 제시하면 〈표 13-1〉과 같다.

〈표 13-1〉 생애주기에 따른 입양가족의 과업

기간	입양부모	입양아동
입양 전	•불임의 문제에 대처하기 •입양에 대해 결정하기 •결연과정과 관련된 걱정과 불확실성에 대처하기 •입양과 관련된 사회적 낙인에 대처하기 •입양결정을 위해 가족과 사회적 지지를 개발하기	–
영아기	•입양부모로서의 인식에 착수하기 •입양에 관한 적절한 역할모델과 현실적인 기대 찾기 •영아와 적응하고 애착 형성하기 •영아의 친가족에 대한 감정과 생각을 시작하기	–
유아기	•입양에 대해 말하는 과정을 시작하기 •입양에 대해 말하는 것에 대한 걱정과 불확실성에 대처하기 •개방적 의사소통을 위한 가족분위기 만들기	•자신의 입양이야기 알기 •입양에 대해 부모에게 묻기

기간	입양부모	입양아동
아동기	•아동이 입양의 의미를 알게 도와주기 •아동이 상실에 대처하도록 도와주기 •아동의 두 부모 관계에 대한 합법성 설명하기 •아동의 친가족에 대한 긍정적 사고 키우기 •입양에 대해 개방적 의사소통 유지하기	•입양의 의미 알기 •상실에 대처하기 •친부모와 친권포기에 대한 감정과 생각을 탐색하기 •입양과 관련된 낙인 다루기 •부모와 입양에 대해 개방적 의사소통을 유지하기 •자신의 두 부모 관계에 대해 이해하기
청소년기	•계속되는 상실의 문제에 대처하도록 도와주기 •친가족에 대한 긍정적 관점 키우기 •10대의 관심과 계획을 지지하기 •부모 찾기에 대한 현실적인 기대를 개발하도록 도와주기 •입양에 대해 개방적 의사소통을 유지하기	•입양에서 안정된 정체성 조성하기 •입양의 상실 대처하기 •친부모에 대한 감정과 생각을 다루기 •부모 찾기의 과정에 대해 탐색하기 •부모와 입양에 대해 개방적 의사소통을 유지하기

출처: Brodzinsky et al.(1998), Children's Adjustment to Adoption: Development and Clinical Issues, Sage Publications, p. 23; 윤현선(2001), 국내 입양부모의 사회적 지지와 부모역할수행 자신감, 가족적응력 간의 관계, p. 32를 수정 인용.

2. 입양가족의 실태와 문제

1) 입양 현황

입양 추이를 살펴보면, 1958년부터 1980년까지 약 20년 동안은 지속적으로 증가하였고, 1980년대 초반부터 1997년까지는 꾸준히 감소하였다. 그러나 1998년부터 다시 증가하기 시작하였는데, 이는 1997년 말의 국제통화기금(IMF: International Monetary Fund) 경제위기 여파로 말미암아 요보호아동이 증가하였기 때문이다. 또한, 정부의 아동보호정책 변화, 즉 사회적 보호를 요구하는 아동을 시설보호 중심의 정책에서 가정위탁보호와 입양을 권장하는 정책으로 변화한 결과라 할 수 있다. 연도별 입양아동 수와 국내 입양비율은 <표 13-2>와 같다.

1958년부터 2014년까지 누적 입양 아동 수는 24만 4,543명으로 이 가운데

67.9%인 16만 6,138명이 국외로, 32.1%인 7만 8,405명이 국내로 입양되었다. 국내 입양비율은 1995년까지 30%대를 넘지 못하다가 1996년부터 2006년까지 40% 정도에 머물렀다. 2007년에 처음으로 국내 입양 건수가 국외 입양 건수를 넘어 국내 입양비율이 52.34%를 차지하였다.

그러나 2001년을 기점으로 국내 입양 건수의 절대적 수치가 지속해서 줄어들고 있다. 하지만 2011년 국외 입양자 수가 처음으로 900명대로 떨어지고, 국내 입양비율이 60%를 넘어선 것은 대단히 고무적인 현상이다. 2014년 국외 입양아동 중 77%인 412명이 미국으로 입양됐다. 이어 캐나다 38명, 스웨덴 33명, 노르웨이 20명, 룩셈부르크 9명, 호주 7명, 덴마크 7명, 이탈리아 5명, 프랑스 4명 순이었다.

〈표 13-2〉 연도별 입양아동 수와 국내 입양비율

연도	입양아동 수(명)			국내 입양비율(%)
	합계	국내	국외	
계	244,543	78,405	166,138	32.06
1958~1980	77,732	19,678	58,054	25.31
1981~2000	127,409	39,789	87,450	31.22
2001	4,206	1,770	2,436	42.08
2005	3,562	1,461	2,101	41.02
2010	2,475	1,462	1,013	59.07
2011	2,464	1,548	916	62.82
2012	1,880	1,125	755	59.84
2013	922	686	236	74.40
2014	1,172	637	535	54.35

출처: 국가통계포털(2015. 12. 1)과 보건복지부 자료를 참고로 구성.

2) 입양아동의 특성

요보호아동의 발생 유형별 입양 실태를 살펴보면, 미혼모 아동에 대한 입양이 압도적으로 많아 영아 입양이 많은 비중을 차지하고 있다. 그에 비해 시설 아동이나 결손가족의 아동은 대체로 영아기를 벗어난 연장 아동이 많아 입양이 잘 안 되고 있다(문화일보, 2005. 12. 15; 김혜경 외, 2008).

그리고 장애아의 국외 입양과 비교하여 국내 입양 장애아 수는 크게 떨어진다. 장애에 대한 거부감도 여전해 2008년 국내 입양 아동 중 장애아는 29명이지만, 국외 입양은 124명인 것으로 조사됐다(경향신문, 2009. 9. 4). 지난 5년 동안 국내에 입양된 장애아동은 135명에 그쳤지만, 국외에 입양된 장애아동은 3,428명으로 국내의 25배나 된다(KBS 뉴스, 2009. 5. 11). 또한, 2008년 국내 입양 아동 중 여아는 837명(64%), 남아는 469명(36%)을 차지해 2007년 여아 847명(61%), 남아 541명(39%)보다 성비 불균형이 더 심해졌다. 반면, 국외 입양의 경우 남자아이(773명)가 여자아이(477명)보다 많았다(경향신문, 2009. 9. 4).

이러한 입양아동의 특성은 우리나라 입양 양태(樣態)가 대리가정을 요구하는 아동 중심적이라기보다는 자손을 요구하는 입양가족과 입양부모 중심적 동기에서 주로 이루어지기 때문이다. 즉, 양육의 용이성과 더불어 가족의 혈통을 잇기 위한 강한 혈연주의 전통으로 말미암아 입양가족이 최대한 비밀을 보장할 수 있는 미혼모 영아, 비장애 영아 등의 신생아를 희망하고 있기 때문이다.

3) 입양 동기

(1) 불임으로 말미암은 입양

우리나라 입양가족의 입양 동기는 불임으로 말미암은 것이 약 80% 이상을 차지한다(정기원·김만지, 1993). 따라서 입양이 이루어지기 전에 입양가정에 친자녀가 있는 경우는 매우 드물다. 그리고 대를 잇기 위한 입양은 전체의

10% 정도로 나타난다. 이는 우리나라의 혈통 중심 남아선호사상에서 비롯한 것으로 외국의 경우와 비교하면 꽤 높은 편이라 할 수 있다(성정현 외, 2004).

(2) 선택적 입양

선택적 입양은 아이를 낳을 수는 있으나 입양을 통해 가족구성원을 늘리고자 하는 것을 말한다. 이들은 일반적으로 개인적이기보다는 아동복지적 혹은 인도주의적 동기를 갖고 입양한다. 또한, 이들은 자신들과 다른 인종집단의 아동, 연장 아동, 그리고 정서적 문제를 가진 아동 등과 같은 특수한 욕구가 있는 아동을 양육하는 데 관심을 두는 경향이 있다(Kadushin & Martin, 1988).

4) 입양가족의 문제

입양가족은 일반가족과 달리 입양가족체계의 변화에 따른 여러 가지 문제에 직면하게 된다. 이를 입양아동의 문제, 입양부모의 문제, 친부모의 문제 등으로 나누어 살펴보면 다음과 같다(Kadushin & Martin, 1988; 이소희 외, 1998; 도미향 외, 2006; 김혜경 외, 2008).

(1) 입양아동의 문제

① 원가정과 친부모로부터 분리

입양아동은 원가정 혹은 친부모로부터 분리를 경험하게 되면서 문제를 나타낼 수 있다. 즉 애착 관계였던 사람과 분리되는 것은 아동의 신뢰감과 자존심 형성에 해로운 영향을 미치고, 다른 사람과 정서적 관계를 형성하는 능력을 저하할 수 있다. 또한, 입양아동은 나름대로 독특한 분리와 상실의 역사를 갖고 있다. 특히 연장 아동은 시설에서의 생활, 친모나 위탁모 같은 보호자로부터의 분리 경험의 충격과 초기 보호자로부터 받은 학대, 그리고 신체적·정신적 결핍 등과 같은 부정적 영향과 연결되어 적응에서 더 많은 문제를 경험하는 경향이 있다.

② 뿌리 찾기

입양아동이 유전학적 당혹감을 경험하게 되면서 자신의 배경, 가계, 그리고 개인력에 대한 궁금증은 뿌리 찾기로 이어진다. 뿌리 찾기는 입양아동이 출신 배경에 관하여 보다 많은 정확한 정보를 획득하는 것이나 친부모를 만나는 것이다. 그들은 자신이 딛고 설 수 있는 생물학적 기초와 현실이 필요한 것이지 양부모가 아닌 또 다른 부모를 원하는 것은 아니다.

③ 두 가족에 대한 수용

입양아동은 자신에게 두 가족 혹은 양부모와 친부모가 있다는 사실도 수용해야 하는 문제를 경험한다. 입양 사실이 공개된 가정에서 자라는 아동은 보통 6세 정도면 출산과 입양의 차이를 이해하기 시작한다.

④ 국외 입양아동의 자아정체감 혼란

국외로 입양된 아동은 양부모, 주변 사람들과 다른 외모로 말미암아 자신의 정체성에 대해 혼란스러워한다. 또한, 자신의 입양 배경과 친부모에 대한 의문에서 시작된 심리적 갈등으로 말미암아 입양가족과 사회적응에 더욱 어려움을 겪는다. 이미선(2002)은 우리나라에서 국외로 입양된 아동 대부분이 자아정체감 혼돈 상태인 것으로 보고하였다. 자아정체감에 영향을 미치는 요인은 양부모와의 관계, 입양 관련 대화의 편안함, 친부모에 대한 환상, 친부모에 대한 정보 소유, 그리고 뿌리 찾기 시도 등으로 나타났다.

(2) 입양부모의 문제

① 아동과 생물학적으로 연결되지 않음에 따른 불안

입양부모는 생물학적으로 연결되어 있지 않은 아동이 실제로 자신들에게 속해 있다고 믿기 어려워서 불안을 경험한다. 생물학적으로 연결되지 않은 것에 대한 불안을 극복하지 못한 입양부모에게 입양아동은 늘 차선책이 되거나 자신이 낳지 못한 '이상아'를 대치해 줄 수 있는 완벽한 아동이 되어야 하고, 아동이 경험하는 모든 문제는 '나쁜 혈통 탓'으로 돌려질 수 있다.

② 부모 역할에 대한 불안

입양부모는 부모 역할에 대한 불안감을 갖는 경향이 있다. 이러한 불안감은 완벽한 부모가 되어야 한다는 자신들의 생각 때문에 더 고조된다. 사회가 입양을 비정상적인 것으로 묘사함으로써 입양부모는 완벽한 부모 역할을 증명해 보여야 하는 욕구를 더 강화하게 된다.

③ 입양아동이 친부모를 더 좋아할 것이라는 두려움

입양부모는 입양아동이 친부모를 찾아 나서고 친부모를 더 좋아하게 될 것이라는 두려움을 가질 수 있다. 입양부모는 종종 아동이 친부모에 대해 호기심을 갖는 것을 자신들이 부모로서 실패하였거나, 아동이 자신들을 사랑하지 않는 증거라고 생각한다.

④ 불임부부일 때 불임과 관련된 심리적 어려움

입양부모가 불임부부일 때 불임과 관련되어 여러 가지 심리적 어려움을 경험하게 된다. 불임은 입양부모에게 매우 중요한 상실을 의미한다. 따라서 불임부부는 적절한 애도의 과정을 통해 불임에 대한 수용의 단계에 이르렀을 때 입양을 준비해야 한다.

(3) 친부모의 문제

① 정보 혹은 복지서비스 부족

아동에 대한 친권을 포기하기 전에 그들에게 필요한 복지서비스에 대한 정보를 거의 받지 못한다. 즉, 친권 포기, 결혼을 통한 자녀의 양육, 친인척의 도움으로 자녀를 양육하는 것, 인공유산 등의 대안에 대한 정확한 정보, 친부모의 권리, 그리고 입양과정에 대한 정보 등 아동에 대한 친권을 포기하기 전 친부모에게 필요한 정보 혹은 복지서비스를 거의 받지 못한다. 이러한 사실은 노충래와 김원희(2004)의 국내 시설 거주 미혼모의 입양결정요인에 관한 연구에서도 밝혀졌다. 이 연구에서 입양을 선택한 미혼모 집단과 비교하여 자녀양육을 선택한 미혼모 집단이 복지 수혜 가능성에 대한 인지도가 높게 나타났다.

② 상실감

입양과정에서 친부모는 친권 포기 이후에 얼마나 강한 상실감과 심리적 고통을 경험하게 될 것인지, 그런 감정을 표현해도 되는지에 대해 아무런 조언도 듣지 못한다. 또한, 친부모로서 친권 포기 서류에 서명하는 과정은 매우 충격적이며, 가족과 친구, 상담원 등에게 배신감, 그리고 무력감을 느끼기도 한다. 특히 입양과정에서 다른 사람의 설득 혹은 회유로 말미암아 입양을 선택했다는 인식이 높을수록 입양 후 심리적 고통은 더 크게 나타난다. 주로 친모가 친권 포기 후 경험하는 애도의 반응은 식욕 상실이나 수면장애와 같은 신체적 문제, 포기한 아동에 대한 비현실적 생각이나 환상과 같은 부적절한 인지, 죄책감, 분노, 절망감, 슬픔과 같은 정서적 반응, 냉담, 사회적 철회(social withdrawal)[14], 그리고 강박적인 과도한 활동과 같은 문제행동 등으로 나타난다.

이처럼 친권을 포기한 친모는 독특한 행동을 보이는 경향도 있는데, 이를 존스(Jones, 1993)는 '친모 증후군(birth mother syndrome)'이라고 이름붙였다. 이러한 친모 증후군에는 충격적 회상, 악몽, 불안, 기피 혹은 공포 반응 등과 같은 '외상 후 스트레스 장애(PTSD: Post-Traumatic Stress Disorder)'가 있다. 또한, 손상된 자존감과 피동적 자세, 외형적으로는 완벽하고 정상인 것처럼 행동하지만, 내적으로는 수치심, 자기 저주 혹은 고립감을 느끼는 정체감의 이분화 현상, 친권 포기의 순간에 고착된 것 같은 자기 학대, 애정관계, 가족관계, 자녀양육, 직무 태도, 자아상 등 삶 전반에 걸쳐 감정과 행동이 양 극단을 오가는 생활과 같은 증상 등이 포함된다.

---

14) 사회적 철회란 방이나 집 등의 특정 공간에서 나가지 못하거나 나가지 않는 사람과 그러한 현상 모두를 의미한다. 이를 일본에서는 '히키코모리(引き籠もり, 引きこもり, ひきこもり)' 혹은 '토지코모리(閉じこもり)'라고 하며, 2채널 등의 일본 인터넷 사이트에서는 '힉키(ヒッキー)'라고 줄여 부르기도 한다. 일본의 문화의존증후군의 하나로, 히키코모리는 질병이나 장애가 아니며 다양한 개인적·사회적 요인으로부터 비롯된 상태로 본다. 일본의 출판사 이와나미 쇼텐에서 간행하는 일본어 사전 고지엔(2008년 1월 출간된 여섯째 판)에 '引き籠もり'라는 표제어로 수록되었다. 우리나라에서는 우리말 다듬기에서 '폐쇄은둔족'이라는 말로 다듬었으나, 실질적으로는 '은둔형 외톨이'가 더 많이 사용된다.

3. 입양가족을 위한 대책

1) 입양 관련 기관 현황

(1) 입양기관

2010년 기준 입양기관은 국내·외 입양기관으로 대한사회복지회, 동방사회복지회, 한국사회봉사회, 홀트아동복지회 등 4개소가 있다. 그리고 국내 입양기관으로 꽃동네천사의집, 서울아동복지센터, 성가정입양원, 해성보육원 등 18개소가 있다.

〈표 13-3〉 연도별 입양기관 현황

연도	입양기관(개소)		
	계	국내·외 입양	국내 입양
1990	31	4	27
1995	27	4	23
2000	26	4	22
2005	23	4	19
2010	22	4	18
2015	22	4	18

출처: 보건복지부 홈페이지(2015. 12. 30).

(2) 한국입양홍보회

경기도 과천에 소재한 한국입양홍보회는 입양가족이 회원으로 구성된 입양가족단체로 입양가족을 위한 입양부모교육, 입양아동캠프, 입양가족캠프 등의 사업을 펼치고 있다. 또한, 입양홍보와 공개 입양장려 등의 사업을 전개하고 있으며, 인터넷 사이트(www.mpak.org)와 정기모임을 통해 입양부모와 예비 입양부모, 그리고 연장 아동 입양부모 등을 위한 입양 관련 상담과 입양 자녀양육 상담 등을 해 주고 있다.

(3) 중앙입양정보원

서울에 소재한 중앙입양정보원(www.kcare.or.kr)은 입양정보센터(2009년 6월 30일 업무 중단)의 업무를 넘겨받아 2009년 7월 1일 설립하였다. 중앙입양정보원의 사업 내역은 다음과 같다.

- ◦ 입양아동 및 가족 정보 네트워크 구축: 입양아동에 대한 정보의 공유, 입양인과 친가족 찾기를 위한 통합 채널 구축
- ◦ 입양 민원 조정 및 종합 상담: 공신력을 갖춘 중재자로서 입양 관련 분쟁을 조정
- ◦ 입양사업 체계화: 통합 전산시스템 개발로 입양사업의 체계적 운영 발전
- ◦ 입양기관 및 유관 단체 지원: 정부, 입양기관, 유관 단체 간 연계, 협력의 주체로서 네트워크 구성
- ◦ 대국민 입양홍보: 입양에 대한 관심을 증진시키고 사회문화적 편견을 해소
- ◦ 입양정책 개발 및 조사 연구: 입양 관련 문헌, 사례 등을 조사 연구하여 입양정책 및 서비스의 질적 향상 도모

(4) 입양법률정보센터

입양법률정보센터(www.adoption-korea.com)는 국내·외 입양을 희망하는 사람들이 보다 전문적이고 체계적으로 입양 관련 법률 정보를 얻을 수 있도록 한울이 서울에 설립하여 운영하고 있다.

2) 입양 절차[15)]

(1) 국내에서 국내 입양

① 아동의 처리절차(소요기간: 약 1~1.5개월)

- 아동상담소 등은 아동인수 후 아동의 상태에 따른 전원조치(일시보호시설, 가정위탁, 병원 등)
- 전원기관에서는 수용 의뢰(시·군·구청장) 및 입양절차 시작

15) 현재의 입양촉진 및 절차에 관한 특례법(법률 제9932호, 2010. 1. 18, 타법개정)에 따른 것으로, 2012년 8월 시행 예정인 입양특례법과의 차이는 [그림 13-1]을 참고하기 바란다.

- 수용보호의뢰(입양기관·시설의 장 → 시·군·구청장)
- 후견인 지정신청 및 승인(입양기관·시설의 장 → 시·군·구청장)
- 부양의무자 확인공고 등(입양기관·시설의 장이 신청, 시·군·구청장)
- 기아(棄兒)인 경우 성·본 창설
- 입양대상확인서 발급 의뢰
- 입양동의(부모, 직계존속 혹은 후견인)

② 양부모의 처리절차(소요기간: 약 1개월)

- 신청서 접수 및 상담
- 양부모의 입양상담 및 아동양육교육(5~6회)
- 가정조사(2~3회)
- 제출서류: 주민등록등본, 건강진단서 등
- 양부모에 아동의 기록, 소유물품 등 인계
- 입양효력 발생: 가족관계의 등록 등에 관한 법률에 정하는 바에 따라 시·군·구청장에 신고

	친생부모 입양동의	양부모 결연	입양의 성립	입양의 효과
종전	제한없음	입양기관의 양부모에 대한 가정조사	입양신고 (시·군·구)	명시적 규정 없음
변경	입양숙려제 (아동의 출생일로부터 1주일이 지난 후에 한 입양동의만 허용)	양부모 자격심사 강화 (양친될 자에 대한 아동학대·성폭력 등 범죄경력 조회, 입양 전 아동양육에 대한 교육이수 의무화)	입양허가 (가정법원) → 가족관계등록 신고	입양아동에게 친양자 지위 부여

[그림 13-1] '입양촉진 및 절차에 관한 특례법'과 '입양특례법'의 국내 입양절차 비교

(2) 국내에서 국외 입양

국내에서 국외 입양(외국인이 국내에서 입양)하는 때는 국내 입양 절차와 같다. 다만, 아동의 본적지 혹은 주소지 관할 가정법원에서 입양 인가를 받아야 한다.

(3) 국외에서 국외 입양

국외에서 국외 입양(외국인이 국외에서 입양)하는 때는 국내 입양 절차와 같다. 다만, 국외로 출국하기 전에 보건복지부장관으로부터 해외이주허가서를 받아야 한다.

3) 입양가족을 위한 가족복지서비스

입양가족에 대한 가족복지서비스 프로그램을 살펴보면, 수수료 지원, 양육수당 지원, 입학금 및 수업료 면제, 의료급여 시행, 장애입양아동 양육보조수당 및 의료비 지원, 입양휴가제 시행 등이 있다.

(1) 수수료 지원

입양 시 입양기관에 내는 수수료를 지원하고 있다.

(2) 양육수당 지원

13세 미만 아동을 입양하는 입양가정에 1인당 월 15만 원(2012년 6월 기준)의 양육수당을 지원하고 있다.

(3) 입학금 및 수업료 면제

고등학교에 입학 혹은 재학하는 입양아동은 입학금 및 수업료를 면제받는다.

(4) 의료급여 시행

입양촉진 및 절차에 관한 특례법(법률 제9932호, 2010. 1. 18, 타법개정)[16)]

에 따른 의료급여법(법률 제10788호, 2011. 6. 7, 타법개정) 제3조 제1항 제4호 규정에 따라 국내에 입양된 18세 미만의 아동은 의료급여 1종에 해당하는 급여를 받고 있다.

(5) 장애입양아동 양육보조수당 및 의료비 지원

장애인복지법(법률 제10517호, 2011. 3. 30, 일부개정) 제2조의 규정에 따른 장애아동을 입양한 때에는 1인당 중증은 월 62만 7,000원, 경증 및 기타 월 55만 1,000원(2012년 6월 기준)의 양육보조수당을 지원하고 있다. 또한, 1인당 연간 260만 원 한도(2012년 6월 기준) 내에서 자신이 부담한 진료, 상담, 재활 및 치료에 드는 비용을 지원하고 있다. 그리고 장애아동에 대해 국립의료원에서 의료급여 1종 수급권자와 같은 무료진료서비스를 제공하고 있다.

(6) 입양휴가제 실시

공무원을 대상으로 '입양휴가제'(20일, 2012년 6월 기준)를 실시하고 있다.

4) 입양가족을 위한 복지대책의 방향

(1) 입양아동을 위한 심리치료서비스 제공

입양아동(특히 연장 아동)은 심각한 분리를 경험하므로 입양 후 지속적인 심리치료서비스가 제공되어야 한다. 즉 입양아동의 발달 단계에 따라 자신이

---

16) 본 법은 법률 제11007호에 따라 2012년 8월 5일부터 '입양특례법'으로 개정되어 시행될 예정이다. 개정안은 친생부모는 출산 7일 동안의 '숙려기간'이 지난 후부터 입양동의서에 서명하고 친권을 포기할 수 있다. 그동안은 출산 당일, 심지어는 출산 전에 입양에 미리 동의할 수 있어 친생부모가 충분히 고민 없이 입양 결정을 함으로 부작용이 있었던 데 따른 조치다. 입양숙려기간 동안 친생부모에게는 본인이 직접 키웠을 때 받을 수 있는 지원내용 등에 대한 상담을 받을 수 있다. 또 양부모에 대한 범죄경력 조회 의무화도 개정안에 포함됐다. 그동안은 양부모 신원조회에 대한 법적근거가 없어 아동학대, 성폭력 등 범죄경력 등 신원조회가 불가능했다. 입양전문기관의 가정조사 등이 이뤄졌으나 제한적이었다는 지적이 있었다. 그리고 허가절차도 까다로워진다. 그동안은 시군구에 입양신고만 하면 입양이 성립되었으나, 이제는 가정법원에 입양교육을 받았다는 교육이수증 등 서류를 제출하고 가족관계등록을 신고해야 입양허가가 나는 것으로 바뀌었다.

입양된 사실을 이해하면서 무난한 자아정체감을 형성할 수 있도록 서비스가 제공되어야 한다. 입양 관련 기관으로 앞에서 소개한 한국입양홍보회에서는 입양아동을 위한 캠프를 통해 이러한 역할을 담당하고 있다.

(2) 입양부모를 위한 상담서비스 제공

입양부모는 불임, 부모 역할, 친부모 찾기에 대한 불안 등으로 말미암아 심리적 문제를 경험하고 있으므로 이들에게 상담서비스가 제공되어야 한다. 백경숙과 변미희(2001)의 공개입양부모를 대상으로 한 복지서비스에 대한 욕구조사에서, 입양부모는 입양 관련 전문가나 상담전문가보다는 경험이 있는 입양부모가 제공하는 입양상담서비스에 대한 욕구가 더 높은 것으로 나타났다. 따라서 정부가 입양부모 자조 집단인 한국입양홍보회를 지원하여 상담서비스가 활성화되도록 하는 것이 바람직하다.

(3) 친부모를 위한 상담과 진로 개발 프로그램 제공

입양 과정에서 입양아동, 입양부모와 함께 친부모의 권리도 보장되어야 하기에 입양 후 친부모가 겪게 될 심리적 문제에 대해 상담과 치료서비스가 제공되어야 한다. 특히 입양을 결정한 미혼모는 자신의 불확실한 장래와 진로 때문에 많은 스트레스를 겪고 있다(이명순·박주현, 2008). 따라서 이들을 위한 진로 개발 프로그램을 개발·제공하는 것이 바람직하다.

CHAPTER 14

다문화: 다문화사회, 거부할 수 있는가?

학습 목표

- 다문화사회의 도래를 주제로 오늘의 현실을 설명할 수 있다.
- 다문화가족의 개념을 이해한다.
- 다문화가족의 유형을 설명할 수 있다.
- 다문화가족의 어려움을 설명할 수 있다.
- 다문화가족을 위한 대책을 제시할 수 있다.

1. 다문화사회의 도래

몇 년 전 우리나라를 방문한 미국 풋볼 스타인 하인스 워드(Hines Ward)를 통해서 우리는 그동안 우리 사회가 가지고 있던 혼혈인에 대한 인종적 차별의 어두운 부분을 사회문제로 인식하게 되었다. 하인스 워드의 방한 이전에는 혼혈인과 다문화가정을 위한 법과 정책은 거의 없었으며, 혹시 있었다 해도 그저 일시적인 대처 방안에 불과했다. 그들은 우리의 관심 안의 범위에 들어오지 못한 채로 인종적 소수자로서 우리 사회의 대표적인 인종차별과 무시의 대상에 불과했다. 실제로 국내에 거주하는 혼혈인 중에 42.2%가 피부색 때문에 교육, 고용, 혼인에서 지속적인 차별 등으로 자살을 시도한 경험이 있다고 한다(국가인권위원회, 2003).

이렇게 볼 때, 혼혈인 등과 국내거주 외국인의 증가는 결국 우리 사회가 단일인종으로 구성되었다는 성격을 변화시키고 있다. 이제 우리 사회도 단일문화나 단일민족으로 구성된 사회가 아니다. 또한, 국가의 구성원도 다양한 인종과 그들 고유의 문화가 어우러지는 다민족국가 혹은 다문화주의를 인정하는 다문화사회로 나가고 있다. 이를 가속하는 것은 교통과 통신의 발달이 가져온 지구촌화와 세계화이다. 이처럼 시대적 대세에 따라 정도의 차이는 있겠지만, 외국에서도 순수한 단일민족이나 단일문화로만 이루어진 사회나 국가가 점점 줄어들고 있다. 특히 우리 사회의 저(低)출산 현상은 우리나라 밖에서 새로운 국민 구성원을 받아들이는 일을 촉진한다. 즉, 우리 사회의 저출산은 다문화사회로의 변환을 더 촉진하는 계기가 되고 있다.

이처럼 사회구성원과 문화의 변화는 국제제도를 비롯하여 경제·노동제도는 물론이며, 사회보장제도, 정치제도 등 사회 전체의 성격을 바꾸어 나가도록 유도하고 있다. 그리고 이러한 변화는 우리가 그동안 단일민족국가를 형성해 왔고, 단일민족문화 안에서 생활해 왔기 때문에 구성원 모두에게 크나큰 충격을 줄 수 있다. 따라서 그런 충격을 흡수·예방하고, 다문화사회로의 안착을 유도하기 위해 국민의 인식 변화나 국가의 제도 혹은 정책 변화와 같은 준비가 필요한 것이다. 또한, 혼혈인뿐만 아니라 외국인 등 국내거주 이주민에 대한 인권적 보호와 평등권 보장은 우리가 앞으로 풀어야 할 숙제이다. 그리고 인권적 보호와 평등권 보장이 우리 국가와 사회의 성숙도를 판단하는 기준이 될 수 있다(박주현·임상록, 2009).

글로벌 시대가 오면서 국제결혼과 외국인 취업자 등의 증가로 등록외국인[17]이 2010년 12월 사상 처음 90만 명을 넘어선 가운데 전국 228개 시·군·구에 외국인이 살지 않는 곳이 단 한 군데도 없는 것으로 나타났다. 통계청이 발간한 '2011 한국의 사회지표'를 보면 지난해 장기 체류외국인은 98만 2,000여 명으로 전년도보다 6만 3,000명 증가해 전체인구의 1.97%를 차지했다. 외국인 등록인구는 2000년에 21만 명에 불과했지만 10여 년 새 5배 가까이 증가했다. 체류목적은 비전문 취업이 23만 1,000여 명으로 가장 많았고, 유학 6만 7,000명, 영주 6만 4,000명 순이었다.

---

17) 등록외국인이란 국내에서 91일 이상 체류하기 위한 사증을 소지하고 해당 출입국관리사무소에 외국인등록을 마친 자로, 장기 체류외국인과 동의어로 사용되고 있다.

국내 체류외국인도 계속 증가하고 있는 추세다. 2015년 11월 말 현재 186만 81명(불법체류자 약 21만 명 포함)으로 2014년 11월(175만 6,031명)보다는 5.9% 증가한 것이다. 연도별로는 2001년 56만 6,835명, 2002년 62만 9,006명을 시작으로 2007년(106만 6,273명) 처음으로 100만 명을, 2010년 6월에는 120만 명을 넘어섰다. 체류 외국인을 국적별로 분류하면, 중국(조선족 포함)이 94만 7,698명(50.9%)으로 가장 많다. 이어 미국 13만 8,262명(7.4%), 베트남 13만 7,378명(7.4%), 태국 8만 7,692명(4.7%), 필리핀 5만 4,256명(2.9%) 등의 순이다.

2. 다문화가족의 개념과 실태

1) 다문화가족의 개념

현대 사회 활동이 전(全) 지구적으로 확장됨에 따라, 다양한 민족·인종과 만나는 기회가 많아지고, 또 한국 내 거주하는 외국인이 늘어났으며, 인구와 산업의 대도시 집중 현상으로 농어촌에 혼인적령기 여성이 현저히 줄어들었다. 이러한 배경으로 20세기 말부터 한국인이 외국인과 결혼하는 경우가 급격히 늘었다. 특히 농어촌에서는 외국에서 외국인 신부를 데려오는 결혼 이민이 많이 늘었다.

이처럼 국제결혼 등을 통해서 서로 다른 인종의 상대를 만나 결합한 가정을 다문화가족이라고 한다. 그런데 다문화가족지원법이 제정·시행되기 이전까지 법률적으로는 국제결혼이라는 용어를 더 많이 사용하였다. 그러나 국제결혼의 개념은 단순히 결혼 당사자만을 의미하고, 국적이 다른 사람과의 결혼을 의미하기 때문에 그 결혼으로 말미암아 형성된 가족구성원을 모두 지칭하기에는 한계가 있다. 따라서 다문화가족이란 용어가 그 가족 내 가족구성원의 인종 간 차별성과 한 가정 내에서 두 개 이상의 서로 다른 문화가 만난다는 특징을 지니므로 더 적절한 표현이다.

2) 다문화가족의 유형

대한민국 건국 이후의 다문화가족 유형은 크게 ① 한국인과 미군의 국제결혼, ② 한국인과 이주노동자의 국제결혼, ③ 결혼이주자, ④ 국내거주 이주노동자 간의 결혼, ⑤ 한국 화교, ⑥ 북한이탈주민(새터민) 등에 의해서 형성되었다. 여기에서는 이러한 다문화가족의 유형에 대해 살펴본다.

(1) 한국인과 미군의 국제결혼

미군은 해방 이후부터 우리나라에 주둔하였고, 1970년대까지 미군기지촌을 중심으로 한국 여성과 미군 남성의 혼인에 의해 다문화가족이 형성되었다. 이들에 의해 태어난 혼혈인을 1, 2, 3세대로 나누어 구분하기도 한다. 즉 한국전쟁 전후의 혼혈인 세대를 1세대, 1960년대부터 1970년대까지를 2세대, 1980년대 이후를 3세대라고 한다. 특히 이전의 다문화가족은 대부분 아시아 인종 간의 결합이었고, 그런 가정에서 태어난 2세는 외형상의 뚜렷한 차이를 보이지 않았다. 그러나 미군과의 사이에서 형성된 다문화가족 2세는 피부색과 겉모습의 차이로 말미암아 오랫동안 기피와 차별의 대상이었다.

미군과의 사이에서 태어난 혼혈 1세대와 2세대는 인종적 차별과 불평등 혹은 새로운 기회와 아메리칸 드림(American dream)을 찾아 1982년 8월에 개정된 미국의 이민특례법에 의해 대부분 미국으로 이민을 갔다. 2003년 국가인권위원회 조사결과 400~500여 명 정도가 국내에 남아 있는 것으로 추산하고 있다. 그러나 펄벅재단(Pearl Buck International)[18]에서는 2003년 현재 아직도 5,000여 명이 남아 있는 것으로 주장한다. 그리고 펄벅재단에서는 미국계 혼혈인

18) 1892년 미국 웨스트버지니아 주에서 태어나 소설 '대지'로 노벨문학상(1931년)을 받은 펄벅(Pearl S. Buck) 여사는 출생으로 고통 받는 아동을 돕기 위해 비영리 국제기구 펄벅인터내셔널(Pearl S. Buck International)을 1964년 미국 필라델피아에 설립하였다. 현재 펄벅 인터내셔널은 한국을 비롯한 필리핀, 베트남, 대만, 태국, 중국, 캄보디아, 루마니아, 인도, 러시아, 미국 등 11개국에서 아동들의 인권과 복지향상을 위해 활동하고 있으며, 각 나라에서는 그 나라의 실정과 특수성에 따라 정해진 대상에 맞추어 프로그램을 진행하고 있다. 한국펄벅재단은 펄벅이 1964년에 설립한 사회복지법인이다. 사무실은 경기도 부천시 소사구 심곡본동 675번지(정욱빌딩 4층)에 있다.

이외에도 3만여 명의 아시아계 혼혈인이 있다고 주장한다(김범수 외, 2007; 최덕경·박주현, 2012).

(2) 한국인과 이주노동자와의 국제결혼

1980년대 중반 이후부터 한국의 경제규모가 확대됨에 따라 많은 수의 외국인이 국내에 유입하였고, 또 한국 근로자의 해외 진출 등을 통해 국제결혼이 늘어나게 되었다. 즉, 이주노동자를 중심으로 다문화가정이 형성되는 것이다. 하지만 초기에는 주로 전문직 종사자 사이에서 국제결혼이 성행하였다. 그러나 2000년대를 넘어서면서 한국 내에 거주하는 이주노동자와 한국인의 혼인이 증가하였다. 특히 이주노동자 수의 증가는 이들과 한국인 사이의 국제결혼이 늘어나는 계기가 되었다.

(3) 결혼이주자

1980년대 이전의 국제결혼은 주로 외국 남성과 한국 여성 간에 이루어졌으나, 1980년대 말부터는 한국 남성과 외국 여성 간의 혼인이 증가하고 있다. 이는 중국 연변과 러시아 사하린, 동남아 지역의 여성과 한국 농·어촌 남성의 혼인이 늘어났기 때문이다. 그리고 1996년부터 국가가 외국인의 국내 방문을 엄격하게 규제하자 취업을 위한 국제결혼이 많아졌다. 이런 외국 여성을 여성결혼이민자라 지칭하며, 자연히 이런 다문화가정에서 출생한 2세의 수도 급격하게 증가하고 있다. 특히 한국 남성과 동남아시아 출신 결혼이주자 사이에서 태어나는 아이 수가 점차 늘면서 그들을 코시안(Kosian)[19]이라

19) 1996년 안산외국인노동자센터에서 처음 사용한 용어로, 한국인(Korean)과 아시아인(Asian)의 합성어이다. 코시안은 보통 외국인 노동자와 한국인 사이에서 태어난 국제결혼 2세, 한국에 거주하는 아시아 이주노동자의 자녀를 가리키며, 넓게는 코시안으로 이루어진 다문화 가족과 다문화 가정이 모여 사는 지역까지도 포함한다. 원래는 국제결혼 자녀와 이주 아동들의 인권과 권익을 보호하기 위하여 만들어진 말이지만, 최근에는 한국인과 구별짓는 또 다른 차별적 용어로 잘못 사용되기도 한다. 이 같은 부정적 차별 의미와 아시아인에 국한하는 의미를 대체하는 용어로서 '온누리안(Onnurian)'을 사용하기도 한다. 온누리안은 우리말인 '온누리'와 '사람'을 뜻하는 영어의 접미사 '-안(-ian)'을 합성한 조어로서 국제결혼 가정을 모두 포괄하는 의미를 담고 있다.

부른다.

2007년 발생한 총 결혼 34만 3,559건의 11.20%인 3만 8,491건이 국제결혼이며, 이러한 수치는 10년 전인 1997년에 비해 209.21% 증가한 것이다. 통계청이 발표한 '2011년 혼인·이혼 통계'를 보면, 총 결혼 건수는 32만 9,000건으로 2010년보다 3,000건(0.9%) 늘어났으며, 이중 외국인과의 결혼 건수는 2만 9,700건으로 2003년 이래 처음으로 2만 명대로 떨어졌다. 2010년(3만 4,200건)보다는 13.1% 줄어든 수준이다. 이는 2010년 초 출입국관리법 시행규칙이 개정되면서 국제결혼 관련 심사 요건들이 강화된 데 따른 것으로 풀이된다. 국제결혼은 2005년 4만 2,300건으로 정점을 찍은 뒤 2009년 3만 3,300건까지 꾸준히 줄어들다 2010년 3만 4,200건으로 소폭 늘어난 바 있다.

(4) 국내거주 이주노동자 간의 결혼

법무부 통계를 보면, 2011년 말 기준 국내에 체류하고 있는 외국인 근로자는 60만 명에 달하며, 이는 국내 경제활동 인구의 약 2.4%를 차지한다고 집계됐다. 이주노동자는 국내에서 생활하는 동안 서로 동거하거나 혼인하여 2세를 갖는 경우가 적지 않다. 하지만 이주노동자가 불법체류를 하는 경우가 많아서 이들의 정확한 수치는 파악하기 어렵다. 또한, 이런 가정에서 태어난 2세는 부모의 불법적 신분 때문에 역시 정확한 수치 파악이 힘들다. 아울러 이들은 정규 교육을 받지 못하고 있다. 그리고 이주노동자가 자신의 고국에 있는 자녀를 국내로 입국시키는 사례도 점차 증가하고 있다. 그러나 이 수치도 정확하게 파악하기는 어려운 실정이다.

(5) 우리나라에 있는 화교(華僑)

우리 사회에 화교(중국 국적을 가지고 국외에 거주하는 사람)의 역사는 이미 100년이 넘었으며 한국에서 태어난 3, 4세대가 주류를 이루고 있지만, 이들은 전통 모국어 교육 등의 영향으로 자기 민족 정체성을 강하게 유지하고 있다. 이러한 현상에는 한국의 차별적인 제도와 배타적인 성향이 큰 영향을 미쳤음을 부인할 수 없다. 화교가 우리 사회에 본격적으로 이주하기 시작한 것은 19세기 말부터 이며, 그 당시에는 우리나라 무역을 비롯하여 상업부문의 주도적인 위치를 차지하고 있었다. 그러나 해방 직후부터 국가의 차별정책은 화교의 사회적 정착과 동화를 막는 실질적 제한요인으로 작용하였다. 특히 1970년대 토지소유를 제한하는 법과 화교학교 학력불인정 등의 정책으로 많은 화교가 이민으로 우리나라를 빠져나갔다. 1960년대까지만 하더라도 3만여 명이었으나, 1980년대 말에는 2만여 명으로 줄어 현재까지 그 숫자를 유지하고 있다.

화교는 경찰, 군인 등 대한민국 국적을 요구하는 특정직, 공권력 행사나 공공단체의 의사결정에 참여하는 공무원이 될 수 없다. 또한, 국내에서 외국인의 의무교육은 적용하지 않기 때문에 취학통지서가 발부되지 않으며, 수업료 등이 면제되지 않는다. 그러나 외국인을 위한 '재외국민 및 외국민 특별전형'에 따라 입학에 특혜를 받을 수는 있다. 단, 부모가 모두 외국인이어야 하기 때문에 화교와 한국 국적을 가진 여성과의 사이에서 태어난 자녀는 여기에 해당하지 않는다. 무엇보다도 지금 한국의 화교 사회는 그 어느 때보다도 역동적인 시대적 상황 속에서 이중의 압박을 받고 있다. 지난 수십 년간 차별과 배제의 역사와 함께 최근 인구 감소와 지역공동체 약화, 화교학교 붕괴의 위협 등으로 정체성 위기를 직면하였다. 한편으로는 냉전체제가 와해하고 21세기 동북아시대가 열리면서 인구정책의 변화와 중국자본 유치, 차이나타운 건설 등 한중외교관계의 수립으로 경제교류가 활성화되는 중대한 변화의 시점을 맞고 있다.

(6) 북한이탈주민

1960년대 군사정부는 휴전선을 넘어 군사적 기밀을 가지고 오는 소수 사람에게 특별 처우할 필요성이 있었다. 그래서 1962년 4월에 '국가유공자 및 월남귀순자 특별원호법'을 제정하기에 이르렀다(1997년 1월에 '북한이탈주민의 보호 및 정착지원에 관한 법률'로 개정). 이 시기에 남한으로 온 사람은 '귀순

용사'로 대우받았다. 국영기업체, 대기업 등에 쉽게 취업할 수 있었고, 주택·교육·혼인 등 생활 영역에서 특혜를 받았다. 당시 입국자는 연간 10명을 넘지 않았으므로 이들의 지원에 따른 국가의 행정적·재정적인 면에서 별다른 무리가 없었다.

그러나 문민정부 이후 군사적·정치적 가치가 없어지면서 이들에 대한 지원은 대폭 축소되는 게 당연한 일이었다. 1994년 이후 입국자 수가 급증하고, 그들의 열악한 생활 여건이 문제가 되자 김대중 정부는 노동시장에 개입하여 획기적인 지원정책을 추진하여 그들의 자립정착의 토대를 마련하기에 이르렀다. 노무현 정부는 입국자 규모가 급증하고 정착지원제도가 고비용-저효율이라는 비판을 받자 정착금과 생계비 보조금을 줄이고, 대신 근로의욕을 높여 취업을 높이는 방향으로 지원제도를 변경하였다.

한편, 북한이탈주민은 목숨을 걸고 국경을 넘어 자유의 땅에 도착하지만, 정치사상적, 경제적, 문화적, 심리적 등으로 남한생활 적응에 상당한 어려움을 경험한다. 정치사상적인 면에서 이들은 북한 체제를 거부하고 남한 자본주의 체제에서 물질적 성공을 이루고자 하는 강한 열망과 기대를 하고 탈북하였다. 따라서 비교적 자유민주주의나 자본주의 가치관을 인정하고 수용한다. 그러나 남한사회 적응과정에서 남한이 북한보다 경제적인 풍요와 생산성은 인정하지만, 약육강식과 물질만능주의가 팽배한 비인간적인 사회로 인식한다. 북한이탈주민의 가장 심각한 문제는 사회적응의 물적 토대가 되는 경제적 부적응인바, 따라서 심리적 적응도 기대하기 어렵다. 북한에서의 경험과 경력이 인정되지 않기 때문에 이들에게 정규직은 극소수만 가능하다. 대부분은 단순노무직이나 서비스직이며, 30~40% 이상은 아예 실업상태에 있다(북한이탈주민후원회, 2001; 박주현, 2007; 박주현·최덕경, 2011).

3. 다문화가족의 어려움

1) 국제결혼가정의 문제

(1) 문화적 차이로 말미암은 부부간 문제

국제결혼은 대부분 배우자에 대한 깊은 만남 없이 이루어지는 것이 현실이다. 보건복지부 자료를 보면, 결혼이주여성 중 남편과 한 번도 만나지 않고 결혼한 비율도 10명 중 1명꼴이나 된다. 국외로 가서 맞선을 보니 많은 돈이 들어가는 상황에서 오래 천천히 만날 수 없기 때문이다. 모든 다문화가정의 결혼이 그런 것은 아니지만 '외국 며느리를 얻을 수 있는 집은 그나마 부잣집'이라는 이야기가 공공연할 정도로 결혼 비용이 꽤 들어가는 편이다. 이 비용 부담을 줄여주고자 일부 지방자치단체에서 국제결혼을 하는 경우 300~500만 원 정도의 비용을 지원하는 조례를 발의했지만, 매매결혼을 합법적으로 지원하는 행위라는 비판을 듣기도 했다.

이러한 결혼 과정으로 말미암아 결혼이주여성이 제일 듣기 싫어하는 말은 "너는 내가 돈을 주고 사왔으니 내 말을 잘 들어야 한다."라는 것이라고 한다. 이처럼 국제결혼은 매매혼이라는 이야기를 들을 정도로 불평등 결혼 양상을 보인다. 그러나 결혼할 때 신부 측에 돈을 지불하는 많은 문화권의 사례를 보더라도, 그것을 지불하는 이유는 신부의 노동력을 더 이상 활용하지 못하는 처가에 대한 보상이거나 그것을 통해 양가족의 관계를 더 공고히 하고자 하는 것이지, 신부를 사왔으니 함부로 다루어도 된다는 것을 의미하지는 않는다. 그러나 가부장적인 한국의 문화에서는 이러한 문화를 이해하기 어렵다(구정화 외, 2010).

국제결혼가정에서 생기는 문제는 일부분 결혼이주여성의 출신국가와 우리나라 가족제도와의 문화가 달라서 나타난다. 중국은 문화혁명을 통해 남녀평등 사회로 거의 전환되었고, 베트남과 필리핀, 인도네시아, 캄보디아 등의 국가는 가부장제인 한국과 달리 양변제(兩邊制) 가족제도가 대부분이다. 양변제는 부계와 모계를 모두 같이 존중하는 것으로 가족 안에서 부부가 상대적으로 평등하며 상보적인 역할을 한다(윤형숙, 2004). 또한, 양변제 가족제도에서는 부모와 자식 간에 강한 유대감이 있으며 형편이 어려운 형제자매에 대한 책임의식도 강한 편이다. 가족 내에서 부모 봉양은 아들보다 딸에게 더 책무를 강하게 주며, 이로 말미암아 딸도 성장하면 일자리를 찾는데, 이때 자신의 행복보다는 부모에 대한 책무를 더 강하게 생각한다.

이러한 양변제 국가 출신의 결혼이주여성은 대부분 가족을 위해 헌신하다가 혼기를 놓쳐서 경제적으로 더 나은 국가의 신랑을 선택한 경우이거나, 결혼 상대가 자신의 가족에게 경제적 도움을 줄 것이라는 약속에 따른 것이거나, 그 약속이 없더라도 한국에서 자신의 가족을 위해 자신이 일할 수 있을 것이라는 생각을 하는 경우가 대부분이다. 그러나 가부장제로 말미암아 전통적으로 결혼 후에 처가의 경제적 형편을 책임지는 일을 거의 하지 않는 한국에서는 이러한 신부의 생각을 이해하기 어려운 경우가 많다(윤형숙, 2004). 더구나 결혼했으면 한국 시댁의 문화를 따라야 한다는 가부장적 사고에 따라 결혼이주여성의 문화는 전혀 이해하지 않으려는 한국의 문화도 결혼이주여성을 힘들게 한다.

더구나 언어가 달라서 제대로 된 대화가 잘 이루어지지 않는 상태이다 보니, 국제결혼가정 중에서는 종종 문화적 갈등과 소통의 부재 등으로 말미암아 아내폭력 등의 문제가 제기된다. 2005년 보건복지부의 조사에서 결혼이주여성 4명 중 1명이 신체적 폭력을, 그리고 성 학대를 당했다. 여성가족부의 2007년 조사에서는 다문화가정의 부부폭력이 47.7%로, 비(比)다문화가정의 부부폭력 발생률보다 7.4%나 높았다. 이들이 경험하는 위험은 폭력에 그치지 않고, 종종 목숨까지 위험한 사건도 일어난다.

우리나라 다문화가정 인구는 2020년에는 74만 명 이상이 될 것으로 예상되는데, 이러한 추세와 함께 다문화가정의 이혼율 또한 이와 비례해 늘어나고 있다. 통계청의 2009년 혼인·이혼 통계를 살펴보면, 2009년 외국인과의 이혼은 1만 1,692건으로 총 이혼(12만 3,999건)의 9.4%를 차지했다. 2004년 국제결혼가정의 이혼 비율이 2.4%에 그친 것에 비하면 급속히 증가한 수치다. 이에 비해 2010년 혼인·이혼 통계를 보면, 2010년 총 이혼은 11만 6,900건으로 2009년보다 5.8%(7,100건) 오히려 줄어 감소하는 추세를 보이고 있다. 이주여성긴급지원센터에 따르면, 2010년 1~6월 전국적으로 접수한 상담 이유 중 '생활' 상담 다음으로 '이혼' 상담이 많은 건수를 차지했다. 그러나 모든 국제결혼가정이 다 이렇게 불행하고 문제를 안은 것은 아니며, 일부 가정은 경제적 어려움 없이 잘 지내고 있다(박주현 외, 2011). 사실 국제결혼가정 내부에서의 문제보다는 어쩌면 그들 자녀와 결혼이주여성 자신이 사회적으로 경험하는 다양한 어려움이 이들을 더 어렵게 만든다고 할 것이다.

참고자료 14-1

▌국제결혼 3쌍 중 1쌍은 헤어져

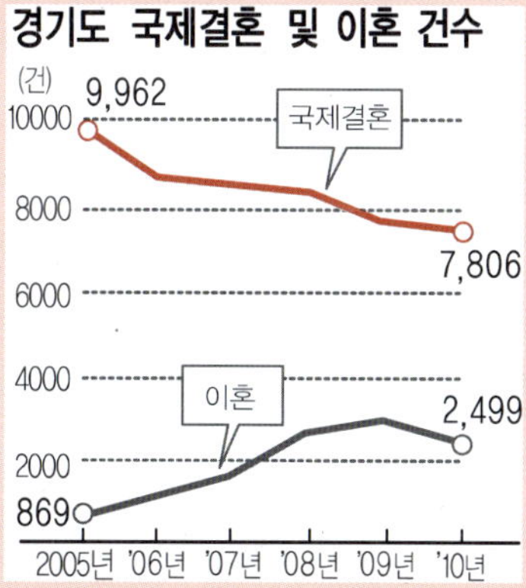

고양에 사는 몽골출신 국제결혼이주여성 A씨(31)는 한 가정법률상담소에서 이혼상담을 받고 있다. 2004년 결혼한 한국인 남편(47)이 지난 4월 집을 나가라며 6살 난 아들과 함께 쫓아냈기 때문이다. 월수입이 100만 원이 채 되지 않는 남편은 결혼 초부터 생활비를 제대로 갖다 주지 않는데다 폭력과 폭행을 일삼아 왔다고 A씨는 말한다. A씨는 "벨트, 프라이팬 등으로 머리, 얼굴을 마구 때리면서 경찰에 신고한 적도 있다."라며 "참고 살려고 했지만, 내쫓기까지 하는데다 아들에게도 폭행을 가하면서 이혼하기로 결심했다."고 말했다.

이처럼 외국인과 가정을 꾸린 다문화 가정이 늘어나면서 이혼도 급증하고 있다. 특히 연평균 국제결혼 건수가 늘지 않고 있는 상황에서 외국인 배우자 이혼건수는 크게 늘면서 대책 마련이 시급하다는 지적이다. 20일 경기도와 통계청에 따르면 현재 경기지역 결혼이민자는 4만 9천800여 명으로 지난해 7천800여 명의 외국인이 한국인 배우자와 결혼하는 등 최근 6여 년간 해마다 7천~9천여 다문화가정이 꾸준히 생겨나고 있다.

출처: 경기일보(2011. 6. 21).

(2) 자녀양육과 교육의 문제

전통적으로 자녀양육과 교육의 상당 부분을 엄마가 책임을 지는 한국에서 한국문화와 언어를 잘 이해하지 못하는 국제결혼가정의 엄마는 자녀의 양육과 교육에서 많은 어려움에 봉착한다. 한국인 남편은 출근을 하고 결혼이주여성이 자녀의 양육, 교육, 교우관계 전반을 책임지고 있는데 의사소통의 어려움으로 병원 진료를 받거나 교육기관과 대화하기 어렵다. 자녀가 말을 하기 시작하면서부터 결혼이주여성은 위기의식을 느끼며 한글공부에 매진하지만 부부갈등, 생활고, 양육과정에서 발생되는 돌발 상황 등으로 학습효과는 크게 기대하기 어렵다(오성배, 2005a).

> "아이들이 문장 쓰기나 문장 이해하는 능력이 많이 떨어져요. 그건 전적으로 저의 영향이 크죠. 한국 온지 17년이 되었어도 나도 한글 제대로 잘 못 쓰니까. 일기를 쓰는데 도움을 못 주는 거에요. 그러니까 쓸 수 있는 만큼만 쓰고 쓰지 말라고 하죠. 독후감 같은 것도 그래요. 제가 봐 줄 수 있는 부분이 아니니까 어려서부터 대충 쓰는 흉내만 내다보니까 아직도 문장을 제대로 자신 있게 쓰질 못하는 것 같아요. 큰 애가 고등학교 1학년인데 걔는 아직도 그럽니다." (오성배, 2005a)

이렇게 어린 시기부터 체계적인 문장이해력과 작문 교육을 받지 못하면서 언어 능력의 저하는 결혼이주여성의 자녀에게 이차적인 새로운 문제를 갖게 한다. 의사소통의 불명확성 문제는 자녀의 유아교육기관 취학률과 공교육 미취학 또는 중도탈락률, 유아기 가정교육 전체에 영향을 미친다. 설동훈 등(2005)의 연구를 보면, 결혼이주여성의 경우 자녀에 대한 설문에서 '미취학 자녀를 누가 주로 돌보는가?'에 대하여 37.6%가 '본인, 남편 또는 기타 가족'이라고 답하였고 '시설기관'에 맡긴다는 비율은 27.5%에 불과하였다. 이는 우리나라 가정의 5세 이하 미취학 자녀를 시설기관(유치원 또는 보육기관)에 맡기는 비율인 42.4%와 비교하여 현저히 낮은 수준이다(오성배, 2005a). 또한, 초등학교와 중·고등학교에서의 중도탈락률도 상대적으로 국제결혼가정

자녀가 매우 높아서 10%대를 웃도는데, 이 이유 또한 한국어 이해 부족인 경우가 많다.

언어 문제는 학교급이 올라가면서 더 문제가 된다. 오성배(2005b)는 한국어 소통이 원활하지 않은 어머니로 말미암아 자녀의 초등학교 입학 이후 자녀의 학업을 도와주지 못하는 문제에 부딪히며, 이와 더불어 기초학력 미달 비율도 전체 학생보다 5~7배 이상인 것으로 나타나면서 교육에의 접근과 과정에서 기회 배분의 격차가 교육성취의 격차로 이어지고 있다고 주장한다. 결국, 이러한 교육성취 격차의 문제는 앞으로 학력 격차로 나타날 것이고 직업선택에서 차이를 가져올 것이며 종국에는 사회적 지위 격차로 연결될 것이다.

(3) 사회적 차별과 정체성 문제

아이들의 언어 사용과 교육에서의 격차는 다른 문제도 만들어 낸다. 안 그래도 조금 다른 외모로 정체성 혼란에 빠지는 아이들은 교육의 격차로 말미암아 놀림을 받으면서 정체성 혼란을 더 경험한다. 그러나 국제결혼가정의 자녀가 경험하는 정체성 문제는 이것뿐이 아니다. 인도네시아 출신의 어머니와 한국인 아버지 사이에서 태어난 성현이의 경우를 살펴보자. "왜 엄마는 인도네시아 사람이에요?"라고 묻는 성현이도 가끔 엄마가 다른 아이들처럼 그냥 '한국인 엄마'였으면 하는 생각을 한다. 그럼에도, 성현이는 인도네시아, 어머니의 나라에 대한 호기심과 애정을 억제하지 않았고, 그럴 수도 없다고 한다. 성현이는 인도네시아에서 열린 2007 아시안 컵을 열심히 시청하였고 그곳에 지진이 일어난 소식에 놀라며 인도네시아를 다룬 책과 텔레비전을 열심히 본다(서덕희, 2008). 성현이에게는 엄마의 나라인 인도네시아는 또 다른 조국인 셈이다. 그러나 한국에서는 이러한 성현이의 정체성을 이해하지 않는다.

"엄마는 인도네시아 사람이라 얼굴색이 갈색이라며 색칠하는 아들. 시내를 다닐 때마다 쳐다보는 따가운 시선이 너무 부담스럽다. 10년 전에 낯선 땅에 온 엄마는 아이들이 사람들의 시선에 상처받지 않고, 누구보다 강하고, 당

당하게 살아갈 수 있기를 기원할 뿐이다." (서덕희, 2008)

그러나 이 기원은 이루어지지 않고, 코시안으로 구분되어 불리는 이 아이들은 다른 피부색으로 놀림을 받으면서 자신의 정체성을 고민한다. 다문화가정 자녀 중 사회적 차별의 시선에 의한 것이든지, 아니면 한국에서 이방인으로 있는 어머니 나라에 대한 어쩔 수 없는 관심 때문인지는 몰라도 한국인으로의 정체성에 혼란을 느끼는 비율이 높다. 보건복지부의 자료를 보면, 국제결혼가정 자녀 중에서 자신을 한국인이라고 인식하는 아이들은 단지 17%이고, 외국인이라고 생각한 아이들이 43%로 더 많다. 한국인이라는 인식보다는 외국인이라는 인식 비율이 더 높은 것을 보면, 한국에서의 편견과 차별이 국제결혼가정 자녀의 조국을 빼앗고 정체성 형성에 혼란을 주고 있는 셈이다.

특히 외국인을 바라보며 가난한 나라와 부자 나라 출신으로 구별하는 계층적 인식까지 담긴 차별적 시각은 대부분 인도네시아, 베트남, 캄보디아 등의 동남아시아 국가와 옛 소련 지역 독립국 출신의 어머니를 둔 아이들에게는 혼혈과 가난한 나라 출신이라는 이중적인 차별의 시선 때문에 더 고통을 겪는다. 동남아시아 출신인 결혼이주여성의 결혼에 관한 이야기를 접하고는 "너희 엄마는 돈으로 팔려왔다."라고 놀리는 아이들도 있다고 하니 그 자녀가 겪는 어려움은 짐작하기 어려운 경우가 많다. 더구나 피부색이 조금만 검어도 아프리카인 혹은 검둥이라고 부르며 놀리는 한국 아이들의 차별적 표현은 정체성 문제를 넘어 아이들의 학교생활과 같은 사회생활조차 어렵게 하는 요소이다.

(4) 법과 제도의 문제

결혼이주민의 가장 큰 법적인 문제는 국적취득과 관련한 것이다. 국적 관련 문제는 두 가지 측면에서 살펴보아야 한다. 그 자녀의 경우와 상대 배우자의 국적 취득의 문제이다. 기본적으로 부계혈족을 강조하는 한국에서 국제결혼의 배우자 중 아내가 외국인인 경우에 자녀의 국적 취득은 쉽지만, 남편이

외국인인 경우 그 자녀의 국적 취득은 1997년 이전까지는 불가능하였다. 그러나 1997년에 국적법이 개정되어 국적부여 방식을 부계혈통주의에서 부모양계혈통주의로 확대하면서 가능해졌다.

그러나 여전히 결혼이주민은 한국 국적을 가진 배우자와 결혼을 했다고 하더라도 쉽게 국적을 취득하는 것은 아니다. 2004년 국적법의 일부 조항을 개정하면서 혼인에 따른 귀화조건을 간소화하였다. 이전의 국적법에 따르면, 대한민국의 국민과 혼인한 외국인이 한국인으로 귀화하려면 혼인한 상태로 2년 이상 대한민국에 주소가 있거나 혼인 후 3년이 지나고 혼인 상태로 한국에 1년 이상 주소를 두는 경우에만 가능했다. 그러나 개정된 국적법으로는, 본인의 귀책사유 없이 혼인이 파탄된 경우와 미성년인 자를 양육하는 경우를 간이 귀화요건에 포함함으로써 귀화절차를 다소 완화하였다(박성혁, 2009). 그럼에도 여전히 국제결혼 후 몇 년간은 외국인으로 지내야 하는 문제가 남는다.

최근에는 몇 가지 새로운 법을 통해 결혼이주민을 도우려는 방안도 논의되고 있다. 우선 2007년에 만들어진 '재한외국인 처우 기본법'을 보면, 결혼 이민자와 그 자녀에 대한 조항을 설정하여 다음과 같은 내용을 제시하고 있다.

> 제12조(결혼이민자 및 그 자녀의 처우) ① 국가 및 지방자치단체는 결혼이민자에 대한 국어교육, 대한민국의 제도·문화에 대한 교육, 결혼이민자의 자녀에 대한 보육 및 교육 지원, 의료 지원 등을 통하여 결혼이민자 및 그 자녀가 대한민국 사회에 빨리 적응하도록 지원할 수 있다.
> ② 제1항은 대한민국 국민과 사실혼 관계에서 출생한 자녀를 양육하고 있는 재한외국인 및 그 자녀에 대하여 준용한다.

그러나 동법 제12조 제1항의 서술어가 '해야 한다.'라는 의무조항이 아니라 '할 수 있다.'라는 가능조항으로 규정되어 있어 법의 실효성에서 한계가 있다. 또한, 2008년 9월부터 시행된 '다문화가족지원법'은 결혼 이민자 및 그 자녀로 구성되는 다문화가족의 언어 및 문화적 차이에 따른 어려움을 줄이기 위한 것으로, 평등한 가족 관계의 유지, 가정폭력 피해자 보호·지원, 아동의 보육

· 교육에서는 아동의 언어발달을 위하여 한국어 교육에 대한 지원 규정(동법 제10조)은 있지만, 결혼이주민인 부모의 언어에 대한 교육 등을 지원하는 방안 등은 다루고 있지 않아서 여전히 문제가 된다.

2) 이주노동자가정과 그 자녀의 문제

기본적으로 이주노동자는 한국어와 한국문화에 익숙하지 않아서 생기는 소통의 문제가 있는 편이다. 그러나 이러한 소통의 문제보다 이들을 더 힘들게 하는 여러 가지 문제가 생각보다 많다.

(1) 사회적 인식의 문제

기본적으로 한국 사회에서는 불법체류자를 비롯하여 이들 이주노동자에 대해서는 저임금 노동을 위해 입국시켰다는 사회적 인식으로 말미암아 이주노동자를 대한민국의 머슴으로 보는 시각이 많았으며, 이에 따라 심하게는 합법적인 현대판 노예제라는 비판을 받을 정도로 비인권적인 차별과 질시의 시선을 거두지 않았다(한건수, 2004). 이에 더하여 최근에는 한국 내 경제적 어려움으로, 불법체류자를 비롯한 이주노동자가 한국인의 일자리를 빼앗아 갔다는 시선과 더불어 범죄에 연루된 외국인 사건을 공공연히 이야기하면서 한국에서 이주노동자와 그 가정을 보는 시선은 더 불편해졌다.

여아 성폭력 문제, 살인 사건, 심지어 중국의 조직폭력배들이 한반도를 근거지로 삼았다는 이야기 등으로 이주노동자의 범죄는 다양하게 뉴스로 또는 풍문으로 생산된다. 실제로도 외국인이 연루된 범죄는 조금씩 증가하는 양상이다. 법무부에 따르면, 2003년에서 2007년 사이 이주노동자는 67만 8,687명에서 103만 1,757명으로 1.52배 늘어났는데, 외국인이 저지른 범죄는 6.144건에서 1만 4,524건으로 2.36배 증가했다고 한다. 특히 외국인에 의한 여성의 성폭행 문제는 2003년 49건에서 2007년 114건으로 늘어나서 이 또한 2.3배 정도 증가했다. 그러나 실제로 2005년의 상황을 보면, 전체 범죄 중 외국인 범죄자는 0.42%였고, 우리나라 전체 인구 중 외국인이 1.05%라는 점을 비교하면 외국인 범죄의 비율이 높다고 말할 수 없다(박경태, 2008).

이주노동자 범죄와 관련하여 그들이 왜 범죄를 저지르는가에 대해서도 사회적 논쟁이 있다. 이주노동자를 지원하는 측에서는 이주노동자들이 성폭행을 비롯한 범죄에 가담하게 되는 것은 이들이 당하는 차별과 가족과 떨어져 살아야 하는 환경적 특성 때문이므로, 가족 동반 체류를 허용하고 이들에 대한 사회적 차별을 개선해야 한다고 말한다. 그러나 다른 편에서는 외국인 범죄의 대부분은 불법체류자가 저지른 것인바 불법 체류자 단속을 제대로 하지 않은 결과로, 한국인 노동자의 취업도 어려워질 뿐만 아니라 범죄가 활개치는 것이므로 불법체류자를 철저하게 단속하여 뿌리 뽑아야 한다고 주장한다. 이렇게 이주노동자 중에서도 특별히 불법체류자를 범죄자와 같은 시각에서 보는 것은 이주민에 대한 계층적인 시각이 같이 개입되기 때문이다. 아시아 등지에서 온 이주노동자를 바라보는 차별적 시각은 그 자녀에게도 그대로 전이되는 경우가 많다(한건수, 2007).

"한국에서 나쁜 거는 괴롭히는 거예요. 우리 집 위에 사는 형들이 이리 와 보라고 해서 갔는데, 돈 있냐고 해서 없다고 하니까 때렸어요. 발로 막 차고요. 학교 다닐 때도 친구들이 괴롭혀서 선생님에게 말했어요. 선생님이 저 괴롭힌 한국 애들 반을 바꿨어요. 그리고 한국 학교 관뒀어요." (몽골, 남, 10세)

(2) 자녀양육과 교육의 문제

기본적으로 이주노동자가정에서 자녀를 양육하고 교육하는 데 있어서 법적, 제도적으로 상당한 제한을 받는 어려움 이외에 현실적인 어려움도 많이 경험한다. 우선 이들이 한국에서 자녀를 출산하게 되면 현재의 국적법으로는 출생신고를 못 하게 되어 있어서 아이는 무국적자가 되며, 이는 양육의 어려움으로 이어진다. 대부분 이주노동자는 부부가 같이 일하는데 자녀가 무국적자이기에 공공서비스 기관이나 교육기관에 아이를 맡기거나 입학시킬 수 없어서 아이 양육과 교육에 어려움이 수반된다(우희숙, 2009a). 국제결혼가정 자녀와 달리 한국어 능력이 더 저조하고 대부분 자신의 나이보다 더 낮은 학년에서 공부해야 하는 등의 현실로 말미암아 학교생활에 잘 적응하지 못한다. 김정원 등(2005)의 연구에서는 학령기 자녀를 둔 이주노동자 부모들이 바라는 점은 바로 자녀가 학교에서 안정적으로 정착하는데 기본적으로 필요한 한국어 교육, 한국 친구 사귀기, 숙제 및 교과 공부나 시험 준비에 대한 도움, 그리고 나이에 맞는 학년 배치 등이었다.

이주노동자가정의 자녀가 한국에서 학교생활을 하게 될 때 자녀가 한국어를 습득하면서 그나마 한국에서 살아가기가 쉬워진다고 긍정적인 평가를 하는데(우희숙, 2009b), 한국어를 배웠다고 하여 모든 것이 해결되는 것은 아니다. 실제로 그 자녀가 학교에서 학습하는 과정에서 다양한 문제가 나타난다. 교과서에 서술된 단일민족 논의나 국가주의적 관점에 따른 교과 내용 등으로 말미암아 수업시간에 작은 마찰이 일어나기도 한다. 삼별초 항쟁을 배우면서 경험한 몽골 이주노동자가정 자녀의 이야기는, 한국 학교 교육의 내용과 방법에서 다문화적 관점의 필요성을 언급한다. 이주노동자가정의 자녀가 단순히 한국 학교에 다니는 방안을 고려하고 이들에게 그들 자신의 언어와 더불어 한국어를 모두 배우도록 하여 학교에 적응하도록 한다고 해서 이들의 교육문제가 끝나는 것이 아님을 알 수 있다(한건수, 2007).

> "사회시간에 몽골에 대해 선생님이 말했어요. 몽골이랑 한국이랑 싸워서 몽골이 졌다고 하니까요. 애들이요. 몽골이 졌으니까. 음…. 그거 뭐라고 하지? 애들이 무시하고. 너희 몽골이 우리 한국보다 더 낮다고 그래요."
>
> (몽골, 여, 14세)

(3) 노동과 의료 등 인권적인 문제

2004년 외국인에 대한 고용허가제가 시행되면서 이전보다 임금체납이나 비인간적인 근로 현장과 같은 나쁜 조건은 많이 개선되었지만, 이는 어디까지나 합법적인 이주노동자만이 누릴 수 있다. 불법체류자는 여전히 어려운 상황에 놓여 있다. 이렇게 합법적으로 근로의 권리를 인정받지 못하는 현상은 이주노동자가정의 자녀가 청소년이 되어 학교에 다니기 어려워지면서 그 자녀에게 세습된다(설동훈 외, 2002; 한건수, 2007).

> "시비를 거는 아이를 때렸다가 싸움이 커져서 학교를 관두고 집에서 놀다가 아르바이트를 하기 시작했다. 전단지를 붙이기도 하고 주유소에서 주유원으로 일하기도 했다. 지금은 OO회사에서 아침 9시부터 저녁 7시까지 일한다. 지퍼 만드는 공장인데 일이 힘들거나 위험하지는 않다. 한 달에 80만 원을 받는데 시다로 일할 때도 80만 원을 받았다. 일하는 시간이 늘었지만 월급을 더 주지 않는다. 일 시작할 때 사장님한테 열일곱 살이라고 말했는데 아무런 말이 없었다." (몽골, 남, 17세)

18세 미만인 청소년의 경우, 부모의 허가 없이 노동하는 것은 불법 행위이다. 우리나라는 청소년 보호를 위해 18세까지는 가능한 근로권을 제한하기 때문이다. 더욱 문제인 것은 불법 노동에 따라 건강이나 의료에서 문제가 생기는 것이다. 고용허가제가 시행되고 나서는 합법적인 이주노동자는 의료나 산재보험을 받을 수 있음에도, 병원비 부담을 걱정하여 적절한 치료를 받지 못하여 병을 더 악화시키는 예도 있다. 이렇게 합법적인 근로자도 병원비 문제로 어려움을 겪는데, 불법체류자가 되어 버린 이주노동자 가정의 청소년은 합법적인 건강보험에 따른 보장이 불가능하다는 점에서 의료의 사각지대에 놓이게 된다. 특히 단순한 건강상의 문제뿐만 아니라 작업장에서 일어날 수 있는 산재도 보장받지 못하는 등 해결해야 할 문제는 아직도 많다.

(4) 법과 제도 문제

기본적으로 이주노동자의 도입에 근거가 되었던 산업연수제도는, 고용 회사의 측면에서 볼 때 이주노동자들이 실제로 노동을 하면서도 노동자로서 인정받지 못하는 법적인 모순을 경험했다. 그나마 그들의 노동을 '근로'로 보는 관점에서 '외국인근로자의 고용 등에 관한 법률'에 따라 2004년 시행된 고용허가제도 이런 문제를 완전히 해결한 것은 아니었다. 고용허가제는 3년간의 취업 기간을 보장하며 3년간의 의무 근로 기간이 끝나고 재고용확인서를 발급받으면, 1달간 출국하였다가 재입국해서 2년간 체류하는 '3년+2년 방식'으로 운용되어, 그들은 재취업을 위해 비용을 추가로 부담하여야 했다. 그러다가 지금은 입국일로부터 3년의 취업활동 기간이 끝나기 전에 사용자가 고용노동부 고용센터에 재고용을 요청하면 1년 10개월간 그 근로자의 취업활동 기간을 연장할 수 있다. 즉, 4년 10개월간 근무하고 나서 계약을 종료하는 것으로 법률이 개정되었다. 이는 합법적으로 5년 이상 체류 시 영주권 신청 기본 자격을 주기 때문에 정부는 고용허가제를 정책적으로 운용하고 있는 것이다.

이주노동자와 관련하여 가장 큰 법적인 문제는 20여 년이나 된 한국의 외국인 노동자 정책과 관련하여 변하지 않고 한결같이 유지하고 있는 '가족 동반 불허'의 원칙이다. 이 원칙은 사실 이주노동자가정 자녀와 관련하여 다양한 문제를 일으킨다. 가족 동반이 불법이기에 그 자녀는 의료나 교육의 사각지대에 놓이게 되는데, 그나마 이를 바로잡아 주는 것이 국제법이다. 기본적으로 인종차별 금지와 외국인의 권리를 강조하는 협약 중 대표적인 것은 세계인권선언에 기초한 '경제적·사회적 및 문화적 권리에 관한 국제 조약([A 규약], 한국 1990년 비준)'이 있으며, '모든 형태의 인종 차별 철폐에 관한 협약(한국 1984년 비준)'과 '난민의 지위와 관한 협약(한국 1992년 비준)'이 있다. 또한, 다문화가정 자녀와 관련한 구체적인 협약은 '유엔아동권리협약(1991년 비준)'과 '모든 이주노동자와 그 가족의 권리보호에 관한 협약'이다. 그러나 이 모든 협약이 다 실행되는 것은 아니다.

1989년에 채택된 유엔아동권리협약에 한국은 1991년 가입하여 국내법과 동일한 효력을 가지게 되었다. 협약에서는 몇 가지 측면에서 다문화가정 자녀와 관련한 조항을 설정하고 있다. 가장 대표적인 조항은 '무차별의 원칙'이라고 불리는 제2조인데, 특히 제1항에서 "당사국은 자국의 관할 내에 있는 모든 아동에게 부모 혹은 법적 보호자의 인종, 피부색, 성, 언어, 종교, 정치적 혹은 다른 견해, 민족적, 인종적 혹은 사회적 출신, 빈곤, 무능력, 출생 그 외의 여타 신분에 관계없이 어떠한 차별도 받지 않고 이 협약에 규정된 권리를 존중하고 보장받아야 한다."라고 명시하여 한국 땅에 거주하는 다문화가정

자녀에게 어떠한 차별도 있어서는 안 됨을 명시하고 있다.

유엔아동관리협약에는 구체적으로 부모와 살거나 만날 권리를 통해 다문화가정(특히 이주노동자)의 자녀가 부모와 개인적인 관계를 유지하도록 하고 있다. 제10조 제2항을 보면, "부모가 타국에 거주하는 아동은 예외적 상황 이외에는 정기적으로 부모와 개인적 관계 및 직접적인 면접 교섭을 유지할 권리를 갖는다. 이러한 목적에 비추어 …… 당사국은 아동과 그의 부모가 본국을 포함하여 어떠한 국가로부터 출국할 수 있고 또한 본국으로 입국할 수 있는 권리를 존중하여야 한다."라고 명시하고 있다. 더불어 자녀의 교육과 관련하여 제28조 제1항 가목에서 "초등교육은 의무적이며 모든 사람에게 무료로 제공되어야 한다."라는 것을 강조하여 이주노동자가정의 자녀의 법적인 교육의 권리를 보장하고 있다.

이보다 좀 더 명확하게 이주노동자가정의 자녀 권리를 설명하는 협약은 모든 이주노동자와 그 가족의 권리보호에 관한 협약이다. 그러나 1990년 채택되고 2003년부터 발효된 이 협약에 한국은 아직 비준하지 않은 상태여서 한국 내의 국내법과 같은 효력을 발휘하지 못한다. 협약의 내용을 보면, 우선 제29조에서 "이주노동자의 자녀는 성명, 출생등록, 국적에 대한 권리를 가진다."라고 하였으며, 제30조에서 "이주노동자의 자녀는 그 나라의 국민과 평등한 처우를 기초로 교육을 받을 기본적인 권리를 가진다. 그 사람이 공립 유치원 및 학교에 입학할 것을 요구할 때 부모 중 어느 한 사람이 체류 내지 취업이 불법이거나 취업국에서 그 자녀가 불법임을 이유로 거부해서는 안 된다."라고 하고 있다. 또한, 이중언어교육 관련 사항도 규정하고 있는데, 제45조에서 다음과 같이 명시하고 있다: "2. 취업국은 필요한 경우에는 출신국과 협력하고 이주노동자의 자녀가 지역의 학교에 입학하고 특히 지역의 언어를 배우는 것을 용이하게 하는 정책을 수행하도록 한다. 3. 취업국은 이주노동자의 자녀에 대한 모국어 및 출신국의 문화교육을 촉진하도록 노력하고 출신국은 적절한 경우 언제든지 이에 협력하도록 한다."

그러나 모든 이주노동자와 그 가족의 권리보호에 관한 협약을 비준하지 않은 한국 정부는 이러한 내용 중 일부를 수용하여 학교교육법 시행령 등을 개정하였다. 외국인이면서 등록이 되지 않은 상태인 이주노동자 자녀와 가족동반 불허에 따라 밀입국 등의 방법으로 한국에 거주하게 되는 이주노동자가정 자녀는 법적으로 학교 입학의 어려움이 존재하는데, 이와 관련하여 한국 정부는 몇 차례의 초·중등교육법 시행령을 수정하여 최소한의 의무교육을 받을 수 있는 길을 마련하였다.

구체적으로는 초·중등교육법 시행령 제19조가 이 문제와 관련한 법적인 해결방안을 담고 있다. 이 조항은 2001년에 한 번 개정을 통하여 '재외국민 또는 외국인 자녀의 초등학교 입학에 관한 사항'을 통하여 외국인 자녀의 한국 내 학교 입학 가능성을 열었지만, 여전히 출입국관리소장이 발행한 증명서를 내게 하여 미등록 이주노동자와 불법체류 이주노동자의 자녀 입학 가능성을 배제하였다. 이에 따라 2006년과 2008년에 시행령을 다시 개정하면서 "재외국민 또는 외국인이 보호하는 자녀 또는 아동이 국내의 초등학교에 입학하거나 최초로 전·입학하는 경우에는 거주지를 관할하는 해당학교의 장은 전자정부법 제36조 제1항에 따른 행정정보의 공동이용을 통하여 출입국관리법 제88조에 따른 출입국에 관한 사실증명 또는 외국인등록 사실증명의 내용을 확인함으로써 제17조 및 제21조에 따른 입학 또는 전학 절차에 갈음할 수 있다. 다만, 그 재외국민 또는 외국인이 확인에 동의하지 아니하는 경우에는 출입국에 관한 사실이나 외국인등록사실을 증명할 수 있는 서류 또는 임대차계약서, 거주사실에 대한 인우보증서 등 거주사실을 확인할 수 있는 서류를 제출하도록 하여야 한다."로 내용을 완화하였다.

그러나 이로 말미암아 지정 서류를 공식적으로 요구하는 문제와 이주노동자 자녀의 하굣길을 따라가서 그들의 부모인 미등록 또는 불법 체류자인 이주노동자를 체포하는 등의 비인권적인 행위를 자행하기도 하였다. 따라서 이 조항이 불법 이주노동자를 추방하기 위해 체포하는 수단으로 악용되는 사례 등이 발생하면서, 여전히 다수의 이주노동자가정 자녀의 교육 문제가 법적으로 해결되지 못하고 있다. 또한, 이 규정은 이주노동자 자녀의 초등학교 입학 등에는 유효하지만 의무교육의 범위에서 벗어난 중·고등학생의 입학 등에는 유효하지 못하게 되어 있다. 이에 따라 이주노동자가정 자녀의 입학생 비율을 보면, 중·고등학생은 초등학생에 비하여 그 수치가 급격하게 줄어들면서 불법 노동의 공간으로 내몰리게 되는 문제를 갖는다(조혜정 외, 2007; 구정화 외, 2010).

3) 북한이탈주민 가정의 문제

북한이탈주민은 다른 다문화가정에 비해 한국과 가장 비슷한 문화와 언어로 말미암아 적응하기가 쉽겠다고 생각하겠지만, 미묘한 문화와 언어 차이, 그리고 사회 제체의 다름으로 생기는 문제가 적지 않다.

(1) 체제 부적응과 취업 문제

북한이탈주민은 한국에 입국하는 초기에 정부에서 주는 정착금과 정착 장려금을 지원받는데, 이로 말미암아 한국사회에서 취업을 통해 적응하려는 노력을 적게 한다는 이야기를 듣기도 한다. 이에 따라 일정기간 지원되는 정부의 지원금이 떨어지는 경우 삶의 막막함에 처하는 경우가 많다.

전국 50여 개의 고용안정소개소에서 북한이탈주민을 대상으로 취업을 위한 지원을 하지만 이들의 취업은 사실상 어렵다. 북한이탈주민을 취업시키기 위해 고용업체가 행하는 행정절차가 복잡할 뿐만 아니라 자신들이 살았던 북한과 다른 남한의 경제 체제에 잘 적응하지 못하는 경우가 생기기 때문이다. 이로 말미암아 북한이탈주민은 취업 후에도 한국사회와 직장생활에 대한 적응이 어렵다. 이에 따라 이들의 실업률도 높고 취업을 했더라도 주로 취업한 곳이 단순노무직이나 아르바이트 업종 등 안정적인 직업보다는 불안한 자리인 경우가 많아서 지속적으로 문제가 된다(평택대학교 다문화가족센터, 2008).

(2) 자녀의 교육 문제

다른 다문화가정 자녀에 비해 언어 문제가 없어 보이는 북한이탈주민 가정의 자녀도 다른 다문화가정의 자녀와 마찬가지로 언어적인 문제를 비롯하여, 교육에서 다양한 어려움을 경험한다. 북한 어투가 남아서 한국 학교의 아이들과 적절한 대화를 나누는 것이 그리 쉽지 않다(장문강, 2006).

> "처음에는 많이 시도했죠. 알아듣긴 알아듣는데 애들이 제 말을 다 못 알아듣는 거예요. 그래서 많이 바꾸려고 노력했어요."

그러나 이러한 언어의 문제만 있는 것은 아니다. 이주노동자가정의 자녀와 마찬가지로 학교 입학을 하게 되면 보통 자신의 나이보다 낮은 학년으로 배정되는 경험을 하게 되며, 학습내용에 대한 이해부족으로 학교 부적응을 경험하는 비율은 매우 높다. 이에 따라 학교에서의 중도 탈락률도 매우 높다. 이는 언어의 차이, 정체성의 문제, 체제 혼란의 문제 등이 복합적으로 영향을 미친 결과이다. 교육인적자원부에서 발표한 2007년의 북한이탈주민 자녀의 학교 중도 탈락률은, 초등학생은 3.5%, 중학생은 12.9%, 고등학생은 28.1%로 학년이 올라갈수록 심해진다.

이렇게 중도탈락률이 높은 원인은 이들 자녀가 남북한의 사상과 문화의 차이, 교육과정과 학력수준의 차이, 탈북과정에서 겪은 문제, 남한에서 겪는 상대적 빈곤의 박탈감, 남한 사람들이 보여준 우월감 등이 복합적으로 작용한 데 있다(우희숙, 2009b). 따라서 다른 다문화가정과 달리 이들 자녀에 대해서는 정부체제의 차이에서 오는 문화와 정서적인 부분을 지원할 수 있는 교육적 지원이 필요하다.

(3) 정신적 적응의 문제

체제 적응의 문제는 다른 방식으로도 나타난다. 북한이탈주민 가정의 경우 북한체제를 반대하거나 북한에서의 경제적 어려움 때문에 북한을 이탈하였지만, 자신들의 생애 체험으로서의 북한생활 경험은 체제가 전혀 다른 남한에서의 생활 적응에 이중적으로 어려움을 던져 준다. 하나는 북한이탈과정에서 받은 여러 가지 충격으로 말미암아 정신 건강의 문제를 호소하는 경우가 많다(박주현·변미희, 2008; 박주현, 2010).

북한 이탈과정에서 가족과의 이별, 죽음, 발각과 체포의 두려움, 공개처형 목격 등과 같은 부정적인 경험이 정신 의학에서 말하는 외상 후 스트레스 장애(PTSD)로 나타난다. 또 다른 문제는 가족과 떨어져서 북한을 이탈한 경우 북한에 남은 가족에 대한 죄책감도 정신적 적응의 어려움에 일조하게 된다. 더불어 싫어서 스스로 이탈하였다고는 하지만, 자신이 살아온 삶과 그가 살아온 체제를 완전히 부정하고 남한에 적응해야 하는 문제도 정체성 혼란에 영향을 미치며 이 또한 적응의 문제에 부정적인 영향을 미친다. 이러한 정신적 적응의 문제는 북한 이탈과정을 경험한 자녀에게서도 같게 나타난다.

4. 다문화가족을 위한 대책

우리 사회는 이미 다문화사회로 '세계화(국제화 혹은 글로벌화)'라는 구호를 외치고 있다. 그러나 다문화의 진입속도와 변화보다 다문화가족을 맞이할 준비가 부족하였다. 한편, 우리가 너무 외부지향 중심의 세계화만을 제기한 게 아닌가 하는 의문을 품는다. 따라서 이러한 시각에서 누구를 위한 다문화사회인지, 누가 주축이 되어 다문화사회를 이끌어 갈 것인지, 그리고 다문화가족을 위해 어떻게 개입할 것인지에 대한 다음과 같은 대책이 필요하다(김범수 외, 2007).

[그림 14-1] PTSD로 힘들어 하는 여성은 누구의 모습인가?

첫째, 누구를 위한 다문화인가? 그동안 다문화사회에 대한 담론은 어느 정도 국민적 합의를 이끌어 냈으며, 다문화사회를 위한 다양한 지원책이 조금씩 시행되고 있다. 그러나 과연 누구를 위한 다문화사회인지 재검토해 보는 것이 필요하다. 왜냐하면, 다문화사회는 '통치 전략'을 보완하는 수준을 넘어야 하기 때문이다. 특히 다문화사회의 핵심적인 구성주체가 주변화(周邊花)되고 배제되는 역설이 초래되어서는 안 된다. 다문화의 초점은 자국을 떠나 국적을 넘을 수밖에 없었던 한 인간의 생존과 인간의 권리에 맞추어져야 할 것이다. 이주민이 공존하려면 최소한 삶의 지속성이 보장받을 수 있는 법적 안전장치로서 사회적 약자가 보호받을 수 있는 울타리가 되어 주어야 한다. 생존보장의 위협을 받는 극도의 박탈감과 차별은 증오와 범죄, 그리고 폭력을 불러 사회적 혼란을 일으킬 수 있기 때문이다.

둘째, 누가 주축이 되어 다문화사회를 이끌어 갈 것인가? 다문화사회는 세계화의 산물이다. 따라서 온 국민의 관심과 노력이 무엇보다 중요하다. 특히 다문화사회를 만들어 나감에서 국가와 민간단체, 그리고 자원봉사의 3박자가 함께 이루어져야 한다. 국가는 이주민도 대한민국의 한 구성원이며, 국가 이익의 주역이라는 관점을 가지고 정책적 지원을 모색해야 한다. 그러나 국가의 재원은 한계가 있으므로 민간단체와 국민의 의식전환이 요구된다.

셋째, 다문화가족을 위해 어떻게 개입할 것인가? 이에 대한 대안을 제시하면, ① 다문화가족을 위한 언어교육 지원이 체계적으로 이루어져야 한다. ② 어린이집, 유치원, 그리고 초·중·고의 정규교육에서 다문화가족에 대한 체계적인 교육과 다문화 자녀에 대한 선생님의 각별한 관심과 지도가 이루어져야 한다. ③ 가정에서도 다문화가족에 대한 교육이 이루어져야 한다. ④ 다문화가족이 많이 거주하고 있는 지역부터 지역별로 다문화가족센터가 건립되어야 한다. ⑤ 다문화가족의 한국생활 적응을 도울 수 있는 한국의 문화와 풍습 등 일반 생활상식에 관한 안내서(manual)가 국가별 언어로 개발·제작되어야 한다. ⑥ 다문화가족을 지원할 수 있는 자격을 갖춘 전문가의 양성이 시급하다(박주현·임상록, 2009; 박주현 외, 2011).

강문희 · 박경 · 강혜련 · 김혜련(2006). 가족상담 및 심리치료. 서울: 신정.

강신욱 · 성명재 · 이철인(2008). 저소득층 생계비 지원정책의 개선방향 연구. 서울: 한국보건사회연구원 · 한국조세연구원.

구인회(2003). 가족배경이 청소년의 교육성취에 미치는 영향: 가족구조와 빈곤의 영향을 중심으로. 한국노동연구원 · 한국노동경제학회 제4회 한국노동패널 학술대회 자료집.

구정화 · 박윤정 · 설규주(2010). 다문화교육의 이해와 실천. 서울: 동문사.

권진숙(2008). 사례관리의 실제. 고양: 공동체.

권진숙 · 박지영(2008). 사례관리의 이론과실제. 서울: 학지사.

김광일(1985). 가정폭력. 서울: 탐구당.

김규수 · 오현숙(2006). 가족치료. 파주: 양서원.

김동춘 · 노대명 · 장세훈 · 정건화 · 류정순 · 손병돈 · 허선(2000). IMF 이후 한국의 빈곤. 서울: 나남출판.

김범수 · 서은주 · 손병돈 · 정재훈 · 조석연 · 최현미 · 신승연 · 최승희(2007). 다문화사회복지론. 파주: 양서원.

김수현(2001). 자활사업을 위한 변명, 한국사회복지의 새로운 도전. 2001년 한국사회복지학회 춘계학술대회 자료집(진재문 발표문의 토론문).

김양희(1998). 가족관계학(개정판). 서울: 수학사.

김연옥 · 유채영 · 이인정 · 최해경(2005). 가족복지론. 파주: 나남.

김영모(2000). 빈곤, 가족해체, 시설보호: 한국 시설보호의 원인과 대책. 서울: 중앙대학교출판부.

김영화 · 이진숙 · 이옥희(2010). 성인지적 가족복지론(제3판). 파주: 양서원.

김용태(2000). 가족치료이론. 서울: 학지사.

김유숙(2000). 구조적 가족치료이론의 한국적 적용에 관한 연구. 한국가족치료학회지, 8(1), 113-130.

김유숙(2002). 가족치료의 이론과 실제. 서울: 학지사.

김유숙(2006). 가족상담(2판). 서울: 학지사.

김윤재·이수영·김경우·김정수·김은혜(2007). 가족복지론. 서울: 동문사.

김은영·임승희·박소영(2009). 가족복지론. 파주: 학현사.

김익균·박은미·이정남(2009). 가족복지론. 서울: 동문사.

김인숙(2003). 건강가정육성법을 위한 국회공청회 진술서. 2003년 11월 11일 대한민국국회 보건복지위원회.

김재엽(1997). 한국인의 가정폭력에 영향을 미치는 요인에 관한 연구: 가정폭력과 아동복지. 8차 한국아동복지학회 국제학술대회 자료집.

김진숙(2000). 대상관계 기족치료이론의 한국적 적용에 관한 연구. 한국가족치료학회지, 8(2), 137-163.

김창엽(2000). 국민복지기본선 확보를 위한 빈곤층 건강대책, 새로운 시대 빈곤층 건강대책. 건강연대·국민기초생활보장연대회의.

김태성·손병돈(2002). 빈곤과 사회복지정책. 서울: 청목출판사.

김태완·최현수·양시현·김문길·우선희(2008). 2008년 빈곤통계연보. 한국보건사회연구원 연구보고서.

김현주(2005). 부모의 이혼, 자녀의 자리: 이혼가족의 자녀. 우리 시대 이혼이야기－가족주기별 사례연구－, 329-362. 파주: 양서원.

김혜경(2005). 이혼경험의 성차: 양육기 이혼. 우리 시대 이혼이야기－가족주기별 사례연구－, 87-124. 파주: 양서원.

김혜경·도미향·문혜숙·박충선·손홍숙·오정옥·홍달아기(2008). 가족복지론(제2판). 고양: 공동체.

김혜경·도미향·문혜숙·박충선·손홍숙·오정옥·홍달아기(2011). 가족복지론(제4판). 고양: 공동체.

김혜숙(2003). 가족치료 이론과 기법. 서울: 학지사.

김혜숙(2008). 가족치료 이론과 기법(2판). 서울: 학지사.

김혜숙·박주현·이영주·임상록(2012). 가족상담 및 치료. 서울: 신정.

남윤인순(2003). '건강가정'이라는 발상. 2003년 12월 11일 한겨레.

노충래·김원희(2004). 시설 거주 미혼모의 입양결정요인에 관한 연구. 한국아동복지학, 17, 49-79.

도미향·남연희·이무영·변미희(2006). 아동복지론. 고양: 공동체.

문숙재·윤소영·김은희(2002). 무보수 가사노동의 국민경제에 대한 기여도 평가. 대한가정학회지, 40(10), 161-176.

박경일(2007). 사회복지정책론. 고양: 공동체.

박경일(2008). 가족수당정책론(2판). 파주: 양서원.

박경태(2008). 소수자와 한국사회. 서울: 후마니타스.

박성혁(2009). 다문화교육 정책을 위한 관련 법령의 현황과 개선 방향. 경기도다문화교육센터. 다문화교육의 이론과 실제. 파주: 양서원.

박신영(2002). 주거빈곤가구의 특성. 한국의 인구 및 주택 심포지엄 자료집.

박영도(1997). 입법기술의 이론과 실제. 서울: 한국법제연구원.

박옥임·서선희·김경신·옥경희·박준섭·최은정(2008). 가족복지론. 서울: 청목출판사.

박옥희·공선영(2005). 남편의 배신으로 인한 이혼: 중년기 이혼 II. 우리 시대 이혼이야기-가족주기별 사례연구-, 177-216. 파주: 양서원.

박주현(2007). 북한이탈아동의 남한사회 적응에 영향을 미치는 요인. 박사학위논문. 백석대학교 기독교전문대학원.

박주현·변미희(2008). 새터민 초등학생의 문화적 유능감에 영향을 미치는 요인. 부모교육연구, 5(2), 57-78

박주현·임상록(2009). 건강가정정책론. 서울: 파란마음.

박주현(2010). 북한이탈아동의 부모 관련 요인과 문화적 지향성이 자아존중감에 미치는 영향. 부모교육연구, 7(2), 23-40.

박주현·배은숙·임상록(2011). 건강가정론. 서울: 창지사.

박주현·최덕경(2011). 다문화사회의 이해와 실천. 서울: 창지사.

박주희(2006). 현대가족을 위한가족생활교육의 실제. 서울: 구상.

박태영(2001). 가족치료이론의 적용과 실천. 서울: 학지사.

변화순(1996). 이혼가족을 위한 대책연구. 한국여성개발원 연구보고서.

변화순·김혜영·윤홍식·한지숙(2006). 이혼 후 여성의 사회경제적 지위 변화. 한국여성개발원 연구보고서.

배태순(1998). 현대사회에서의 입양의 이해와 입양의 성공. 경남: 경남대학교출판부.

백경숙·변미희(2001). 공개입양부모를 위한 사전·사후 서비스 프로그램 개발을 위한 기초조사연구. 아동권리연구, 5(2), 81-95.

보건복지부·중앙아동학대예방센터(2004). 2003년도 전국아동학대현장보고서.

설동훈(2005). 외국인노동자와 인권. 민주주의와 인권, 5(2), 39-77.

성영혜·송주미(1997). 기족복지에 관한 이론적 고찰. 한국가족복지학, 2(1), 51-74.

성정현(1998). 이혼여성들이 경험하는 심리사회적 문제와 대처전략. 사회복지연구, 11, 53-77.

성정현·여지영·우국희·최승희(2004). 가족복지론. 파주: 양서원.

손병덕·황혜원·전미애(2008). 가족복지론. 서울: 학지사.

송유진(2005). 강한 어머니의 잘못된 자식사랑: 신혼기 이혼. 우리 시대 이혼이야기－가족주기별 사례연구－, 43-86. 파주: 양서원.

송정애(2010). 가족상담의 이론과 실제(2판). 파주: 양서원.

송정애·정해은(2010). 가족복지론(2판). 파주: 양서원.

양옥경·이재경·김인숙·윤홍식·송다영·박영희·정순돌·김유순·김신열·이은주·류미란·최명민·이선혜(2007). 가족복지의 정책과 실천. 고양: 공동체.

오성배(2005a). 코시안 아동의 성장과 환경에 관한 사례 연구. 한국교육, 32(3), 61-83.

오성배(2005b). 한국 사회의 소수 민족. '코시안' 아동의 사례를 통한 다문화교육의 방향 탐색. 교육사회학연구, 16(4), 137-157.

우희숙(2009a). 이주민 삶의 이해. 경기도다문화교육센터. 다문화교육의 이론과 실제. 파주: 양서원.

우희숙(2009b). 다문화가정의 자녀교육. 경기도다문화교육센터. 다문화교육의 이론과 실제. 파주: 양서원.

유영주(1989). 건전가정과 건강가족의 개념 설정에 대한 논의. 한국가정관리학회지, 17(3), 93-102.

유영주(2001). 건강가족연구. 서울: 교문사.

유영주(2002). 건강가족연구에 대한 문헌고찰. 경희대학교 생활과학논집, 6(1), 1-24.

유영주(2004a). 새로운 가족학. 서울: 신정.

유영주(2004b). 한국 건강가정의 의미와 방향 모색－건강한 가족·가족관계를 중심으로－. UN 세계가정의 해 10주년 기념 심포지엄 자료집, 13-33.

유영주·서동인·홍숙자·전영자·이정연·오윤자·이인수(1995). 결혼과 가족. 경희대학교출판부.

윤현선(2001). 국내 입양부모의 사회적 지지와 부모역할수행 자신감, 가족적응력간의 관계. 석사학위논문. 가톨릭대학교 대학원.

윤형숙(2004). 국제결혼 배우자의 갈등과 적응. 최협 외. 한국의 소수자 실태와 전망. 서울: 한울아카데미.

윤홍식(2003a). 건강가정육성법을 위한 국회공청회 진술서. 2003년 11월 11일 대한민국 국회보건복지위원회.

윤홍식(2003b). 왜 우리는 가족지원기본법(안)의 법제화를 요구하는가?: 가족지원기본법(안)과 건강가정육성기본법(안)의 주요쟁점 검토. 계간 사회복지, 159, 122-129.

윤홍식(2003c). 가족지원기본법(안)의 입법 취지와 기본방향. 월간 Social Worker, 19, 12-15.

윤홍식(2004). 가족의 변화와 건강가정기본법의 대응: 한국가족복지정책의 원칙과 방향 정립을 위한 고찰. 한국가족복지학, 14, 263-293.

은기수(2004). 가치관과 혼인 및 출산－전국가족조사에 따른 한국가족의 현실과 정책전망－. 여성가족부 연구보고서.

이기영(2004). 건강가정기본법의 내용 소개 및 사회적 기여. 대구가톨릭대학교 건강가정지원센터 개소기념 학술발표회 자료집.

이동원(2005). 이혼을 통해 본 한국 가족. 우리 시대 이혼이야기－가족주기별 사례연구－, 363-372. 경기: 양서원.

이명순·박주현(2008). 입양을 결정한 10대 미혼모 경험에 관한 사례연구. 한국가족복지학, 13(3), 187-205.

이미선(2002). 해외입양인의 자아정체감 및 이에 영향을 미치는 요인에 관한 연구. 한국아동복지학, 14, 114-144.

이소희(2005). 아동복지론. 파주: 학현사.

이소희·정민자·김경희·박인전·손지미·김영란·홍계옥·도미향·김민정(1998). 현대가족복지론. 서울: 양서원.

이승양(1982). 도시 빈곤아동의 복지에 관한 연구. 석사학위논문. 숙명여자대학교 대학원.

이여봉(2003). 이혼 가정의 자녀양육 지원 방안. 강남대학교·보건복지부.

이연정(1999). 여성의 시각에서 본 모성론. 심영희·정진성·윤정로 공편. 모성의 담론과 현실: 어머니의 성·삶·정체성, 21-41. 서울: 신정.

이영숙·박경란·전귀연(2008). 가족문제와 복지(2판). 서울: 신정.

이영실·윤대중·강윤경·임정문·김성철·김지철(2010). 가족복지론. 파주: 양서원.

이원숙(2007). 가족복지론(2판). 서울: 학지사.

이원숙(2012). 가족복지론(3판). 서울: 학지사.

이정전(2003). 가정과 사회적 자본, 그리고 경제. 한나라당정책위원회 가족해체 방지 및 건강가정 육성 지원을 위한 공청회 자료집, 39-53.

이주리(1994). 아동의 역량지각과 관련변인들 간의 인과모형분석. 대한가정학회지, 32(4), 193-208.

이현경(2010). 임상장면에서의 가족상담과 치료. 파주: 양서원.

임희섭(1983). 사회적 평등과 발전. 서울: 정음사.

장문강(2006). 새터민 청소년의 학교 적응에 관한 연구—다문화교육 관점을 중심으로—. 청소년문화포럼, 19. 서울: 한국청소년문화연구소.

장인협 · 오정수(1999). 아동 · 청소년복지론. 서울: 서울대학교출판부.

장혜경 · 김혜경 · 이진숙 · 김현주 · 장화경(2002). 외국의 가족정책과 한국의 가족정책 및 담당부서 체계화 방안 연구. 한국여성개발원 연구보고서.

장혜경 · 이미정 · 김경미 · 김영란(2004). 저출산시대 여성과 국가대응전략. 한국여성개발원 연구보고서.

장혜경 · 홍승아 · 김영란 · 김수정(2005). 돌봄노동의 사회적 지원방안 연구. 한국여성개발원 연구보고서.

장혜경 · 홍승아 · 송치선(2005). 주요선진국의 저출산대응정책과 한국의 정책과제. 국회예산 결산위원회.

장혜경 · 홍승아 · 김혜영 · 정경자 · 김보영 · 최민영(2006). 주요선진국의 가족 및 자녀사회화 지원정책 연구. 한국청소년개발원 · 한국여성개발원 · 경제인문사회연구회 협동연구 총서.

전길량 · 송현애(1997). 노인홀대에 관한 연구 I : 기혼 성인 남녀의 학대와 방임에 대한 인식 및 경험을 중심으로. 한국가정관리학회지, 15(3), 137-155.

전재일 · 배일섭 · 정영숙(2000). 사회복지정책론. 서울: 형설출판사.

정기원 · 김만지(1993). 우리나라 입양실태분석. 서울: 한국보건사회연구원.

정민자(2003). 건강가정육성기본법(안)의 입법 방향과 내용. 가족해체 방지 및 건강가정육성 지원을 위한 공청회 자료집.

정문자 · 송성자 · 이영분 · 김유순 · 김은영 · 어주경(2006). 해결중심가족치료사례집. 서울: 학지사.

정문자(2007). 사티어 경험적 가족치료(2판). 서울: 학지사.

정문자·정혜정·이선혜·전영주(2012). 가족치료의 이해(2판). 서울: 학지사.

정옥분·정순화(2000). 부모교육. 서울: 학지사.

정은(2009). 가족상담. 서울: 창지사.

정현숙(2000). 부부교육 프로그램을 위한 기초 연구. 가족학논집, 6, 1-36.

정현숙(2003). '평등가족기본법' 제정을 위한 기초연구 및 법안마련 연구. '평등가족기본법' 전문가 토론회 자료집.

정현숙(2007). 가정생활교육. 서울: 신정.

조추용·오정옥·한성심·이채식(2008). 가족복지론(개정판). 서울: 창지사.

조흥식·김혜련·신혜섭·김혜란(2006). 여성복지학(2판). 서울: 학지사.

조흥식·김인숙·김혜란·김혜련·신은주(2010). 가족복지학(4판). 서울: 학지사.

조희금·송혜림·공인숙·이승미·이완정·박혜인·조재순·김선미·최연실(2002). 가정생활복지론. 서울: 신정.

조희금(2003). 건강가정육성기본법 제정에 관한 공청회 진술서. 국회보건복지위원회 공청회 자료집, 21-31.

조희금·김경신·정민자·송혜림·이승미·성미애·이현아(2005). 건강가정론. 서울: 신정.

조희금·김경신·정민자·송혜림·이승미·성미애·이현아(2010). 건강가정론(2판). 서울: 신정.

최경석·김양희·김성천·김진희·박정윤·윤정향(2001). 한국 가족복지의 이해. 서울: 인간과 복지.

최경석·김양희·김성천·김진희·박정윤·윤정향(2006). 한국 가족복지의 이해(제3판). 서울: 인간과복지.

최규련(2008). 가족상담 및 치료. 서울: 학지사.

최덕경·강기정·박경애·박주현·배은숙·이명순·이혜자(2010). 가족복지론. 서울: 파란마음.

최덕경·박주현(2012). 가족정책론. 파주: 양서원.

평택대학교 다문화가족센터(2007). 한국사회와 다문화가족. 파주: 양서원.

통계청(2010). 인구동태통계연보(혼인, 이혼).

통계청(2011). 한국의 사회지표.

한건수(2004). 타자 만들기: 한국사회와 이주노동자의 재현. 최협 외. 한국의 소수자, 실태와 전망. 서울: 한울아카데미.

한건수(2007). 이주자가 본 한국의 정책과 제도. 서울: 한국여성정책연구원.

한국보건사회연구원(2009). 보건복지포럼, 152, 130-131.

한국여성복지연구회(2005). 가족복지론. 서울: 청목출판사.

한동희(1996). 한국의 노인학대에 관한 연구. 박사학위논문. 대구가톨릭대학교 대학원.

허남순·오정수·홍순혜·김혜란·박은미(2005). 빈곤아동과 삶의 질. 서울: 학지사.

홍경준(2002). 한국 빈곤정책의 변화와 향후과제: 자활지원사업을 중심으로. 사회보장연구, 18(1), 105-128.

홍경준·이상은·김미곤(2004). 재산의 소득환산제: 이슈, 시행결과, 개선방향. 사회보장연구, 20(2), 57-81.

황근수(2007). 법학의 이해. 파주: 한국학술정보.

황성철(1994). 사회복지관 운영평가 및 모형개발. 서울: 한국보건사회연구원.

Becvar. D., & Becvar, R. J.(1988). *Strategic approach in family therapy(5th ed.)*. Boston: Allyn & Bacon. 가족치료: 체계론적 통합. 정혜정, 이형실 역(1997). 서울: 하우출판사.

Bowen, M.(1976). Theory in the practice of psychotherapy. in *Family Therapy*, (Ed.). Guerin, P. NY: Gardener Press.

Bowen, M.(1978). *Family Therapy in Clinical Practice*. NY: Jason Aronson.

Bradbury, S., & Marsh, N.(1988). Linking Families in Preadoption Counseling: A Family System Model. *Child Welfare*, *67*(4), 327-335.

Burke, J. G., Denison, J. A., Gielen, A. C., McDonnell, K. A., & O'Campo, P.(2004). Ending Intimate Partner Violence: An Application of the Transtheoretical Model. *American Journal of Health Behavior*, *28*(2), 122-133.

Carlson, B. E.(2005). The Most Important Things Learned About Violence and Trauma in the Past 20 Years. *Journal of Interpersonal Violence*, *20*(1), 119-126.

Cashdan, S.(1988). *Object relations therapy*. 대상관계치료. 이영희·고향자·김해란·김수형 역(2005). 서울: 학지사.

Conger, R. D., Conger, K. J., & Elder, G. H.(1997). Family Economic hardship and Adolescent Adjustment: Mediating Processes. In G. J. Duncan & J. Brooks-Gunn(Eds.), *Consequences of Growing Up Poor*, 288-310. NY: Russell

Sage Foundation.

Emery, R. E.(1999). *Marriage, Divorce, and Children's Adjustment(2nd ed.)*. Sage Publications.

Engler, B.(1999). *Personality theories*. NY: Houghton Mifflin Company.

Framo, J. L.(1992). *Family-of-origin therapy: An inter-generational approach*. NY: Brunner/Mazel.

Goldenberg, L., & Goldenberg, H.(2001). *Family therapy: An overview(5th ed)*. Califonia Books/Cole Pub. Co. 가족치료. 김득성·윤경자·전영자·조명희·현은민 역(2003). 서울: 시그마프레스.

Gondolf, F. W.(1993). Male batters. Hampton, R. L., Gullotta, T. P., Adams, G. R., Potter III, E. H., & Weissberg, R. P.(Eds.). *Family Violence-Prevention and Treatment*. Sage Publications, 230-257.

Gordon, D., & Spicker, P.(1999). *The International Glossary on Poverty*. CROP Publications.

Hampton, R. L., Gullotta, T. P., Adams, G. R., Potter III, E. H., & Weissberg, R.P.(Ed.)(1993). *Family Violence-Prevention and Treatment*. Sage Publications.

Hartman, A., & Laird, J.(1980). *Family Centered Social Work Practice*. New York: Tree Press.

Hetherigton, E. M., & Kelly, J.(2002). *For Better or For Worse: Divorce Reconsidered*. NY: W. W. Norton & Company.

Johnson, T. F.(1991). *Elder Mistreatment-Deciding Who is Risk*. Greenwood Press.

Kadushin, A.(1980). *Child Welfare Service*. New York: Macmillan Publishing Company.

Kadushin, A., & Martin, J. A.(1988). *Child Welfare Service(4th eds.)*. New York: Macmillan Publishing Company.

Kamerman, S. B., & Kahn, A. J.(1978). *Family Policy: Government and Families in Fourteen Countries*. Columbia, Univ. Press.

Kashani, J. H.(2005). 가정폭력이 아동 및 청소년에게 미치는 영향(3D 세상에서 가장 쉬운). 조미숙 역. 서울: 21세기사.

Kerr, M. E., & Bowen, M.(1998). *Family evaluation*. NY: Norton. 보웬의 가족치료이론. 남순현·전영주·황영훈 역(2005). 서울: 학지사.

McLoyd, V. C.(1998). Socioeconomic Disadvantage and Child Development. *American Psychologist, 53*, 185-204.

Miller, A. J., Bobner, R. F., & Zarski, J. J.(2000). Sexual Identity Development: A Base For Work With Same-Sex Couple Partner Abuse. *Contemporary Family Therapy, 22*(2), 189-200.

Minuchin, S.(1974). *Families and family therapy*. MA: Havard University Press. 가족과 가족치료. 김종옥 역(1988). 서울: 법문사.

Nichols, M. P., & Schwartz, R. C.(2001). *Family therapy: Concepts and methods(5th ed.)*. Boston: Allyn & Bacon. 가족치료: 개념과 방법. 김영애·정문자·송성자·제석봉·심혜숙·김정택·정석환·김계환 역(2002). 서울: 시그마프레스.

Nichols, M. P., & Schwartz, R. C.(2005). *The Essentials of Family Therapy(2th eds.)*. Pearson Education, Inc.

Quinn, M. J., & Tomita, S. K.(1986). *Elder Abuse and Neglect*. Springer Publications.

Scharff, D. E., & Scharff, J. S.(1991). *Object relations couple therapy*. 대상관계부부치료. 이재훈 역(2003). 서울: 한국심리치료연구소.

Steinmetz, S. K.(1986). Family violence: Past, present and future. In M. B. Sussman, & S. K. Steinmetz(Eds.), *Handbook of marriage and the family*. NY: Plenum Press.

Watzlawick, P., Weakland, J., & Fisch, R.(1974). *Change: Principles of problem formation and problem resolution*. NY: Norton.

경기일보(2011. 6. 21). 국제결혼 3쌍 중 1쌍은 헤어져.

경향신문(2009. 9. 4). 신생아 매매사건, 양부모의 '여아선호' 때문?

미디어인뉴스(2012. 1. 27). "숙려기간 불필요하다" 의견 대다수.

서울시정일보(2012. 3. 29). 가족의 변화, 어떻게 볼 것인가?

연합뉴스(2009. 4. 15). '母子면접권 방해' 아버지 양육권 박탈.

연합뉴스(2012. 5. 12). 오바마 동성결혼 지지는 사회변화 속도 반영.

웰빙코리아뉴스(2016. 1. 15). 아동학대 누구나 신고 가능 '착한신고제' 도입.

조선일보(2012. 6. 5). 직장인 절반, 月 200만 원도 못 번다.

한국경제(2011. 3. 2). "출생 비밀 가려 달라"… 유전자 검사 성행.

한국일보(2001. 3. 13). '파탄책임자'도 이혼청구 늘어.

헤럴드경제(2009. 10. 28). 입양소녀 통해 아버지 상실감 그려.
KBS 뉴스(2009. 5. 11). 입양의 날, 장애아 기피 여전.

국가통계포털(www.kosis.kr).
보건복지부 홈페이지(www.mw.go.kr).
여성가족부 홈페이지(www.mogef.go.kr).
통계청 홈페이지(www.nso.go.kr).
한국가정법률상담소 홈페이지(www.lawhome.or.kr).

부록

1 건강가정기본법

2 건강가정기본법 시행령

3 건강가정기본법 시행규칙

부록 1 건강가정기본법

[시행 2012. 3. 16] [법률 제11045호, 2011. 9. 15, 일부개정]

제1장 총칙

제1조(목적) 이 법은 건강한 가정생활의 영위와 가족의 유지 및 발전을 위한 국민의 권리·의무와 국가 및 지방자치단체 등의 책임을 명백히 하고, 가정문제의 적절한 해결방안을 강구하며 가족구성원의 복지증진에 이바지할 수 있는 지원정책을 강화함으로써 건강가정 구현에 기여하는 것을 목적으로 한다.

제2조(기본이념) 가정은 개인의 기본적인 욕구를 충족시키고 사회통합을 위하여 기능할 수 있도록 유지·발전되어야 한다.

제3조(정의) 이 법에서 사용하는 용어의 정의는 다음과 같다.

1. "가족"이라 함은 혼인·혈연·입양으로 이루어진 사회의 기본단위를 말한다.
2. "가정"이라 함은 가족구성원이 생계 또는 주거를 함께 하는 생활공동체로서 구성원의 일상적인 부양·양육·보호·교육 등이 이루어지는 생활단위를 말한다.
3. "건강가정"이라 함은 가족구성원의 욕구가 충족되고 인간다운 삶이 보장되는 가정을 말한다.
4. "건강가정사업"이라 함은 건강가정을 저해하는 문제(이하 "가정문제"라 한다)의 발생을 예방하고 해결하기 위한 여러 가지 조치와 가족의 부양·양육·보호·교육 등의 가정기능을 강화하기 위한 사업을 말한다.

제4조(국민의 권리와 의무) ① 모든 국민은 가정의 구성원으로서 안정되고 인간다운 삶을 유지할 수 있는 가정생활을 영위할 권리를 가진다.

② 모든 국민은 가정의 중요성을 인식하고 그 복지의 향상을 위하여 노력하여야 한다.

제5조(국가 및 지방자치단체의 책임) ① 국가 및 지방자치단체는 건강가정을 위하여 필요한 제도와 여건을 조성하고 이를 위한 시책을 강구하여 추진하여야 한다.

② 국가 및 지방자치단체는 제1항의 시책을 강구함에 있어 가족구성원의 특성

과 가정유형을 고려하여야 한다.

③ 국가 및 지방자치단체는 민주적인 가정형성, 가정친화적 환경조성, 양성평등한 가족가치 실현 및 가사노동의 정당한 가치평가를 위하여 노력하여야 한다.

제6조(다른 법률과의 관계) 국가는 건강가정사업과 관련되는 다른 법률을 제정 또는 개정하는 경우에는 이 법에 부합되도록 하여야 한다.

제7조(가족가치) 가족구성원은 부양·자녀양육·가사노동 등 가정생활의 운영에 함께 참여하여야 하고 서로 존중하며 신뢰하여야 한다.

제8조(혼인과 출산) ① 모든 국민은 혼인과 출산의 사회적 중요성을 인식하여야 한다.

② 국가 및 지방자치단체는 출산과 육아에 대한 사회적 책임을 인식하고 모성보호와 태아의 건강보장 등 적절한 출산환경을 조성하기 위하여 적극적으로 지원하여야 한다.

제9조(가족해체 예방) ① 가족구성원 모두는 가족해체를 예방하기 위하여 노력하여야 한다.

② 국가 및 지방자치단체는 가족해체를 예방하기 위하여 필요한 제도와 시책을 강구하여야 한다.

제10조(지역사회자원의 개발·활용) 국가 및 지방자치단체는 건강한 가정구현에 기여할 수 있도록 지역사회자원을 최대한 개발하고 활용하여야 한다.

제11조(정보제공) 국가 및 지방자치단체는 가족구성원에게 건강한 가정생활을 영위하는 데 도움이 되는 정보를 최대한 제공하고 가정생활에 관한 정보관리체계를 확립하여야 한다.

제12조(가정의 날) 가정의 중요성을 고취하고 건강가정을 위한 개인·가정·사회의 적극적인 참여분위기를 조성하기 위하여 매년 5월을 가정의 달로 하고, 5월 15일을 가정의 날로 한다.

제2장 건강가정정책

제13조 삭제 〈2011. 9 .15〉

제14조 삭제 〈2011 .9. 15〉

제15조(건강가정기본계획의 수립) ① 여성가족부장관은 관계 중앙행정기관의 장과 협의하여 건강가정기본계획(이하 "기본계획"이라 한다)을 5년마다 수립하여야 한다. 〈개정 2005. 3. 24, 2008. 2. 29, 2010. 1. 18, 2011. 9. 15〉

② 기본계획에는 다음 각 호의 사항이 포함되어야 한다.

1. 가족기능의 강화 및 가정의 잠재력개발을 통한 가정의 자립 증진 대책
2. 사회통합과 문화계승을 위한 가족공동체문화의 조성
3. 다양한 가족의 욕구충족을 통한 건강가정 구현
4. 민주적인 가족관계와 양성평등적인 역할분담
5. 가정친화적인 사회환경의 조성
6. 가족의 양육·부양 등의 부담완화와 가족해체예방을 통한 사회비용 절감
7. 위기가족에 대한 긴급 지원책
8. 가족의 건강증진을 통한 건강사회 구현
9. 가족지원정책의 추진과 관련한 재정조달 방안

③ 기본계획은 국무회의의 심의를 거쳐 확정한다.

④ 여성가족부장관은 확정된 기본계획을 지체 없이 관계 중앙행정기관의 장 및 지방자치단체의 장에게 통보하여야 한다. 〈개정 2005. 3. 24, 2008. 2. 29, 2010. 1. 18, 2011. 9. 15〉

제16조(연도별 시행계획의 수립·시행 등) ① 여성가족부장관, 관계 중앙행정기관의 장 및 지방자치단체의 장은 매년 기본계획에 따라 건강가정시행계획(이하 "시행계획"이라 한다)을 수립·시행 및 평가하여야 한다. 이 경우 관계 중앙행정기관의 장 및 지방자치단체의 장은 그 시행계획 및 추진실적을 매년 여성가족부장관에게 제출하여야 한다. 〈개정 2005. 3. 24, 2008. 2. 29, 2010. 1. 18, 2011. 9. 15〉

② 시행계획의 수립·추진 및 평가에 관하여 필요한 사항은 대통령령으로 정한다.

제17조(시·도별 시행계획의 조정 등) ① 여성가족부장관은 기본계획에 기초하여 지방자치단체별 시행계획을 조정하고 그 이행상황을 점검하여야 한다. 〈개정 2005. 3. 24, 2008. 2. 29, 2010. 1. 18, 2011. 9 .15〉

② 여성가족부장관은 지방자치단체별 시행계획이 기본계획 및 중앙행정기관의 시행계획에 위배되는 경우에는 당해 지방자치단체의 장에게 이를 변경하도록 요구할 수 있다. 〈개정 2005. 3. 24, 2008. 2. 29, 2010. 1. 18, 2011. 9. 15〉

제18조(계획수립의 협조) ① 여성가족부장관, 관계 중앙행정기관의 장 및 지방자

치단체의 장은 기본계획 또는 시행계획의 수립·시행을 위하여 필요한 때에는 관계 공공기관·사회단체 그 밖의 민간기업체의 장에게 협조를 요청할 수 있다. 〈개정 2005. 3. 24, 2008. 2. 29, 2010. 1. 18, 2011. 9. 15〉

② 제1항의 규정에 의하여 협조요청을 받은 자는 특별한 사유가 없는 한 이에 응하여야 한다.

제19조(교육·연구의 진흥) ① 국가 및 지방자치단체는 건강가정과 관련된 연구를 진흥하고 전문가를 양성하여야 한다.

② 국가 및 지방자치단체는 건강가정을 위한 교육프로그램을 지속적으로 개발·제공하여야 한다.

제20조(가족실태조사) ① 국가 및 지방자치단체는 개인과 가족의 생활실태를 파악하고, 건강가정 구현 및 가정문제 예방 등을 위한 서비스의 욕구와 수요를 파악하기 위하여 5년마다 가족실태조사를 실시하고 그 결과를 발표하여야 한다.

② 제1항의 규정에 의한 가족실태조사를 위하여 필요한 사항은 여성가족부령으로 정한다. 〈개정 2005. 3. 24, 2008. 2. 29, 2010. 1. 18〉

제3장 건강가정사업

제21조(가정에 대한 지원) ① 국가 및 지방자치단체는 가정이 원활한 기능을 수행하도록 지원하여야 한다.

② 제1항의 규정에 의하여 지원하여야 할 사항은 다음 각 호와 같다.

1. 가족구성원의 정신적·신체적 건강지원
2. 소득보장 등 경제생활의 안정
3. 안정된 주거생활
4. 태아검진 및 출산·양육의 지원
5. 직장과 가정의 양립
6. 음란물·유흥가·폭력 등 위해환경으로부터의 보호
7. 가정폭력으로부터의 보호
8. 가정친화적 사회분위기의 조성
9. 그 밖에 건강한 가정의 기능을 강화·지원할 수 있는 관련 사항

③ 국가 및 지방자치단체는 취업여성의 임신·출산·수유와 관련된 모성보호 및 부성보호를 위한 유급휴가시책이 확산되도록 노력하여야 한다.

④ 국가 및 지방자치단체는 한부모가족, 노인단독가정, 장애인가정, 미혼모가정, 공동생활가정, 자활공동체 등 사회적 보호를 필요로 하는 가정에 대하여 적극적으로 지원하여야 한다. 〈개정 2007. 10. 17〉

⑤ 제2항 및 제4항의 규정에 의한 국가 및 지방자치단체의 지원에 관한 세부적 사항은 관계법률이 정하는 바에 의한다.

제22조(자녀양육지원의 강화) ① 국가 및 지방자치단체는 자녀를 양육하는 가정에 대하여 자녀양육으로 인한 부담을 완화하고 아동의 행복추구권을 보장하기 위하여 보육, 방과후 서비스, 양성이 평등한 육아휴직제 등의 정책을 적극적으로 확대 시행하여야 한다. 〈개정 2011. 9. 15〉

② 국가 및 지방자치단체는 다양한 가족형태를 고려하여 아동양육지원사업 시책(아이 돌보미 서비스를 포함한다. 이하 같다)을 수립·시행하여야 한다. 〈신설 2011. 9 .15〉

③ 국가 및 지방자치단체는 아동양육지원사업을 예산의 범위에서 지원할 수 있다. 〈신설 2011. 9. 15〉

④ 국가 및 지방자치단체는 가사노동의 가치에 대한 사회적 인식을 제고하고 이를 관련 법·제도 및 가족정책에 반영하도록 노력하여야 한다. 〈개정 2011. 9. 15〉

제23조(가족단위 복지증진) ① 국가 및 지방자치단체는 사회보험·공공부조 등 사회보장제도의 운용과 관련하여 보험료의 산정·부과, 급여 등을 운용함에 있어서 가족을 지지하는 시책을 개발·추진하여야 한다.

② 국가 및 지방자치단체는 경제·사회, 교육·문화, 체육, 지역사회개발 등 각 분야의 제도·정책 및 사업을 수립·추진함에 있어 가족을 우대하는 방안을 강구하여야 한다.

제24조(가족의 건강증진) 국가 및 지방자치단체는 영·유아, 아동, 청소년, 중·장년, 노인 등 생애주기에 따르는 가족구성원의 종합적인 건강증진대책을 마련하여야 한다. 〈개정 2011. 9. 15〉

제25조(가족부양의 지원) ① 국가 및 지방자치단체는 영·유아 혹은 노인 등 부양지원을 요하는 가족구성원이 있는 가정에 대하여 부양부담을 완화하기 위한 시책을 적극적으로 강구하여야 한다.

② 국가 및 지방자치단체는 질환이나 장애로 가족 내 수발을 요하는 가족구성원이 있는 가정을 적극 지원하며, 보호시설을 이용할 수 있도록 전문보호시설을 확대하여야 한다.

③ 국가 및 지방자치단체는 가족구성원 중 장기요양을 필요로 하는 질병이나 사고로 간병을 요할 경우 가족간호를 위한 휴가 등의 시책을 마련하여야 한다.

제26조(**민주적이고 양성평등한 가족관계의 증진**) ① 국가 및 지방자치단체는 부부 및 세대 간에 가족갈등이 있는 경우 이를 예방·상담하고, 민주적이고 양성평등한 가족관계를 증진시킬 수 있도록 가족지원서비스를 확대하고, 다양한 가족생활교육·부모교육·가족상담·평등가족홍보 등을 추진하여야 한다.

② 국가 및 지방자치단체는 가정폭력이 있는 가정의 경우 가정폭력피해자와 피해자 가족에 대한 개입에 있어 전문가의 체계적인 개입과 서비스가 이루어지도록 노력하여야 한다.

제27조(**가족단위의 시민적 역할증진**) ① 국가 및 지방자치단체는 가족의 결속력과 가족구성원의 발전을 위하여 가족이 시민으로서의 역할을 증진할 수 있는 기회와 서비스를 제공하여야 한다.

② 국가 및 지방자치단체는 가족단위의 자원봉사참여가 확대되도록 노력하여야 한다.

제28조(**가정생활문화의 발전**) ① 국가 및 지방자치단체는 건강가정의 생활문화를 고취하고 그에 대한 지원정책을 수립하여야 한다.

② 국가 및 지방자치단체가 지원하여야 하는 건강가정의 생활문화는 다음 각 호의 사항을 포함한다.

1. 가족여가문화
2. 양성평등한 가족문화
3. 가족단위 자원봉사활동
4. 건강한 의식주 생활문화
5. 합리적인 소비문화
6. 지역사회 공동체문화
7. 그 밖에 건강가정의 생활문화와 관련된 사항

제29조(**가정의례**) ① 개인과 가정은 건전한 가정의례를 확립하도록 노력하여야 한다.

② 국가 및 지방자치단체는 건전한 가정의례를 확립하기 위한 지원정책을 수

립하여야 한다.

제30조(**가정봉사원**) ① 국가 및 지방자치단체는 건강한 가정을 유지하기 위하여 필요한 경우에는 가정을 방문하여 가사·육아·산후조리·간병 등을 돕는 가정봉사원(이하 "가정봉사원"이라 한다)을 지원할 수 있다.

② 가정봉사원은 여성가족부령이 정하는 바에 따라 교육을 받아야 한다. 〈개정 2005. 3. 24, 2008. 2. 29, 2010. 1. 18〉

③ 국가 및 지방자치단체는 가정봉사원에게 예산의 범위 안에서 일정금액을 지급할 수 있다.

④ 가정봉사원의 지원에 관하여 필요한 사항은 여성가족부령으로 정한다. 〈개정 2005. 3. 24, 2008. 2. 29, 2010. 1. 18〉

제31조(**이혼예방 및 이혼가정지원**) ① 국가 및 지방자치단체는 이혼하고자 하는 부부가 이혼전 상담을 받을 수 있게 하는 등 이혼조정을 내실화 할 수 있도록 필요한 조치를 강구하여야 한다.

② 국가 및 지방자치단체는 이혼의 의사가 정해진 가족에 대하여 이들 가족이 자녀양육·재산·정서 등의 제반문제를 준비할 수 있도록 도움을 주는 지원서비스를 제공하도록 하여야 한다.

③ 국가 및 지방자치단체는 이혼한 가족에 대하여 양육비에 대한 집행력의 실효성을 강화하고 그 적용대상을 확대하도록 하여야 한다.

제32조(**건강가정교육**) ① 국가 및 지방자치단체는 건강가정교육을 실시하여야 한다.

② 제1항의 규정에 의한 교육내용에는 다음 각 호의 사항이 포함되어야 한다.

1. 결혼준비교육
2. 부모교육
3. 가족윤리교육
4. 가족가치실현 및 가정생활관련 교육 등

③ 제1항의 규정에 의한 건강가정교육에 관하여 필요한 사항은 여성가족부령으로 정한다. 〈개정 2005. 3. 24, 2008. 2. 29, 2010. 1. 18〉

제33조(**자원봉사활동의 지원**) 국가 및 지방자치단체는 건강가정과 관련되는 자원봉사활동사업을 육성하고 장려하여야 한다.

제4장 건강가정전담조직 등

제34조(건강가정사업의 전담수행) 여성가족부 및 지방자치단체는 건강가정사업에 관한 업무를 전담하여 수행할 수 있도록 하여야 한다.〈개정 2005. 3. 24, 2008. 2. 29, 2010. 1. 18, 2011. 9. 15〉

제35조(건강가정지원센터의 설치) ① 국가 및 지방자치단체는 가정문제의 예방·상담 및 치료, 건강가정의 유지를 위한 프로그램의 개발, 가족문화운동의 전개, 가정 관련 정보 및 자료제공 등을 위하여 건강가정지원센터(이하 "센터"라 한다)를 설치·운영하여야 한다. 〈개정 2011. 9. 15〉

② 센터에는 건강가정사업을 수행하기 위하여 관련 분야에 대한 학식과 경험을 가진 전문가(이하 "건강가정사"라 한다)를 두어야 한다.

③ 건강가정사는 대학 또는 이와 동등 이상의 학교에서 사회복지학·가정학·여성학 등 여성가족부령이 정하는 관련교과목을 이수하고 졸업한 자이어야 한다. 〈개정 2005. 3. 24, 2008. 2. 29, 2010. 1. 18〉

④ 센터의 조직·운영 및 건강가정사의 자격·직무에 관하여 필요한 사항은 대통령령으로 정한다.

⑤ 센터의 운영은 여성가족부령이 정하는 바에 의하여 민간에 위탁할 수 있다. 〈개정 2005. 3. 24, 2008.2.29, 2010.1.18〉

제35조의 2(유사명칭의 사용금지) 이 법에 따른 센터가 아닌 자는 건강가정지원센터 또는 이와 유사한 명칭을 사용하지 못한다. [본조신설 2011. 9. 15]

제5장 보칙

제36조(민간단체 등의 지원) 국가 및 지방자치단체는 건강가정사업을 수행하는 단체 또는 개인에 대하여 필요한 비용의 전부 또는 일부를 보조하거나 그 업무수행에 필요한 지원을 할 수 있다.

제37조(과태료) ① 제35조의2를 위반한 자에게는 300만 원 이하의 과태료를 부과한다.

② 제1항에 따른 과태료는 대통령령으로 정하는 바에 따라 여성가족부장관 또는 지방자치단체의 장이 부과·징수한다. [본조신설 2011. 9. 15]

부칙 〈법률 제7166호, 2004. 2. 9〉

이 법은 2005년 1월 1일부터 시행한다.

부칙 〈법률 제7413호, 2005. 3. 24〉 (정부조직법)

제1조(시행일) 이 법은 공포한 날부터 시행한다. 다만, 다음 각 호의 사항은 각호의 구분에 의한 날부터 시행한다.

1. 제26조…부칙 제2조 내지 제4조의 규정은 이 법 공포 후 3월 이내에 제42조의 개정규정에 의한 여성가족부의 조직에 관한 대통령령이 시행되는 날부터 시행한다.
2. 생략

부칙 〈법률 제8655호, 2007. 10. 17〉 (한부모가족지원법)

제1조(시행일) 이 법은 공포 후 3개월이 경과한 날부터 시행한다. 〈단서 생략〉

부칙 〈법률 제8852호, 2008. 2. 29〉 (정부조직법)

제1조(시행일) 이 법은 공포한 날부터 시행한다. 다만, …〈생략〉… 부칙 제6조에 따라 개정되는 법률 중 이 법의 시행 전에 공포되었으나 시행일이 도래하지 아니한 법률을 개정한 부분은 각각 해당 법률의 시행일부터 시행한다.

부칙 〈법률 제9932호, 2010. 1. 18〉 (정부조직법)

제1조(시행일) 이 법은 공포 후 2개월이 경과한 날부터 시행한다. 〈단서 생략〉

부칙 〈법률 제11045호, 2011. 9. 15〉

이 법은 공포 후 6개월이 경과한 날부터 시행한다.

부록 2 건강가정기본법 시행령

[시행 2012. 3. 16] [대통령령 제23655호, 2012. 3. 13, 전부개정]

제1조(목적) 이 영은 「건강가정기본법」에서 위임된 사항과 그 시행에 필요한 사항을 규정함을 목적으로 한다.

제2조(연도별 시행계획의 수립·평가 등) ① 여성가족부장관은 「건강가정기본법」(이하 "법"이라 한다) 제16조 제1항에 따라 관계 중앙행정기관의 장 및 지방자치단체의 장이 건강가정시행계획(이하 이 조에서 "시행계획"이라 한다)을 수립할 수 있도록 필요한 지침을 정하여 매년 11월 30일까지 관계 중앙행정기관의 장 및 지방자치단체의 장에게 통보하여야 한다.

② 시장·군수·구청장(자치구의 구청장을 말한다. 이하 같다)은 매년 12월 31일까지 해당 연도의 시행계획 추진실적과 제1항의 지침에 따라 수립한 다음 연도의 시행계획을 특별시장·광역시장·도지사에게 제출하여야 한다.

③ 관계 중앙행정기관의 장, 특별시장·광역시장·도지사 및 특별자치도지사는 매년 1월 31일까지 전년도의 시행계획 추진실적과 제1항의 지침에 따라 수립한 해당 연도의 시행계획을 여성가족부장관에게 제출하여야 한다. 이 경우 특별시장·광역시장·도지사는 제2항에 따라 시장·군수·구청장이 제출한 시행계획 및 추진실적을 포함하여 제출하여야 한다.

④ 여성가족부장관은 제3항에 따라 제출받은 관계 중앙행정기관 및 지방자치단체의 시행계획 추진실적과 여성가족부의 시행계획 추진실적을 종합하여 성과를 평가하여야 한다. 이 경우 여성가족부장관은 평가에 필요한 조사·분석 등을 전문기관에 의뢰할 수 있다.

⑤ 여성가족부장관은 제3항에 따라 제출받은 지방자치단체의 시행계획을 법 제17조에 따라 조정하거나 그 변경을 요구하기 위하여 필요한 경우 관련 분야 전문가의 의견을 들을 수 있다.

제3조(건강가정지원센터의 조직 등) ① 법 제35조 제1항에 따라 국가 및 지방자치단체가 설치·운영하는 건강가정지원센터에는 센터장과 건강가정사업의 수행에 필요한 팀을 둔다.

② 제1항에 따라 국가가 설치·운영하는 건강가정지원센터의 센터장은 연도별

로 사업계획을 수립하고, 해당 건강가정지원센터의 조직·인사·복무·보수·회계·물품·문서의 처리에 관한 규정을 정한 후 이에 따라 사무를 처리하여야 한다.

③ 제1항에 따라 지방자치단체가 설치·운영하는 건강가정지원센터의 조직과 운영에 필요한 사항은 해당 지방자치단체의 조례로 정한다.

제4조(건강가정사의 직무) 법 제35조 제2항에 따른 건강가정사의 직무는 다음 각 호와 같다.

1. 가정문제의 예방·상담 및 개선
2. 건강가정의 유지를 위한 프로그램의 개발
3. 건강가정 실현을 위한 교육[민주적이고 양성(兩性) 평등적인 가족관계 교육을 포함한다]
4. 가정생활문화운동의 전개
5. 가정 관련 정보 및 자료 제공
6. 가정에 대한 방문 및 실태 파악
7. 아동보호전문기관 등 지역사회자원과의 연계
8. 그 밖에 건강가정사업과 관련하여 여성가족부장관이 정하는 활동

제5조(과태료의 부과·징수) 법 제37조 제2항에 따른 과태료는 별표의 부과기준에 따라 여성가족부장관이 부과·징수한다.

부칙 〈대통령령 제23655호, 2012. 3. 13〉

이 영은 2012년 3월 16일부터 시행한다.

[별표] 과태료의 부과기준(제5조 관련)

1. 일반기준

가. 위반행위의 횟수에 따른 과태료의 부과기준은 최근 1년간 같은 유형의 위반행위로 과태료를 부과받은 경우에 적용한다. 이 경우 위반행위에 대하여 과태료 부과처분을 한 날과 다시 같은 유형의 위반행위를 적발한 날을 각각 기준으로 하여 위반횟수를 계산한다.

나. 여성가족부장관은 다음의 어느 하나에 해당하는 경우에는 제2호에 따른 과태료 금액의 2분의 1의 범위에서 그 금액을 감경할 수 있다. 다만, 과태료를 체납하고 있는 위반행위자의 경우에는 그러하지 아니하다.

1) 위반행위자가 「질서위반행위규제법 시행령」 제2조의 2 제1항 각 호의 어느 하나에 해당하는 경우
2) 위반행위가 사소한 부주의나 오류로 인한 것으로 인정되는 경우
3) 위반의 내용·정도가 경미하여 피해가 적다고 인정되는 경우
4) 법 위반상태를 시정하거나 해소하기 위한 노력이 인정되는 경우
5) 그 밖에 위반행위의 정도, 위반행위의 동기와 그 결과 등을 고려하여 감경할 필요가 있다고 인정되는 경우

2. 개별기준

위반행위	근거 법조문	과태료 금액		
		1차 위반	2차 위반	3차 이상 위반
법 제35조의 2를 위반하여 건강가정지원센터 또는 이와 유사한 명칭을 사용한 경우	법 제37조 제1항	100만 원	200만 원	300만 원

부록 3 건강가정기본법 시행규칙

[시행 2010. 3. 19] [여성가족부령 제1호, 2010. 3. 19, 타법개정]

제1조(목적) 이 규칙은 건강가정기본법 및 동법 시행령에서 위임된 사항과 그 시행에 관하여 필요한 사항을 규정함을 목적으로 한다.

제2조(가족실태조사의 실시 등) ① 건강가정기본법(이하 "법"이라 한다) 제20조의 규정에 의하여 여성가족부장관은 2005년을 기준연도로 하여 전국을 대상으로 하는 가족실태조사를 실시하고, 특별시장·광역시장·도지사(이하 "시·도지사"라 한다) 또는 시장·군수·구청장(자치구의 구청장에 한한다. 이하 같다)은 관할 지역을 대상으로 필요한 경우에 가족실태조사를 실시한다. 〈개정 2005. 6. 23, 2008. 3. 3, 2010. 3. 19〉

② 제1항의 규정에 의한 가족실태조사에는 다음 각 호의 사항이 포함되어야 한다. 〈개정 2005. 6. 23, 2008. 3. 3, 2010. 3. 19〉

1. 성별·연령·학력·혼인상태·취업상태·건강상태 등 가족구성원의 일반특성에 관한 사항
2. 소득·지출·자산 등 가족의 경제상태에 관한 사항
3. 가정의 형성·유지와 관련한 가족의 가치관에 관한 사항
4. 혼인·출산·자녀양육·가족부양·가족역할 등 가족행태에 관한 사항
5. 부부관계·부모자녀관계 등 가족관계에 관한 사항
6. 의식주·소비·여가·정보이용 등 생활양식에 관한 사항
7. 가족갈등·가족해체 등 가족문제에 관한 사항
8. 건강가정관련 교육·상담·가정봉사원의 이용 등 서비스 욕구에 관한 사항
9. 그 밖에 건강가정에 관한 사항으로서 여성가족부장관이 필요하다고 인정하는 사항

③ 여성가족부장관은 사회환경의 급격한 변동 등으로 추가적인 조사가 필요한 때에는 제1항의 규정에 의한 가족실태조사 외에 임시조사를 실시하여 이를 보완할 수 있다. 〈개정 2005. 6. 23, 2008. 3. 3, 2010. 3. 19〉

제3조(가정봉사원의 교육 등) ① 법 제30조 제2항의 규정에 의하여 가정봉사원은 법 제35조 제1항의 규정에 의한 건강가정지원센터에서 가사·육아·산후조리·

간병 등에 관한 이론교육과 실습교육을 매년 16시간 이상 받아야 한다. 이 경우 이론교육은 건강가정지원센터에 출석하여 받는 교육과 동일한 내용의 시청각교육으로 갈음할 수 있다.

② 여성가족부장관 및 지방자치단체의 장은 제1항의 규정에 의한 가정봉사원의 교육에 소요되는 비용의 전부 또는 일부를 건강가정지원센터에 보조할 수 있다. 〈개정 2005. 6. 23, 2008. 3. 3, 2010. 3. 19〉

제4조(건강가정교육계획의 수립 등) 여성가족부장관 및 시·도지사는 법 제32조 제1항의 규정에 의하여 매년 건강가정교육에 관한 계획을 수립·시행하고, 건강가정에 관한 교재·교구 등을 개발·보급하여야 한다. 〈개정 2005. 6. 23, 2008. 3. 3, 2010. 3. 19〉

제5조(건강가정사의 이수교과목) 법 제35조 제3항의 규정에 의한 관련 교과목은 별표와 같다.

제6조(건강가정지원센터의 위탁운영) 국가 및 지방자치단체는 법 제35조 제5항의 규정에 의하여 다음 각 호의 어느 하나에 해당하는 민간기관에 건강가정지원센터의 운영을 위탁할 수 있다.

1. 건강가정사업을 수행하기 위하여 설립된 사회복지법인 등 민법 제32조의 규정에 의한 비영리법인
2. 고등교육법 제2조의 규정에 의한 학교

부칙 〈보건복지부령 제302호, 2004. 12. 31〉

① (시행일) 이 규칙은 2005년 1월 1일부터 시행한다.

부칙 〈여성가족부령 제1호, 2005. 6. 23〉(여성가족부 직제 시행규칙)

제1조(시행일) 이 규칙은 공포한 날부터 시행한다.

부칙 〈여성가족부령 제14호, 2007. 9. 10〉

제1조(시행일) 이 규칙은 공포한 날부터 시행한다.

부칙 〈보건복지가족부령 제1호, 2008. 3 .3〉(보건복지가족부와 그 소속기관 직제 시행규칙)

제1조(시행일) 이 규칙은 공포한 날부터 시행한다.

부칙 〈여성가족부령 제1호, 2010. 3. 19〉(여성부 직제 시행규칙)

제1조(시행일) 이 규칙은 공포한 날부터 시행한다.

제2조(다른 법령의 개정) ① 및 ② 생략

③ 건강가정기본법 시행규칙 일부를 다음과 같이 개정한다.

제2조 제1항·제2항 제9호 및 같은 조 제3항, 제3조 제2항, 제4조 중 "보건복지가족부장관"을 각각 "여성가족부장관"으로 한다.

④부터 ⑮까지 생략

[별표] 건강가정사가 되기 위하여 이수하여야 하는 관련 교과목[제5조 관련] 〈개정 2007. 9. 10〉

구분		교과목
핵심과목(5)		건강가정론, (건강)가정(족)정책론, 가족상담(및 치료), 가정(족)생활교육, 가족복지론, 가족과 젠더, 가족(정)과 문화, 건강가정현장실습, 여성과(현대)사회, 비영리기관 운영관리 중 5과목 이상
관련 과목 (7)	기초이론 (4)	가족학, 가족관계(학), 가족법, 아동학, 보육학, 아동(청소년)복지론, 노년학, 노인복지론, 인간발달, 인간행동과 사회환경, 가족(정)(자원)관리, 가계경제, 가사노동론, 여가관리론, 주거학, 생애주기 영양학, 여성복지(론), 여성주의이론, 정신건강(정신보건 사회복지)론, 장애인복지론, 가정생활복지론, 상담이론, 자원봉사론, 성과 사랑, 법여성학, 여성과 문화, 일과 가족(정), 사회복지(개)론 중 4과목 이상
	상담·교육 등 실제(3)	생활설계상담, 아동상담, 영양상담 및 교육, 소비자 상담, 주거상담, 부모교육, 부부교육, 소비자교육, 가정생활과 정보, 가계재무관리, 주택관리, 의생활관리, 지역사회복지론, 연구(조사)방법론, 부부상담, 집단상담, 가족(정)과 지역사회, 여성과 교육, 여성과 리더십, 여성주의상담, 사회복지실천론, 위기개입론, 사례관리론 중 3과목 이상

[비고]

1. 대학원에서 관련 교과목을 이수하는 경우에는 같은 표의 교과목 중 핵심과목 4과목 이상, 관련 과목 4과목(기초이론 2과목, 상담·교육 등 실제 2과목) 이상을 각각 이수하여야 한다. 다만, 핵심과목 및 관련과목 각각의 2분의 1의 범위에서 대학 또는 이와 동등 이상의 학교에서 이수한 교과목도 이를 대학원에서 이수한 것으로 본다.
2. 교과목의 명칭이 동일하지 아니하더라도 교과의 내용이 동일한 것으로 여성가족부장관이 인정하는 경우에는 동일 교과목으로 본다.

3. 관련 교과목 이수는 12과목 36학점(대학원에서 이수하는 경우 8과목 24학점) 또는 12과목 이상 36학점(대학원에서 이수하는 경우 8과목 이상 24학점)으로 한다.

찾 · 아 · 보 · 기

저자 소개

정 황 순

백석예술대학교 교양교직학부 교수, 교육학 박사

[대표 저서와 논문]

『교육학개론』(공저, 태영출판사, 2012), 『실기교육방법론』(공저, 태영출판사, 2006)

『교육학개론』(공저, 동문사, 2003), 『집단상담의 이론과 실제』(공저, 학술정보, 2002)

"기독교 대학생의 다중지능 및 신앙성숙과 자아정체감과의 관계"(백석논단, 2010)

"어머니의 양육태도와 자녀가 지각한 양육태도 간의 차이 및 자녀의 인성과의 관계"

"지각된 어머니 양육태도와 아동의 정서지능과의 관계 연구"

"창의성 계발 프로그램의 적용이 창의성, 정서지능 및 다중지능에 미치는 효과" 외

박 주 현

백석문화대학교 사회복지학부 교수, 사회복지학 박사

한국가족복지학회 · 한국코칭학회 · 한국부모교육학회 상임이사

서울남부지방법원 협의이혼상담위원, 전(前) 국립한경대학교 산업대학원 강사

[대표 저서와 논문]

『가족정책론』(공저, 양서원, 2012), 『다문화사회의 이해와 실천』(공저, 창지사, 2011)

『건강가정론』(공저, 창지사, 2011), 『사회복지정책론』(공저, 창지사, 2010)

『사회복지행정론』(공저, 창지사, 2010), 『인간행동과 사회환경』(파란마음, 2010)

"북한이탈청소년들의 한국생활 적응에 관한 현상학적 연구"(공저, 청소년복지연구, 2011)

"북한이탈아동의 부모 관련 요인과 문화적 지향성이 자아존중감에 미치는 영향"(부모교육연구, 2010)

"입양을 결정한 10대 미혼모 경험에 관한 사례연구"(공저, 한국가족복지학, 2008) 외

저자 소개

김 준 환

충청대학교 사회복지학부 교수

고려대학교 강사, 보건복지부 사회복지시설 평가위원, 충북노인복지연구소 소장

[대표 저서와 논문]

『노인복지론』(공저, 창지사, 2011), 『SPSS를 활용한 사회복지조사론』(공저, 양서원, 2012)

『한국의 종교와 사회운동』(공저, 이학사, 2010), 『사회복지조사론』(공저, 창지사, 2009)

『케어복지의 이해와 실천기술』(창지사, 2008), 『사회복지법제론』(공저, 창지사, 2006)

“재가노인복지와 복지인프라”(한국학연구, 2003)

“고령자부부의 배우자 학대에 관한 연구”(충청대학교 논문집, 2008).

“요양보호사 인력양성의 문제 및 전문성 확보방안에 관한 연구”(한국케어복지연구, 2009)

“재가장기요양서비스의 성과 및 한계에 관한 연구“(한국케어복지연구, 2011)

제2판

가족복지론

초 판 1쇄 발행 2012년 8월 14일
제2판 3쇄 발행 2018년 8월 31일

지 은 이 | 정황순 · 박주현 · 김준환
펴 낸 이 | 김기섭
책임편집 | 김민수
펴 낸 곳 | 창지사 www.changjisa.com
08589 서울시 금천구 가산디지털 1로 83 파트너스타워 1차 9층
전화 (02) 719-2211~3
팩스 (02) 701-9386
등 록 | 1977년 4월 28일 · 제1-421호

ISBN 978-89-426-2316-7 (93330)
값 21,000원

이 도서의 국립중앙도서관 출판예정도서목록(CIP)은 서지정보유통지원시스템 홈페이지(http://seoji.nl.go.kr)와 국가자료공동목록시스템(http://www.nl.go.kr/kolisnet)에서 이용하실 수 있습니다.(CIP제어번호: CIP2016001933)